诚信为本　操守为重

坚持准则　不做假账

——与学习会计的同学共勉

善本再造

高等职业教育财经类专业群 **智慧财经** 系列教材

高等职业教育财务会计类专业"**岗课赛证**"融通教材

ICVE 智慧职教 高等职业教育在线开放课程新形态一体化教材

大数据+

财务机器人应用与开发

中国职业技术教育学会智慧财经专业委员会　组编

梁毅炜　郝黄达　主编

▌ 大数据与会计
▌ 大数据与财务管理
▌ 大数据与审计
▌ 会计信息管理
▌ 财税大数据应用

中国教育出版传媒集团

高等教育出版社·北京

内容简介

本书是高等职业教育财经类专业群智慧财经系列教材之一，也是高等职业教育财务会计类专业"岗课赛证"融通教材。

本书以国产知名的RPA品牌及主流的智能财税平台为实训平台，系统地介绍了财务机器人的应用基础以及如何在典型的财税场景中开发与应用财务机器人流程自动化的方法和技术。

本书包括六个单元。单元一财务机器人应用基础，主要介绍RPA发展历程、展望以及开发工具的基本认知。单元二通用业务流程自动化开发与应用，主要介绍常用的流程自动化组件和基础应用。单元三业务财务流程自动化开发与应用、单元四财务核算流程自动化开发与应用、单元五开票业务流程自动化开发与应用、单元六纳税申报流程自动化开发与应用，这四个单元主要介绍典型财税业务场景的RPA开发与应用实践。各单元内容互相衔接，层层递进，帮助学生完成由认知到实践，由简单到复杂的递进式学习过程。

本书配套开发有情境动画、操作演示、教学视频，可通过教材边白处二维码随扫随学。同时，配有教学PPT、课程标准、任务资料等教学资源，具体获取方式参见书后"郑重声明"页的资源服务提示。

本书可以作为高等职业院校专科、本科及应用型本科院校财务会计类专业及其他专业财务机器人应用教学的教学用书，也可作为会计培训机构财务机器人开发与应用培训及社会从业人员的学习用书。

图书在版编目（ＣＩＰ）数据

财务机器人应用与开发 / 中国职业技术教育学会智慧财经专业委员会组编；梁毅炜，郝黄达主编. -- 北京：高等教育出版社，2023.10

ISBN 978-7-04-060331-6

Ⅰ.①财… Ⅱ.①中… ②梁… ③郝… Ⅲ.①财务管理－专用机器人－高等职业教育－教材 Ⅳ.①F275 ②TP242.3

中国国家版本馆CIP数据核字(2023)第056746号

财务机器人应用与开发
CAIWU JIQIREN YINGYONG YU KAIFA

| 策划编辑 | 武君红 马 一 | 责任编辑 | 黄 茜 | 封面设计 | 李树龙 | 版式设计 | 马 云 |
| 责任绘图 | 杨伟露 | 责任校对 | 张 然 | 责任印制 | 田 甜 | | |

出版发行	高等教育出版社	咨询电话	400-810-0598
社　　址	北京市西城区德外大街4号	网　　址	http://www.hep.edu.cn
邮政编码	100120		http://www.hep.com.cn
印　　刷	人卫印务（北京）有限公司	网上订购	http://www.hepmall.com.cn
开　　本	787mm×1092mm 1/16		http://www.hepmall.com
印　　张	22.25		http://www.hepmall.cn
字　　数	360千字	版　　次	2023年10月第1版
插　　页	2	印　　次	2023年10月第1次印刷
购书热线	010-58581118	定　　价	49.80元

本书如有缺页、倒页、脱页等质量问题，请到所购图书销售部门联系调换
版权所有 侵权必究
物 料 号　60331-00

前　言

　　自动化是人类社会发展和进步的永恒目标和持久的动力。在人类生活和生产过程中，人们总是在不断地追求提升改造自然的生产效率，并由此带来科学技术的不断进步。自动化技术发展历史悠久，指南车、浑天仪等被认为是自动化技术和思想的萌芽，体现了中国先人们探索和追求自动化的智慧和想象力。

　　1946年计算机诞生以后，自动化进入全新的发展阶段。计算机在数值计算、信息管理、过程控制和辅助工程方面发挥了巨大的作用，彻底改变了人类的工作和生活方式，也将自动化带到新的高度。

　　最近几年，以大数据、人工智能、云计算等为代表的新一代信息技术蓬勃发展，正加速与经济社会各领域渗透融合，推动经济社会全面转型。同时，党和国家高度重视信息技术的发展，党的二十大报告指出，"推动战略性新兴产业融合集群发展，构建新一代信息技术、人工智能、生物技术、新能源、新材料、高端装备、绿色环保等一批新的增长引擎""加快发展数字经济，促进数字经济和实体经济深度融合，打造具有国际竞争力的数字产业集群"。在技术和政策的双重推动下，在现代经济生活中，智能化和自动化技术已经广泛地渗透到各行各业。

　　在财经领域，RPA技术与财务结合，可以低成本、快速地完成财务低价值、高重复的事务性工作，重新定义了财务的价值和地位，推动财务向价值型和管理型方向转型。

　　在财务数字化转型的背景下，传统的会计专业也亟须转型。为全面贯彻《中华人民共和国职业教育法》，加快推进《职业教育专业目录（2021年）》《职业教育专业简介（2022年修订）的实施，满足全国各地高等职业院校财务会计类和财政税务类专业实施新版人才培养方案的教学急需，中国职业技术教育学会智慧财经专业委员会组织全国高职院校和行业企业百余名专家，依据有关专业基础课和专业核心课的教学改革新要求，编写了本套高等职业教育财经类专业群智慧财经系列教材。本书是为满足"财务机器人应用与开发"专业核心课程的教学需要编写而成，本书的特色包括以下几个方面。

1. 坚持立德树人的价值导向

本书以党的二十大报告"全面贯彻党的教育方针，落实立德树人根本任务，培养德智体美劳全面发展的社会主义建设者和接班人"的精神为指引，积极发挥教材在提高教育教学质量中的关键作用。本书突出财务数字化素养培养，围绕高等职业教育财务会计类相关专业核心技能和素养，以财务及业务流程项目为载体，培养企业在数字化转型中所需的财务数字化人才。

2. 贯彻服务产业的职业教育理念

本书在创作时坚持产教融合、校企合作的职业教育理念，坚持教材开发的导向是为产业需求服务，体现知行合一、工学结合。

调研为先，明确定位。在教材编写前，编写组对企业财务流程自动化工作和岗位进行充分调研，充分了解财务数字化产业发展动态及其对人才的需求，保证了教材的先进性和引领性。

需求导向，清晰场景。随着RPA技术在各行各业，包括财务领域的渗透率大幅度提高，RPA的应用场景将不断丰富。本书编写时及时把产业的需求变化通过财务流程自动化的场景和技术引入课堂。

面向岗位，分解能力。在岗位面向上，编写团队针对RPA三类关键岗位包括业务人员、流程分析人员和RPA开发者来规划教材的内容，以及设计相关的能力培养要素，最大限度地体现了教材面向岗位的针对性。

3. 符合学生的基本认知规律

本书构建了财务机器人应用基础、通用业务流程自动化开发与应用和典型财税业务场景下的自动化开发与应用三阶段教学内容，教学内容从简单到复杂，从单项到综合，从业务到财务以及税务，遵循了难度、综合度、专业内容递进的逻辑，符合学生的认知规律。

4. 采用情境式教学和任务驱动式教学方法

本书通过沉浸式财务真实情境导入财务业务需求，创设职业场景，配合动画等场景化资源，以企业真实员工视角还原企业业务需求和问题，有效激发学生思维和灵感。本书设计构建职业化、场景化的工作任务，以任务的方式驱动学生完成相应的需求分析、流程分析和 RPA 程序开发，提升学生财务机器人实战能力。

5. 内容体系突出"岗课赛证"融通综合育人

深化职业教育改革，体现"岗课赛证"融通综合育人。本书适应新技术、新业务、新制度的要求，紧跟财务数字化、智能化转型发展新趋势，与财务工作岗位、业财税融合大数据应用大赛、智能财税职业技能等级证书（1＋X）紧密结合，充分体现"岗课赛证"融通综合育人。

6. 资源形态丰富，多层立体支撑教学

本书配套开发了立体化的教学资源，包括情境动画、操作演示、教学视频、开发文档等，相关资源随扫随学，能够满足教学各种场景需求和个性化教学设计需求。

本书由北京财贸职业学院梁毅炜、中联教育科技有限公司郝黄达担任主编。北京财贸职业学院董萍萍、韩猛，山西财贸职业技术学院关坤，河南经贸职业学院张艺博，广州市财经商贸职业学校林敏莉，北京商贸学校赵龙祥，浙江同济科技职业学院胡晓峰参加了编写，中联教育科技有限公司贾新龙提供了技术支持。

由于技术的发展日新月异，加之编者水平有限，本书难免存在不足之处，敬请广大读者批评指正。

编者

二〇二三年八月

目　录

财务机器人应用基础

学习目标

知识目标：

◆ 了解当下智能技术的发展与先进企业的财务智能应用；

◆ 了解 RPA 产品的架构和基本功能；

◆ 熟悉 RPA 的概念、功能和特点，了解常用的 RPA 软件；

◆ 熟悉财务机器人应用的领域，了解 RPA 与财务数字化转型的关系。

技能目标：

◆ 能够掌握 RPA 工具的基本界面操作；

◆ 能够使用机器人开发软件完成流程的新建、保存、导入 / 导出；

◆ 能够熟练运用财务机器人基本组件，开发并运行一个简单的应用。

素养目标：

◆ 树立行业自信，培养专业报国的理想；

◆ 培养创新思维，具备技术创新意识；

◆ 养成严谨细致的工作态度。

职业素养提升

科技兴则民族兴　科技强则国家强

党的二十大报告指出："加快实施创新驱动发展战略。坚持面向世界科技前沿、面向经济主战场、面向国家重大需求、面向人民生命健康，加快实现高水平科技自立自强。"

习近平总书记就科技创新提出了一系列新思想、新论断、新要求。从世界历史发展经验和我国发展要求出发，深刻指出，科技兴则民族兴，科技强则国家强。坚持走中国特色自主创新道路，牢固树立创新自信，深入实施创新驱动发展战略，不断提升自主创新能力，不断产出重大创新成果，加快建设创新型国家和世界科技强国，建设创新型国家和世界科技强国，必须牢牢把握科技进步大方向和产业革命大趋势。

随着中国人口红利的消失，很多中小企业陷入人力成本高企的困局，创新性地利用专业的数字技术，提高工作流程的自动化能力，成为中小企业管理的重点。RPA技术在银行业、金融业、电子商务、财务/税务、新零售、制造业、物流等多个行业都存在广泛的应用需求，很好地解决了企业数字化转型中的历史问题，达到降本增效的目的。

任务 1.1　认知 RPA

一、RPA 的发展历程

（一）什么是 RPA

RPA 是 Robotic Process Automation 的缩写，即：机器人、流程自动化。RPA 是以机器人作为虚拟劳动力，依据预先设定的程序与现有用户系统进行交互并完成预期的任务。从目前的技术实践来看，现有的 RPA 还仅适用于高重复性、逻辑确定并且稳定性要求相对较低的流程。

通俗地讲，RPA 就是借助一些能够自动执行的脚本（这些脚本可能是某些工具生成的，这些工具也可能有着非常友好的用户化图形界面）完成一系列原来需要人工完成的工作，但凡具备一定脚本生成、编辑、执行能力的工具都可以称之为机器人。比如财务人员每天上班时要打开 ERP 系统并进入到应付（AP）发票处理页面，如果觉得每天都重复这么做非常无趣（如果没有设置保存账户和密码的话），就可以通过流程自动化来简化步骤，单击软件的录制按钮之后，软件就开始记录其动作。

比如双击 ERP 软件的图标、输入账户信息，单击登录按钮，进去之后再单击菜单逐层进入应付（AP）发票处理页面，等这一系列的操作完成之后，再单击停止录制，然后为这个录制的流程设置一个快捷键，比如"ctrl + 1"。

怎么使用这个录制的过程呢？等再次上班时，按下"ctrl + 1"快捷键，这个软件就会按照上次录制的过程依次做一遍，直到运行结束，整个过程完全不需要其参与，以后财务人员就可以通过这个方式一键登录 ERP 系统并进入应付（AP）发票处理页面了。

RPA 面向的用户群体往往并不拥有计算机专业的技术背景，因此，RPA 的应用相对比较简单易用，通常可以通过图形化的界面完成脚本的生成与编辑，即使是利用相对专业的脚本编辑器，其脚本业务也不是程序员所面对的那种代码，而是一种图形化、可视化的编辑界面，有利于更快地上手。

（二）RPA 的产生与发展

现代机器人的研究始于 20 世纪中期，其技术背景是计算机和自动化的发展，以及原子能的开发利用。自 1946 年第一台电子计算机问世以来，计算机向高速度、大容量、低价格的方向快速发展。

大批量生产的迫切需求推动了自动化技术的进展，1954 年美国戴沃尔最早提出了工业机器人的概念，并申请了专利。该专利的要点是借助伺服技术控制机器人的关节，利用人手对机器人进行动作示教，机器人能实现动作的记录和再现。这就是所谓的示教再现机器人。现有的机器人差不多都采用这种控制方式。随着计算机技术和人工智能技术的飞速发展，使机器人在功能和技术层次上有了很大的提高，机器人技术与信息技术的交互和融合又催生出"软件机器人""网络机器人"。

信息技术与自动化技术不断融合，奠定了企业业务流程自动化技术高速发展的基础。屏幕抓取、业务流程自动化管理以及人工智能这三大技术，最终使得专业的

RPA 工具在 2000 年年初出现，直到如今的全球 RPA 项目大爆发。

1913 年，美国汽车大亨亨利·福特把制造车间大部分制造流程打造成自动化生产线，汽车装配时每个工段的工人只需进行一次零部件安装的操作，流水线的所有工段装配完成后，正好组装出一辆整车。流水线装配的生产模式，使得汽车制造成本大幅降低，创造了举世闻名的"福特制"，制造出了大众都能买得起的汽车。

这是近代自动化的首次应用，也是从那时开始，人们一直渴望生产过程的机械化与自动化，到 20 世纪 40 年代，业务自动化已成为企业持续追求的目标。

在工业自动化技术越发成熟的同时，20 世纪 70 年代信息革命初期，很多企业也进入了计算机自动化时代。在管理信息系统（Management Information System，MIS）变革背景下，很多组织的业务线实现计算机化，质量管理等流程化管理模式也由此兴起。随着更多组织采用以流程为中心的方法来改善业务成果，企业希望更好地重新设计和管理业务流程。

到了 20 世纪 80 年代，企业管理普遍采用功能性（即垂直）观点，强调严格的管理控制。强大而臃肿的职能结构使得更多的独立部门产生，部门级别各自监视业务和运营的结果，导致业务运营效率低下。

直至 20 世纪 90 年代，学术界和商业界都开始流行业务流程和业务流程定位的概念。自 20 世纪 90 年代至今，业务流程管理（Business Process Management，BPM）一直是管理领域和 IT 界讨论最多的主题之一。BPM 把企业经营焦点转移至业务本身而不是产品或服务，将业务流程视作企业组织运作的核心。

这一时期的企业业务流程管理，使用多种方法优化端到端业务流程。而 IBM、Oracle 等科技企业的加入，为企业引入了更多的自动化技术。这些技术帮助很多企业实现了自动化管理，被称作业务流程自动化（Business Process Automation，BPA）。

现代 RPA 产品的三项关键技术分别是屏幕抓取、业务流程自动化管理和人工智能。事实上，这三项功能并不算新技术。譬如屏幕抓取技术在 20 世纪 90 年代已大行其道，业务流程自动化管理技术则随着 IBM 等诸多企业服务型科技公司的推动而在各领域创新应用，人工智能则自 1956 年其概念被提出后已经历几波质的发展。

RPA 应解决业务问题而生，起初多是从使用屏幕抓取等传统技术结合自动化工作流程软件开始，后来逐步因企业需求而将 AI 的认知技术加入其中。屏幕抓取和工作流程自动化这两个功能，早期就被一些系统及软件集成。譬如微软 Windows 系统就在后来集成了抓图软件，Office 在 Office97 版本时就已集成"宏"（Macro）功能，从而实现用户文档中的某些任务自动化，而最早的宏功能则可以追溯到 1994 年的 Excel5.0。再如 Adobe 的 Photoshop 系列产品从 2000 年左右的早期版本就有动作录制功能，用于批量处理重复的图片编辑。

以上所列的这些工具，都可以看作是早期的 RPA。

随着一些企业对自动化的需求增多，2000 年年初出现了几个主营 RPA 产品的公司。首先是英国机器人软件公司 Blue Prism 于 2003 年发布了其第一款 RPA 产品，然后美国 UiPath 公司和 Automation Anywhere 公司几乎同时发布了各自的自动化库。

在发展初期对 RPA 起到主要推动作用的，其实是业务外包（Business Process Outsourcing，BPO）领域。BPO 是企业将一些重复性的非核心或核心业务流程外包给供应商，以降低成本，同时提高服务质量。20 世纪 90 年代末开始，全球 500 强公司几乎都会在低成本国家进行投资，或者与 BPO 公司合作，将其手工流程外包。

但随着协调成本、劳力成本以及流程错误成本的提高，基于廉价劳力的 BPO 渐渐不受待见，领先的公司逐步将目光转移到了自动化。由此，BPO 企业开始大量引入流程自动化技术。这个时候，RPA 开始出现。可以说，RPA 最初是作为降低业务流程外包成本的一种方式，然后转移到共享服务、IT 外包和其他业务领域。

（三）RPA 的功能和特点

RPA 是指通过使用用户界面层中的技术，执行基于一定规则的可重复任务的软件解决方案，是数字化的支持性智能软件，也被称为数字化劳动力（Digital Labor）。

1. RPA 的功能

从功能上来讲，RPA 是一种处理重复性工作和模拟手工操作的程序，基于其应用特点和能力，可以将 RPA 的功能划分为 5 个模块，即数据检索与记录、图像识别与处理、平台上传与下载、数据加工与分析、信息监控与产出。

（1）数据检索与记录。RPA 可以跨系统进行数据检索、数据迁移以及数据录入。数据检索与记录是 RPA 最基础的功能。RPA 通过记录传统模式下的手工操作、设置计算机规则进行模拟，使系统自动执行数据检索、迁移、录入的处理。

（2）图像识别与处理。RPA 通过光学字符识别（Optical Character Recognition，OCR）技术识别图像信息，提取图像有用信息并输出结构化数据，并可在此基础上审查和分析文字，将其转化为对管理、决策有用的信息，完成从图片到信息的转换与初加工过程。OCR 技术目前主要可用于对发票信息、合同信息等纸质业务单据的识别，使财务和相关业务人员从发票、合同等文本信息识别和录入的机械操作中解放出来。

（3）平台上传与下载。平台上传与下载的核心在于后台对数据流的接收和输出，RPA 能够按照预先设计的路径，登录内部和外部平台，上传和下载数据，实现数据流的自动接收与输出。

不同系统之间往往需要传递数据和文件。当系统间数据接口尚未打通、数据传递存在障碍时，就需要通过平台上传的方式进行数据同步、文件更新，由 RPA 模拟人工上传文件的操作，自动登录多个异构系统，上传指定数据、文件至特定系统。比如 RPA 可自动登录网银系统，自动下载银行对账单等。

（4）数据加工与分析。数据加工与分析包括数据检查、数据筛选、数据计算、数据整理、数据校验。

数据检查是指，RPA 可以对获取数据的准确性、完备性进行自动化检查，识别异常数据并作出预警。

数据筛选是指，RPA 可以按照预先设置的筛选机制自动筛选数据，完成数据的预处理工作。

数据计算是指，对于获得的原始结构化数据，RPA 可以按照明确的规则自动进行数据计算，从而得到满足管理需求的数据信息。比如 RPA 可基于下载的销售数据，按照佣金规则计算佣金。

数据整理是指，RPA 能对提取的结构化数据和非结构化数据进行转化和整理，并按标准模板输出文件，实现从数据收集到数据整理与输出的全流程自动化。比如 RPA 可从不同的财务系统和报告中提取、识别数据，并自动进行数据整理。

数据校验是指，在预先设置数据映射关系的前提下，RPA 能对指定路径获取的批量文件自动进行匹配验证，对例外事项进行简单判断，以及对错误数据进行分析和识别。比如 RPA 可以抓取发票票面信息，自动登录税务局网站进行发票的真伪校验，并记录验证结果。

（5）信息监控与产出。RPA 可以基于模拟人类判断，实现工作流分配、标准报告出具、基于明确规则决策、自动信息通知等功能。

RPA 可以按照预设的工作流程进行工作流分配和交接处理，实现工作流程的自动推进。比如 RPA 可根据预设的规则，发送邮件至相应管理人员进行审核与批复。

RPA 可将从内外部系统获取的数据，按照标准的报告模板和数据、文字要求，模拟人类操作并整合、输出自然语言的报告。比如 RPA 可出具预测数据与实际数据的对比报告，自动生成监管报告，按照模板预填制复杂报告中标准规范的部分，创建标准化的记录和报告。

RPA 可基于明确的规则，在自动化指令触发后，进行分析、预测和决策。比如利用历史数据和市场数据进行自动化预测，根据历史的信用记录进行信用审批，按照预先设置的规则自动处理费用支出。

在管理流程中，对于需要向其他节点，比如客户、供应商、财务等部门推送消息，进行通知、跟催等事项，也可以调用 RPA 来完成。RPA 可识别推送信息的关键字段，自动生成信息通知指令并发送消息。比如 RPA 可识别客户借款逾期的信息，自动向客户发送邮件提醒客户及时还款。

2. RPA 的特点

相比于传统软件，RPA 开发周期更短、设计更加简单，这主要是基于 RPA 的技术特点。

（1）机器处理。RPA 通过用户界面或者脚本语言，模拟人工完成重复、机械的任务，实现重复人工任务的自动化处理。RPA 可以 7×24 小时不间断地工作，极大地降低了人工成本，提高了工作效率，确保了信息的实时性。同时，机器人能避免人工操作可能出现的疏漏和员工个人因素的影响，提高工作的可靠性。

（2）基于明确规则。RPA 主要是代替人工进行重复机械性操作，研发 RPA 需要基于明确规则编写脚本，因此，RPA 的流程必须有明确的、可被数字化的触发指令和输入，流程不得出现无法提前定义的例外情况。也正是如此，RPA 并不适用创造性强，流程、系统变化频繁的工作场景。

（3）以外挂形式部署。企业的信息系统往往比较复杂，其核心是数据，围绕数据的系统既包括 Excel、Word 等基础办公软件，还包括电子邮件、网上银行等网页系统，还存在企业资源计划（Enterprise Resource Planning，ERP）、客户关系管理（Customer Relationship Management，CRM）、仓库管理系统（Warehouse Management System，WMS）等流程化的业务系统，而 RPA 基于规则在这些软件的用户界面进行自动化操作，采用非侵入式模式，因此不会破坏企业原有的 IT 结构。

（4）模拟用户操作与交互。RPA 主要模拟用户手工操作，如复制、粘贴、鼠标点击、键盘输入等。Office 的"宏"功能，也具有类似的作用，Office 能将多个连续的操作，比如字体加粗，调整字号等录制下来，定义为"宏"，在需要的时候，通过执行宏，能够实现自动批处理，提高工作效率。但是 RPA 功能更为强大，能实现跨平台的界面操作，操作起来更为简单、灵活。

RPA 的优势来源除了上述众所周知的功能与特点外，对于规则的高度严肃性（良好的操作品质）、对现有系统的非侵入性（非耦合型）都是 RPA 的突出特点。

RPA 和人工智能（Artificial Intelligence，AI）都能在一定程度上替代原有的人工劳动，但是二者有很大的区别。RPA 只能依靠固定的脚本执行命令，并且进行重复、机械性的劳动；人工智能结合机器学习和深度学习具有自主学习能力，通过计算机视觉、语音识别、自然语言处理等技术拥有认知能力，可以通过大数据不断矫正自己的行为，从而有预测、规划、调度以及流程场景重塑的能力。

RPA 与人工智能更像手和大脑的关系。RPA 倾向于重复地执行命令，人工智能更倾向于发出命令。除此以外，RPA 是自动化发展过程中的不同阶段。AI 技术在企业中的应用还处在初步探索阶段，从短期趋势而言，企业更倾向于以标准化、逻辑清晰的 RPA 为基础，逐步向智能化程度更高的 AI 方向发展。未来，随着 RPA 技术的不断发展，RPA 与 AI 融合也是行业的一大趋势。

（四）常用 RPA 软件

全球范围来讲，美国、欧洲的 RPA 供应商已经占据一定的海外市场份额，以 BluePrism（BP）、UIPath、Automation Anywhere（AA）为首。

BluePrism 通过自动化、手动、基于规则的设计实现重复的办公室流程，帮助业务操作变得敏捷并提升效益。该工具有非常棒的流程设计视图，可以自动化各种业务流程。

UiPath 是最早提供免费社区版、高度可扩展的机器人流程自动化（RPA）工具，用于自动化任何桌面或 web 应用程序。它允许全球企业为其组织设计和部署机器人劳动力。

Automation Anywhere 是最早推出云原生 RPA 平台的公司，更强调其产品的全面性和易用性。产品的交付和运维都基于云完成，便于企业根据需求进行本地或云的混合部署。在企业内部，员工通过浏览器、操作系统和移动设备就可以调用

RPA 机器人，这意味着 RPA 产品从传统的项目制、单机部署，走向"RPA 即服务"（RPA-as-a-Service）的阶段。

RPA 进入中国的时间相对较短。2015 年开始进入中国市场，2018 年进入一些特定的行业，比如在银行、能源、制造行业等都有了一些应用。2019 年，RPA 迎来爆发元年，并在之后的两年内进入增长期。国内虽然在 RPA 应用方面比国外晚，但国产 RPA 的发展进度并不算慢，并且在战略布局、技术研发、产品应用等方面，都在向国际领先水准看齐。国产的 RPA 厂家主要包括云扩科技、来也科技、达观数据等企业。随着国内企业数字化的快速发展，国产的 RPA 厂家也会逐渐脱颖而出。

二、RPA 应用与展望

（一）适合实施 RPA 业务流程的标准

自动化涵盖的范围广泛，但并不是所有的自动化处理都适合用 RPA 来处理。为了顺利实施 RPA，并最大限度地发挥其影响和价值，企业或组织一定要弄清楚哪些流程适合 RPA 技术的实施。企业应该针对自身需求进行详细梳理，同时评估现有业务流程。以目标需求为导向，对企业业务流程进行梳理，评估各流程的业务特性，进而选择适合实施 RPA 的业务流程，以确保在 RPA 自动化过程中产生最大投资回报率。

根据 RPA 的特点，适合 RPA 的业务流程一般需要符合以下几个标准，这些标准也成为评估 RPA 项目实施的标准。

1. 重复执行某个动作

RPA 流程必须是高度重复的，在 RPA 中需要根据流程进行开发，具有一定的开发成本，如果只是执行一次或使用频率不高，项目实施的成本会过高。企业业务流程中，一般都存在大量需要重复执行的操作，例如采购人员录入采购订单、工资发放信息的通知、财务人员录入财务数据等。

2. 工作业务量大

RPA 流程的业务量必须足够大，如果业务量很小，使用 RPA 和人工处理的时间成本相差不大，那么这个流程也不适合用 RPA 来解决，比如银行对账、根据付款申请单执行付款等业务的处理。

3. 具有明确的业务规则

RPA 流程必须具有清晰的规则。如果一个流程毫无规则且散乱，很多活动都需要进行人为的主观判断，那这个流程就不适合用 RPA 来实现自动化。企业业务中，存在明确业务规则的处理有很多，例如电商行业处理退（换）货信息。RPA 可以根据事先设定好的退（换）货规则，自动判断是否符合退（换）货规则。

4. 业务流程稳定，异常情况较少

RPA 流程只适合业务流程稳定、异常情况较少的场景。如果流程多变，界面元素更新频率高，与用户的交互方式也不固定，则会大大增加 RPA 的实施成本。例如在营销行业中，营销人员需要定期给客户发送公司的最新信息，这种业务实际上面对的只有邮件的发送，而且也不涉及系统界面的操作，只需要保证业务人员在数据文件中把对应的客户联系方式、邮件模板、附件目录等信息整理好即可。

5. 业务流程的频率较高

RPA 流程只适合执行频率较高的业务。如果一个自动化流程，几个月或者半年，甚至一年才执行一次，那么这个流程开发投入的成本将很难回收。例如每天都需要打开邮件获取客户订单、录入订单信息到 SAP 系统，或者财务领域中，每个月都要进行应收和应付账款、数据整合和报表、月末结账等。

同时满足以上五点基本要求，就可以用 RPA 技术来实现业务流程的自动化了。

（二）RPA 的应用场景

在应用 RPA 完成自动化的过程中，其常见的应用场景包括以下几个。而任何复杂的应用，通常都是基于以下若干简单应用的组合。

1. 网页上的数据批量采集

无论是何种网页数据，通过 RPA 都能轻松地完成数据采集。企业可以随时来调整采集规则，无须担心在分析需求激增时带来的资源不足问题。

2. 重复繁琐的工作自动化完成

某些工作，如电商活动报名，可能需要准备成百上千个商品信息，一个一个填入到报名页面中，不断复制粘贴的工作浪费了企业大量时间，而且还容易出错，要经常返回修改。通过使用 RPA，只需准备好这上千个商品信息，即可一键自动完成报名。

3. 跨多个系统应用

RPA 可以方便地在多个系统间进行数据交换，充当胶水的作用，它可以连接到办公应用程序、ERP、CRM、SCM、SFA 等，可以自动化跨越多个业务应用系统。

4. 基于规则的处理和决策

RPA 可用于业务规则明确的流程，根据数据比对或其他判断方式进行自动业务处理。基于工作流从触发到完成，只要可以明确决策矩阵就可以处理它们。

掌握这些常见的场景应用，再经过不断的练习和实践，就能完成足够复杂的 RPA 实施项目。

（三）RPA 行业应用

随着人口红利消失，用工成本不断攀升，很多公司在日常的经营活动当中，人员成本的占比越来越大。公司当中很多繁重且简单的工作也需要大量的人力资源来处理与完成，这就会导致公司的用工成本进一步增加。如何减少薪资的支出比例、减低员工在低价值事务当中浪费精力与时间，成为很多公司管理者所面临的首要问题。

随着软件技术的不断发展，企业当中的很多工作都可以交给 RPA 来完成。比如，短信的自动发送、报表的生成与发送等。RPA 可以适用于各行各业的场景当中，包括财务、金融、电商、物流等行业。

1. 财务行业场景

RPA 能够模仿特定工作流程中的人类用户操作。RPA 具有登录应用程序，移动文件和文件夹，复制和粘贴数据，填写表格，从文档中提取结构化和半结构化数据，抓取浏览器等功能的能力。减少会计人员在这些耗时且低价值的工作上并可以将其重新部署到更高价值的业务功能上，从而提高公司的整体生产力。

2. 金融行业场景

银行庞杂的中后台流程和相互之间很难互通的遗留系统，造成大量系统与系统、数据与数据之间必须通过人工协调的情形。这些高流量的、重复的、易于带来风险和失误的流程是 RPA 的应用首选。

比如公司客户收款及记账业务。对于商业银行来说，为公司客户提供"收款清点及记账"是一项传统的业务。该业务操作的环节包含"收款""清点""记账"一系列动作，其中的很多操作并不需要人工决策。但面对业务需求，操作员必须手工一项一项地完成，效率其实并不高，与此同时，在非常认真的前提下，结果仍然存在约

2‰的错误率。而 RPA 通过模拟员工操作行为，可以自动实现各支行记账和分摊报批业务。RPA 记账数量日均 800 笔，极端可达 3 000 笔，是人工记账数量的 3 倍以上，错误率几乎为 0。

3. 电商行业场景

退 / 换货是零售行业中使用频率较高的一个业务流程，尤其是在电商企业中，退 / 换货的时效性直接影响着客户体验。采用人工退 / 换货流程，不仅费时费力，还无法满足用户的时效性需求。RPA 会从系统中提取客户的退 / 换货请求，并将理由进行数据分析，然后把退 / 换货理由分类存储在不同的表格中。根据管理人员预先设定好的退货规则，RPA 自动判断是否符合退 / 换货规则；符合规则，立刻执行退 / 换货流程；不符合规则，RPA 进行数据记录然后转人工服务。RPA 机器人将详细退 / 换货流程录入到系统中，然后在规定时间内通知工作人员完成整个退 / 换货流程。

4. 物流行业场景

RPA 使用机器学习和自然语言处理来自动化重复的工作流程，例如创建装运订单，将文档中的信息重新键入数据库，下载报告以及将有价值的信息输入 CRM 或 ERP 系统。RPA 机器人还可从电子邮件、文本、社交媒体和其他数字资源中抓取相关数据，以识别市场趋势。

5. 运维行业场景

RPA 可以处理数十种各式各样的任务，并且以超精确的准确率完成，从而防止频繁停止服务器与重新启动服务器。这样就可以减少系统的停机时间，并可以更轻松地在一天中（或晚上）活动最低的时间对它们进行重启。PRA 的应用可以帮助运维行业在极小的影响下保证服务器的正常运行。

6. HR 行业场景

当公司拥有大量员工时，工资核对和发放是一项烦冗的工作，大多数工资核算流程都涉及大量数据输入且本质上具有高度重复性。

RPA 通过与 ERP 系统中的数据核对，来验证工资系统员工数据的一致性。薪资、福利管理、奖励和报销、福利发票核对都可以由机器人自动跟踪和生成，实现"薪酬自动化"，以提高准确性并缩短处理时间。

7. 物业行业场景

物业管理本质上是以流程为中心的。手动处理数据可能会导致错误，甚至变得很耗时，尤其是在租户离开物业时向他们偿还费用的情况下。物业管理公司借助RPA可以减少周转时间，提高管理关键业务流程（如财务报告）的效率，并且节省雇用人员的成本。

（四）财务机器人应用

RPA能够替代企业员工完成大量复杂、重复的作业，有效提高企业组织内的作业效率和质量，成为企业的"数字员工"或者"虚拟员工"。在企业的财务工作中，存在大量高频的重复性作业，这为RPA这个"虚拟员工"提供了广阔的工作空间。

近年来，随着财务共享中心的大量出现，财务工作的集中度大大提高，财务业务的规模化程度也越来越高。财务共享中心把集团企业中标准化的交易性业务都集中到共享中心来进行处理，从而产生业务处理的规模效应。这种机制将导致共享中心的业务处理量会非常庞大，例如海尔的财务共享中心目前拥有200多名员工，为旗下900多家法人公司提供全球财务共享服务，集团的营业收入规模超过2 000亿元，平均每月的单据处理量超过26 000笔。同时，财务共享中心中的业务标准化程度非常高，业务处理规则非常明确，典型的财务共享业务流程包括费用报销、采购到付款、资金结算、总账到报表、固定资产核算等与管理决策相关度较低，发生频繁且易标准化的流程，而这些业务的特征均符合RPA的应用场景和特征。另外，财务共享中心内存在多个异构系统，这些系统之间由于网速、接口等原因往往会造成打开界面耗时较长，数据需要"人工搬运"。

财务共享中心这种规模化、标准化和存在多个异构系统的业务特点，为财务机器人提供了最好的应用环境。根据中国共享服务领域调研报告显示，应用财务机器人最多的业务流程依次是账务处理、发票认证、发票查验、银行对账、发票开具和费用审核，如图1-1所示。

下面，对几项可以使用财务机器人的重点业务进行介绍。

1. 费用报销业务

费用报销是指业务经办部门在业务发生并获取原始凭证后，根据流程办理的经费结算活动。财务共享中心中，费用报销的业务量最大，耗时费力，简单烦琐却占用了财务人员大量的工作时间。在报销过程中，往往还需要对业务人员提交的发票的真伪、是否重复报销、报销标准、预算控制进行审查。如果财务人员每天需要处理上千笔类似的业务，对财务人员的工作效率和质量都是一个巨大的挑战。实施财务机器人以后，财务机器人在费用报销中的应用参考流程如图 1-2 所示。

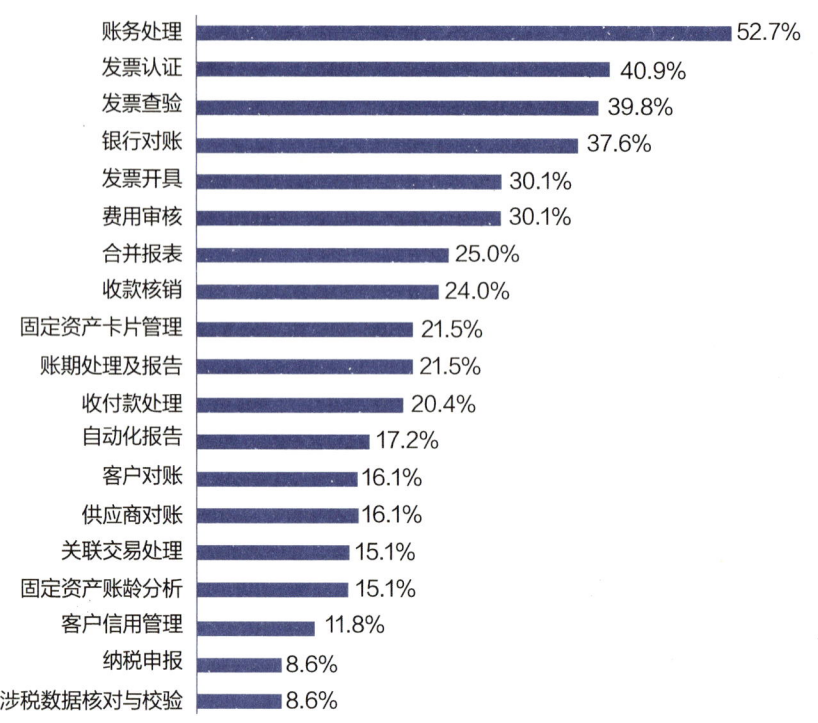

图 1-1　财务共享中心中应用财务机器人的业务流程

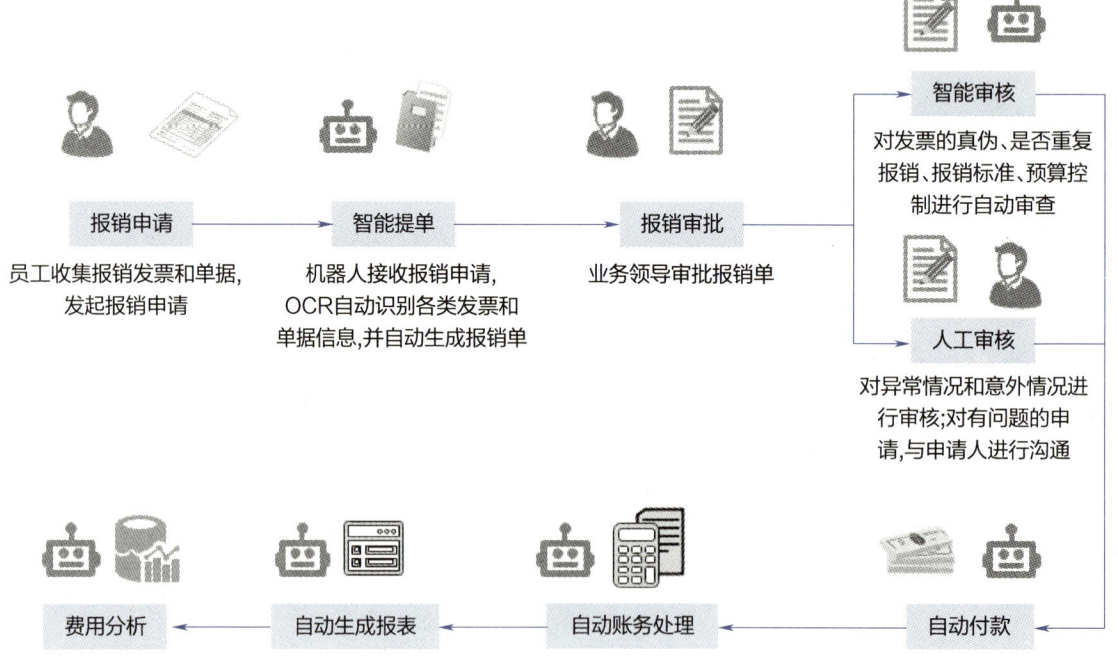

图 1-2　财务机器人在费用报销中的应用

首先，员工收集报销发票和单据，发起报销申请。财务机器人接收报销申请，下载报销单据，使用 OCR 技术自动识别匹配各类发票和单据信息，再根据报销规则自动生成报销单，发送至业务领导审批。

审批通过后，由财务机器人对发票真伪、是否重复报销、报销标准、预算控制进行自动审查；同时由人工对异常和意外情况进行审核，对于有问题的申请，需要与申请人进行沟通。

审核通过后，由机器人自动生成付款单，并依据付款计划执行付款操作。付款完成后，财务机器人根据记账规则自动生成凭证，自动提交凭证、过账，并生成报表。

最后，财务机器人自动进行数据分析，生成分析报告，并对异常情况进行警示，自动生成邮件并发送至相关财务人员。

2. 采购到付款

采购到付款是指企业从发出采购申请到采购付款的完整过程，包括从提出采购申请，下达采购订单，并在收到货物后根据供应商的发票付款，以及供应商管理、供应商对账等环节。财务机器人可以将采购到付款流程中重复性高、业务量大的工作实现自动化，具体参考流程如图 1-3 所示。

图 1-3　财务机器人在采购到付款流程中的应用

首先，员工根据采购情况填写采购请款单，交由经理审核，审核通过后，财务机器人使用 OCR 自动化技术识别请款单信息，然后由财务机器人将请款单信息录入 ERP 系统，并对订单信息、发票信息、入库单信息进行匹配校验。

其次，收到发票后，由财务机器人自动进行发票查验与认证并将结果上传至系统。对于验证不合规的发票，可以通过邮件反馈至财务人员进行人工复检。财务机器人提取付款申请信息，通过银企直连或者自动登录网上银行等方式执行付款操作。接下来，财务机器人将应付模块的凭证信息导入总账，进行账务处理，如对应付和预付进行重分类等，生成财务报告并邮件通知财务人员。

再次，财务机器人可以定期登录财务模块，查询并导出供应商相关信息，然后自动向供应商发送邮件，完成对账提醒，并自动完成订单状态查询、发货状态查询。

最后，财务机器人可以自动、定期从外部第三方信息渠道获取与供应商关联的行业、工商、税务、法务等相关信息，与企业系统内部供应商相关信息进行交叉比对，识别高风险或利益冲突的供应商，将评估结果邮件发送给指定人员，实现供应商实时监测。

3. 销售到收款

销售到收款由与客户交换商品或劳务，以及收到现金收入等有关业务流程组成，是企业实现收入的关键环节。销售到收款也是企业会计核算中最为繁杂的工作内容之一。销售到收款流程的规则明确，自动化程度较高，实现财务机器人以后的参考流程如图 1-4 所示。

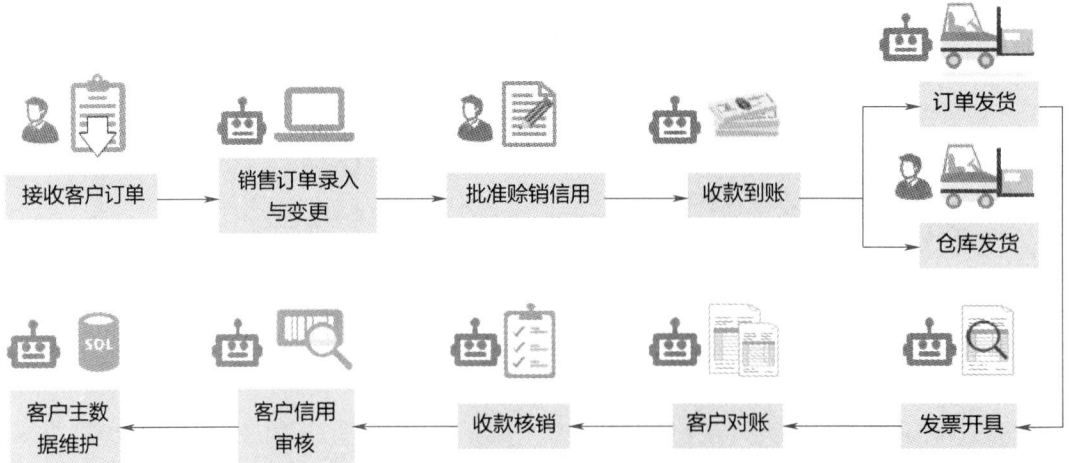

图 1-4　财务机器人在销售到收款流程中的应用

首先，销售部门在收到客户订单后，根据以前列出已批准销售客户名单决定是否同意接受客户的订单，如果同意并确定销售，应编制销售单，则由财务机器人对销售单进行识别和录入，对有变更需求的订单进行变更。

其次，由信用管理部门根据公司的赊销政策，审核已被授权的信用额度以及至今尚欠的账款余额，决定是否批准赊销。

然后，财务机器人登录网上银行并获取银行流水，将符合入账条件的数据自动录入系统，完成收款任务。接下来，财务机器人按照顺序循环检查收款金额是否满足订单下放要求释放有效订单，并由仓库备货并编制发运凭证，由发运部发货。发货后，财务机器人根据批准的销售单、发运凭证、发运单开票，发票开具后将开票信息邮件传至相关业务人员，通知其寄送发票。

同时，财务机器人定时登录网银系统，自动下载银行流水，并根据收付款逻辑自动匹配，完成对账，自动处理对账无误的账务，并向对账差异的客户发送对账邮件。财务机器人还需要从银行获取数据，自动认领来款，并同步至账务系统进行收款核销。

此外，财务机器人定期进行客户信息的查询，并将相关数据提供给授信模块，用于评估和控制客户信用。最后，财务机器人自动更新主数据信息并发布变更通知。

4. 总账到报表

总账到报表是指从日常记账、对账、期末关账到最后出具报表的全流程，其中标准记账分录处理、对账、期末关账、财务报表出具等工作可借助财务机器人完成。财务机器人在总账到报表流程中的应用如图1-5所示。

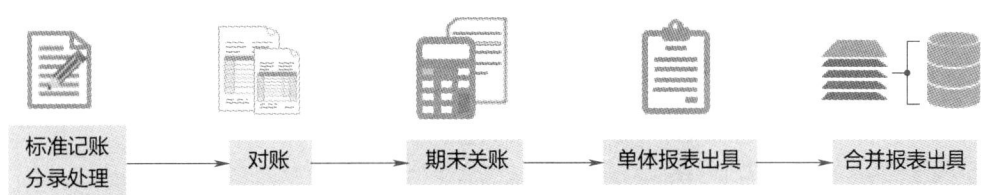

图1-5　财务机器人在总账到报表流程中的应用

首先，对于标准的记账分录，财务机器人周期性地对账务进行记录和结转。同时，财务机器人每日自动完成对账和调节表打印工作。在期末，财务机器人自动进行现金盘点、银行对账、销售收入确认、应收账款对账等关账工作，如发现异常，发送预警报告给相关负责人；如对账无误，则自动进行账务处理。

其次，财务机器人自动完成数据汇总、合并抵销、邮件催收、系统数据导出及处理等工作，自动出具模板化的单体报告。

最后，财务机器人实时监控收件箱，收集各公司报送的月报文件并发出催收提醒，再对子公司报送数据进行汇总，并根据抵销规则生成合并抵销分录，生成当月合并报表。

5. 税务管理

税务管理是企业财务工作中非常关键的一环，经常面临着税务政策更新变化快、增值税发票认证抵扣工作操作烦琐、耗时长、效率低等诸多业务痛点。财务机器人的出现为企业税务管理工作带来了较大变革。目前，税务管理已成为财务机器人运用较为成熟的领域，包括自动纳税申报、涉税信息校验、增值税发票验真等子流程。财务机器人在税务管理流程中的应用参考流程如图1-6所示。

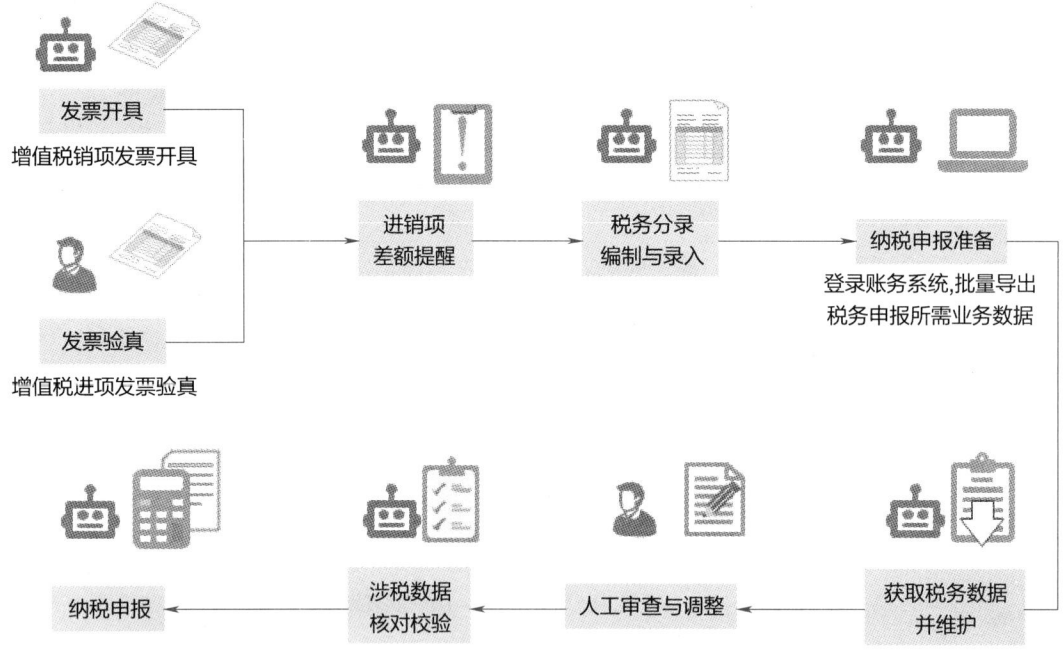

图 1-6　财务机器人在税务管理流程中的应用

首先，财务机器人基于现有待开票数据，操作专用开票软件自动开具增值税普通发票和增值税专用发票。财务机器人可以利用 OCR 技术对票据进行批量扫描转为电子数据，并通过国家税务总局增值税发票查验平台进行统一查询、验证、反馈和记录。

其次，财务机器人可以定期从核算系统、开票系统、进项税票管理系统等数据源生成进销项差额提醒表格，并发送给业务人员。接下来，财务机器人根据纳税、缴税信息完成系统内税务分录的编制，计算递延所得税并完成分录的编制与录入，计算资产或负债，完成系统内的入账，并邮件提醒相关责任人。

期末，财务机器人自动登录账务系统，按照税务主体批量导出财务数据、增值税认证数据等税务申报相关的业务数据。同时，财务机器人还可以自动获取事先维护好的企业基础信息，便于日后生成纳税申报表底稿。对于需要调整的税务差异、会计差异等，财务机器人通过设定好的规则自动调整，并由税务人员进行审查。

最后，对于审查无误的收据，财务机器人根据特定逻辑自动生成申报表，然后自动导入税务局端。

由于财务领域存在大量的数据转载、校验、核对、登记等重复性、流程性、标准化、规则化的工作内容，这也决定了 RPA 技术在财务领域的应用潜力还非常大，RPA 技术也成为推动财务由核算型向管理决策型转型的关键技术之一。对财务人员来说，掌握 RPA 这种自动化技术，不断提高核算工作的效率和质量，提升个人的职业价值，成为个人职业发展的重要方向。

任务 1.2　了解 RPA 开发工具

一、了解 RPA 产品架构和工作流程

（一）RPA 产品架构

典型的 RPA 平台通常由三大核心产品组成，分别是：RPA 编辑器、RPA 机器人和 RPA 控制台。

1. RPA 编辑器（Studio）

RPA 编辑器（Studio）也可以叫机器人设计器、开发工作室（Development Studio）、设计工作室等。它是 RPA 的编辑工具，用于配置机器人或者设计机器人，它能利用可视化界面设计出各种自动化的流程。

通过开发工具，开发者可以为机器人执行一系列的指令和决策逻辑进行编程。

开发工具将企业业务流程编辑成计算机能够理解的逻辑和流程，通常需要开发人员具备相应的编程知识储备，如循环、变量赋值等。不过，大多数 RPA 软件代码相对较简单，使得一些没有 IT 背景但训练有素的用户也能快速学习和使用。

开发工具里还包括记录仪、插件／扩展、可视化流程图。

（1）记录仪：也称之为"录屏"，用以配置软件机器人。就像 Excel 中的宏功能，记录仪可以记录用户界面（UI）里发生的每一次鼠标动作和键盘输入，使得用户基于界面的频繁操作，比如鼠标左击按钮、选择框、下拉列表和其他图形界面元素等操作，能够实现自动化处理。

（2）插件／扩展：为了让配置的运行软件机器人变得简单，编辑器都提供许多插件和扩展应用。这种插件／扩展大多采用可视化工作模式，通过对插件的拖拽就能实现一系列的屏幕操作、数据记录等操作。

（3）可视化流程图：为了方便开发者更好地操作 RPA 开发平台，很多 RPA 平台会推出流程图式可视化的开发环境。比如有的开发平台就包含三种视图，流程视图、可视化视图、源码视图，分别对应不同用户的需求，使即使没有 IT 基础的业务人员，也能轻松完成一些自动化流程的基础配置和设计工作。

2. RPA 机器人（Robot）

RPA 机器人（Robot）可以称为机器人运行（Bot Runner），是 RPA 执行工具，用于执行编辑器工具设置好的流程。按照所需人工干预的程度，机器人可以分为无人值守机器人、有人值守机器人。

无人值守机器人是完全不需要人参与或者仅需少量人工干预的机器人（也称为后台机器人）。无人值守机器人可由活动或者事件触发，也可以由另一个机器人触发，或者按照一定的时间和计划自动执行。无人值守机器人能够全天候、全自动地处理大批量交易流程，通常用于处理任务繁重的后台办公场景。

有人值守机器人可以理解为"人机交互"机器人，机器人的某个流程的启动需要人工干预或者人工触发（也称为前台机器人），需要由 RPA 前台用户处理 RPA 无法处理的数据。这类机器人通常需要员工或管理员的命令或输入密码等才能执行任务，通常会在员工的工作站上工作，访问权限仅限于特定部门或工作站的员工。

3. RPA 控制台（Console）

RPA 控制台（Console）即 RPA 控制中心，用于集中控制、调度、管理和监控所有机器人和流程。它能通过网络监视并控制机器人的运行，可以开始/停止机器人运行，为机器人制作日程表和日志展示分析，维护和发布代码，设定定时触发或者触发条件等。

（二）RPA工作流程

通常情况下，RPA的工作流程包括如下几点。

（1）流程开发及配置。开发人员制定详细的指令并将它们发布到机器上，具体包括应用配置、数据输入、验证客户端文件、创建测试数据、数据加载以及生成报告。

（2）机器人调度和控制。业务用户通过控制中心（控制器）给机器人分配任务并监视它们的活动，将流程操作转化为独立的自动化任务，交由软件机器人执行。

（3）机器人在网络或本地物理环境中运行。运行过程中不需要业务系统开放任何接口，仅通过用户界面与各种应用系统（包括ERP、SAP、CRM、OA等）进行交互，完全模拟人类操作，自动执行日常的劳动密集且重复的任务。

（4）业务用户审查并解决任何异常或进行升级。

RPA工作流程如图1-7所示。

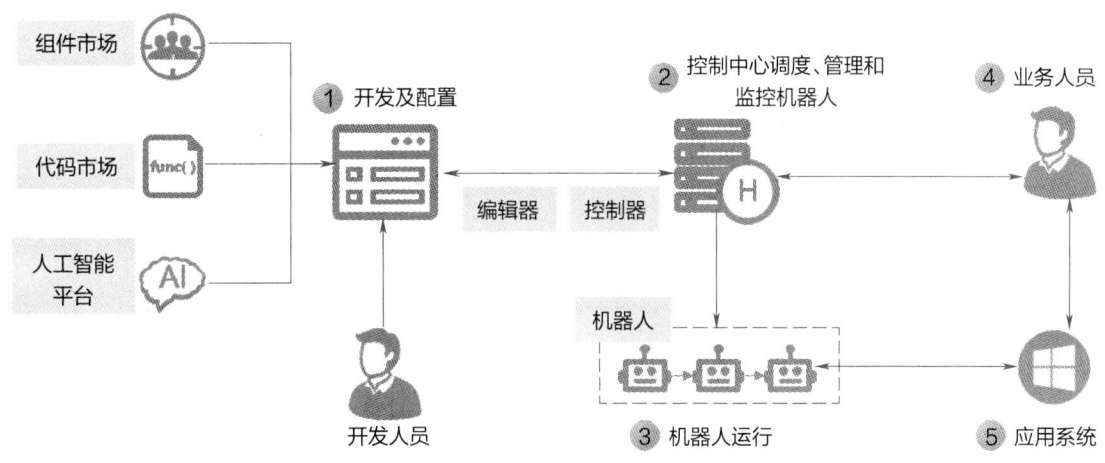

图1-7　RPA工作流程

二、了解RPA基本功能

RPA编辑器一般采用简单直观的布局，可以最大限度地为编辑区域提供空间，同时为浏览项目或项目的整个上下文留出足够的空间。用户界面分为开始主页和编辑器主页两部分。

（一）开始主页

"开始"主页包括开始、新建、打开、工具等菜单，如图1-8所示。

图1-8 "开始"主页

在"开始"菜单和"新建"菜单下，均可新建新的项目。新建项目包括"流程项目"和"组件项目"。

（二）流程项目

流程项目是用于管理所有跟单个自动化任务相关的流程文件的集合，比如需要创作一个定时处理客户订单的自动化流程，就可以创建一个流程项目，跟这个任务相关的所有子流程文件、依赖项等信息都会出现在这个项目中。

流程项目是进行开发、发布以及部署给机器人运行的基本单位。通常情况下，每一个独立的工作任务都应该创建一个新的流程项目。创建流程时，需要选择流程的类型，如图1-9所示。

流程项目类型包括序列、流程图和状态机三种，如图1-10所示。

（1）序列。当新建一个"序列"类型的项目，编辑器会默认处于命名为"Root"的"序列"的编辑界面，如图1-11所示。

图 1-9 流程项目类型选择

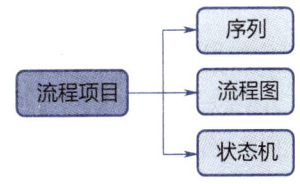

图 1-10 流程项目分类

图 1-11 新建"序列"类型项目

序列（Sequence），是最小的项目类型。序列内可放置各种组件，组成一个小单元的流程，这就是最基本的自动化工作流。序列适用于线性过程，能够无缝地从一个组件转到另一个组件，并可以充当单个组件块。关键特征之一是它们可以作为独立的自动化项目或流程图的一部分而一次又一次地被重复使用。

序列项目中，可以新增一组序列来构建流程，也可以在序列内部嵌套若干新的序列来构建流程，如图1-12和图1-13所示。

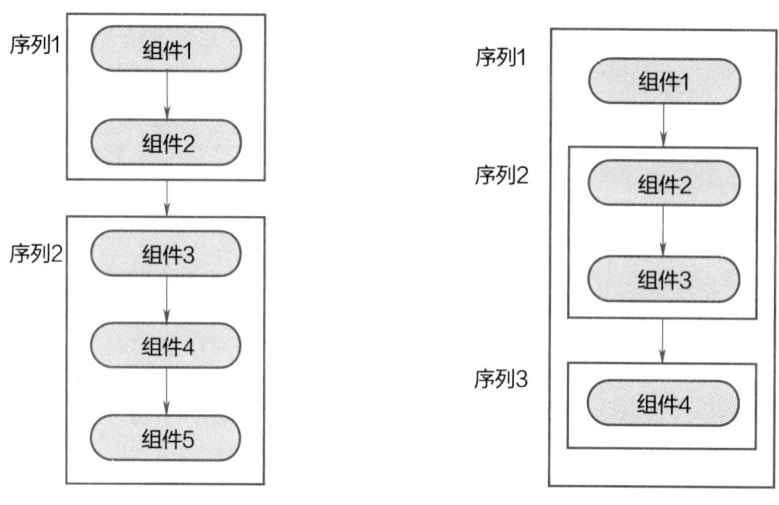

图1-12　顺序型序列　　　　　　图1-13　内嵌型序列

在流程设计的时候，序列是最常用的流程单位，为了调试程序、理解程序和查找问题的方便，实际工作时，建议按照业务功能对序列进行命名。要注意的是序列不使用连接线。

（2）流程图。当新建"流程图"类型的项目时，编辑器会进入"流程图"的编辑界面，如图1-14所示。

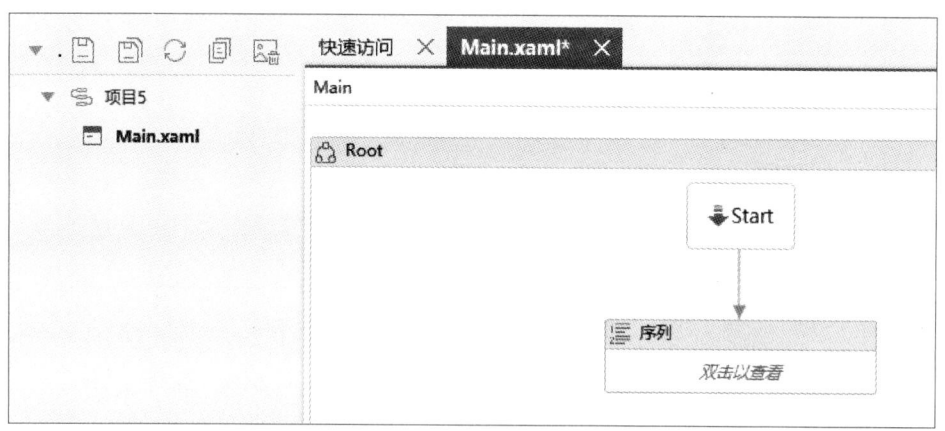

图1-14　新建"流程图"类型项目

流程图（Flowchart）是比序列更为复杂的流程，可以将流程按照不同的分支匹配执行。流程图内，可新建序列，也可以直接连接组件。因此，从大型项目到小型项目，它都能适用。

与序列不同，流程图最重要的方面是适用于更加复杂的业务逻辑。可以运用多个不同的逻辑运算符以更多样化的方式简单快速地集成自动化项目。当自动化流程中存在多个分支，且不同的分支对应一系列复杂操作流程，或者业务流程相对复杂，且执行过程中有大量重复执行点，多操作步骤时，就可以选用流程图。

与序列不同，流程图最重要的特性是可以设置多个分支逻辑运算符，允许以判断、连接等更加多样的形式来实现自动化。流程图中存在唯一的开始节点，各个活动（包括序列和组件），通过连接器相连，并沿着连接器的方向来执行，而序列中不使用开始节点和连接器。

在实际项目中，流程图和序列可以进行任意嵌套。一般在创建流程相对复杂的项目时，开发人员首先会新建一个流程图，用于包裹复杂的业务流程，接着会将独立的小功能点放置在一个个序列中，然后将多个序列在流程图中连接起来，组成一个复杂的项目，如图1-15所示。

（3）状态机。新建"状态机"类型的项目，编辑器会进入"状态机"的编辑界面，如图1-16所示。

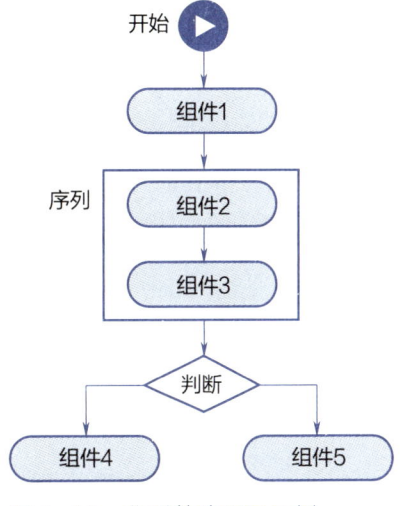

图1-15 典型的流程图示例

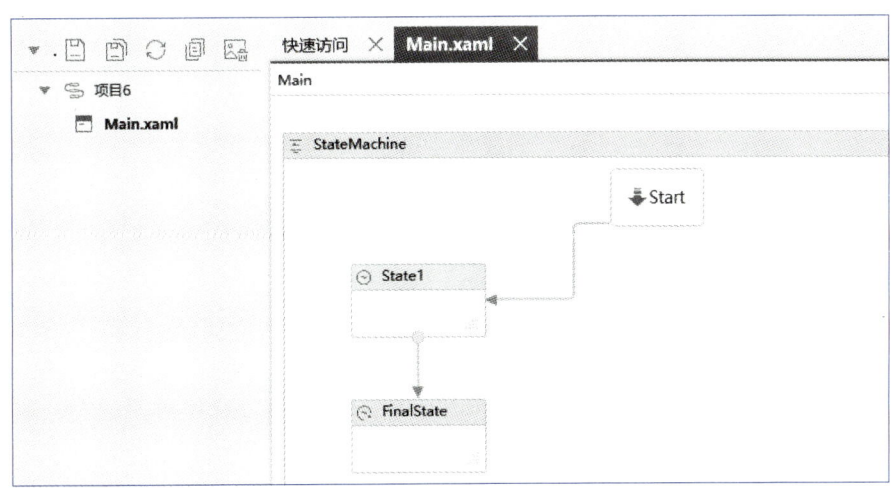

图1-16 新建"状态机"类型项目

状态机（State Machine）是微软 .NET 框架中的一种编程范式，通过状态的改变实现程序逻辑的推进。状态机也是一种工作流类型，它相当于一个独立的模块，里面包含了一个或多个实现了相对独立功能的序列和流程图。

状态机中的一个重要概念是转换（Transition），转换由箭头或者状态之间的分支来表示，它可以添加从一种状态跳转到另一种状态的条件。因此，某种程度上，状态机可以看成是带有条件的流程图，它适合实现复杂的企业化流程。

状态机中存在唯一的开始节点，且只有两个状态可以使用，分别是状态（State1）和最终状态（FinalState），状态之间可以设置一个或多个分支。

（4）流程文件。流程项目创建完以后，可保存为"xaml"格式文件，就是流程文件。流程文件是描述流程逻辑的源文件，格式通常为 .xaml。每个流程项目只有一个主流程文件，默认为 Main.xaml。

流程项目中包含了以下两个部分。

一个是自动创建的主流程文件，即 Main.xaml 流程文件。该文件作为流程执行时的开始文件，是机器人执行的起点。Main.xaml 是每个流程项目的默认文件，不可删除，如图 1-17 所示。

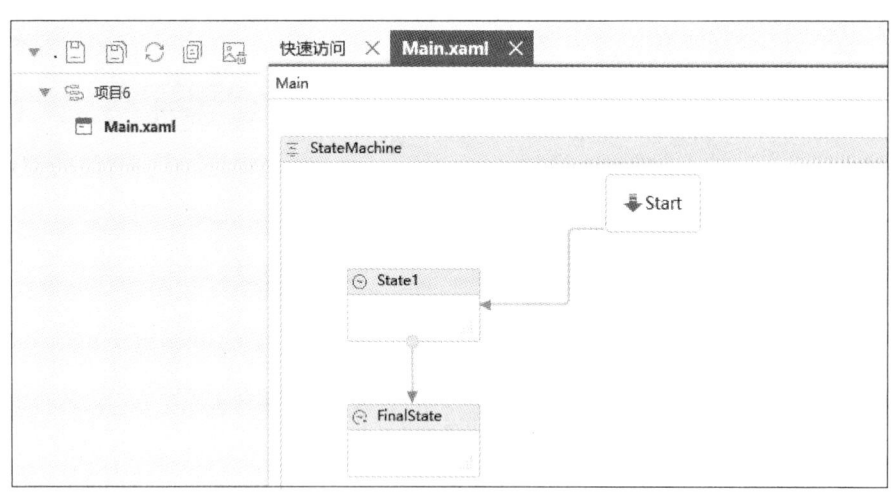

图 1-17　主流程文件

另一个是其他的 .xaml 流程文件，它们也可以视为是主流程中的子流程。在项目文件中单击"文件 | 新建 | 流程图"，可创建多个流程文件（.xaml）。这些流程文件类似一个流程组件，可以直接拖入主流程中，并被主流程调用，与 Main.xaml 文件

连接起来，构建成一个复杂且连续的流程。当运行或调试自动化流程时，将从 Main.xaml 文件开始，如图 1–18 所示。

图 1–18　多个流程项目

（三）组件项目

除了流程项目以外，编辑器还能新建"组件项目"。组件项目是一个包含一个或多个可重复使用组件的项目。通过将该项目发布到组件市场，可以将其作为组件包安装到其他项目中，作为依赖项进行使用。

组件项目的创建类似于创建流程项目，其主要区别在于组件项目可在其他项目中进行引用。由于其工作原理和流程项目比较类似，这里就不再赘述。

综上所述，项目、流程、序列和组件的关系如图 1–19 所示。

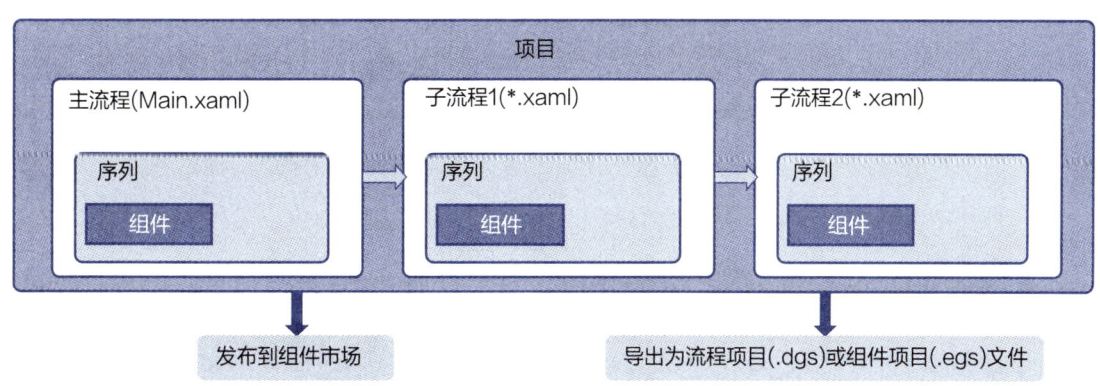

图 1–19　项目、流程、序列和组件的关系

（四）编辑器主页

创建项目后，双击打开 Main.xaml 流程文件，就进入到编辑器的主页了。打开或者新建一个项目，默认状态下，编辑器的主页包括工具栏、项目面板、大纲面板、菜单栏、编辑区域、属性栏、输出面板和状态栏等部分，界面如图 1-20 所示。

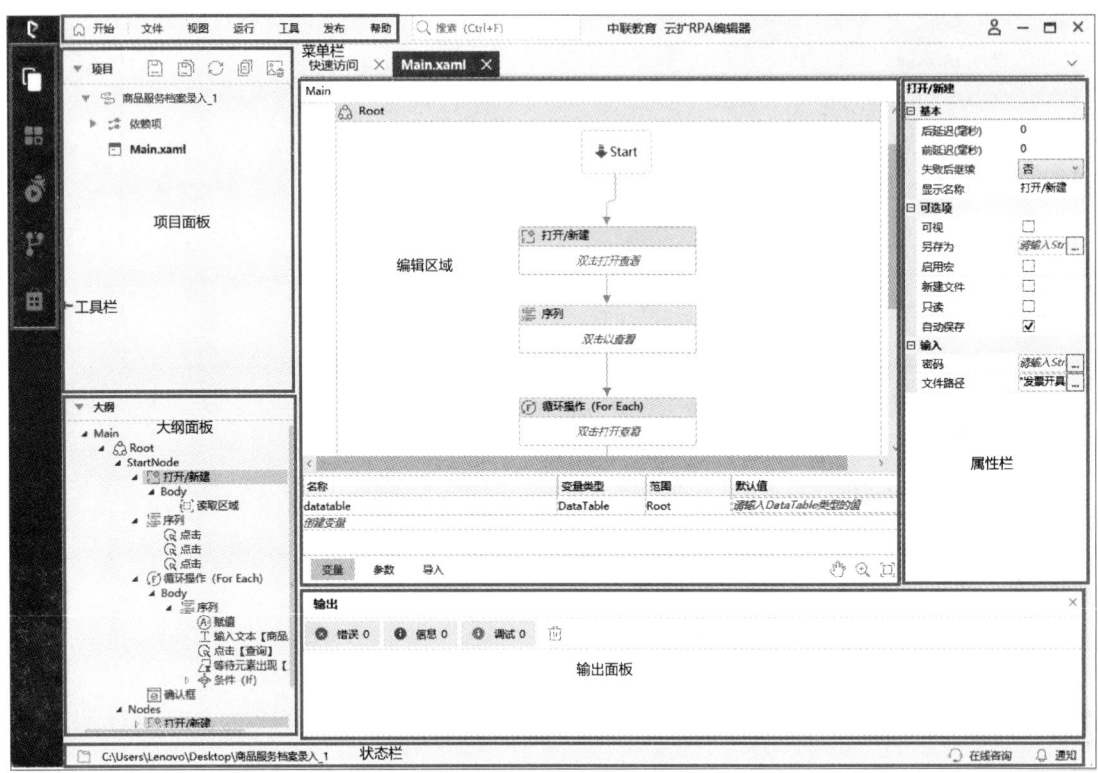

图 1-20　编辑器主界面

（1）工具栏。编辑器主界面最左边是工具栏，默认打开的是"项目"工具栏。项目工具栏下，包括项目面板和大纲面板。项目面板以树形结构的方式显示创建的全部项目内容。项目面板提供保存、全部保存、刷新、显示所有文件、删除未使用的屏幕截图等快捷按钮，协助用户快速完成项目管理相关操作。右键单击项目名称，可完成打开项目所在文件夹，快速添加序列、流程图、状态机、脚本、文件夹等内容，快速导出项目，关闭项目等操作。项目面板如图 1-21 所示。

项目编辑完可以导出，导出后会自动生成一个 .dgs（流程项目）或 .egs（组件项目）文件。导出后可以将流程程序、项目下的文件及依赖项打包成一个文件输出，如图 1-22 所示。

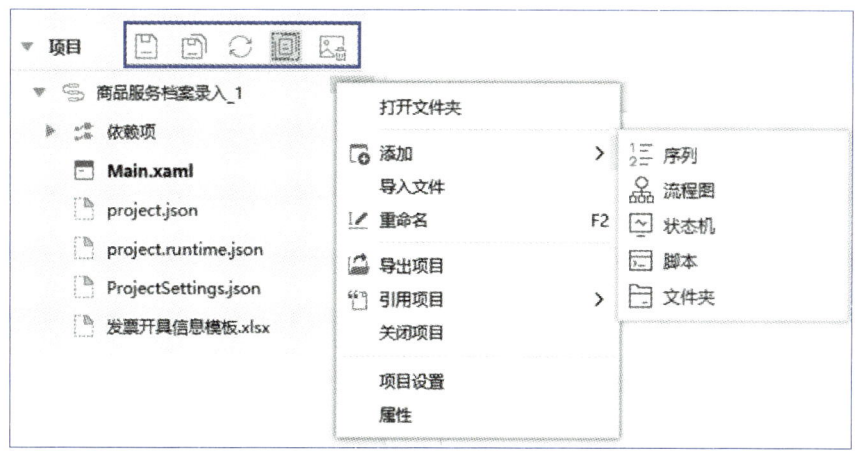

图 1-21　项目面板

图 1-22　导出项目

项目面板下方是大纲面板，可显示当前流程文件的层级结构。通过在大纲中选中某一组件来定位到编辑区域的组件，也可以通过在编辑区域选择组件来显示大纲中的组件，如图 1-20 所示。

选择工具栏的第二个菜单，可打开"组件"面板。单击面板上方的"＋"，可展开所有的组件，如图 1-23 所示。

选择工具栏的第三个菜单，可打开"运行"面板。该面板主要显示与运行和调试有关的所有信息，顶部显示带有调试和运行命令的相关按钮，如图 1-24 所示。

调试是程序设计过程中最常用的功能之一，它主要是在将编辑好的自动化项目投入实际使用之前，通过手动或自动的方式进行测试，识别并修正项目中会导致其运行失败的过程，这是保证自动化项目正确性的一个重要步骤。可以使用运行面板下的多个调试操作来执行调试，还可以通过其他相关面板来查看调试的具体过程。

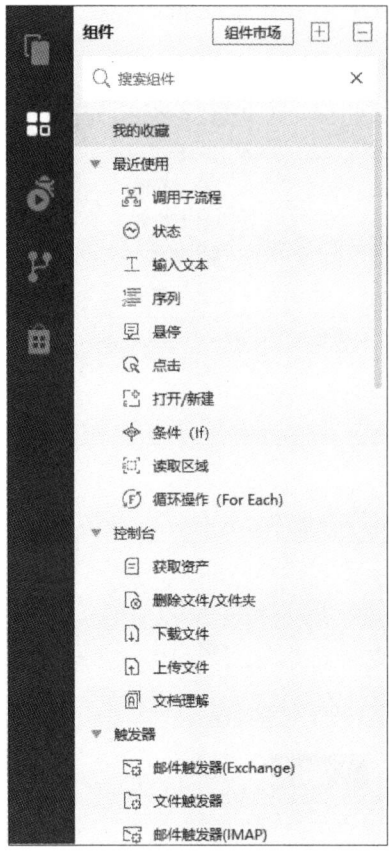
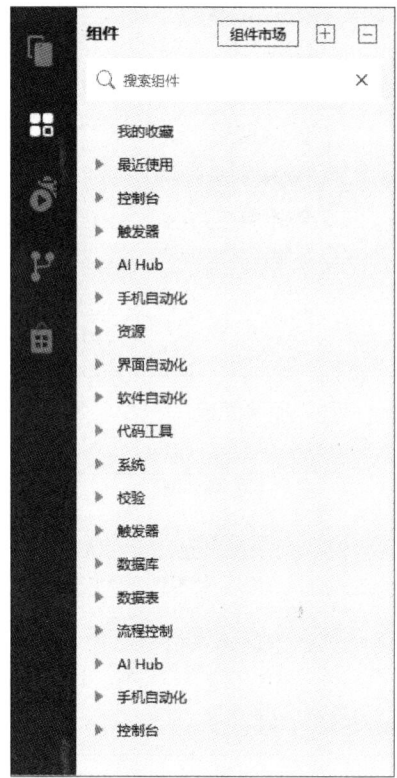

图 1-23　组件面板

图 1-24　运行面板

运行通常是在确认没有错误的情况下，对程序完整地执行。运行自动化项目时，所有项目运行时相关过程的详细信息都将显示在输出面板中。当流程出现错误时，通过日志可以轻松地定位到出现错误的组件。

（2）菜单栏。菜单栏包括开始、文件、视图、进行、工具、发布和帮助菜单。

（3）编辑区域。作为编辑器的主要区域，可以在此编辑和修改自动化项目，包括编辑序列、流程图、状态机和设置变量。

（4）属性栏。选择任一组件，在编辑器右侧可查看该组件的属性相关信息。

（5）输出面板。在编辑器下方可以打开输出面板，以输出不同的日志信息，如错误、调试等。

（6）状态栏。状态栏展示打开的项目和编辑器通知等相关信息。

【任务拓展】

1. 创建一个流程项目，命名为"myRPA"。试着在主流程中添加"写入日志"组件，输出"hello RPA！"。再运行一下，观察一下运行的结果。

2. 将该流程导出为 myRPA.dgs 文件。

【学习评价】

按照表1-1财务机器人应用基础学习评价表的考核内容分别评价各项内容的完成度并计算得分，按考核项目的权重计算本单元的总分。

表1-1　财务机器人应用基础学习评价表

考核项目	权重（%）	考核内容	分值	得分
知识	50	按时完成智能技术的发展、RPA 软件的架构和基本功能、财务机器人的概念及应用领域等内容的线上阅读或线下听讲	50	

考核项目	权重（％）	考核内容	分值	得分
知识	50	积极参与本单元有关的财务机器人架构、概念和应用的讨论与交流活动	10	
		正确辨析并解释本单元涉及的财务机器人架构、概念和应用等内容	40	
技能	30	能够掌握 RPA 工具的基本界面操作，完成机器人开发的基本操作	25	
		能够使用机器人开发软件完成流程的新建、保存、导入／导出	25	
		能够熟练运用财务机器人基本组件，开发并运行一个简单的应用	25	
		观察或者调研你熟悉的一家企业的财务或业务流程，了解一下哪些工作流程可以应用流程自动化	25	
素养	20	按照本单元规定的职业素养目标的基本要求，各项表现良好	50	
		结合本单元实例，完成有关智能技术行业应用等问题的讨论，谈谈你对智能技术应用前景的看法	50	
总体评价			100	

通用业务流程自动化开发与应用

学习目标

知识目标：

◆ 理解流程自动化的含义；

◆ 理解变量与变量类型的含义；

◆ 理解组件的含义。

技能目标：

◆ 能够自主创建变量并引用；

◆ 能够根据逻辑选择适当的组件并应用；

◆ 能完成 Web 自动化流程设计与开发；

◆ 能完成 Excel 自动化流程设计与开发；

◆ 能根据现有业务流程自动化优化 RPA 流程。

素养目标：

◆ 能合法合规应用技术，守护企业信息安全；

◆ 具有科学和创新精神；

◆ 培养踏实肯干的劳动精神和严谨细致的工匠精神。

职业素养提升

合法合规应用技术，守护企业信息安全

RPA 的优势在于能打通企业各类信息孤岛，解决企业信息化的"最后一公里"问题，有效解决企业常见的信息资源管理系统（如 ERP、CRM）及办公软件（如 Excel、Word）集成难等问题，弥补系统之间的差距。这也使得 RPA 在中小企业及各行各业得到了日益广泛的应用。虽然 RPA 极大地提升了工作效率，但也有很多企业担心由于自动化过程无须人工介入和监督，可能会导致系统安全问题。比如，RPA 能自动采集系统的登录信息，在 Web 浏览器中自动登录系统，自动录入业务信息，并推动流程自动流转。如果 RPA 设计不当，有可能造成企业信息泄密，或自动流程录入不合规信息，给企业带来损失。

在设计 RAP 程序时，尤其是在 Web 端运行的自动化程序，应当坚持守护企业信息安全、合规实施自动化的意识。杜绝滥用自动化程序，侵入业务系统，收集企业信息，危害企业数据安全的行为。2021 年 9 月 1 日，《中华人民共和国数据安全法》施行，以立法的形式维护数据安全，坚持总体国家安全观，建立健全数据安全治理体系，提高数据安全保障能力。财务人员与 RPA 技术实施人员应具备守法意识，防止技术滥用。

任务 2.1　了解 RPA 应用基础

一、变量与变量类型

（一）变量

变量是没有固定的值，可以改变的数。变量是程序运行过程中可以改变其数值的量，程序可以利用变量直接或间接访问数据。只要一个数据可能被反复使用，都可以保存为变量。

变量可以通过简短、易于记忆的变量名访问，可以保存程序运行时用户输入的数据（如在屏幕上显示一个对话框，然后把用户键入的文本保存到变量中）、特定运算的结果以及要在窗口上显示的一段数据等。变量是用于跟踪几乎所有类型信息的简单工具。在程序运行的过程中，往往可以把一个运行临时产生的结果存储到一个变量中，并进行下一步的运算。比如，我们可以查询出"明天"的天气预报，并显示在屏幕上。由于天气预报的结果是每天都变化的，就可以将这个结果存储到一个变量中去，比如"weather"，这个"weather"就是变量名。

（二）变量类型

变量类型是数据在内存中的存储结构。在程序中，不同类型的数据要选择对应不同的数据结构来存储。比如，存储用户名可以使用字符串类型，存储年龄可以使用Int32 类型等。

由于 RPA 软件大多采用强类型的编程语言（C# 或 VB.NET），在创建变量时，指定了何种数据类型，将来就只能使用该变量保存同种数据类型的数据。一旦赋值给变量的数据类型与变量本身的数据类型不一致，程序就会报错。因此，在程序中需要使用不一致的数据类型的数据时，经常需要将操作的数据转化为所需要的类型，这个过程即为数据类型的转换。数据类型的转换，主要采用显性强制转换的方式，手动借助类型转换的方法完成转换。比如将 Int32 类型 Age 的值，转换为 String 类型（将整数型转换为文本型），可以用 Age.ToString() 的方法来实现。而将 String 类型变量SerialNumber 的值转换为 Int32 类型可以用 Convert.ToInt32（SerialNumber）的方法来实现。

常见的变量类型包括字符串类型、整数类型、对象类型、日期和时间类型、布尔类型等。

1. 文本（String）类型

文本（String）类型，也称字符串类型。用于在程序中保存一串固定的字符，当程序中需要保存一个文本信息时，可以使用 String 类型，例如 "computer" "test123" " 商品名称 " 等。

RPA 编辑器中的所有字符串必须放置在英文引号之间。如果需要将两个字符串的值连在一起，则需要用 "+" 进行连接。例如，"RPA" + " 财务机器人应用与开发 "，连接完输出的结果则是：RPA 财务机器人应用与开发。如果连接的变量包含了非字符型，则需要通过 . ToString() 将其转换为字符型。假设变量 Age 的数量类型是 Int32（整数型），则 " 您的年龄是 " + "Age.ToString()"，如果 Age 变量的值为 17，则输出结果为 " 您的年龄是 17"。

字符串常见的处理包括以下几种：

（1）字符串 .Length：获取字符串的长度。如 "www.sohu.com".Length 的结果是 12。

（2）字符串 .Contains()：判断该字符串是否包含特定的字符串，如果包含则返回 True，不包含则返回 False。如 "RPA 课程 ".Contains("RPA") 的结果为 True。

（3）字符串 .Trim()：去掉字符串前后的空格。如 "RPA".Trim() 的结果为 "RPA"。

2. 数字（Int32）类型

数字（Int32）类型，也称整数类型。用于存储程序中整数类型的数值（不带小数点和小数位），可以用于执行方程或进行比较。例如年龄、数量、年份等。

使用数字类型需要注意以下两点：

（1）数字类型可以存储的整数范围是 $-2^{16} \sim 2^{16}-1$（$-2\ 147\ 483\ 648$ 到 $2\ 147\ 483\ 647$），如果要赋值的数据超出这个范围，程序就会报错。

（2）当将数值间的计算结果赋值给数字类型的变量时，需要注意计算结果是否为整数。例如整数除以整数的结果可能是整数，也可能是小数，当计算的结果为小数时，程序就会报错。

3. 双精度浮点（Double）类型

双精度浮点（Double）类型也是一种数字类型，主要用于存储程序中的小数类型的数值，例如 "9.99" "100.01" 等。当程序中需要保存一个小数时，都可以用 Double 类型，如平均单价、净利润、毛利润、毛利率等。Double 的存储范围是 $-1.79\mathrm{E}+308 \sim 1.79\mathrm{E}+308$，如果要赋值的数据超出这个范围，程序就会报错。

4. 日期和时间（DateTime）类型

日期和时间（DateTime）类型，用于在程序中存储日期和时间信息，如 dt = 2022/9/8 18：30：00。如果要获取当前日期，可以写成：System.Datetime.Now。

当程序中需要保存一个日期类型或时间类型的信息时，都可以用 DateTime 类型，如企业员工入职时间、商品入库时间、合同到期时间等。日期和时间类型变量在业务中有广泛的应用，如日期和时间类型变量可用于将日期信息附加到发票或任何其他文档中，记录单据产生的时间。

设置数据类型时，可在 System.DateTime 下找到 DateTime 数据类型。

DateTime 类型的值是由多个属性组成的。

Year：指日期的年份。

Month：指日期的月份。

Day：指日期的日。

Hour：指日期的小时。

Minute：指日期的分钟。

Second：指日期的秒钟。

Millisecond：指日期的毫秒数。

实际项目中，经常需要将 DateTime 类型和 String 类型互相转换，比如要将日期型变量写入文本框，就需要将 DateTime 类型转换为 String 类型，再写入文本。DateTime 类型转换为 String 类型时，可以使用 .ToString() 方法。

5. 数据表（DataTable）类型

数据表（DataTable）类型变量表示的是一种可以存储大量信息，并充当数据库或包含行和列的简单电子表格的变量类型。数据表（DataTable）表示内存中数据的一个表。在数据库中存储的是实体表，实体表中有一系列的数据。数据表（DataTable）类型变量被大量地应用于结构化数据的批量写入或者读取的场景。比如可以把 Excel 工作表中包含行和列的数据，看成是一个数据表。将这个数据表存储到变量中去，这个变量的类型就是 DataTable 类型。

数据表（DataTable）类型变量可以在"浏览并选择 .Net 类型"窗口里的系统命名空间（System.Date）下找到此类型的变量（System.Data.DataTable），如图 2-1 所示。

名称	变量类型	范围	默认值
data	System.Data.DataT ˅	Root	请输入 DataTable类型的值
a	Boolean		tring类型的值
jiage	Int32		nt32类型的值
创建变量	String		
	Object		
	Double		
	System.DateTime		
	System.Data.DataTable		

图 2-1　System.Date 变量类型

这种变量对于将特定数据从数据库迁移到另一个数据库，从网站批量提取信息并将其存储在本地电子表格和许多其他文件中时是非常有用的。

6. 布尔（Boolean）类型

布尔（Boolean）类型是一种常见的数据类型。这种变量只有两个可能的值即True 或 False，可以用于做出决策，从而更好地控制流程。当程序中需要判断一个表达式的结果是否正确时，都可以用 Boolean 类型。例如判断一个员工是不是男性员工，判断一个学生成绩是及格还是不及格等。

7. 数组（Array）类型

数组（Array）类型，用于在程序中存储同一类型的多个值。数组是一种特殊的变量，它由多个数组元素构成。数组的存在是为了解决一个变量只能存储一个数据的局限，使用数组可以保存多个数据项。当程序中需要保存同一系列的一串数据时，可以用数组类型，例如员工工资的各个组成部分、商品的各个部件等。数组中元素的个数在初始化时就已经固定了，后续使用时不能再增加和删除。

程序支持的数组类型和变量类型一样多，包括整数类型数组、字符串类型数组和布尔类型数组等。其中数组类型指的就是数组中元素的类型，无论是什么类型，Array 的值必须放在一对英文大括号中间，且每个值之间用逗号隔开，如 {"a", "b", "c"}、{1, 2, 3} 等。

当需要取得数组中某个元素的值或为某个元素赋值时，可以使用下标来实现，具体表现形式为 Array(Index)，每个数组元素的索引是唯一的，通过索引就可以为指定的数组元素赋值或访问指定的数组元素。Array 的下标是从 0 开始计算的，也就是 Array 中的第一个元素表示为 Array(0)。如 Array 变量 EmpImfo 的值为 {" 张三 ", " 男 ", "30"}，该 Array 变量是字符型数组。该数组中的第一个元素 EmpImfo(0) 的值为 " 张三 "，第二个元素 EmpImfo(1) 的值为 " 男 "，第三个元素 EmpImfo(2) 的值为 "30"。

RPA 程序也支持二维数组，使用规范与一维数组相似，只是二维数组中的每个数组元素需要使用英文小括号括起来。比如 Class 变量（变量类型为 Array）中存储了某学校三个年级三个班级各班的人数，它的值是 {(({32, 43, 41}), ({38, 39, 43}), ({42, 33, 45})}。

8. 集合（List）类型

集合（List）类型，也是一种对象（Object）类型，用于在程序中存储一系列数据的集合。相对数组，它可以动态地添加或者删除元素而不是声明的时候就必须指定大小，因此 List 变量更加灵活。当程序中需要保存一系列的数据集合，并且还需要对数据进行增减时，都可以用 List 类型，如员工姓名表、员工 ID 号、商品 ID、商品名称等。

与 Array 类型一样，List 类型中的元素可以是任何类型，如 String 类型、Int32 类型、Double 类型及其. Net 中的数据类型。List 的值也必须放在一对英文大括号中间，且每个值之间用逗号隔开，如 {"a", "b", "c"}、{1, 2, 3} 等。

当需要取得 List 中某个元素的值或为某个元素赋值时，可以使用下标来实现，具体表现形式为 List(Index)，List 的下标是从 0 开始计算的，也就是说 List 中的第一个元素表示为 List(0)。如 List 变量 NumberList 的值为 {12, 14, 15}，该 List 的第一个元素 NumberList(0) 的值为 12，第二个元素 NumberList(1) 的值为 14，第三个元素 NumberList(2) 值为 15。

List 的长度指的是 List 中元素的个数，可以使用 List.Count 获取，表示 List 中有多少个相同类型的数据 {11, 12, 13}.Count 的结果为 3。

数组（Array）类型和集合（List）类型有如下区别：

（1）List 中的数据类型不必相同，而 Array 中的数据类型必须全部相同，比如都是字符串类型。

（2）List 变量能添加或者删除元素，而 Array 的个数是固定的。

（3）Array 中的元素可以重复，而 List 中的元素不允许重复。例如，{1, 2, 2, 3}是一个普通的数组，但如果将其转换为一个集合的话，就会剔除掉一个 2，只保留 1，2，3 这三个元素。

（4）Array 中的元素是有序的，而 List 中的元素是无序的。例如，往一个数组中依次添加元素 1、2、3，往另一个数组中添加 3、2、1，得到的会是两个不同的数组。而如果往两个集合中分别依次添加元素 1、2、3 和 3、2、1，这两个集合仍然是等价的。

List 类型不在变量（Variables）面板的变量类型（Variable type）下拉列表的默认选项中，它可以在浏览并选择. NET 类型对话框中的系统命名空间 System.Collections.Generic 下找到，如图 2-2 所示。

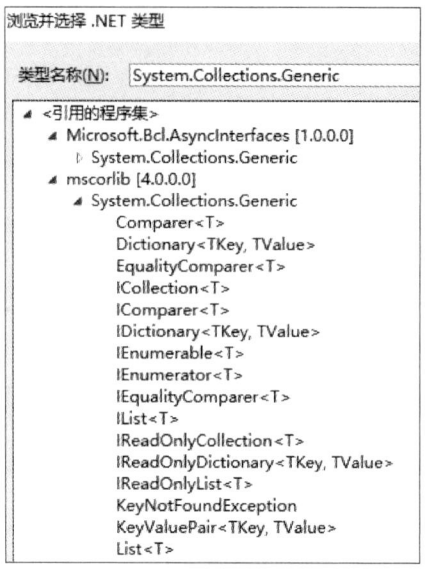

图 2-2　List 中元素的数据类型

（三）创建变量

变量在使用前，必须先声明该变量，即创建一个变量。创建一个变量需要设置 4 个内容。

（1）名称：必填。变量名称可以由中文、字母、数字和下划线组成。字母不区分大小写，不能用数字作为变量名称的开头。不可以是系统保留字，如不能将变量命名为"If"，因为 If 是条件组件的名称。

为了方便程序引用和使用者识别，创建变量名称时建议使用与实际业务相关的变量名称，比如存放天气的变量，可命名为"weather"。

（2）变量类型：必填。用于填写变量的类型。

（3）范围：必填。定义变量时，需要注意变量的作用范围。例如创建变量过程中，在选择变量适用的范围时，是选择整个流程图，还是单独在一个流程序列中使用。

（4）默认值：选填。默认值就是变量的初始值，如果设置了默认值，不给该变量赋值那它永远不会变。如果此字段为空，则使用该类型的默认值初始化变量。例如，对于 Int32，默认值为 0。

需要注意，如果编辑区域没有组件，则无法创建变量。

创建变量的方式有以下几种。

（1）从变量面板中创建。从变量面板中创建变量是创建变量最基本的方式。在变量面板的名称栏单击"创建变量"，变量面板中会自动生成一个"variable"开头的变量名称。可以根据实际业务情况修改变量名，使变量名更具意义。创建变量后，可以修改变量的名称、变量类型、范围和默认值，如图2-3所示。

名称	变量类型	范围	默认值
weather	String	Root	*Enter String Value*
创建变量			

图2-3　从变量面板创建变量

如果设置的变量类型不在默认变量类型列表中，可以单击变量类型列表下方的"浏览类型..."展开对应面板。在类型名称输入框中输入所需要的变量类型，如字典"Dictionary"，编辑器会自动筛选出相关数据类型，然后再单击所需类型并确定，如图2-4所示。

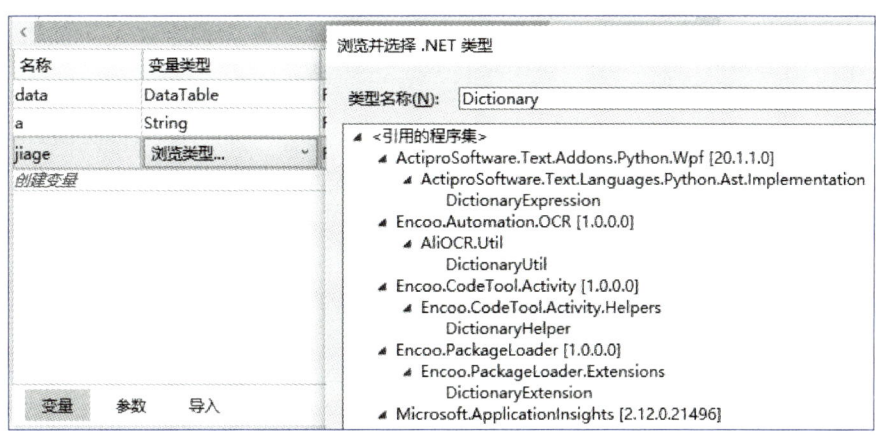

图2-4　浏览并选择，NET类型

（2）鼠标右键单击该组件，在弹出菜单中选择"创建变量"选项，进行创建，如图2-5所示。

（3）从组件输入框中创建。创建一个组件后，在组件的输入框中填入变量名称，选中名称并用鼠标右键单击，从上下文菜单中选择"创建变量"或者使用快捷键"Ctrl＋B"，即可创建该变量，如图2-6所示。通过变量列表可检查变量的类型和范围。

图 2-5　从组件属性面板中创建变量

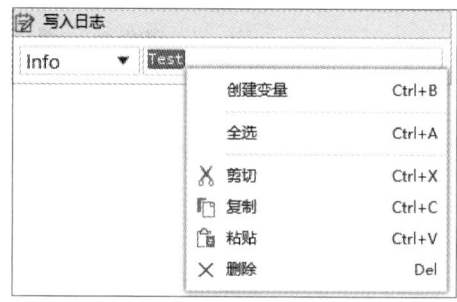

图 2-6　从组件中创建变量

（4）从属性面板中创建。在任一组件的属性面板中，选择某一属性，在输入框中填入变量名称。选中名称并用鼠标右键单击，从菜单中选择"创建变量"，或者使用快捷键"Ctrl + B"，即可创建该变量，如图 2-7 所示。通过变量列表可检查变量的类型和范围。

（5）从表达式编辑器中创建。选择任一组件，打开该组件某一属性的表达式编辑器，填入一段表达式。选择表达式的一部分并右键单击，从上下文中选择"创建变量"，或者使用快捷键"Ctrl + B"，即可创建该变量，如图 2-8 所示。通过变量列表可检查变量的类型和范围。

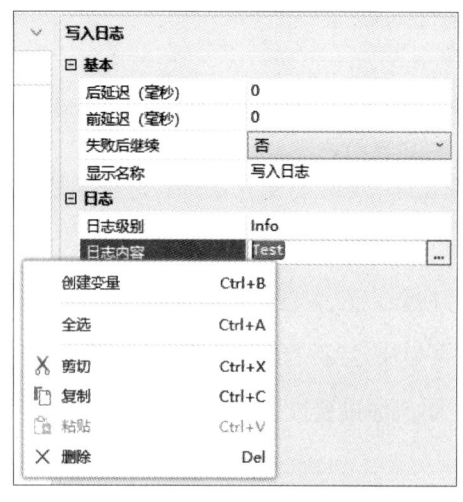

图 2-7　属性面板中创建变量

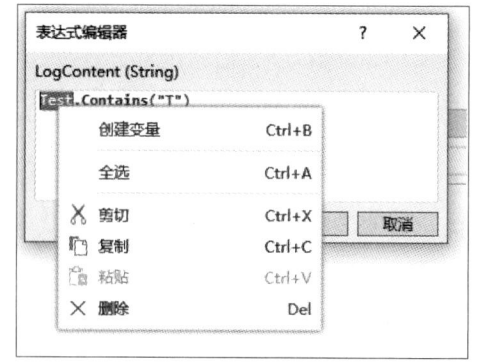

图 2-8　表达式编辑器中创建变量

二、流程控制

本部分主要学习 RPA 中常用的控制语句活动，比如分支结构活动 If、循环结构活动 Foreach 等。结合讲授的数据类型知识，就可以解决日常工作中常见的业务逻辑。

在日常工作中，我们经常会需要进行决策，比如月初需要报计划、月末需要做月报等。再比如做月报时需要在销售系统中的某个界面重复执行下载每个分公司的销售数据，每个分公司就是一个分支。接下来我们就来学习一下处理类似业务的控制语句。

（一）If 判断

If 流程控制根据是否满足指定条件决定下一步的执行内容。If 组件包含三个区域：条件（If）、Then、Else。使用 If 组件，首先应该在条件区域添加判断条件，条件区域不能为空，否则会报错。

在流程执行过程中，If 组件会先判断条件区域中的条件，如果判断结果为 True，则执行 Then 中的操作；如果判断结果为 False，则执行 Else 中的操作。实际开发中，如果不满足条件时不需要执行任何操作，Else 也可以为空。

例如：构建一个条件判断（明天是否为晴天），根据输入的明天的天气（晴天还是雨天）来判断明天是出去骑车还是在家看书。如果是"晴天"则出去骑车，如果是雨天（不是晴天），则在家看书，如图 2-9 所示。设置步骤如下。

图 2-9　天气判断

（1）创建输入框，设置"输入 | 标题"为""明天的天气?""；创建变量"weather"，变量类型为 String，如图 2-10 所示。

（2）在输入框后创建"条件（If）"组件，双击打开组件，输入条件为"weather ==" 晴天 ""。

（3）在条件成立（Then）框内创建"确认框"组件，设置"输入 | 标题"为""明天的行动""，设置"输入 | 描述"为""出去骑车""。

（4）在条件不成立（Else）框内创建"确认框"组件，设置"输入 | 标题"为""明天的行动""，设置"输入 | 描述"为""在家看书""，如图 2-11 所示。

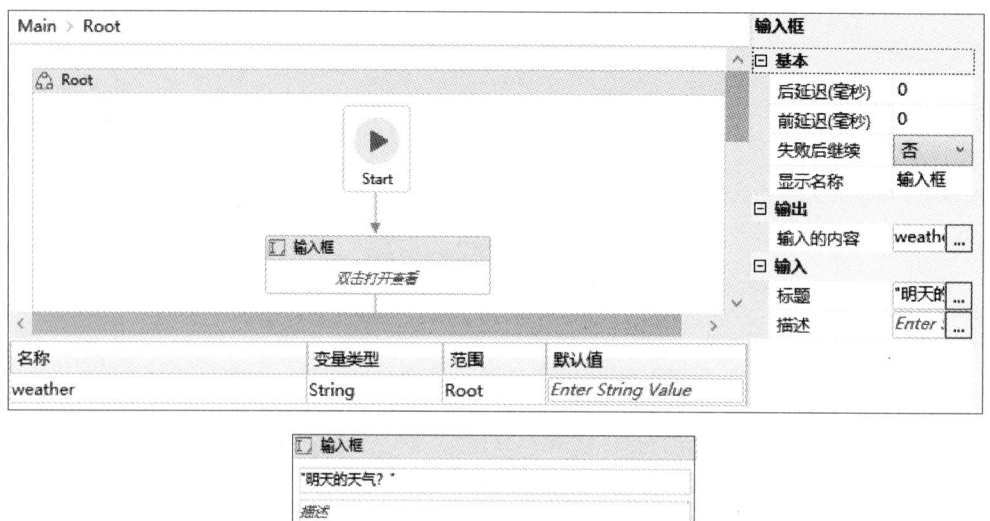

Main > Root
Root
Start
输入框
双击打开查看
输入框
基本
后延迟(毫秒) 0
前延迟(毫秒) 0
失败后继续 否
显示名称 输入框
输出
输入的内容 weath
输入
标题 "明天的
描述 Enter
名称 变量类型 范围 默认值
weather String Root Enter String Value
输入框
"明天的天气？"
描述

图 2-10　输入框

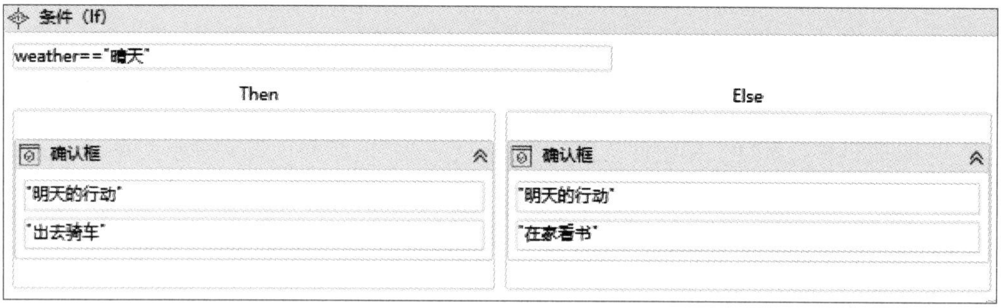
条件（If）
weather=="晴天"
Then
Else
确认框
"明天的行动"
"出去骑车"
确认框
"明天的行动"
"在家看书"

图 2-11　条件设置

（5）单击调试，系统弹出输入框，输入“晴天”，则系统弹出确认框显示“出去骑车”。如果输入“雨天”，则系统会弹出确认框显示“在家看书”，如图 2-12 所示。

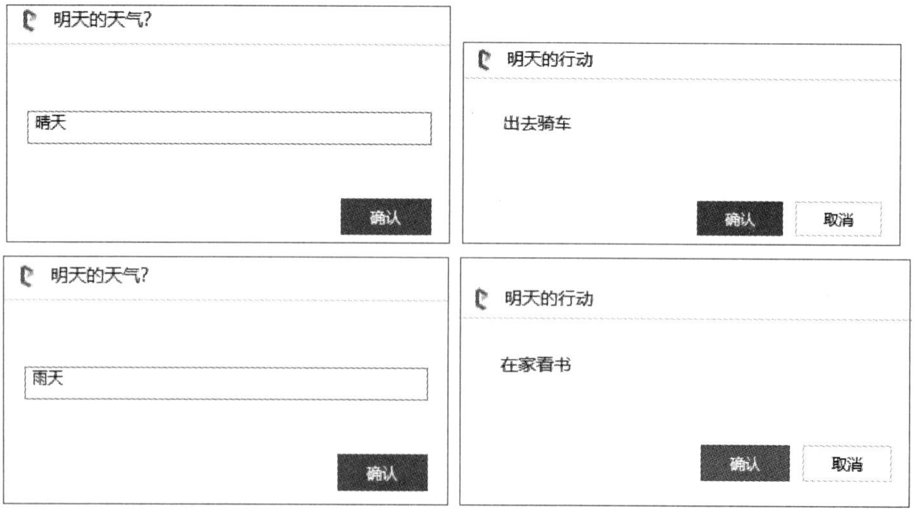
明天的天气?
晴天
确认
明天的行动
出去骑车
确认
取消
明天的天气?
雨天
确认
明天的行动
在家看书
确认
取消

图 2-12　条件运行结果

If 组件的主要属性如表 2-1 所示。

表2-1　If组件属性列表

属性名	用途
判断条件	判断条件可以输入表达式，比如 A>B。也可以输入 Boolean 类型的变量，该变量也是常用的表示逻辑"是否"的数据类型，它只有 True 或者 False 两个可能的值

条件组件可以嵌套，实现条件的多重判断，比如前面的案例，如果明天是晴天，则出去骑车；如果明天是雨天，则在家看书；如果明天是阴天，则在家健身。可以创建两个条件组件，进行嵌套，如图 2-13 所示。

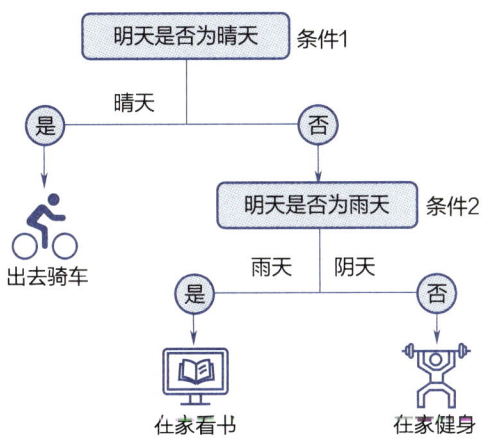

图 2-13　条件的嵌套

上述案例条件组件的设置如图 2-14 所示。

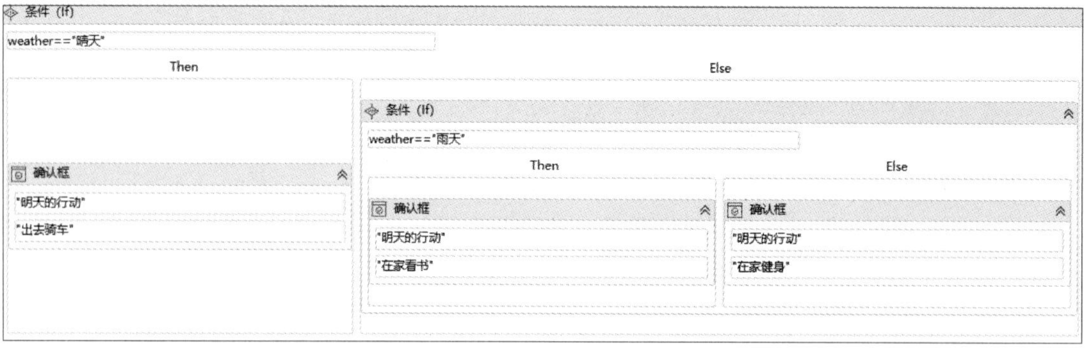

图 2-14　条件嵌套

（二）遍历循环（Foreach）

遍历循环用于对一个集合中的数据进行逐个访问并循环处理。当我们需要对一个集合中的每个数据执行相同的操作时，则可以使用遍历循环。

Foreach 组件包括 item 变量、循环体和程序运行区域，如图 2-15 所示。

图 2-15　遍历循环组件

该组件的基本运行逻辑是：Foreach 组件对 in 后面集合中的每个数据进行逐一遍历，将其保存在 item 变量中，然后对 item 变量执行程序区中的操作。执行完毕后再对循环体集合中的下一个数据依次循环，直到所有数据全部遍历一次。in 后面的循环体，可以是一个集合（List），也可以是一个数组（Array）。

需要注意的是，item 变量无须声明，其只在 Foreach 组件内有效，并且 item 可以根据实际需求自定义名称，如 age、name 等。

利用 Foreach 组件对一个数组变量（name）的默认值进行遍历，将其写入日志进行观察。操作步骤如下。

（1）创建一个数组变量 name，变量类型选择为 "Array of[T]"，在弹出的选择类型中选择 String 类型，如图 2-16 所示。

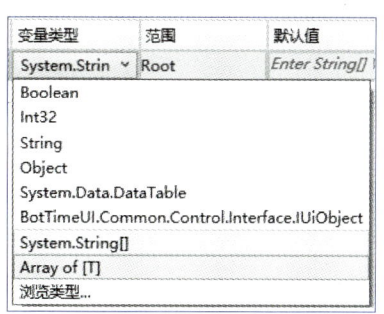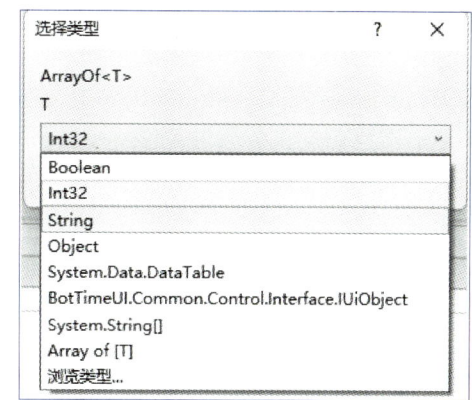

图 2-16 创建数组变量

（2）在变量的默认值内输入"new string[]{" 王晓 ", " 赵琼 ", " 陈茜 "}"。

（3）在流程中拖入一个 Foreach 组件，双击进入组件内，默认 item 变量，在循环体内输入数组变量"name"，即遍历的集合是 name 变量中的默认值。

（4）拖入一个写入日志，设置写入的内容为"item"，如图 2-17 所示。

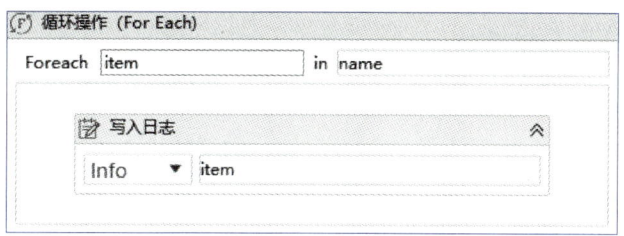

图 2-17 设置遍历循环

（5）运行的结果如图 2-18 所示。

图 2-18 遍历循环运行结果

Foreach 流程控件的主要属性如表 2-2 所示。

表 2-2　Foreach流程控制主要属性列表

属性名	用途
循环体	被执行循环的对象集合
当前索引	当前循环的对象索引

任务 2.2　Web 流程自动化开发与应用

一、界面自动化

（一）什么是界面自动化

RPA 的一大特色是"无侵入"。虽然 RPA 是配合其他软件一起工作的，但并不需要其他软件提供接口，而是直接针对其他软件的操作界面，模拟人的界面操作，比如单击"确定"按钮，在文本框中输入文本。一般的软件界面上都会有多个输入框、按钮，RPA 是怎么知道我们到底要操作什么地方呢？这就需要借助于界面自动化工具。

界面自动化是关于界面业务逻辑和交互的自动化操作，包括 B/S 端（网页端）及 C/S 端（桌面应用）业务。RPA 编辑器可以基于网页端系统的界面元素及桌面端应用的界面元素进行自动化操作。

Windows 环境下，很多软件都有一套自己的图形界面。随着 Web 浏览器的普及，越来越多软件运行的图形界面选择在浏览器上展现。这些图形界面各有各的特色，当我们用鼠标点击的时候，其实鼠标下面都是一个小的图形部件，我们把这些图形部件称为"界面元素"。比如在 Windows 资源管理器中，"文件""主页""共享""查看"菜单栏里面的图标和下面的文字，如"复制""粘贴"等，左边的导航栏里面的"快速访问""桌面""下载"等，包括窗口主要区域里面显示的每个文件都是独立的界面元素，如图 2-19 所示。

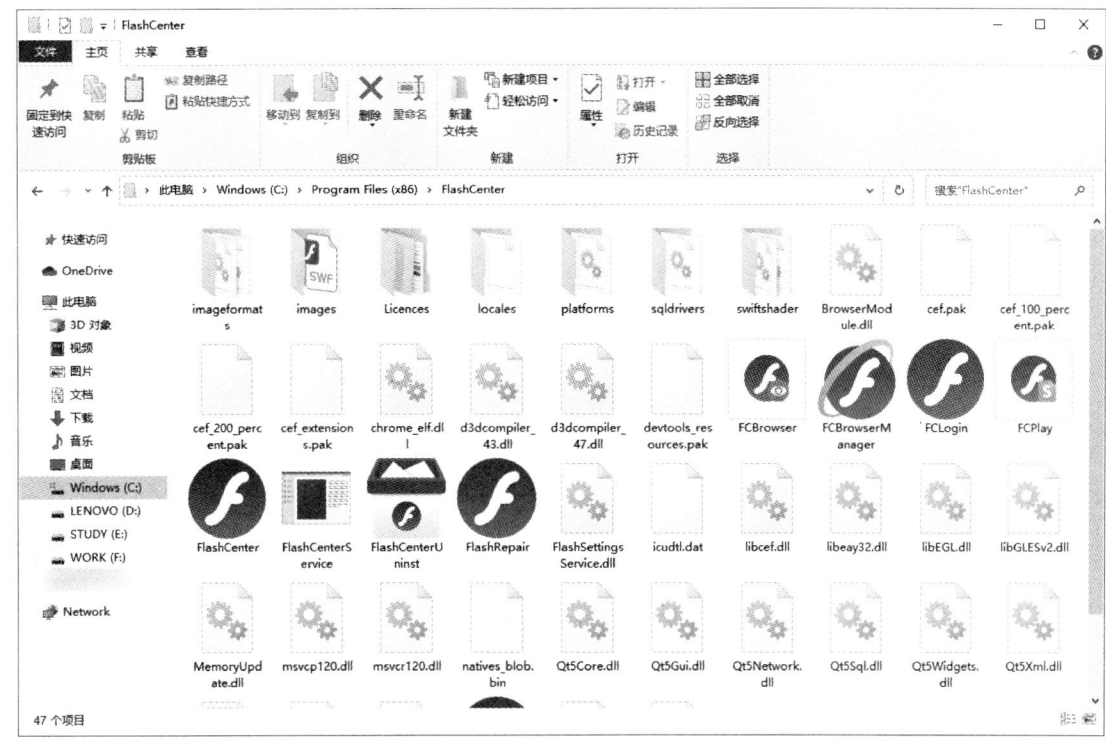

图 2-19　界面元素

在运行时，RPA 会先查找这个界面元素是否存在。如果存在，则操作会针对这个界面元素进行。比如界面元素是一个按钮，那么命令"点击"就是点击这个按钮。如果不存在，则会反复查找，直到超过指定的时间（也称为"超时"，超时时间可以在"属性"中设置），会输出一个出错信息，流程也会停止运行。

（二）安装界面扩展

由于 RPA 经常需要获取浏览器上的各个界面元素，因此在设置界面自动化流程之前需要安装相应的扩展程序。如果业务涉及 Web 端，那么需要安装对应的浏览器扩展；如果涉及 Java 应用，则需要安装 Java 扩展。扩展程序主要是解决 RPA 对相应浏览器界面元素的捕获问题，没有扩展程序的支持，RPA 将无法识别该浏览器的界面元素。本教材的业务系统均基于谷歌（Chrome）浏览器，因此需安装 Chrome 扩展程序。

（1）打开 RPA 编辑器，单击"开始"菜单，再单击"工具"菜单。

（2）单击"Chrome 扩展"并按提示进行安装，如图 2-20 所示。

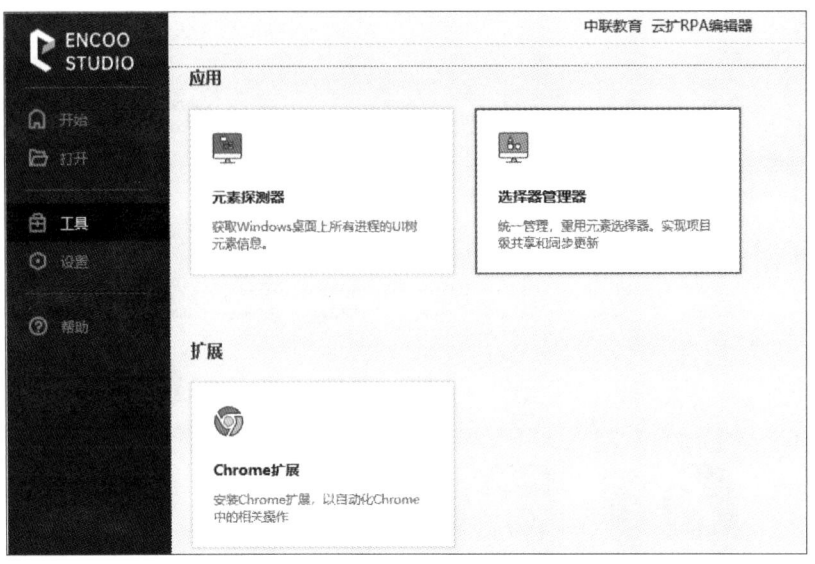

图 2-20　编辑器工具面板

（3）安装后，单击 Chrome 浏览器中的扩展程序，可打开查看扩展程序，如图 2-21 和图 2-22 所示。

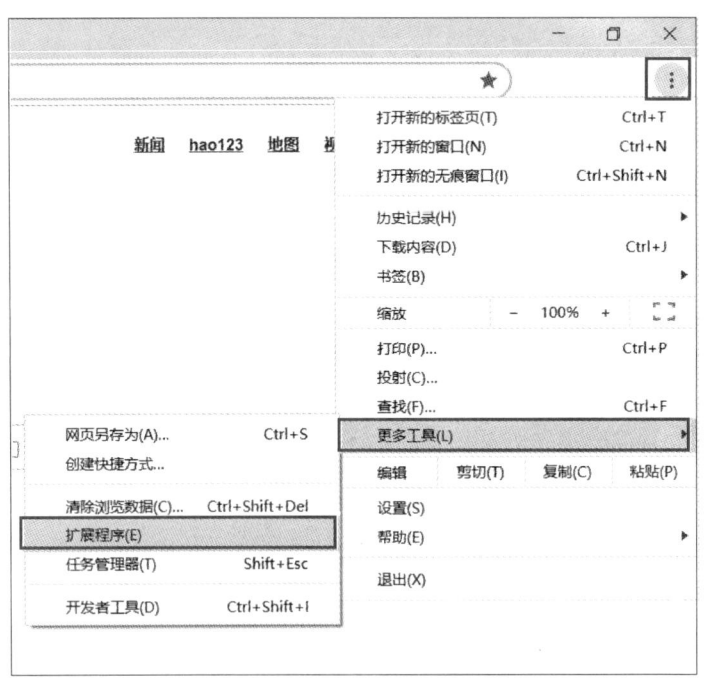

图 2-21　Chrome 浏览器

图 2-22 云扩录制器

（三）常用组件介绍

1. 写入日志

"写入日志"是最常用的组件之一，是将指定的文本内容打印在流程运行日志中。通常用于在流程日志中增加业务相关信息或关键字段信息，使流程日志更易于阅读和故障排查。此组件后的日志将按照所选级别输出。编辑器默认日志输出级别为Info，设置此组件"日志级别"属性为"Debug"后，可以查看更加详细的日志信息，如图 2-23 所示。

"写入日志"组件主要属性如表 2-3 所示。

表2-3 "写入日志"组件属性介绍

属性名	用途
日志级别	控制日志输出类型有三种：Info、Error、Debug。 选择 Debug，可查看最详细的日志信息； 选择 Info，可查看 Info 和 Error 等级的日志信息； 选择 Error 后，将只输出 Error 日志
日志内容	写入日志的内容，必须为字符或字符型变量。如果输入的变量为非字符型变量，则需要将其转化为字符型。如果输入的是字符，需要用英文半角的双引号引用起来

例如：利用"写入日志"组件在输出面板中显示日志内容为""欢迎学习RPA""。

（1）拖入一个"写入日志"组件至流程中，如图 2-23 所示。

（2）双击"写入日志"组件的空白处，配置属性参数。假设"日志级别"选择："Info"，"日志内容"输入"欢迎学习RPA"。

（3）保存并运行，并在输出面板查看运行结果，如图 2-24 所示。

图 2-23　写入日志组件

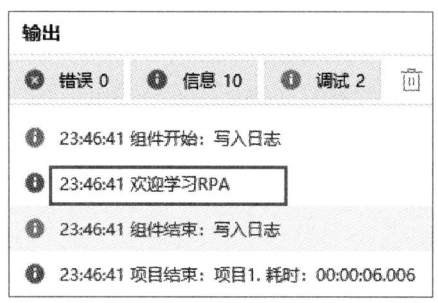

图 2-24　执行结果

2. 打开浏览器

"打开浏览器"组件用于使用浏览器打开指定的网址（URL）。该组件也常作为容器，其他的一些网页操作组件，也常放置在该组件中完成。

"打开浏览器"组件主要属性介绍如表2-4所示。

表2-4　"打开浏览器"组件属性介绍

属性名	用途
浏览器	将打开的浏览器类型对象存储到此变量，可作为下一浏览器组件的输入
浏览器类型	打开的目标浏览器类型，如 Chrome，IE，FireFox，360se，edge，默认浏览器
网址	将打开此网址
等待加载完成	勾选时，执行操作之前，等待目标用户界面元素加载完成之后才执行下一个组件操作
结束后关闭	勾选时，将在此组件结束后自动关闭浏览器。 注意：若使用静默运行方式，请根据情况，判断是否勾选此选项，否则无法绑定浏览器
最大化	勾选时，可以自动将指定的浏览器最大化

例如：利用 RPA 在谷歌浏览器中打开百度""https://www.baidu.com""。

（1）搜索"打开浏览器"组件，将其拖入流程与"Start"连线。

（2）然后点击"双击打开查看"，进入到打开浏览器编辑界面，在网址处用半角格式下的英文双引号内输入""https://www.baidu.com""，在属性栏内浏览器类型可以选择 Chrome，IE，FireFox，360se，edge，默认这几种类型，如果不选择默认也可以，如图 2-25 所示。

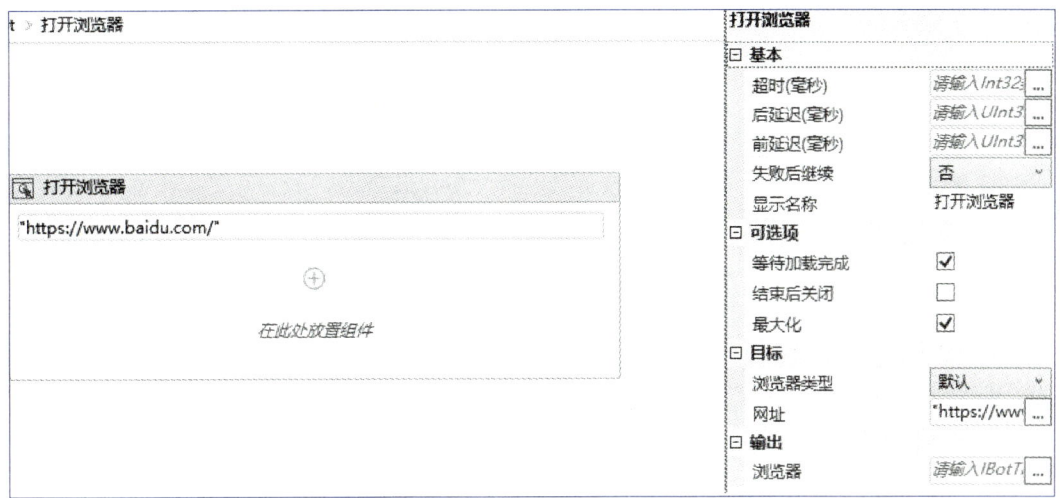

图 2-25　在打开浏览器中输入浏览网址

（3）运行程序，观察打开结果。

📍 **重要提示**

与打开浏览器相关的还有关闭浏览器，是指关闭指定的浏览器，二者可以结合起来使用。

3. 点击

"点击"组件是模拟鼠标的点击菜单、文本框等界面元素的操作，支持桌面端和浏览器，同时支持桌面端图像识别指定元素，如图 2-26 所示。

"点击"组件的属性主要包括点击、基本、可选项和目标。

（1）点击。

① 点击类型：可以选择模拟鼠标点击的类型，包括单击、双击、按下、松开。

图 2-26 "点击"组件属性面板

默认为单击。

② 光标位置：包括中心、左上、左下、右上、右下。默认为中心。从横坐标偏移和纵坐标偏移属性可添加偏移量的光标的起点。

③ 鼠标键：选择模拟鼠标点击的按键是左键、中键还是右键。

④ 横坐标偏移和纵坐标偏移：可设置基丁前面设置的光标位置，往横向或纵向偏移的像素点或者百分比位置。比如光标位置为"中心"，横坐标偏移设置为"10"，代表以点击对象的中心点这个光标位置为开始，向右横向偏移 10 个像素。

（2）基本。

包括超时（毫秒）、后延迟（毫秒）、前延迟（毫秒）、失败后继续、显示名称。比如前延迟（毫秒）是指定在此组件执行前的等待时间。若此处填写 2 000，即为上一个组件执行完毕后，等待 2 秒钟后执行此组件。

显示名称用来编辑组件的标题栏的名称，也可以双击组件标题栏进行修改。

（3）可选项。

点击方式：选择模拟鼠标点击时使用何种方法。可以选择默认、模拟鼠标和设置控件。此属性默认值为默认，"默认"选项下能够根据用户指定元素的类型（即桌面端或浏览器），自动适用最佳的点击方式，该选项通常能满足大部分的场景。部分场景使用默认属性值无法成功执行时，可手动修改此属性值为模拟鼠标或设置控件。

辅助键：实现在鼠标点击的同时按下 Ctrl、Alt、Shift、Win 等辅助键的效果。仅当点击方式为模拟鼠标时生效，设置控件不生效。

（4）目标。

对于"点击"组件来说，目标属性非常重要，涉及所点击对象界面元素的参数的正确传输，对于 RPA 正确捕获目标对象非常关键。

① 控件元素：接收变量作为点击的目标元素。此项和选择器二选一填入。

② 选择器：用于指示要点击的目标位置。可通过点击指定元素自动生成。一般情况下，可以通过鼠标点击界面目标自动生成界面元素的后台参数，生成后，在选择器中可以查看和修改。比如在浏览器中打开百度的首页，然后由"点击"组件模拟鼠标执行点击"百度一下"按钮。在选择器编辑器中生成的界面元素的参数如图 2-27 所示。

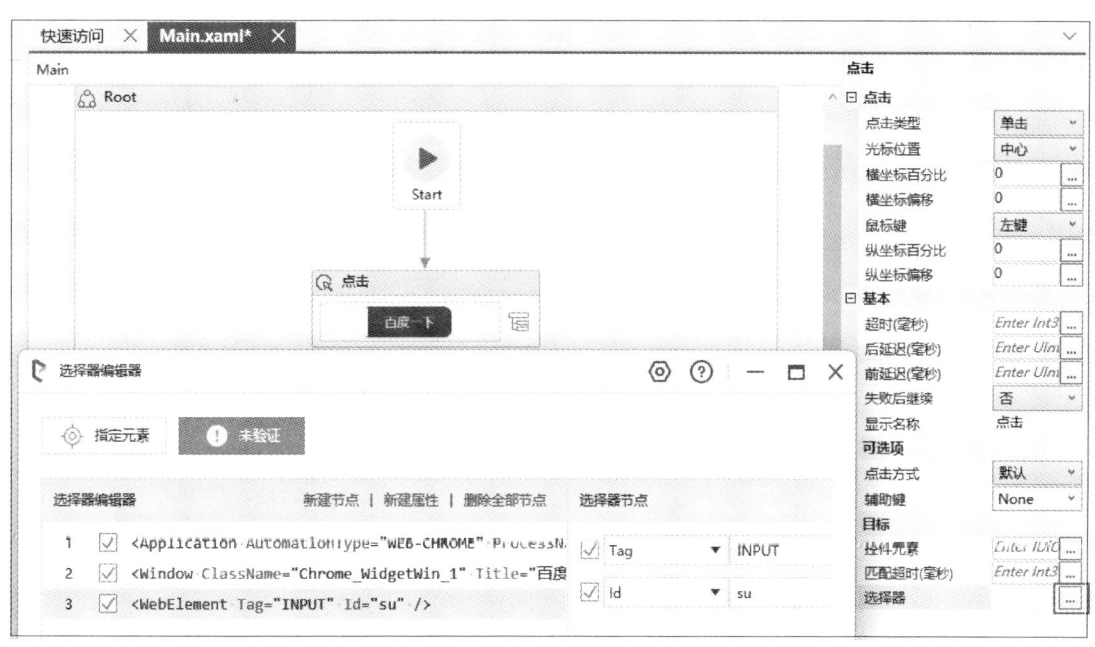

图 2-27　选择器编辑器生成的界面元素参数

在选择器中单击"未验证"按钮，程序会自动在界面验证是否能寻找到点击的目标，如果找到，"未验证"按钮会变成"验证通过"，如图 2-28 所示。

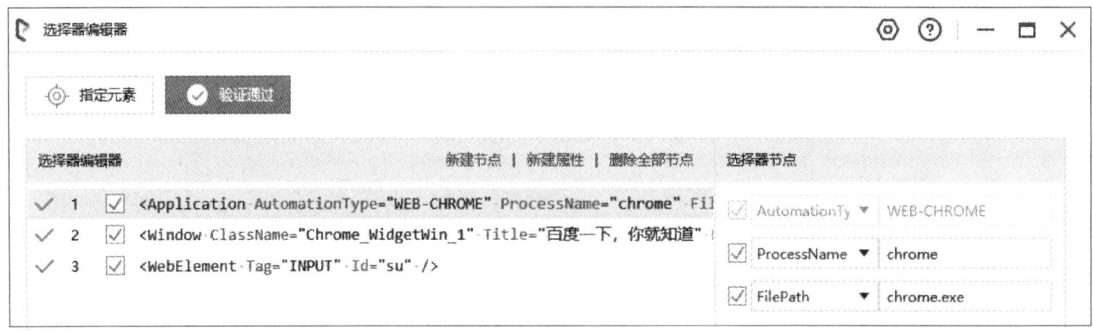

图 2-28　界面元素验证通过

这些参数都是网页前端开发的代码，大家不用理解这些参数的含义。一般情况下，这些参数都是不需要修改的。

③ 匹配超时（毫秒）：限定查找目标元素时间，超出指定时间后程序将不再等待，1 000 ms＝1 s。

4. 输入文本

"输入文本"组件是模拟输入文本的操作，输入文本到界面的指定位置。该组件支持桌面端和浏览器，如图 2-29 所示。

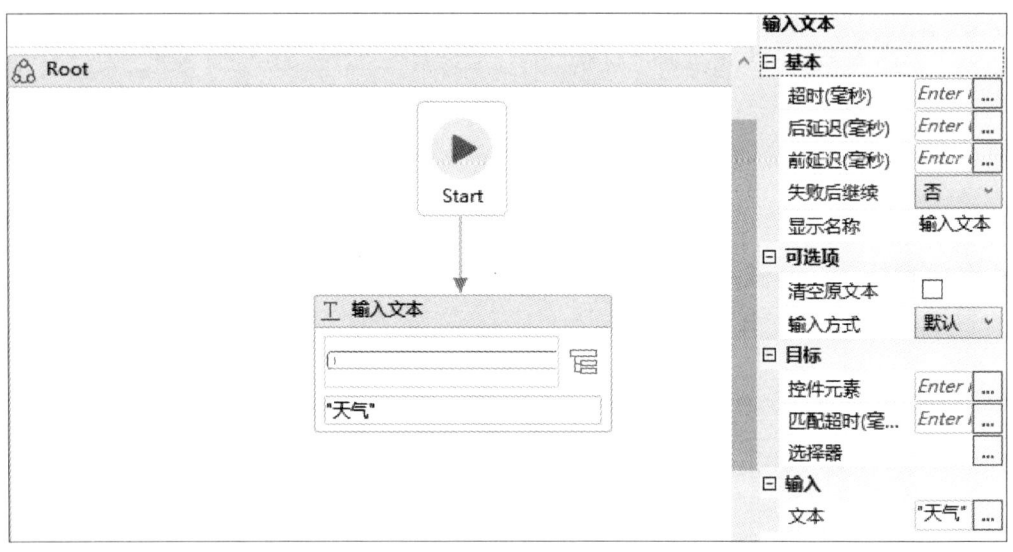

图 2-29　"输入文本"组件属性面板

"输入文本"组件的属性主要包括基本、可选项、目标和输入，该组件主要注意以下几个属性。

输入方式：选择输入文本时使用何种方法。包括默认、模拟键盘、设置控件三种选项。默认值为默认，可根据用户指定元素的类型（即桌面端或浏览器），自动适用最佳的输入方式。通常设置为默认即可。当有部分场景使用默认属性值无法成功执行时，可手动修改此属性值为模拟键盘或设置控件，以适应少数特殊场景使其成功执行。

清空原文本：输入文本前先清空指定元素的原数据。仅当输入方式为设置控件时生效。

文本：即输入到选择器元素的内容。文本内容所见即所得，只支持字符串和字符串变量。当为字符串时，需要加英文的引号，比如" 天气 "。

5. 获取文本

"获取文本"组件是指获取指定元素的文本，并将获取到的文本存入字符型变量。组件支持桌面端和浏览器。

"获取文本"组件主要属性是"文本"属性。所获取的文本信息，需要输出并存储到一个字符串型变量，如表 2-5 所示。

表2-5 "获取文本"组件介绍

属性名	用途
控件元素	接收变量作为获取文本的目标元素。属性控件元素和选择器二者必填其一且互斥
选择器	用于指示要获取文本的目标元素。可通过点击"指定元素"自动生成。属性控件元素和选择器二者必填其一且互斥
文本	将获取到的文本内容存储到此变量，仅支持字符串变量和字符串
窗口置顶	选择运行时的桌面窗口是否置顶，部分界面窗口置顶时无法获取到窗口内的内容，这时需要将此属性设置为不置顶

例如：使用获取义本组件在百度获取明天的天气预报，把结果写入日志并输出。参考步骤如下。

（1）在谷歌浏览器中打开百度首页，输入"天气"，单击"百度一下"，搜出最近 5 天的天气预报结果。

（2）在 RPA 编辑器中创建变量 text，变量类型为"String"，范围为"Root"，默认值为空，如图 2-30 所示。

| text | String | Root | 请输入String类型的值 |

创建变量

图 2-30　创建变量 text

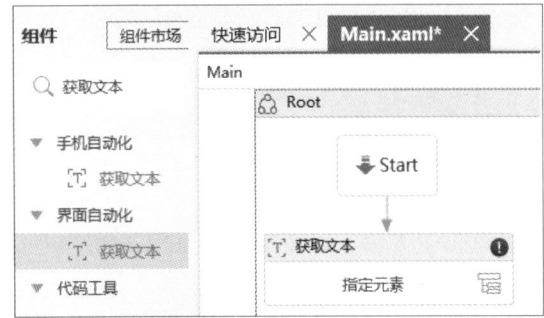

图 2-31　拖拽"获取文本"组件至流程

（3）在 RPA 编辑器的"组件"菜单下搜索"获取文本"组件，将其拖拽至流程，如图 2-31 所示。

（4）单击"获取文本"组件中的"指定元素"，用鼠标指定并选择明天的天气（11 月 2 日天气）所在位置，然后返回编辑器界面，如图 2-32 所示。

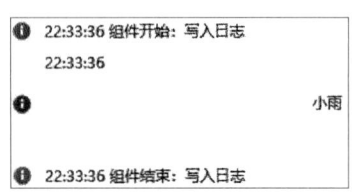

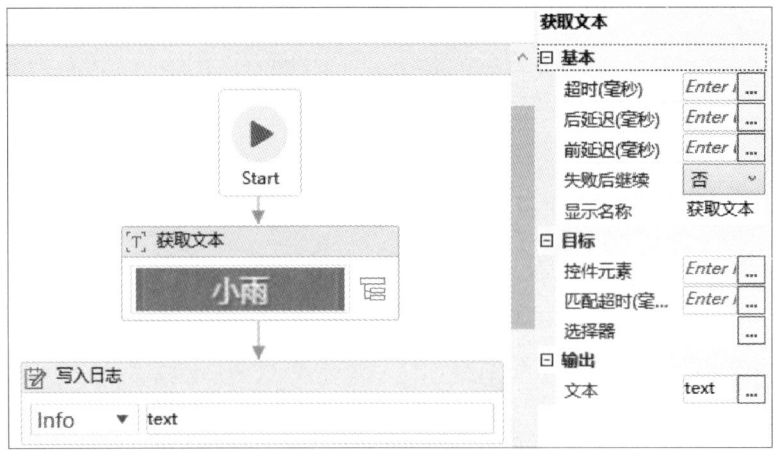

图 2-32　"获取文本"组件设置及结果

（5）在属性面板的"输出 | 文本"，输入 text 变量。

（6）拖入"写入日志"组件，查看获取文本的内容。

重要提示

选中后可验证一下所指定的元素是否能识别，此时可单击属性面板上的"目标 | 选择器"，打开选择器窗口，单击"未验证"按钮，验证通过后如图 2-33 所示。

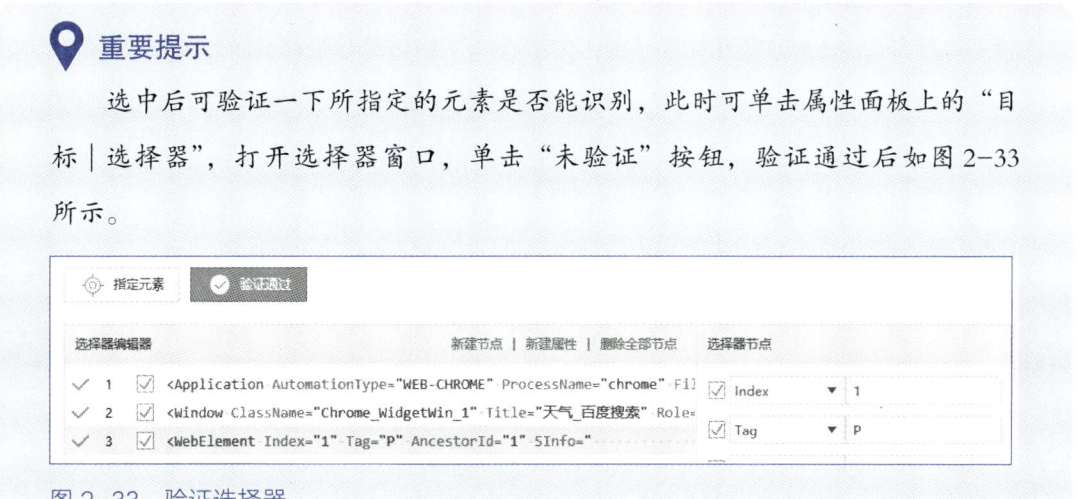

图 2-33　验证选择器

6. 勾选

"勾选"组件很简单，其作用是选择或清除桌面端或浏览器端的单选按钮和复选框，如图 2-34 所示

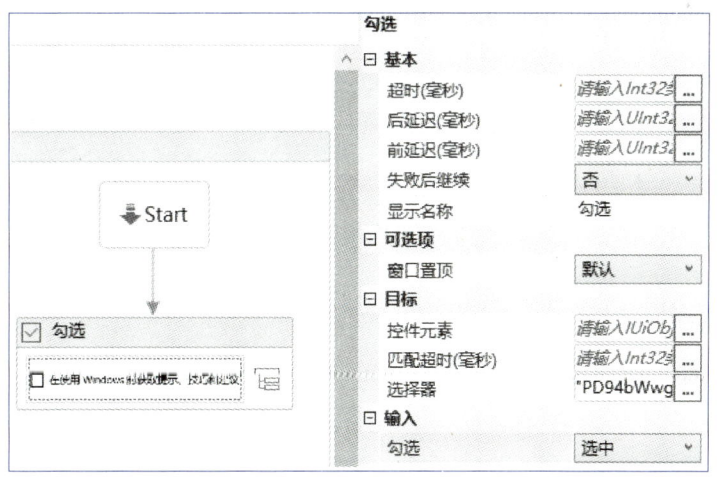

图 2-34　"勾选"组件属性面板

重要提示

选中后可验证一下所指定的元素是否能识别，此时可单击属性面板上的"目标 | 选择器"，打开选择器窗口，点击"未验证"按钮进行验证。

如果指定的元素不支持勾选，则会弹出错误提示。

7. 发送快捷键

"发送快捷键"组件是模拟人在键盘按下快捷键的行为，主要用于桌面端和浏览器端将键盘快捷方式发送到指定的 UI 元素，如图 2-35 所示。

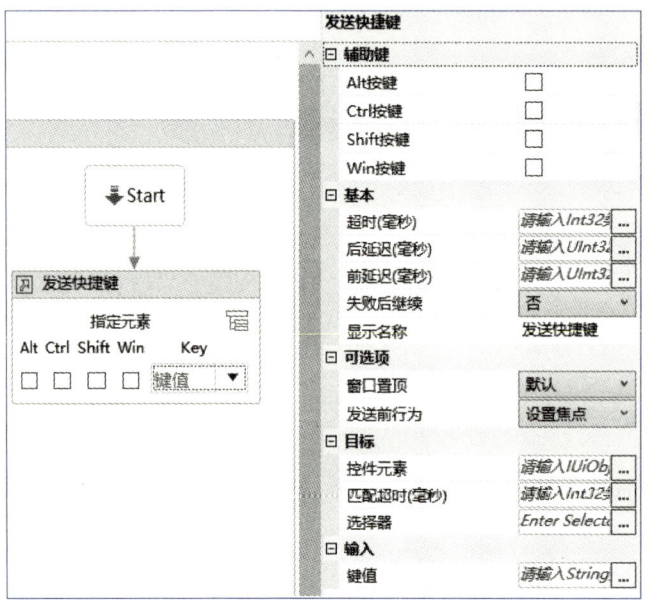

图 2-35 "发送快捷键"组件属性面板

"发送快捷键"组件主要属性介绍如表 2-6 所示。

表 2-6 "发送快捷键"组件主要属性介绍

属性名	用途
控件元素	接收变量作为接收快捷键的目标元素。属性控件元素和选择器二者互斥，且均可为空
选择器	用于指示接收快捷键的目标位置。可通过点击指定元素自动生成

属性名	用途
键值	模拟按下此键。支持多键值，例如"A，Z"需同时按下的场景，填写"AZ"即可
Alt	勾选时，则模拟按下此键
Ctrl	勾选时，则模拟按下此键
Shift	勾选时，则模拟按下此键
Win	勾选时，则模拟按下此键

 重要提示

　　支持不指定元素（即选择器和控件元素属性均为空）的情况下发送快捷键。

　　支持桌面端图像识别指定元素。

　　例如，在新建文本文档中把"会计基础会计基础"通过发送快捷键的方式设置"Key"键模拟输入"ENTER"键对文本进行换行，参考步骤如下。

　　（1）新建文本文档，输入"会计基础会计基础"，如图2-36所示。

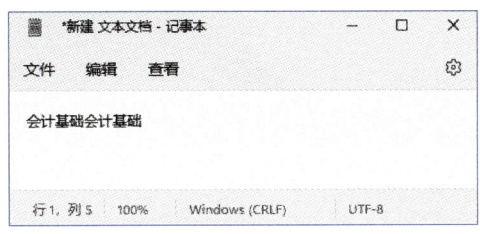

图2-36　新建文本文档

　　（2）把"发送快捷键"组件拖拽至流程，然后指定元素，指定第一步新建的文本文档，然后把鼠标单击至需要换行的地方。然后，打开选择器窗口单击"未验证"按钮验证指定元素是否能识别，验证通过单击"确定"按钮，并运行，如图2-37所示。

　　运行结果如图2-38所示。

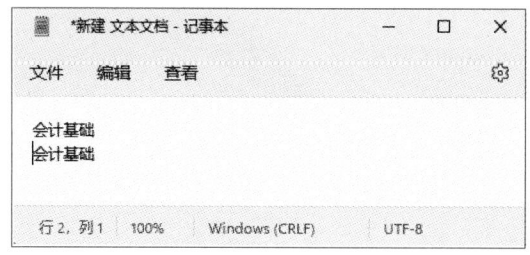

图 2-37 设置"发送快捷键"组件

图 2-38 发送快捷键结果

8. 获取结构化数据

结构化数据是高度组织和整齐格式化的数据，它是可以放入表格和电子表格中的数据类型。在网页中，往往保存着很多结构化的数据，比如网页上的表格数据。

"获取结构化数据"组件是指获取指定页面的结构化数据，可自动翻页获取更多数据，如图 2-39 所示。

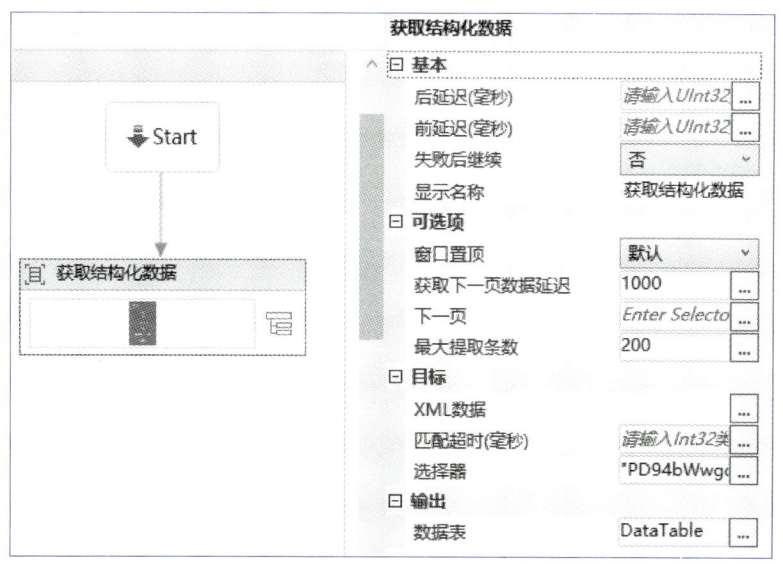

图 2-39 "获取结构化数据"组件属性面板

"获取结构化数据"组件主要属性如表 2-7 所示。

表2-7 "获取结构化数据"组件主要属性介绍

属性名	用途
数据表	将获取到的结构化数据存储到此变量
下一页	用于指示"下一页"按钮的位置，实现翻页获取数据的功能。可通过指定数据源过程中指定"下一页"按钮后自动生成
最大提取条数	获取的最大数据条数。例如此值填写"10"，则运行时返回的数据表内最大数据条数为 10 条

 说明

该组件支持获取整表数据或者表内单列数据且能够获取数据的自定义属性信息，运行时取指定最大提取条数范围内的数据。

若要获取可以匹配到的全部数据，则该属性可以为空，即不填任何值。

例如：获取北京未来 40 天天气预报的数据。

（1）在谷歌浏览器中，百度搜索"北京天气预报"，在下方选择"40 天预报"，进入到未来 40 天天气预报的结果页面，如图 2-40 所示。

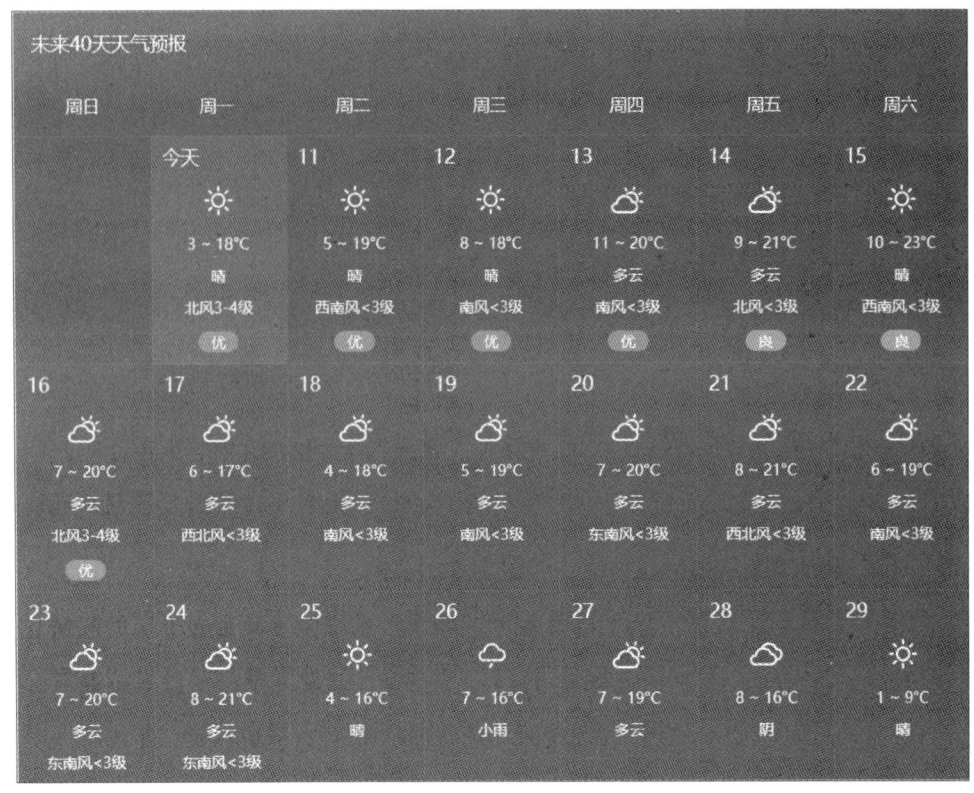

图 2-40　北京未来 40 天天气预报

（2）创建名称为 DataTable 的变量，变量类型为 DataTable，范围为 Root，默认值为默认即可，如图 2-41 所示。

名称	变量类型	范围	默认值
DataTable	DataTable	Root	请输入DataTable类型的值

图 2-41　创建 DataTable 类型变量

（3）搜索"获取结构化数据"组件，将其拖拽至流程，如图 2-42 所示。

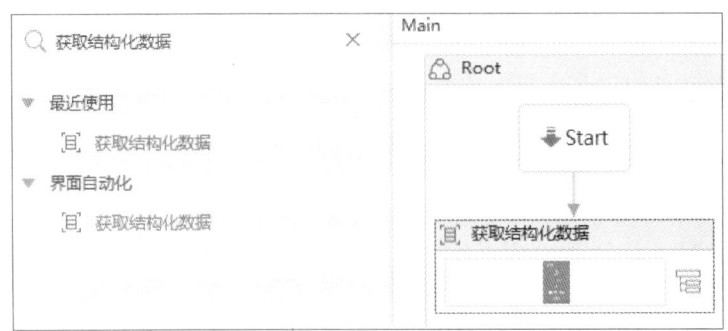

图 2-42　拖拽"获取结构化数据"组件至流程

（4）单击"指定数据源"按钮，系统弹出"获取结构化数据"界面，单击"下一步"按钮，如图 2-43 所示。

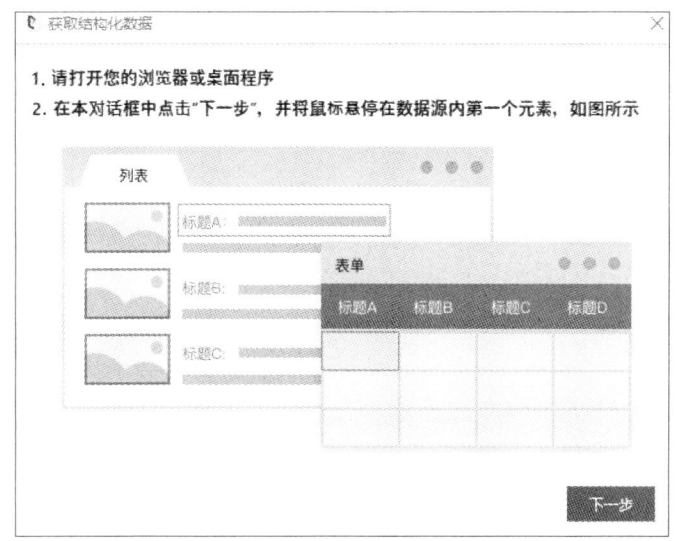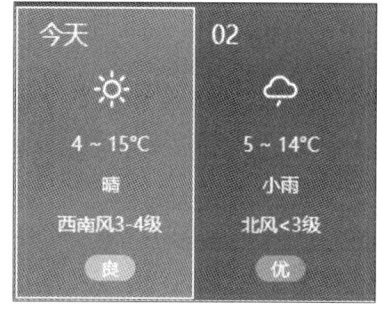

图 2-43　指定数据源内第一个元素

（5）在预报结果的表格中，选中今天天气整个表格数据，系统弹出"请指定数据源内第二个元素"的界面。再选择第二个表格数据，RPA 会根据两次抓取的元素，自动生成匹配规则并抓取相关数据，如图 2-44 所示。

图 2-44　指定数据源内第二个元素

（6）系统指定文本列名称的提示，默认名称，单击"下一步"，设置最大提取条数为"50"条，输出数据表到"DataTable"，查看数据后，单击完成，如图2-45所示。

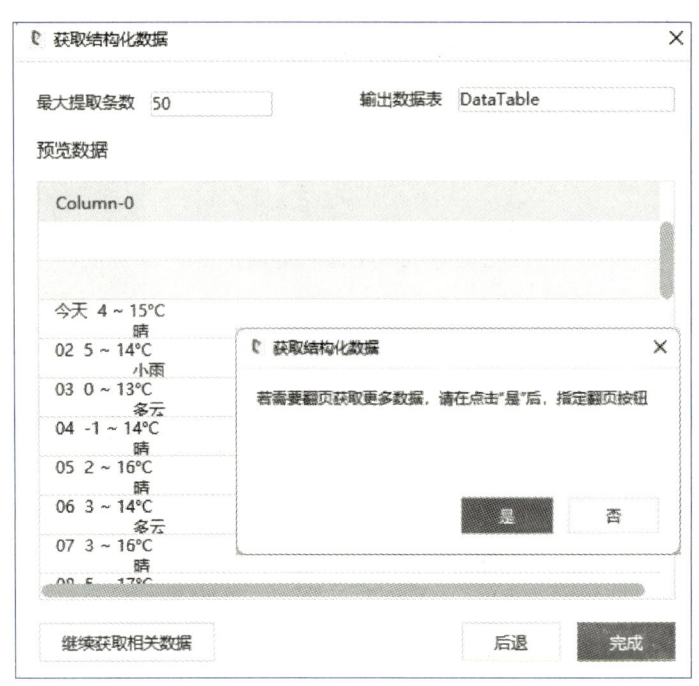

图2-45　获取结构化数据

（7）系统弹出提示是否需要翻页获取更多数据，如果需要翻页则点击"是"，并指定翻页的界面元素。如果不需要翻页，则点击"否"。

 说明

因为获取的是网页动态数据，获取结果可能跟截图有差异。

指定元素后可验证一下所指定的元素是否能识别，此时可打开"目标|选择器"窗口，单击"未验证"按钮验证指定元素是否能识别，验证通过单击"确定"按钮，如图2-46所示。

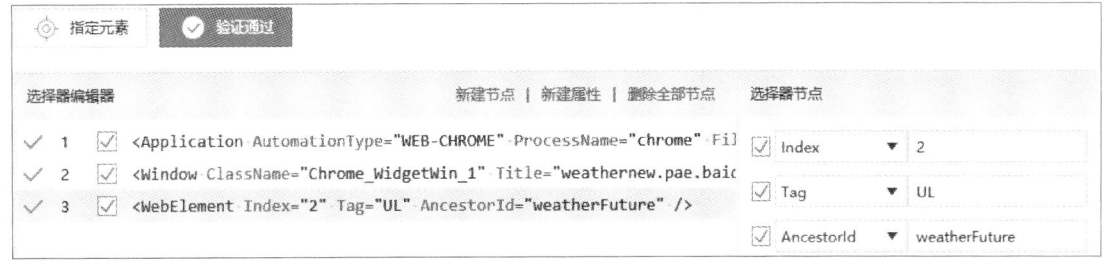

图 2-46　选择器验证

9. 获取元素属性值

HTML 网页实际上就是由各种各样的 HTML 元素构成的文本文件，任何网页浏览器都可以直接运行 HTML 文件。HTML 属性包括的内容非常丰富，比如网页的样式、字体、字号和背景颜色等。可以说，HTML 元素就是构成 HTML 文件的基本对象。为 HTML 元素提供各种附加信息的就是 HTML 属性。

获取元素属性值组件是指获取桌面端或浏览器端某个指定对象的 HTML 元素（比如页面上的按钮）的属性值，并将其存储在输出变量属性值中。

比如获取百度首页 百度一下 这个按钮的 url 值（即该按钮指向的网址），参考步骤如下：

（1）在谷歌浏览器中输入 "www.baidu.com"，打开百度首页；

（2）在 RPA 编辑器中拖入 "获取元素属性值" 组件连接至 "START" 下方，单击 "指向元素"，鼠标单击 百度一下 ，再返回 RPA 编辑器；

（3）单击组件中 "属性名" 右边的下拉按钮，选中 "url" 属性名，或者在属性面板中设置 "输入 | 属性名" 为 "url"；

（4）创建名称为 button 的变量，变量类型为 String；

（5）在属性面板中设置 "输出 | 属性值" 为 button；

（6）在组件下面连接写入日志组件，将变量 button 输出到日志，运行程序查看结果，程序获取到百度按钮的 url 值为 "https://www.baidu.com"，如图 2-47 所示。

"获取元素属性值" 组件主要属性介绍如表 2-8 所示。

图 2-47　获取元素属性值

表2-8　"获取元素属性值"组件属性介绍

属性名	用途
属性值	将获取到的属性值存储在此变量
属性名	要获取目标元素的属性名

10. 设置 Web 元素属性值

获取元素属性值只能获取元素的属性，但不能修改属性。如果要修改网页元素的属性，就必须用到"设置 Web 元素属性值"这个组件。该组件是为指定的网页元素修改或者设置相关的属性值。

例如：把 百度一下 按钮内的文本值修改为"百度搜索"，参考步骤如下。

（1）在谷歌浏览器中输入"www.baidu.com"，打开百度首页；

（2）在 RPA 编辑器中拖入"设置 Web 元素属性值"组件连接至"Start"下方，单击"指向元素"，鼠标单击 百度一下 ，再返回 RPA 编辑器；

（3）在组件的"属性名"处输入""value""，在"属性值"处输入"" 百度搜索""，或者在右边的属性面板中输入属性名及属性值，如图 2-48 所示；

（4）运行程序查看结果，程序已经将"百度一下"修改为 百度搜索 。

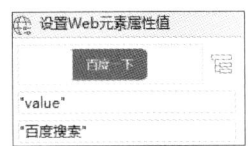
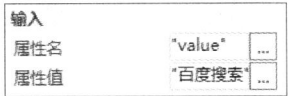

图 2-48　设置 web 元素属性值

11. 等待元素出现

"等待元素出现"组件是指等待指定的 UI 元素从屏幕上出现，视该元素出现与否，返回一个布尔型变量（True 或者 False）的值。该组件通常用于通过判断某界面元素出现与否来构建 If 组件的条件，如图 2-49 所示。

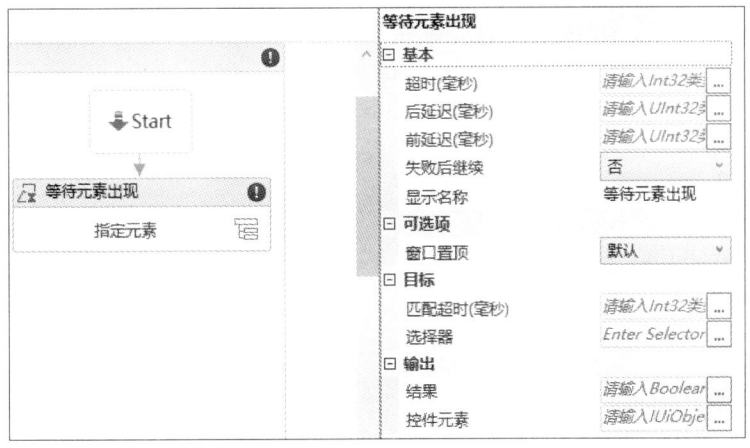

图 2-49　"等待元素出现"属性面板

"等待元素出现"组件主要属性如表 2-9 所示。

表 2-9　"等待元素出现"组件属性介绍

属性名	用途
结果	将此组件执行得成功与否的结果存储在此变量。当指定目标出现时，存储的值为 True

例如：在谷歌浏览器中打开百度，搜索"北京天气"，指定元素为明日空气质量，将结果写入日志，步骤如下。

（1）设置变量 tq，变量类型为 Boolean，适用范围为 Root，默认值为默认。该变量主要用于判断结果为 True 或者 False。

（2）在谷歌浏览器中打开百度，在搜索栏输入"北京天气"。

（3）搜索"等待元素出现"组件，将其拖至流程，如图 2-50 所示。

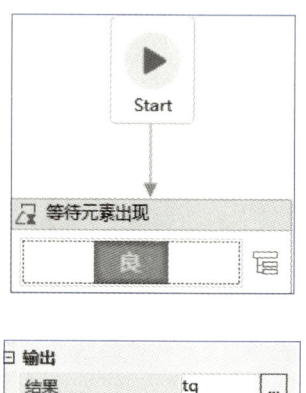

图 2-50　"等待元素出现"组件

（4）单击指定元素并指定明日空气质量界面元素，在属性面板的"输出 | 结果"参数中输入变量 tq，如图 2-50 所示。

（5）拖入写入日志组件，在文本框输入"tq.ToString()"，将变量转化为字符串类型，并单击运行，运行结果如图 2-51 所示。

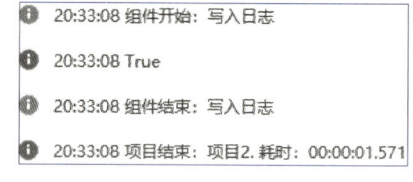

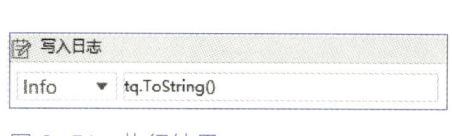

图 2-51　执行结果

📍 **重要提示**

指定元素后可验证一下所指定的元素是否能识别，此时可打开"目标 | 选择器"窗口，单击"未验证"按钮验证指定元素是否能识别，如图 2-52 所示。

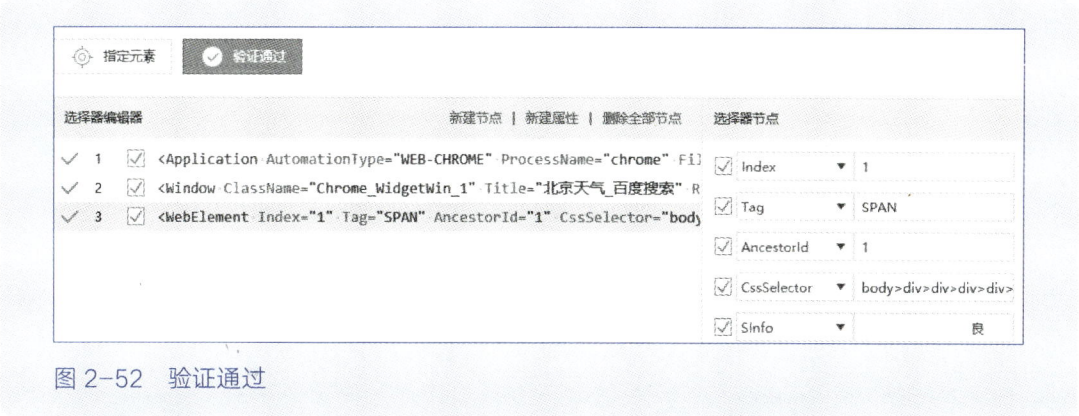

图 2-52　验证通过

如果第二天空气质量转变为优，将捕获不到该（空气质量为"良"的）界面元素，则返回的逻辑值将为"False"。

二、屏幕自动化

（一）确认框

"确认框"组件以弹框形式将需要人工确认的信息在屏幕中展现出来，并可通过用户的确认结果（确认，取消）来做后续判断与流程走向的控制。

"确认框"组件主要属性介绍如表 2-10 所示。

表2-10　"确认框"组件主要属性介绍

属性名	用途
标题	弹出的确认框的标题
描述	弹出的确认框中，需要确认的描述信息
确认结果	将确认结果的值存储在此变量。单击"确认"按钮后的返回值为 True；单击"取消"按钮后的返回值为 False。

"确认框"经常与"If"控制语句组合应用，构建如图 2-53 所示的流程。例如根据网页获取的天气预报情况判断明天的天气是晴天还是下雨，如果根据获取天气预报情况判断明天是下雨，这时标题："明日天气提醒"，描述："明天有雨，记得带伞哦"；如果根据获取天气预报情况判断明天是晴天，这时标题："明日天气提醒"，描述："明

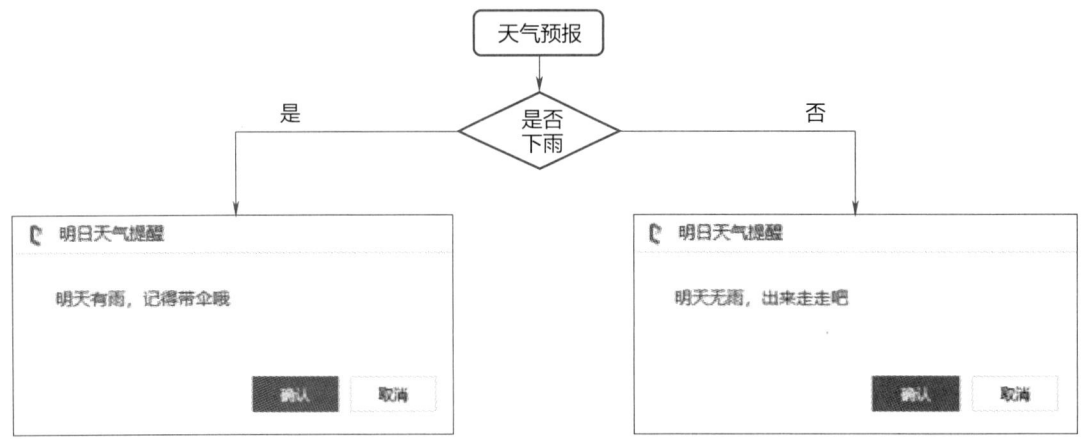

图 2-53 确认框与条件组合的流程

天无雨，出来走走吧"。

假设提示用户明天下雨记得带伞，判断条件省略，直接拖入"确认框"组件与"Start"连线，进行确认。

（1）拖拽一个"确认框"组件至流程中，如图 2-54 所示。

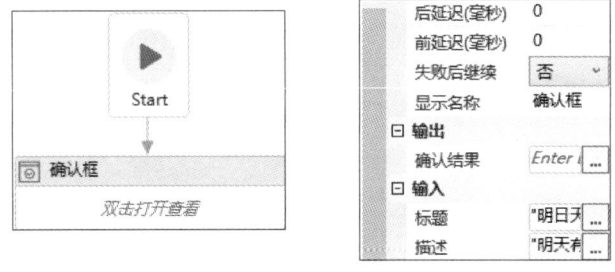

图 2-54 拖拽"确认框"组件至流程

（2）双击"确认框"组件的空白处，输入确认框的标题为""明日天气提醒""，输入确认框的描述为""明天有雨，记得带伞哦""，如图 2-55 所示。

（3）保存并运行流程，运行结果如图 2-56 所示。

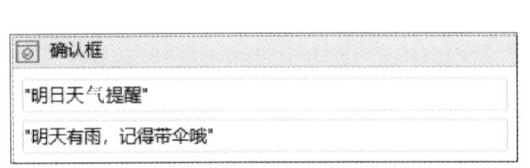

图 2-55 输入标题及描述信息

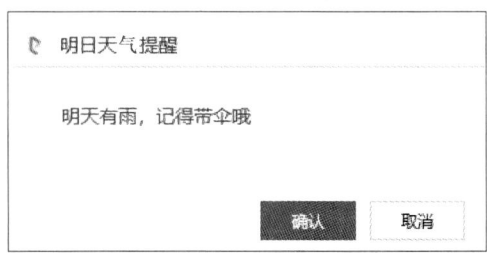

图 2-56 运行结果

 **说明**

确认框的标题及内容必须为字符串或者字符型变量，如果直接输入字符串，则需要加英文半角的引号。

（二）输入框

"输入框"组件提供人机交互界面，以弹框形式展现并且带有输入框，接收用户在输入框中输入的值，将其存入变量进行输出。

"输入框"组件主要属性包括标题、描述和输入的内容，标题和描述与前面的确认框相同，输入的内容是将输入的值存储在此变量，仅支持字符串变量和字符串。

例如：在 RPA 无纸化考试系统登录界面，学生需要输入学号才可以登录考试系统，请设置一个输入考号的流程，输入变量后存入 kh 字符型变量。

（1）设置 kh 字符型变量；

（2）搜索"输入框"组件，将其拖入至流程中，如图 2-57 所示。

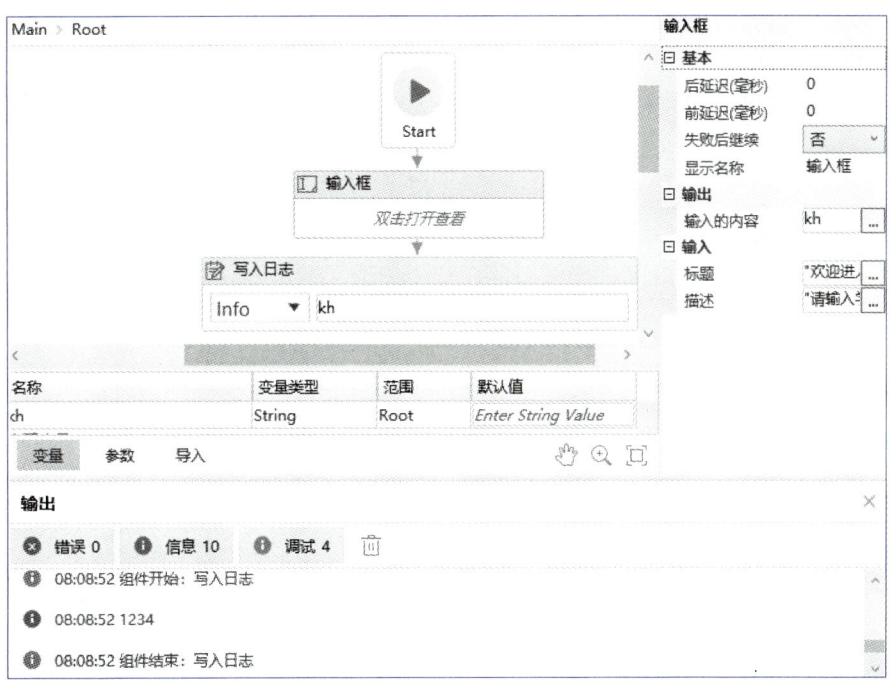

图 2-57 拖拽"输入框"组件至流程

（3）双击"输入框"组件的空白处，配置属性参数。标题输入框输入""欢迎进入到RPA无纸化考试系统""，描述输入框输入内容""请输入学号""，如图2-58所示。在输入框属性面板中的"输出｜输入的内容"设置变量"kh"。

（4）保存并运行流程，弹出输入框（见图2-59）后，输入学号为"1234"，在输出面板显示日志结果为1234。

图 2-58　输入标题及表述性文字 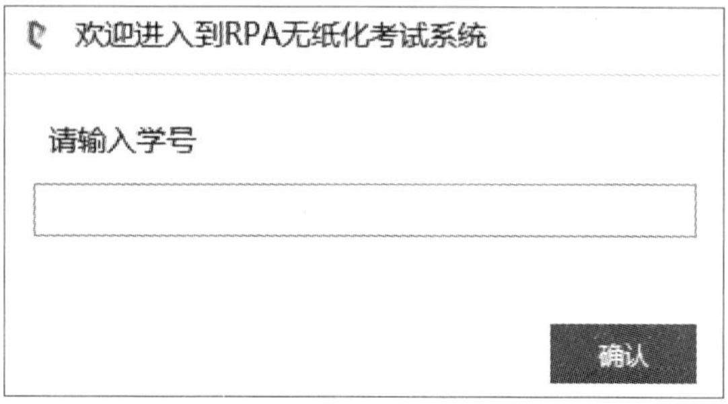　　　图 2-59　输入学号

（三）日期和时间选择框

流程运行时弹窗让用户选择日期和时间并输出，运行时窗口中默认显示为当前日期和时间。

"日期和时间选择框"组件主要属性包括标题、描述和选择的时间，标题和描述与前面的确认框相同，选择的时间是将输入的时间值存储在日期型变量，通常只支持日期型变量和日期。

例如：添加日期和时间选择框组件，让用户选择指定的日期和时间，并在"输出面板"中输出，参考步骤如下。

（1）创建变量rq，变量类型为"System.Date.Time"，范围为"Root"，默认值选择默认，如图2-60所示。

（2）拖入"日期和时间选择框"组件到流程界面。

（3）双击"输入框"组件的空白处，配置属性参数。标题输入框输入""时间""，描述输入框输入内容""当前时间为：""（见图2-61），在"输出｜选择"的时间属性框内输入rq，如图2-60所示。

（4）增加"写入日志"组件，设置日志文本为"rq.ToString()"。保存并运行流程，系统弹出时间确认框，如图2-62所示，单击"确认"，输出日志结果。

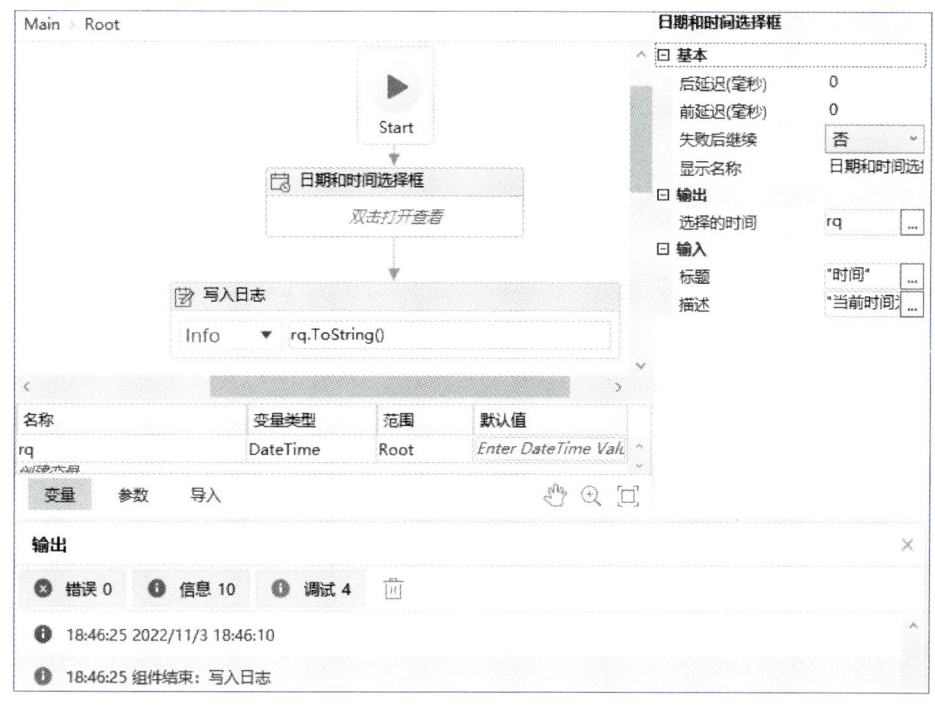

图 2-60　创建变量

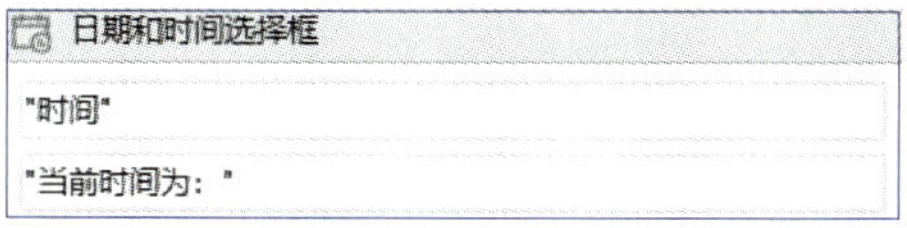

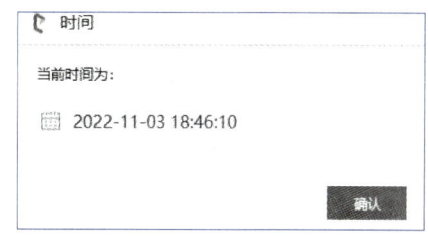

图 2-61　配置属性参数

图 2-62　执行结果

（四）输入密码

"输入密码"组件通过弹出密码输入框，接收用户输入的密码值并可将其输出到"输入的密码"中的变量中。"输入密码"组件主要属性包括标题、描述和输入的密码，标题和描述与前面的确认框相同，输入的密码是将输入的密码值存储在字符型变量中。

例如：设置一个某系统登录前输入密码的流程，输入密码为111，将密码写入日志。

（1）创建变量名称为"mm"的变量，变量类型为"String"，范围"Root"，默认值为默认；

（2）拖入"输入密码"组件到流程中，如图2-63所示。

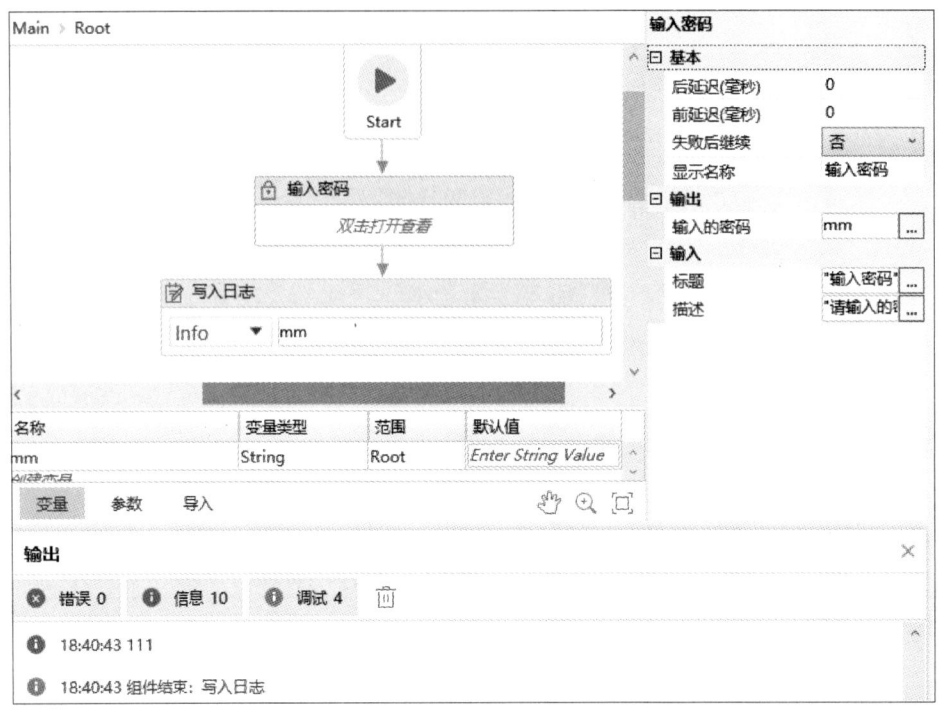

图 2-63 "输入密码"组件

（3）双击"输入密码"组件的空白处，在标题输入框输入""输入密码""，描述输入框输入内容""请输入的密码:""，如图2-64所示。

（4）增加"写入口志"组件，设置日志文本为"mm"，保存并运行流程，运行结果，输入密码为"111"，并输出到日志中去，如图2-65所示。

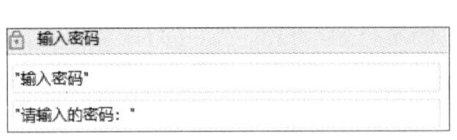

图 2-64 输入密码设置

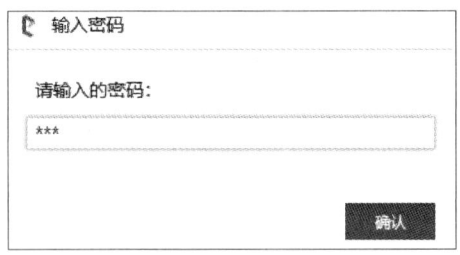

图 2-65 执行结果

任务 2.3　Excel 自动化开发与应用

一、Excel 自动化概述

Excel 是电子表格处理软件，能够用来完成数据记录、数据统计汇总、数据分析建模、数据计算等作业，通过数据处理帮助企业做出商业决策。Excel 在会计工作中应用广泛，是财务工作中最常用、最重要的辅助工具，大量的财务数据和管理数据及计算都需要通过 Excel 来记录、处理和传递，Excel 和财务软件、其他管理软件的交互关系非常频繁。比如大量的财务基础数据，很多都先由人工在单机上记录和汇总，再批量转载到信息系统中去，这里存在极大的自动化的空间。RPA 针对 Excel 的自动化处理，也成为最高频的 RPA 应用领域之一。

RPA 能够对微软 Microsoft Office Excel 和国产 WPS 表格软件的文件、工作表、区域、单元格、公式等对象进行操作，实现对电子表格的各类复杂处理。通常，RPA 软件为 Office 和 WPS 设计了不同的组件来完成相应的处理工作，具体如表 2-11、表 2-12 所示。

表2-11　Microsoft Office Excel组件

序号	组件名称	序号	组件名称	序号	组件名称	序号	组件名称
1	打开／新建	10	获取末行号	19	筛选	28	取消单元格合并
2	读取单元格	11	获取末列号	20	查找	29	合并单元格
3	读取区域	12	获取所有工作表名	21	替换	30	复制粘贴区域
4	读取行／列数据	13	隐藏工作表	22	去重	31	执行宏
5	写入单元格	14	插入工作表	23	分列	32	创建透视表
6	写入区域	15	插入行／列	24	设置单元格格式	33	刷新透视表
7	写入行／列数据	16	插入公式	25	获取单元格背景色	34	重置密码
8	自动填充	17	插入图片	26	设置单元格背景色	35	保存
9	删除数据	18	排序	27	设置文字颜色		

表2-12　WPS Excel组件

序号	组件名称	序号	组件名称	序号	组件名称	序号	组件名称
1	打开 / 新建	6	写入区域	11	获取所有工作表名	16	筛选
2	读取单元格	7	写入行 / 列数据	12	隐藏工作表	17	查找
3	读取区域	8	删除数据	13	插入工作表	18	获取单元格背景色
4	读取行 / 列数据	9	获取末行号	14	插入公式	19	设置单元格背景色
5	写入单元格	10	获取末列号	15	排序	20	合并单元格

本书以微软的 Microsoft Office Excel 为示例来说明 RPA 对电子表格的相关操作，WPS 可以参照应用。

二、Excel 自动化常用组件介绍

（一）打开 / 新建

“打开 / 新建”组件用于打开一个 Microsoft Office Excel 文件（工作簿），为后续的读写操作做好准备。

例如：财务部需要处理一个文件“货币资金汇总表”，如图 2-66 所示。

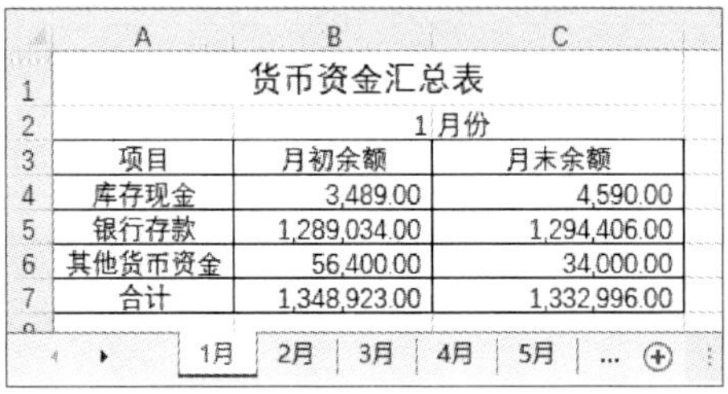

货币资金汇总表		
	1 月份	
项目	月初余额	月末余额
库存现金	3,489.00	4,590.00
银行存款	1,289,034.00	1,294,406.00
其他货币资金	56,400.00	34,000.00
合计	1,348,923.00	1,332,996.00

图 2-66　货币资金汇总表

我们先利用 RPA 打开这个文件，首先在流程中拖入一个“打开 / 新建”组件，单击组件文本框右边的按钮，或者在属性面板的“输入 | 文件路径”处，可以选择录入打开的文件夹及文件名，也可以直接在组件下的文本框中录入文件路径及文件名，设置结果如图 2-67 所示。

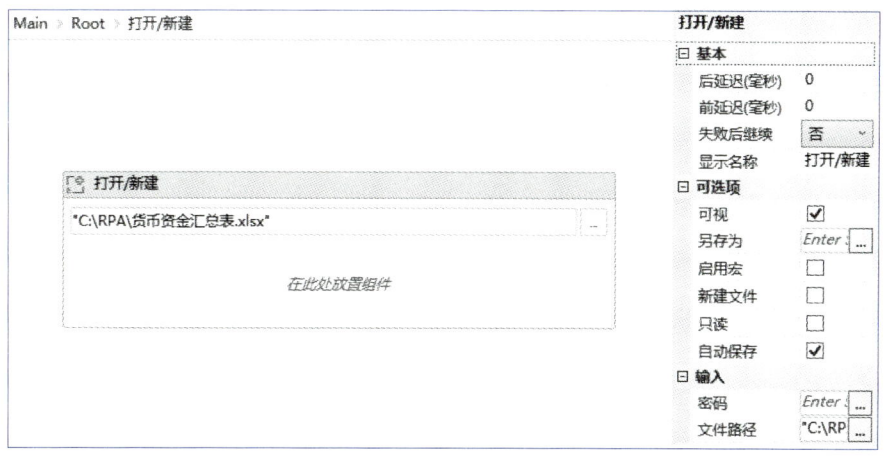

图 2-67 "打开 / 新建"组件

"打开 / 新建"组件的主要属性介绍如表 2-13 所示。

表 2-13 "打开/新建"组件主要属性介绍

属性名	用途
可视	勾选时，工作簿将在可视化状态下进行操作；不勾选时，所有操作将在后台进行，不可见
另存为	将操作后的工作簿另存为
启用宏	实现 Excel 工作簿的"启用宏"效果
新建文件	如果在指定路径下找不到工作簿则自定创建一个新的文件
只读	以只读模式打开指定工作簿
自动保存	勾选时，在组件运行内的每次更改都会自动保存工作簿；不勾选时，在该组件运行结束后将不保存更改
密码	打开受密码保护的工作簿所需的密码
文件路径	要打开或者新建的 Excel 文件全路径（同时支持相对路径）

 说明

直接输入文件路径时，需要加英文半角的引号（""），否则系统会报错。

（二）读取单元格

"读取单元格"组件用于对指定工作簿单元格内数据进行读取并存储在变量中。

读取单元格通常用于将一个文件中的单元格转写到其他位置，需要先将该单元格读取到变量中，再从变量中写入其他单元格位置。

要注意的是，要读取 Excel 文件中的单元格，必须先利用"打开 / 新建"组件打开一个 Excel 文件。例如我们要将"货币资金汇总表 .xlsx"文件中 1 月库存现金的月末余额（"1 月"工作表中的"C4"单元格）写入到 2 月库存现金的月初余额（"2月"表中的"B4"单元格），在 RPA 软件中必须先读后写，先将单元格内容读取到变量中去。读取单元格的步骤如下：

（1）双击前面设置好的"打开 / 新建"组件，打开该组件，拖入"读取单元格"组件，设置工作表为 "1 月 "，单元格地址为 "C4"。

（2）创建 cell 变量，变量类型为 String。在属性面板的"输出 | 单元格内容"中输入变量 cell。操作结果如图 2-68 所示。

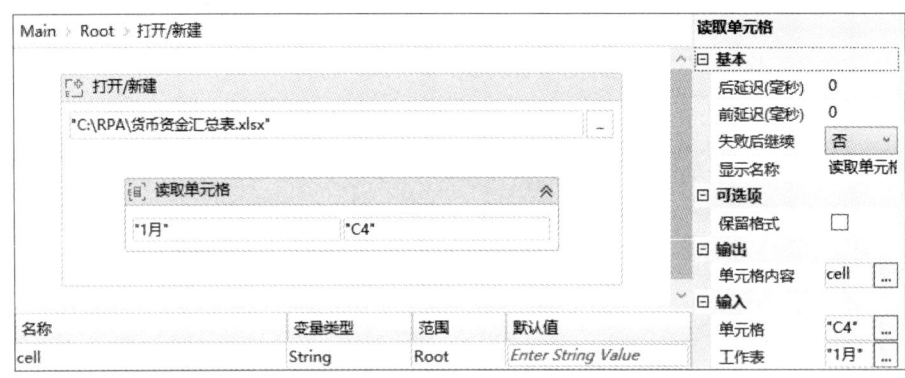

图 2-68　读取单元格

"读取单元格"组件的主要属性如表 2-14 所示。

表2-14　"读取单元格"主要属性列表

属性名	用途
单元格内容	将读取到的目标单元格内数据存储在此变量内
工作表	目标单元格所在工作表
单元格	读取数据的目标单元格
显示名称	默认为该组件的名称。支持更改，用户自定义此组件的显示名称
失败后继续	设置当此组件运行失败时，是否忽略此错误，继续运行下一个组件。下拉框选择，当选择"是"时，如果该组件运行时遇到错误，该流程也会继续执行下一个组件，并不会停止；当选择"否"时，如果该组件运行时遇到错误，该流程将会停止执行并抛出错误

说明

输入工作表和单元格时，需要加英文半角的引号（""），否则系统会报错。

（三）写入单元格

“写入单元格”组件可将变量中的数据写入到 Excel 文件中指定的单元格。

例如：前面案例写入单元格的步骤如下。

（1）在前面“读取单元格”组件下方拖入“写入单元格”组件。

（2）在“目标 | 工作表”处输入 "2 月 "，在“目标 | 单元格”处输入 "B4"；在“输入 | 数据”处输入变量“cell”，如图 2-69 所示。

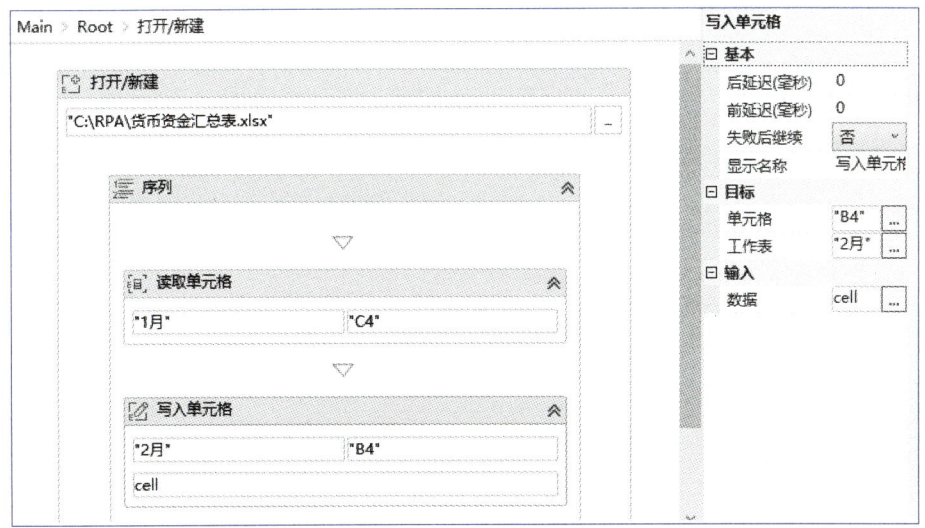

图 2-69 “写入单元格”组件

（3）单击“运行 | 调试”或者“运行 | 运行”，再打开“货币资金汇总表”查看结果，如图 2-70 所示。

	A	B	C
1	货币资金汇总表		
2		2 月份	
3	项目	月初余额	月末余额
4	库存现金	4,590.00	
5	银行存款		
6	其他货币资金		
7	合计	4,590.00	-

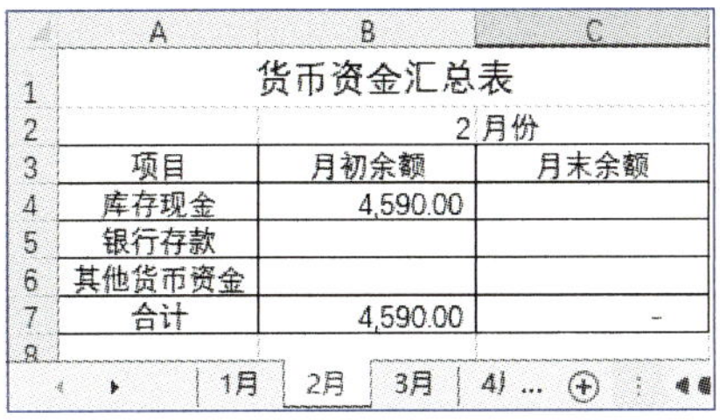

图 2-70 写入单元格结果

"写入单元格"组件的主要属性如表 2-15 所示。

表2-15 "写入单元格"组件主要属性列表

属性名	用途
数据	写入单元格内的数据
区域	读取数据的目标单元格区域。若单元格区域未指定，则默认读取整表数据
单元格	写入数据的目标单元格地址。当输入区域时，则在指定区域每一个单元格内输入相同数据，如，"A1" 或 "A1:C3"
工作表	写入数据的目标工作表。若指定工作表不存在，则在 Excel 文件中新建该工作表，如，"Sheet1"

（四）读取区域

"读取区域"组件是获取工作簿内单元格区域数据并存储在数据表变量内。若单元格区域未指定，则默认读取整表。（可通过变量连接输入实现读取"行、列、区域、工作表"功能。）

例如：要将"货币资金汇总表 .xlsx"Excel 文件"1 月"工作簿中的各个项目的期末余额（"C4:C6"单元格区域），写入到"2 月"工作簿中的期初余额（"B4:B6"单元格区域），就需要先利用读取区域组件，将该 Excel 文件读取到数据表变量（DataTable 变量）中去，然后再执行写入操作。读取区域步骤如下。

（1）双击前面设置好的"打开 / 新建"组件，打开该组件，拖入读取区域组件，设置工作表为 "1 月 "，区域为 "C4:C6"。

（2）创建 data 变量，设置类型为 DataTable，在属性面板的"输出 | 数据"中输入变量 data。设置结果如图 2-71 所示。

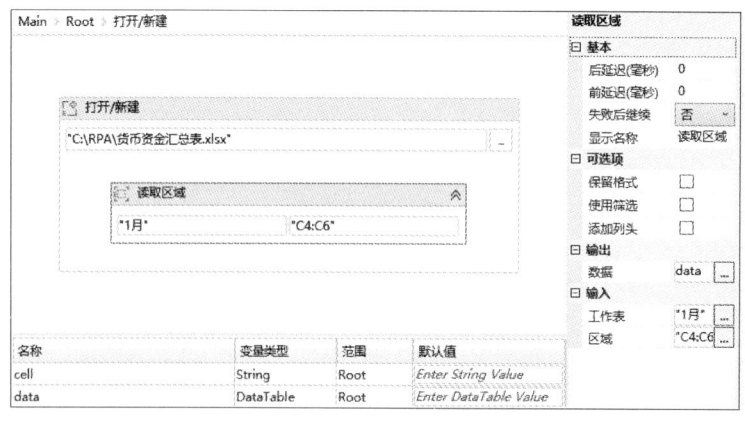

图 2-71　读取区域

"读取区域"组件的主要属性如表 2-16 所示。

表 2-16 "读取区域"组件主要属性列表

属性名	用途
工作表	目标单元格所在工作表
区域	读取数据的目标单元格区域。若单元格区域未指定，则默认读取整表数据
数据	将读取到的目标单元格内数据存储在此变量内
添加列头	勾选时，将工作表第一行作为新生成数据表的列头；不勾选时，新生成数据表的列头默认为 "1，2，3…"。这里的列头可以理解为数据库的字段名，比如学号、班级、姓名等。列头下行的数据为数据库的记录

（五）写入区域

"写入区域"组件将 Excel 工作表中的数据写入至同一个或不同 Excel 工作表的指定区域。

例如：将前面读取出来的 1 月的 "C4:C6" 单元格区域内容，写入至 "2 月" 中的 "B4:B6" 区域中，写入区域的操作如下。

（1）在前面读取区域组件下方拖入写入区域。

（2）在"目标 | 工作表"处输入 "2 月"，在"目标 | 起始单元格"处输入 "B4:B6"；在"输入 | 数据表"处输入变量"data"，如图 2-72 所示。

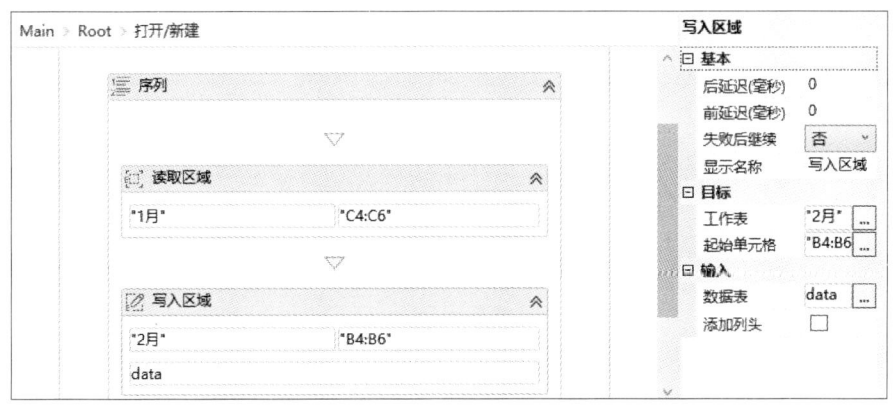

图 2-72　写入区域

（3）单击"运行 | 调试"或者"运行 | 运行"，再打开货币资金汇总表观察结果，如图 2-73 所示。

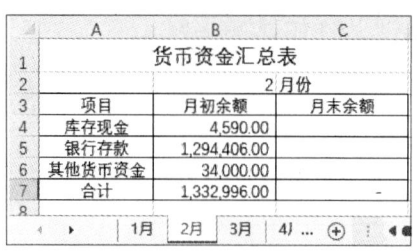

图 2-73　写入区域结果

"写入区域"组件的主要属性如表 2-17 所示。

表 2-17 "写入区域"组件主要属性列表

属性名	用途
数据表	写入单元格内的数据。写入工作表内的数据表数据。可传入"读取区域"的输出变量,实现复制粘贴效果
工作表	写入数据表数据的目标工作表。若指定工作表不存在则自动新建
起始单元格	数据表数据开始写入的单元格地址。若为单个单元格地址,则从指定单元格为起始写入数据表;若为单元格区域,则只填充数据到指定区域

（六）获取末行号

"获取末行号"组件的作用是获取工作表或指定列有数据区域的最后一行的行号,并将获取到的末行号存储在整数型变量内。末行行号,经常被用于后续构建循环和作为判断条件使用。

例如:获取"货币资金汇总表"Excel 工作表最后一行的行号,并写入日志进行显示。设置步骤如下。

（1）利用"打开／新建"组件,设置打开"货币资金汇总表"Excel 文件。

（2）创建变量 row,变量类型为 Int32。

（3）双击"打开／新建"组件,在该组件中拖入"获取末行号"组件,设置输入的工作表为""1 月"",列号为 1。设置"输出 | 获取末行号"为"row"。

（4）拖入"写入日志"组件,在日志内容处输入"row.ToString()"。

（5）单击"调试",该数据区域的末行号为"7",如图 2-74 所示。

"获取末行号"组件的主要属性如表 2-18 所示。

图 2-74　获取末行号

表2-18　"获取末行号"组件主要属性列表

属性名	用途
工作表	需要获取的末行号所属工作表
列号	数字形式的列号,如1、2、3等。或者字母形式的列号,如A、B、C等
获取末行号	输入整数型变量名,将获取到的末行号存储在此整数型变量内

⚲ 重要提示

　　获取末行号的列号输入1,表示A列,输入2表示B列,依此类推。如果输入0,则表示全部列里的最大末行号数。

（七）获取末列号

　　"获取末列号"组件是获取工作表或指定行有数据区域的最后一列列号,并将获取到的末列号存储在整型变量内。末列列号,经常被用于后续构建循环和作为判断条件使用。

例如：获取“货币资金汇总表”Excel工作表最后一列的列号，并写入日志进行显示。设置步骤如下。

（1）利用“打开/新建”组件，设置打开“货币资金汇总表”Excel文件。

（2）创建变量col，变量类型为Int32。

（3）双击“打开/新建”组件，在该组件中拖入“获取末列号”组件，设置输入的工作表为"1月"，行号为2。设置“输出|末列号（数字）”为col。

（4）拖入“写入日志”组件，在日志内容处输入“col.ToString()”。

（5）单击“调试”，该数据区域的末列号为“3”，如图2-75所示。

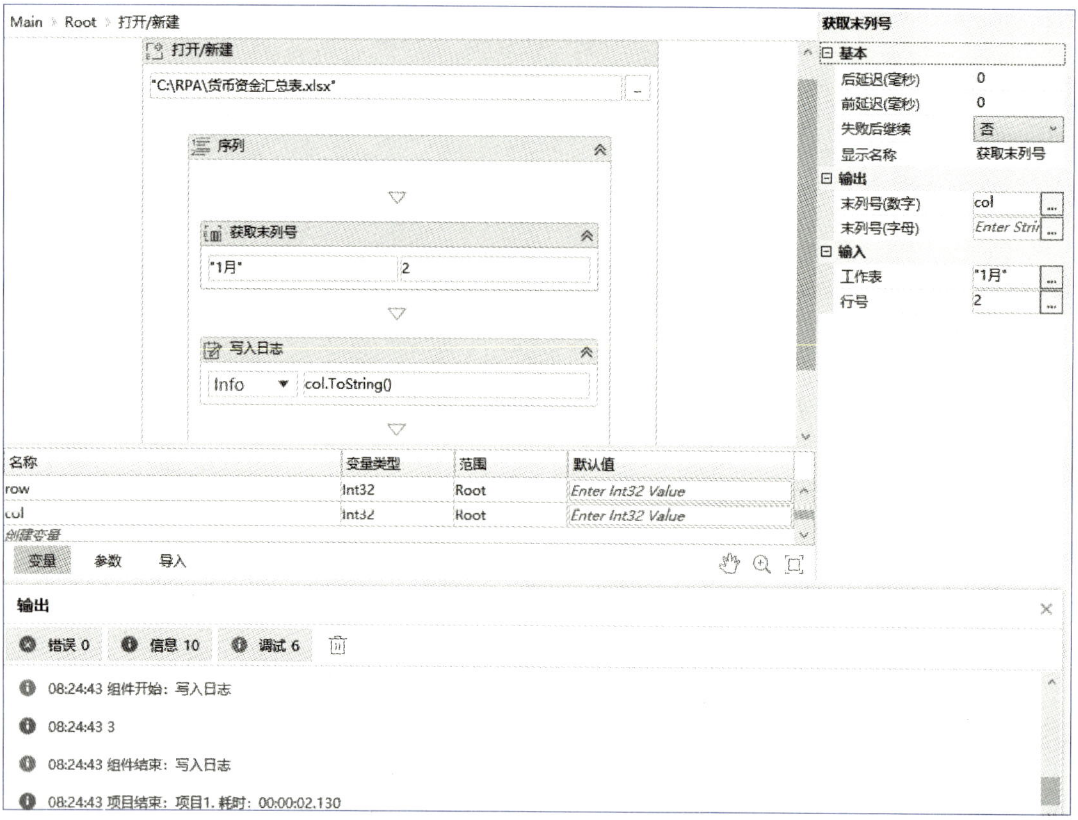

图2-75 获取末列号

重要提示

获取末列号的行号输入1，表示第一行，输入2表示第二行，依次类推。如果输入0，则表示全部行里的最大末列号数。

如果要按字母来输出末列号，则须先将 col 变量设置为字符型（String）变量，在写入日志的日志栏，直接输入 col 变量即可。

"输入末列号"组件的主要属性如表 2-19 所示。

表 2-19 "输入末列号"组件主要属性列表

属性名	用途
工作表	需要获取的末行号所属工作表
行号	获取末列号的所属行索引（例：1，即获取第一行的末列号）。当此项为空时，取整表数据区域最后一列列号
末列号（数字）	输出获取的数字末列号
末列号（字母）	输出获取的字母末列号

【实践案例】

一、任务场景

杭州凯伦纸杯制造有限公司行政部最近经常收到其他部门同事反应计算机运行缓慢，经常出现卡顿、死机等小问题，领导层为提高公司计算机运行效率，决定购买 50 个 1TB 的固态硬盘。采购经理指派采购员李嘉按照采购需求到京东商城进行比价询价。搜索 100 条信息，把相应商品详情、价格写入 Excel 表格（文件名为"京东商城询价比价表.xlsx"），该表格为空，如图 2-76 所示。

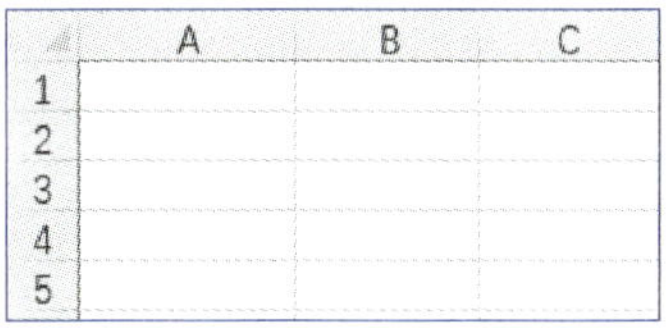

图 2-76 京东商城询价比价表格式

二、自动化业务流程分析

李嘉根据业务和软件的特点进行自动化流程分析，以方便指导后期的程序开发。Excel 自动化采购询价流程如图 2-77 所示。

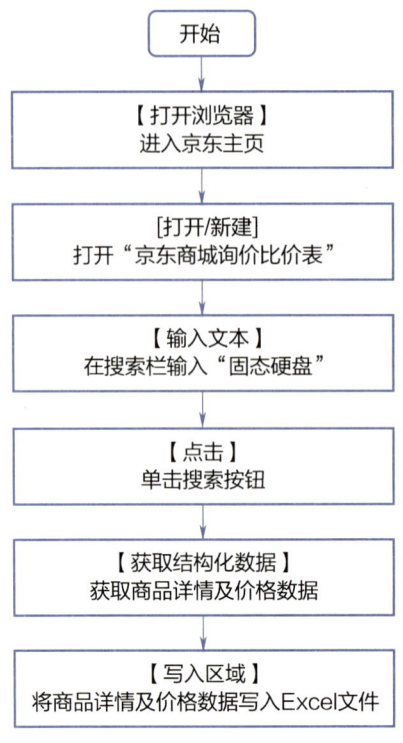

图 2-77　采购询价流程

商品询价的过程主要包括三个步骤：

第一步，由 RPA 自动打开需要询价的浏览器。

第二步，由 RPA 自动打开 / 新建组件，打开 "京东商城询价比价表" Excel 表格。

第三步，获取搜索出来的固态硬盘商品信息，并自动写入 Excel 表格。

三、设计指导

（一）创建流程

（1）打开 RPA 编辑器，单击 "开始 | 新建"，单击 "流程项目"，输入项目名称为 "京东商城询价比价表"，选择输入位置为 "C:\RPA"，选择类型为 "流程图"，单击 "创建"，如图 2-78 所示。

（2）双击选择 "Main.xaml"，打开主流程。

（3）将 "京东商城询价比价表 .xlsx" 拷贝至主流程所在文件夹下。

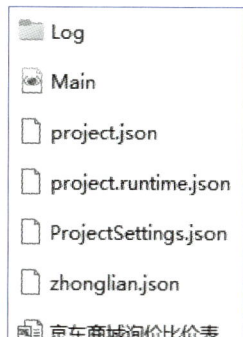

图 2-78　新建项目

（二）打开浏览器

（1）选择"组件"面板，搜索"打开浏览器"组件，拖入到编辑区域内，用于打开浏览器页面，如图 2-79 所示。

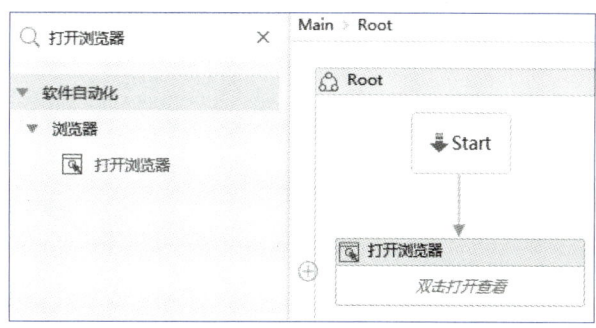

图 2-79　打开浏览器

（2）单击"双击打开查看"，进入打开浏览器编辑界面，在属性面板的"可选项｜打开方式"选项选择本地"Native"，选中"等待加载完成"和"最大化"复选框。浏览器类型选择"Chrome"，网址输入""https://www.jd.com/""，如图 2-80 所示。

 说明

京东商城网址需加英文半角格式下的双引号。

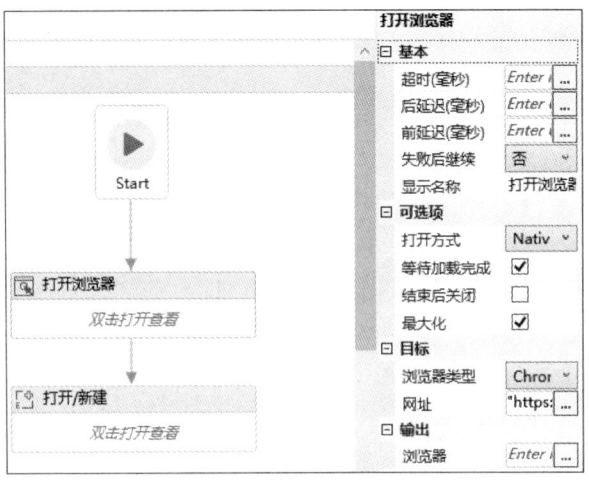

图 2-80　打开浏览器

（三）打开 Excel 文件

（1）添加 Excel 下的"打开 / 新建"组件，将其连接到打开浏览器组件之后。

（2）在"打开 / 新建"组件属性面板上选中"可视"选项。双击"打开 / 新建"组件，在文件路径处选择输入""京东商城询价比价表 .xlsx""。

（3）创建"输入文本"组件，通过"指定元素"指定京东商城首页的搜索文本框，选中"清空原文本"选项，在"输入 | 文本"处输入""固态硬盘""，如图 2-81 所示。

图 2-81　输入文本并点击搜索按钮

（4）创建"点击"组件，通过指定元素指定 按钮，其他属性框全部默认。

（四）查询商品数据

（1）创建"获取结构化数据"组件，首先创建变量"data"，变量类型为"DataTable"，范围为"Root"，默认值选择默认即可，如图2-82所示。

名称	变量类型	范围	默认值
data	DataTable	Root	*Enter DataTable Value*

图 2-82　设置变量 data

（2）单击获取结构化数据组件中指定元素，系统弹出"获取结构化数据"对话框，这时候直接单击"下一步"，获取第一个元素商品"详情"，如图2-83所示。

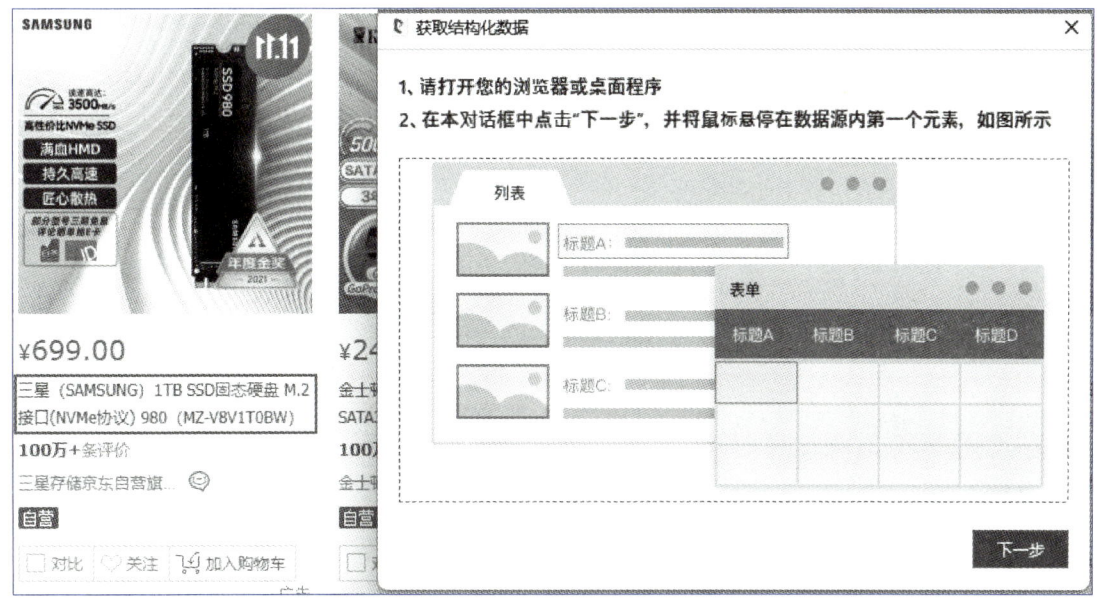

图 2-83　获取商品详情（第一个元素）

（3）单击"下一步"获取第二个元素，获取商品详情，如图2-84所示。

（4）获取完第二个元素，系统弹出一个文本框，修改"文本列名称"为"商品详情"，如图2-85所示。

（5）单击"下一步"，设置最大提取条数为"100"条，输出数据表输入为"data"，商品"详情"信息获取完毕，如图2-86所示。

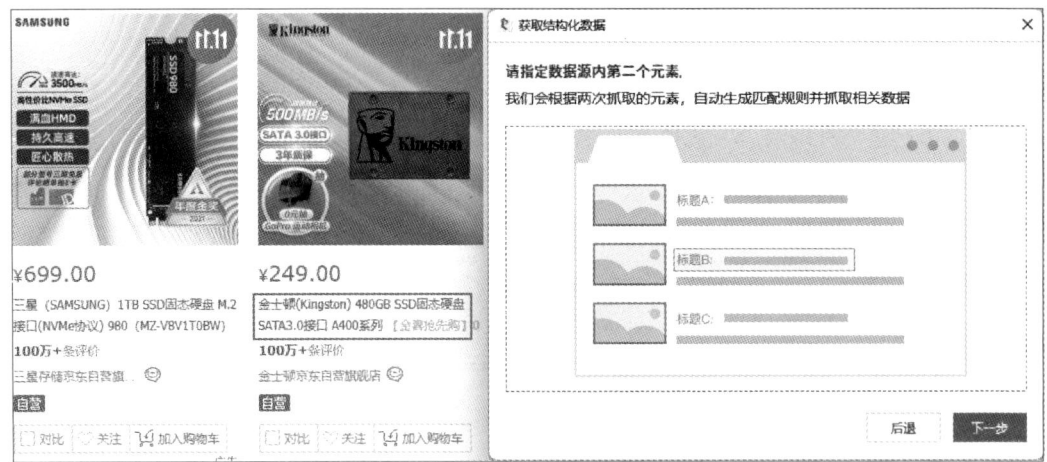

图 2-84　获取商品详情（第二个元素）

图 2-85　文本列名称

图 2-86　设置提取条数及输出数据表

（6）单击"继续获取相关数据"，接下来获取物品"价格"。分别选择第一个和第二个价格元素，单击"下一步"，默认第二列的名称，如图2-87所示。

图 2-87　获取价格元素

（7）单击"下一步"，设置最大提取条数为"100"条，输出数据表输入为"data"，商品"详情"信息获取完毕，如图2-88所示。

图 2-88　设置价格数据参数

（8）单击"完成"，系统弹出"提示"，单击"是"，指定"下一页"，如图 2-89 所示。

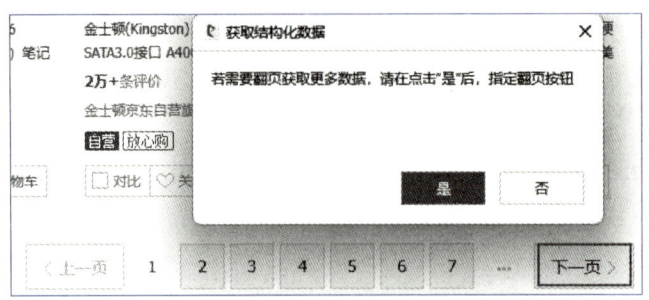

图 2-89　指定下一页

📍 **重要提示：**

当前页面的数据不够指定数量 100，则需要翻页继续获取数据。

（五）写入 Excel

（1）添加"写入区域"组件，在工作表处输入""sheet1""，在起始单元处输入 ""A1""，选中"输入 | 添加列头"选项，如图 2-90 所示。

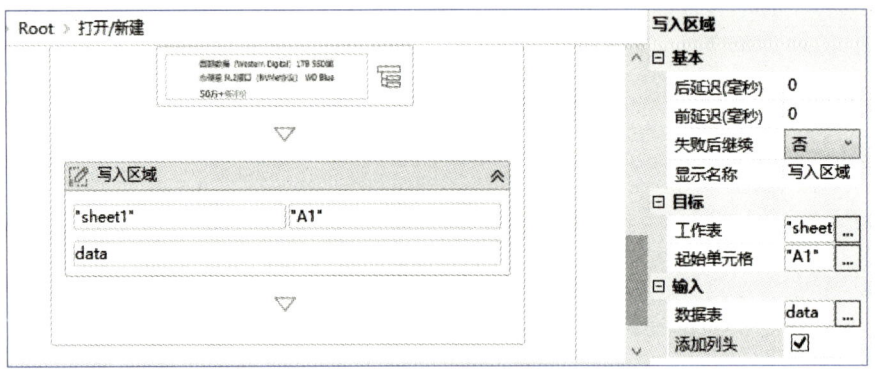

图 2-90　写入区域

（2）打开"京东商城询价比价表"文件查看数据，如图 2-91 所示。

▲	A	B
1	商品详情	价格
2	西部数据（Western Di	609.00
3	三星（SAMSUNG）50(	469.00
4	英睿达（Crucial）美光	1299.00
5	京东京造 1TB国产麒麟	499.00
6	金士顿（Kingston）A	149.00
7	金士顿(Kingston) 960G	499.00
8	台电(TECLAST) 1TB SSD	399.90
9	爱国者（aigo）1TB US	479.00
10	三星（SAMSUNG）2T	1699.00
11	英睿达（Crucial）美光	499.00
12	西部数据（WD）1TB SS	779.00
13	储侠（CHUXIA）512g	349.00
14	忆捷（EAGET）2TB Ty	799.00
15	三星（SAMSUNG）50(	599.00
16	爱国者（aigo）500GB	289.00
17	致态（ZhiTai）长江存	699.00
18	英睿达（Crucial）美光	1299.00

图 2-91　　查询结果

【任务拓展】

登录智联招聘网站，帮助人力资源部门筛选简历（职业：财务会计，条件：无经验/本科/近一月/全职，数量：300）。

【学习评价】

按照表 2-20 通用业务流程自动化开发与应用学习评价表的考核内容分别评价各项内容的完成度并计算得分，按考核项目的权重计算本单元的总分。

表2-20　　通用业务流程自动化开发与应用学习评价表

考核项目	权重（%）	考核内容	分值	得分
知识	40	按时完成流程自动化、变量和组件的概念和含义等内容的线上阅读或线下听讲	50	
		积极参与本单元有关的流程自动化、变量和组件的概念和含义的讨论与交流活动	10	
		正确辨析并解释本单元涉及的流程自动化、变量和组件的概念和含义等内容	40	

考核项目	权重（%）	考核内容	分值	得分
技能	40	能够自主创建变量并引用	25	
		能够根据逻辑选择适当的组件并应用	25	
		能够完成 Web 和 Excel 自动化流程设计与开发	25	
		能够根据现有业务流程自动化优化 RPA 流程	25	
素养	20	按照本单元规定的职业素养目标的基本要求，各项表现良好	50	
		结合本单元实例，完成自动化技术在实际工作中的应用等问题的讨论，能对某个具体的业务场景的流程自动化应用提出自己的建议和见解	50	
总体评价			100	

业务财务流程自动化开发与应用

学习目标

知识目标：

◆ 了解采购、销售的业务场景；

◆ 了解网银付款的业务场景；

◆ 了解业务财务的开发步骤。

技能目标：

◆ 能够使用财务机器人完成采购订单录入流程设计；

◆ 能够使用财务机器人完成网银付款流程设计；

◆ 能够使用财务机器人完成网银收款查询流程设计；

◆ 能够根据需求完成采购发票申请的自动化设计与应用；

◆ 能够完成业务财务程序设计，完成相关业务处理并完成程序调试。

素养目标：

◆ 具有科学和创新精神；

◆ 具有踏实肯干的劳动精神，严谨细致的工匠精神；

◆ 具有诚信合规的职业意识；

◆ 具有服务业务的业务思维。

职业素养提升

坚守底线思维　确保采购环节合规

采购作为企业经营活动的一个重要环节，对企业销售和生产的影响非常关键。不管是企业还是机关事业单位，单位的采购直接涉及供应商的经济利益，采购与付款环节也成为舞弊的高发环节，如企业在供应商开发、签订采购合同、下达采购订单、验收货物、确定应付账款、支付货款等各个环节都存在着潜在的舞弊风险。采购中的收受贿赂、验收不严、以次充好、以少充多、违规结算等现象严重损害了企业的经济利益，破坏企业文化，影响社会经济秩序，是企业深恶痛绝的不法行为。

腾讯 2005 年首次制定"腾讯高压线"等反舞弊制度和建立完善的风险管理体系。2010 年，阿里巴巴成立了廉政合规部门。2017 年，由京东倡议，联合其他互联网公司组成了互联网反腐联盟。2022 年，腾讯查处了"腾讯高压线"案件 70 多起，辞退了 100 余人，10 多人涉嫌犯罪被移送公安机关处理。2022 年曝光的来自互联网和新消费行业的腐败、舞弊案一共有 230 余起。其中，有超过 400 多位员工为此被开除或移送司法机关。

RPA 设计人员与财务人员需要坚守底线思维，谨记采购付款环节的 RPA 设计，同样也需要遵循采购内部控制的各种要求和原则，确保采购流程合法合规。在流程设计上，不能只图效率而绕开控制程序，逃避必要的审核和监管。在自动化的环境下，那样的危害将更为巨大。因此，廉洁采购是财经人员必须坚守的职业底线。

任务 3.1　采购订单录入自动化开发与应用

【任务情境】

一、任务场景

北京晟泰服装商贸有限公司（简称：晟泰公司）始建于 2017 年，公司位于北京市朝阳区，主要对外销售衬衫、帽衫等商品。根据工商注册等资料显示，公司基础信息如下：

（一）企业基本信息

公司名称：北京晟泰服装商贸有限公司

会计准则：企业会计准则

建账会计期：2021 年 7 月

统一社会代码：91110109858050387G

纳税人类型：一般纳税人

法人代表：许德丰

经营地址：北京市朝阳区北苑路 57 号富甲大厦 4 楼

电话：010-69854123

邮编：100101

开户行：中国工商银行北苑支行（基本存款账户）

银行账号：6212285477412668953

E-mail：shengtai@163.com

记账本位币：人民币

人民币单位：元

行业：商贸

类型：中型企业

经营范围：服装服饰、鞋帽、文化用品、百货的销售；服装服饰的设计及开发；图文设计及制作；企业形象策划。（依法须经批准的项目，经相关部门批准后依批准的内容开展经营活动。）

（二）组织机构及人员

晟泰公司设立行政部、财务部、采购部、销售部、库管部、人事部 6 个部门，同时设有衬衫仓库和帽衫仓库 2 个仓库，由库管部负责管理。部门及人员信息表如表 3-1 所示。

表3-1 晟泰公司人员表

编号	姓名	部门	岗位	性别
000001	周家文	行政部	经理	男
000002	徐悦	财务部	经理	男
000003	赵晓霞	财务部	会计	女
000004	刘思怡	财务部	出纳	女
000005	李冠华	销售部	经理	男
000006	盛嘉慧	人事部	经理	女
000007	王建宇	采购部	经理	男
000008	于畅林	库管部	主管	男
000009	韩超	库管部	主管	男

（三）案例情境

情境动画：
采购业务流
程自动化

晟泰公司因为市场定位准确，最近代理的品牌持续畅销。各项业务开始直线上升，采购是公司最繁忙的业务之一，销售旺季的时候，公司的采购需求也非常大。采购部门积累了一批合同，由于公司人手不够，不能及时录入采购系统。采购员王建宇只好加班加点完成。

同时，近期公司的订单直线上升，业务非常繁忙，这段时间，为了赶订单，员工们都在加班工作。最近公司为了解决人手不足的问题，招了一位实习生李小刚，是高职会计信息管理专业的一位应届毕业生，目前分配在财务部实习。小伙子动手能力很强，还特别爱钻研，很快就熟悉了企业的业务。因为小刚学的是会计信息管理专业，对计算机又比较感兴趣，经常会思考如何利用自己的专业能力来帮助企业更好地完成财务工作。关键是小刚还非常热心，喜欢助人为乐，短短一个月的实习期，大家都对小刚赞赏有加。

采购业务是企业最重要也是发生最频繁的业务。尤其在销售旺季，公司采购需求较大，采购合同比较多。公司目前已经实施采购的信息化管理，所有采购的流程都在系统内流转，为了保证业务各个环节的及时办理，按照公司采购信息化的要求，合同签订后，需由业务人员及时录入到采购系统中去。在采购业务高峰期，需要频繁录入大量的采购合同，这给业务人员造成了较大的输入压力。

2021 年 7 月，公司签订了 11 份购销合同，格式如图 3-1 所示。

购 销 合 同

合同编号：33064823

购货单位（甲方）：北京晟泰服装商贸有限公司

供货单位（乙方）：上海京华制衣有限公司

根据《中华人民共和国民法典》及国家相关法律、法规之规定，甲乙双方本着平等互利的原则，就甲方购买乙方货物一事达成以下协议。

一、货物的名称、数量及价格：

货物名称	规格型号	单位	数量	单价	金额	税率	价税合计
西装马甲		件	100	500.00	50 000.00	13%	56 500.00
合计（大写）　伍万陆仟伍佰元整							¥56 500.00

二、交货方式和费用承担：交货方式：供货方送货 ，交货时间：2021年07月07日 ，

交货地点：北京市朝阳区北苑路57号富甲大厦4楼403，运费由 供货方 承担。

三、付款时间与付款方式：经甲方验收合格后15日内以银行转账方式支付货款

四、质量异议期：购货方对供货方的货物质量有异议时，应在收到货物后 15日 内提出，逾期视为货物质量合格。

五、未尽事宜经双方协商可作出补充协议，与本合同具有同等效力。

六、本合同自双方签字盖章之日起生效，本合同壹式贰份，甲乙双方各执壹份。

甲方（签章）： 乙方（签章）：

授 权 代 表：王建宁 授 权 代 表：杨伟

地　　　址：北京市朝阳区北苑路57号富甲大厦4楼 地　　　址：上海市金桥经济技术开发区356号

电　　　话：010-69854123 电　　　话：021-88576634

日　　　期：2021 年 07 月 01 日 日　　　期：2021 年 07 月 01 日

图 3-1 购销合同（范例）

二、任务布置

（1）了解合同与订单的案例背景，了解录入采购订单的流程和需求。

（2）分析采购订单录入的业务需求，设计采购订单机器人流程。

（3）根据合同文本资料，设计"采购订单汇总表"Excel 模板。

（4）根据合同的文本资料，由 RPA 自动汇总合同订单数据。

（5）分析业务需求，设计采购订单录入的 RPA 流程。

（6）在 RPA 编辑器中，编制采购订单录入的 RPA 程序。

（7）运行采购订单录入的 RPA 程序，将"采购订单汇总表"内的订单数据录入到采购系统中。

【任务准备】

一、知识准备

采购部门确定要采购以后，业务人员即可向供应商发出采购订单。采购订单是采购方与供应商之间签订的采购合同或购销协议在计算机中标准化、格式化的表达。它具有一定的约束力，可以是企业采购合同中关于货物的明细内容，也可以是一种订货的口头协议。其主要内容包括采购什么货物、采购多少、由谁供货、什么时间到货、到货地点、运输方式、价格和运费等。采购订单是采购系统中的核心单据，通过采购订单可以跟踪采购的整个业务流程，包括到货及入库情况、付款和制单情况等。

订单下达后，为了保证订单能按时按质按量交货，采购部门要对订单进行跟踪检查，控制采购进度。系统提供订单的跟踪功能，对于逾期未到货的订单，可以向供货单位发出供应商催货函。

因为订单能控制到货、入库和付款等下游业务处理，为了保证采购订单的下游流程能及时处理，企业要求业务人员必须将采购订单及时录入到系统中去。

二、操作准备

（1）打开并登录财天下购销存系统。

（2）启动 RPA 设计器，登录"RPA 设计器"。

【任务实施】

一、业务分析

（一）业务流程分析

晟泰公司实施了一套系统、完整、规范的购销存运行流程，实现了采购、销售、库存的信息化管理。在采购及付款业务上，订单录入后，能根据订单完成到货、入库和付款单的作业。从业务的录入工作量来看，将采购合同转化为采购订单，并在系统内录入，是目前公司的一个效率堵点。尤其在业务高峰期，采购业务人员需要手动录入大量的订单信息。不仅费时费力，还容易输错，对录入人员的耐心和细致程度要求非常高。

RPA 实现—采购业务流程自动化（业务流程分析）

李小刚和王建宇一起对采购订单的流程做了梳理，认为在采购合同录入这个环节，规则明确，流程稳定，处理的业务量较大，这都十分适合 RPA 的处理特点。两人经过分析初步梳理出了采购订单录入的业务流程，如图 3-2 所示。

RPA 实现—采购业务流程自动化（创建项目和读取模版表格信息）

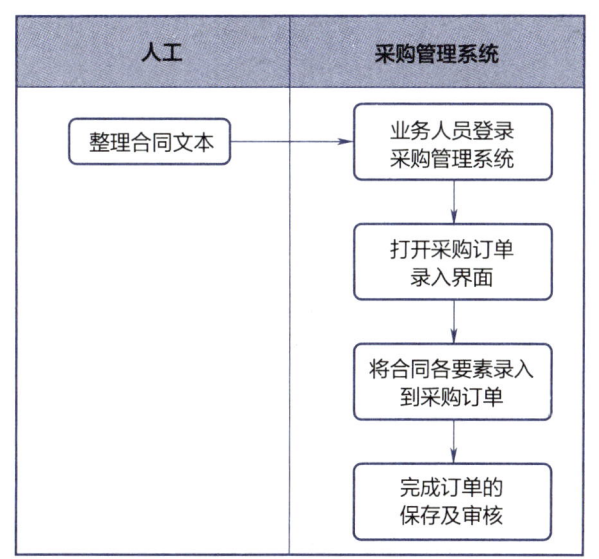

图 3-2　采购订单录入的原业务流程

RPA 实现—采购业务流程自动化（界面操作）

为了更好地发挥人工和 RPA 的各自优势，在李小刚的建议下，两人将原有的业务流程做了修改，由人工先将合同保存为 PDF 文档，再由

RPA 实现—采购业务流程自动化（订单编号回写）

RPA 将 PDF 格式的合同文本识别后写入到标准的 Excel 模板中去，形成采购订单汇总表。再由 RPA 从采购订单汇总表填写到采购管理系统的订单中去。这样处理的好处是：一是可以统一保存表格化的合同文本信息，二是 RPA 填写完订单后，可以将处理结果回写到 Excel 表格，方便监测 RPA 对合同处理的进度。修改后的采购订单录入业务流程如图 3-3 所示。

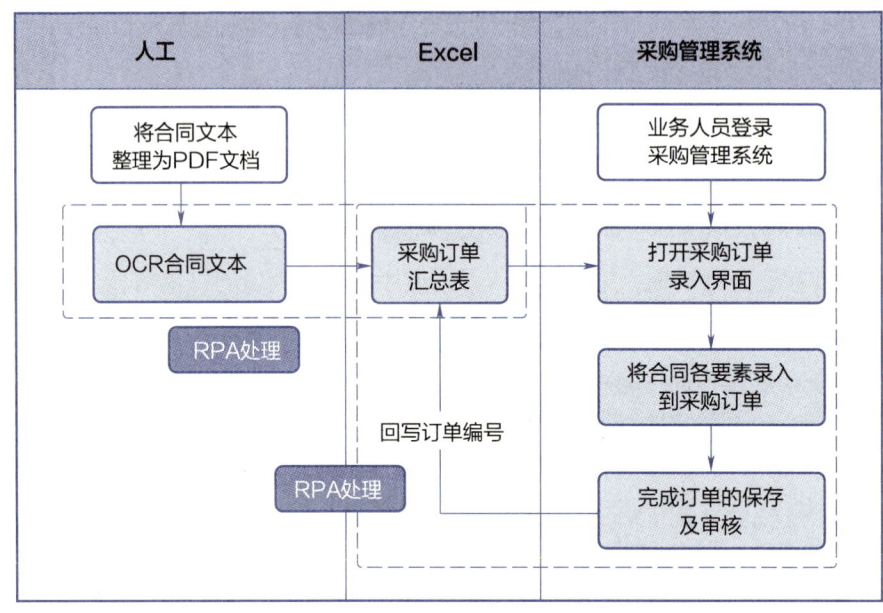

图 3-3　修改后的采购订单录入业务流程

由于 RPA 需要从固定的文件中抓取数据，这里需要提前将"采购订单汇总表"的格式，按照合同要素内容将格式进行固化，形成标准模板，以方便 RPA 程序在固定的位置写入和读取。李小刚和王建宇沟通后，确定"采购订单汇总表"模板的数据结构如表 3-2 所示。

表 3-2　采购订单汇总表数据结构

字段名	数据来源	是否写入采购订单
编号	合同序号，手工录入	
订单编号	采购订单录入保存以后，系统自动生成订单编号。由 RPA 从采购订单中回写订单编号至此栏	
供应商	合同文本 OCR 至此栏，写入采购订单的"供应商"栏	✓

字段名	数据来源	是否写入采购订单
采购类别	合同文本 OCR 至此栏。包括"货物""劳务""销售服务""无形资产""不动产"。写入采购订单的"采购类别"栏	√
付款条件	合同文本 OCR 至此栏。可选"预付款"或"验收合格且收到发票后付款"	√
经办人	合同文本 OCR 至此栏。写入采购订单的"经办人"栏	√
验收人	手工录入。写入采购订单的"验收人"栏	√
开始日期	合同文本 OCR 至此栏。写入采购订单执行期间的"开始日期"栏	√
结束日期	合同文本 OCR 至此栏。写入采购订单执行期间的"结束日期"栏	√
预验收日	合同文本 OCR 至此栏。写入采购订单的"预验收日"栏	√
物品名称	合同文本 OCR 至此栏。写入采购订单的"物品名称"栏	√
单价	合同文本 OCR 至此栏。写入采购订单的"单价"栏	√
数量	合同文本 OCR 至此栏。写入采购订单的"数量"栏	√
税率	合同文本 OCR 至此栏。写入采购订单的"税率"栏	√
资产	手工录入。可选"是"或"否"。写入采购订单的"资产"栏	√

另外，为了降低开发的难度，李小刚决定将 OCR 合同文本和根据采购订单汇总表填写订单分成两个项目来完成，如图 3-4 所示。

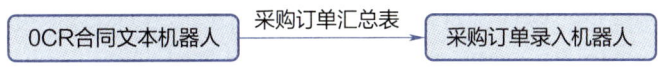

图 3-4　采购订单录入财务机器人流程

OCR 合同文本机器人主要的目的是将整理好的合同文本文件利用 OCR 技术进行识别，再将识别后的数据保存到"采购订单汇总表"Excel 文件中去。运行后生成的文件如图 3-5 所示。

	A	B	C	D	E	F	G	H	I	J	K	L	M	N	O
1	编号	订单编号	供应商	采购类别	付款条件	经办人	验收人	开始日期	结束日期	预验收日	物品名称	单价	数量	税率	资产
2	1		上海京华制衣有限公司	货物	验收合格且收到发票后付款	王建宇	于畅林	2021-07-01	2021-07-15	2021-07-07	西装马甲	500	100	13%	否
3	2		杭州万向制衣有限公司	货物	验收合格且收到发票后付款	王建宇	于畅林	2021-07-02	2021-07-16	2021-07-09	休闲衬衫	100	500	13%	否
4	3		杭州万向制衣有限公司	货物	验收合格且收到发票后付款	王建宇	于畅林	2021-07-09	2021-07-24	2021-07-14	休闲衬衫	100	500	13%	否
5	4		杭州万向制衣有限公司	货物	验收合格且收到发票后付款	王建宇	于畅林	2021-07-10	2021-07-25	2021-07-13	休闲衬衫	300	500	13%	否
6	5		杭州万向制衣有限公司	货物	验收合格且收到发票后付款	王建宇	于畅林	2021-07-13	2021-07-28	2021-07-19	电竞村衫	200	100	13%	否
7	6		杭州万向制衣有限公司	货物	验收合格且收到发票后付款	王建宇	于畅林	2021-07-15	2021-07-30	2021-07-19	休闲衬衫	200	300	13%	否
8	7		上海京华制衣有限公司	货物	验收合格且收到发票后付款	王建宇	于畅林	2021-07-15	2021-07-30	2021-07-20	西装马甲	500	100	13%	否
9	8		上海京华制衣有限公司	货物	验收合格且收到发票后付款	王建宇	于畅林	2021-07-17	2021-08-01	2021-07-20	西装裤子	200	100	13%	否
10	9		上海京华制衣有限公司	货物	验收合格且收到发票后付款	王建宇	于畅林	2021-07-19	2021-08-03	2021-07-25	半身长裙	190	260	13%	否
11	10		杭州万向制衣有限公司	货物	验收合格且收到发票后付款	王建宇	于畅林	2021-07-24	2021-08-08	2021-07-30	休闲衬衫	300	100	13%	否

图 3-5　采购订单汇总表内容

采购订单录入机器人主要目的是将 OCR 合同文本机器人识别后所形成的"采购订单汇总表"Excel 文件中的合同要素信息由 RPA 自动填写到采购管理系统的采购订单中去，保存并审核订单以后，将订单编号再回写到采购订单汇总表的"订单编号"栏。

因为教材篇幅所限，本教材主要介绍采购订单录入机器人的设计和开发，设定 OCR 机器人已经将合同文本识别到采购订单汇总表中了。

（二）自动化流程分析

业务流程确定后，还需要根据业务和软件的特点进行自动化流程分析，以方便指导后期的程序开发。采购订单录入自动化流程如图 3-6 所示。

采购订单录入的过程主要包括四个模块。

模块 1：读取模板变量。

由 RPA 自动打开采购订单汇总表，将该文件中的采购信息记录，读取到变量中，供后期写采购订单的时候调用。

模块 2：打开采购管理系统的采购订单界面。

由 RPA 自动打开采购管理系统中采购订单的主界面，准备写入订单内各要素。

模块 3：录入订单要素。

新增一张采购订单，将前面从采购订单汇总表文件中读取出来的变量中的记录，根据界面逻辑，逐一添加到采购管理系统的采购订单中去。

首先需要构建遍历循环，对采购订单汇总表中的变量进行逐一循环。然后在循环体中设置判断条件，判断订单变量记录中的"物品名称"是否不为空。如果不为空（即符合该条件，第一行记录即满足该条件），则新增一张订单，写入供应商、采购类别、经办人、预验收日等信息，继续添加物品名称、单价、数量、税率、资产等信息，该条记录录入完毕，保存并审核该订单。

模块 4：回写订单编号。

采购订单录入完毕，保存并审核之后，系统自动生成订单编号。RPA 将系统生成的订单编号回写至"采购订单汇总表"的"订单编号"列中。

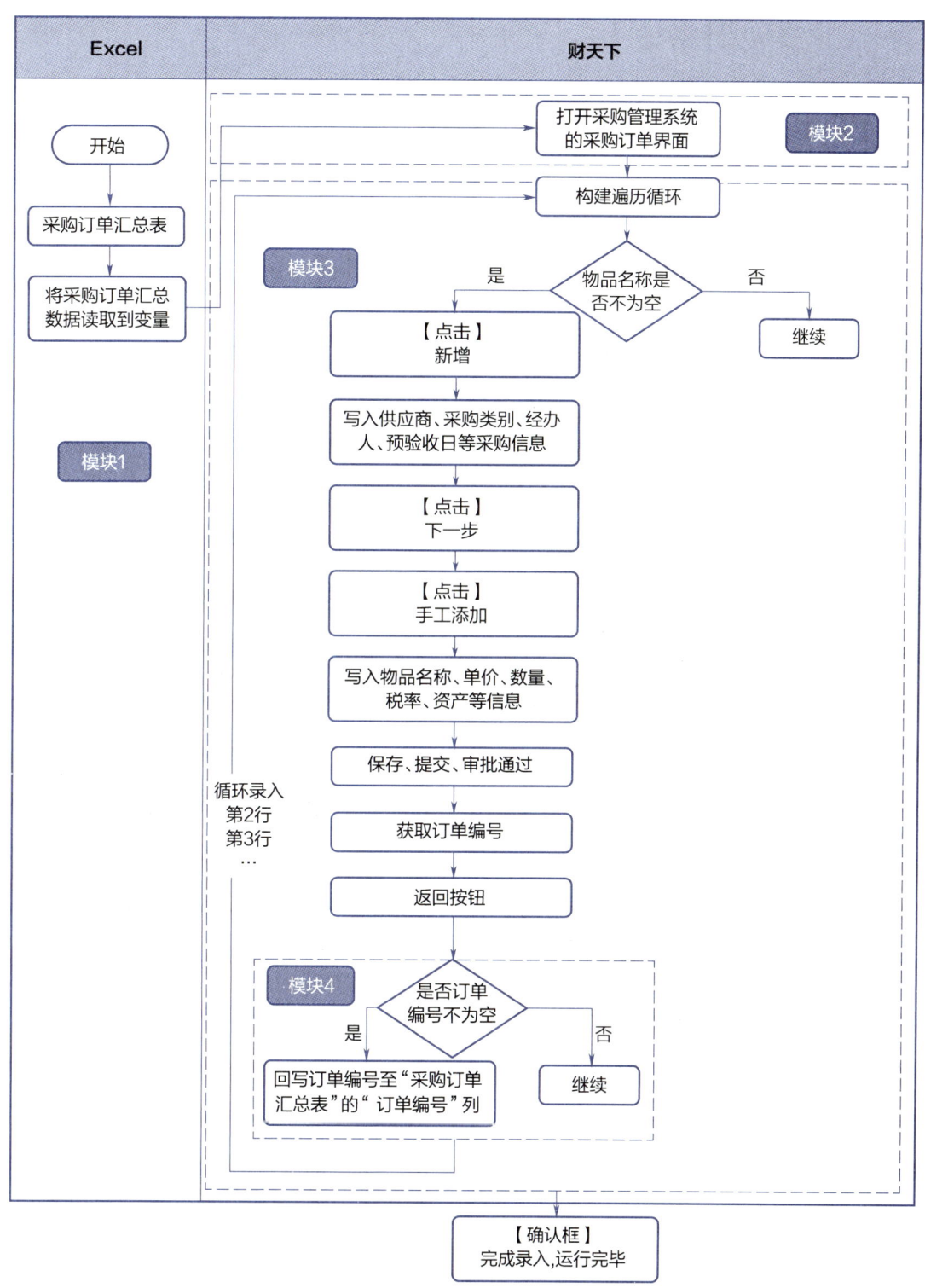

图 3-6　采购订单录入自动化流程

二、设计指导

（一）模块 1：读取模板变量

该模块的主要任务是打开通过运行 OCR 机器人生成的"采购订单汇总表"Excel 文件，读取合同订单数据区域，将其存入变量，最后进入到模块 2。本模块的开发流程如图 3-7 所示。

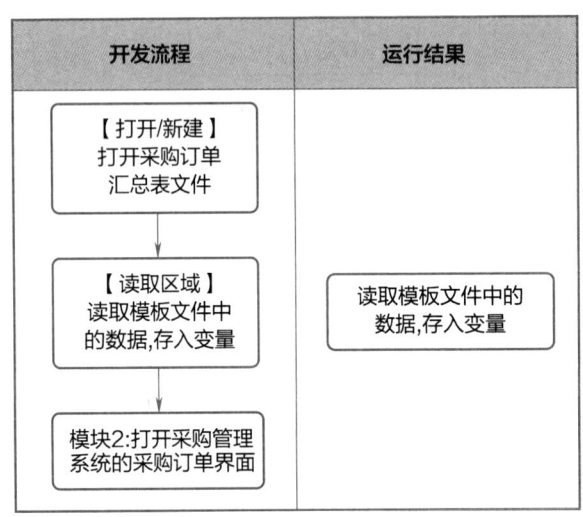

图 3-7　打开"采购订单汇总表．xlsx"读取模版变量开发流程

1. 打开采购订单汇总表

（1）下载案例文件[①]"采购订单汇总表"。在 RPA 设计器中，单击打开左边的"项目"菜单，右键单击当前打开的项目名称"采购订单录入"，选择"打开文件夹"，将下载后的"采购订单汇总表"案例文件拷贝到该项目文件夹下面，如图 3-8 所示。

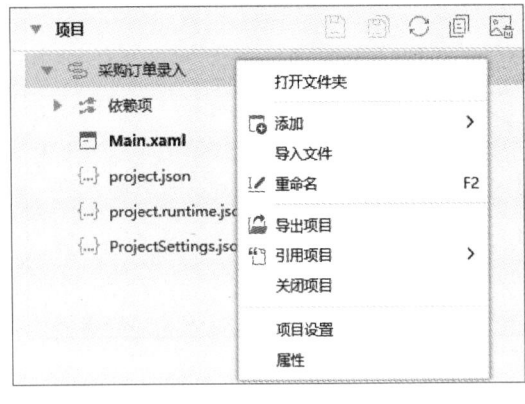

（2）在活动面板中搜索"打开 / 新建"组件，命名为"打开 / 新建【采购订单汇总表】"并将其拖拽至 Main 面板上。

图 3-8　打开项目文件夹

[①] 注：系统操作中所需文件将以资源包的形式提供，具体获取方式详见书后"郑重声明"页的资源服务提示，全书同。

（3）在"打开／新建【采购订单汇总表】"组件属性面板上，选择保存 Excel 文件的文件夹目录。在属性栏中将"可视"取消勾选，如图 3-9 所示。

图 3-9 增加"打开／新建【采购订单汇总表】"

重要提示

取消"可视"选项，则系统默认不打开 Excel 文件，只是读取数据。如果不取消，则系统会打开 Excel 文件。

2. 读取 Excel 数据到变量

（1）在变量区域创建"datatable"变量，选择变量类型为"system.data.datatable"。创建变量如图 3-10 所示。

名称	变量类型	范围	默认值
datatable	DataTable	Root	请输入 DataTable 类型的值

图 3-10 创建变量

（2）双击打开"打开／新建【采购订单汇总表】"组件，再添加"序列"，在"序列"中添加"读取区域"组件，命名为"读取区域【读取订单表】"。

（3）在"读取区域【读取订单表】"输入框中，输入需要读取的工作表为"Sheet1"，区域为默认。

（4）在"读取区域"组件的属性面板中，设置输出的数据为"datatable"变量，将从 Excel 模板中读取出来的数据表输出至该变量中。在"读取区域"属性面板，勾选"添加列头",如图 3-11 所示。

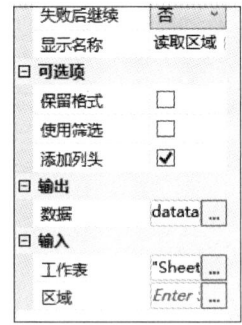

图 3-11　读取区域属性面板

> **说明**
>
> "添加列头"选项勾选时，则将工作表所读取数组的第一行作为新生成数据表的列头，也就是将读取的 Excel 区域中的第一行作为数组的字段名称。
>
> 区域默认不填，则读取整个 sheet 页。

3. 读取 Excel 最大行行数

（1）创建整数型变量"end_line"，用于保存末行号数值。

（2）在前序"读取区域"组件的下方，添加"获取末行号"组件，命名为"获取末行号"，在"输出 | 获取末行号"参数中输入变量"end_line"，在"输入 | 工作表"输入"Sheet1"，在"输入 | 列号"处输入"12"，如图 3-12 所示。

图 3-12　获取末行号

（3）在"获取末行号"组件中，可以编辑数字列号，选择填入最大行的列号码。

> ### 👤 说明
>
> 这里输入列号为"12"，目的是获取最大行的行号，意思是获取"采购订单汇总表"的第12列，即"单价"所在列的末行行号。
>
> 通过"获取末行号"组件，可以获取Excel表格相关Sheet页签中的末行行号，用于后续构建循环和作为判断条件使用。

（二）模块2：打开采购管理系统的采购订单界面

本模块的主要目的在于利用RPA自动打开财天下平台的"采购管理"的合同订单录入界面，方便自动填写采购订单信息，然后再进入到模块3。本模块的开发流程如图3-13所示。运行完该模块以后，RPA将自动打开合同订单操作界面。

（1）在模块1的下方，创建"序列"，命名为"序列【打开合同订单】"。这个序列用于打开订单界面，即进入采购管理系统界面。从组件区域搜索"点击"组件并拖入序列【页面操作】内部，如图3-14所示。

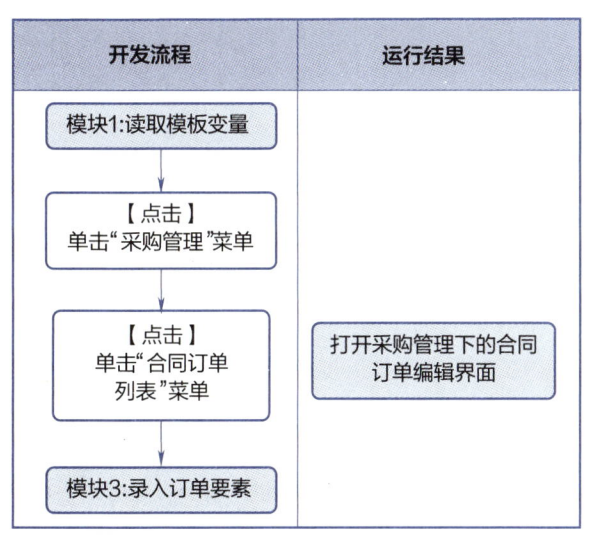

图3-13 打开采购管理界面开发流程

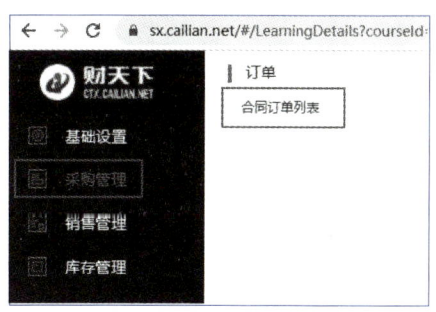

图3-14 打开合同订单界面

（2）将系统切换到"财天下"界面，模拟鼠标单击选择"采购管理"菜单，即完成组件点击设置。

（3）继续在点击基础设置下方，添加"点击"组件，将系统切换到"财天下"界面，模拟鼠标单击选择"合同订单列表"菜单，完成组件点击设置，如图3-15所示。

图 3-15　打开合同订单界面

（三）模块 3：录入订单要素

本模块的主要目的在于利用 RPA 在财天下平台的"合同订单"界面，自动填写订单信息。主要的工作流程如下：

① 首先构建一个遍历循环，对订单汇总表中的变量进行逐行遍历。

② 判断订单汇总表中的"物品名称"是否不为空，如果判断条件成立，则执行新增订单操作。

③ 继续写入物品单价、数量、税率、资产等数据信息。

④ 已经完成该条订单记录的录入，则进行保存并提交，并准备进入模块 4。

本模块的开发流程如图3-16所示。

1. 添加"循环操作"组件

（1）在"序列【打开合同订单】"的下方，创建"循环操作"组件，命名为"循环操作（For Each）"。

（2）双击打开该循环组件，将"循环操作（For Each）"中 in（数据源形式）后面的集合名称设置为"datatable.Rows"，意思是在 datatable 变量中逐行循环取数，如图 3-17 所示。

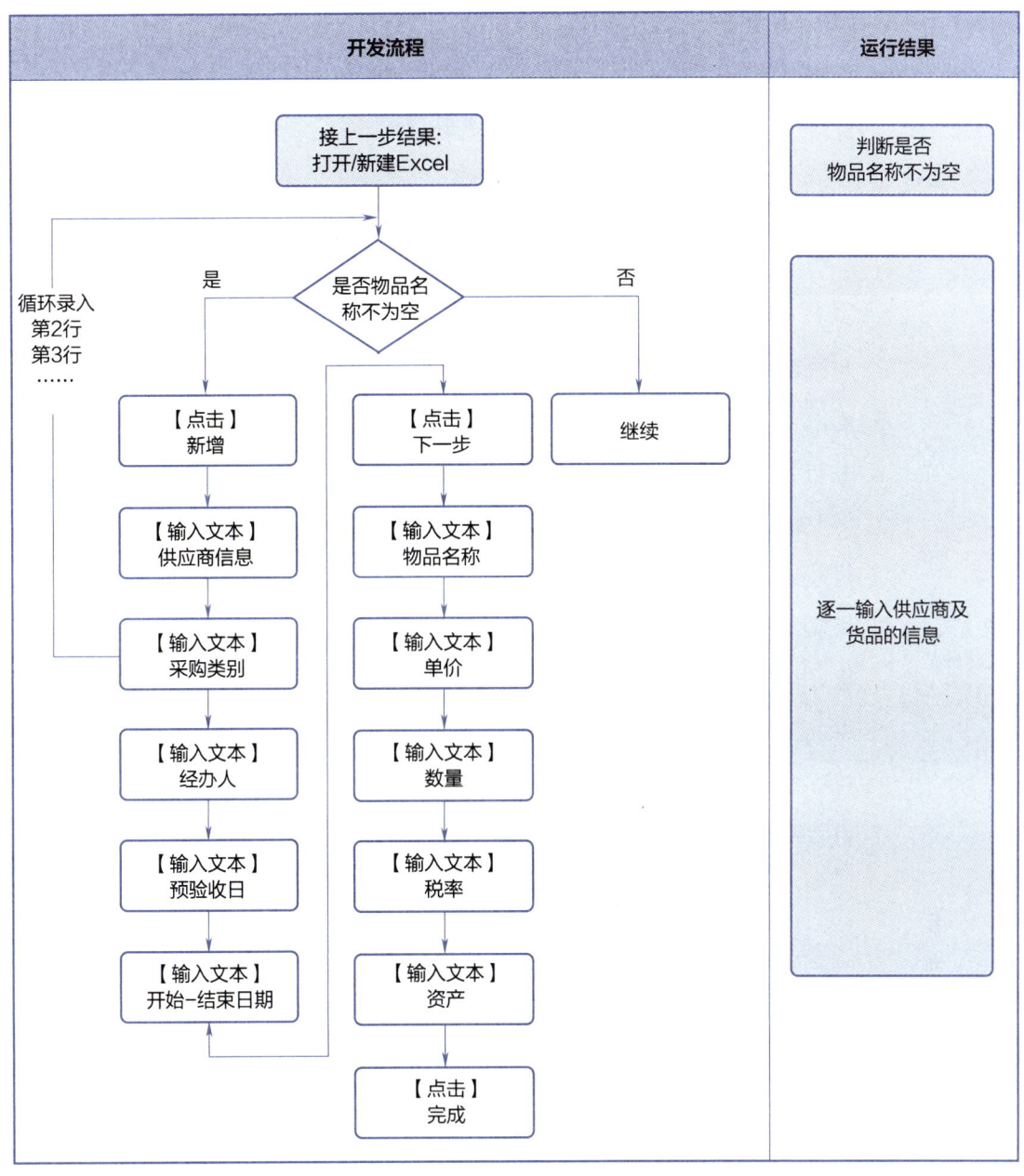

图 3-16　采购订单列表写入流程

Main ▸ Root ▸ 循环操作 (For Each)

(F) 循环操作 (For Each)
Foreach item　　in datatable.Rows

图 3-17　添加循环操作（For Each）

（3）在"循环操作"组件内部，添加一个"序列"组件，如图 3-18 所示。

图 3-18　在"循环操作"组件内部添加"序列"

2. 对采购订单相关列数据进行赋值

在上述"序列"内部，新增"赋值（多个）"组件，将后续需要使用的采购订单汇总表中的相关字段进行赋值，供后续调用，如图 3-19 所示。

① 将采购订单汇总表格中的"供应商"字段赋值为 supplier。

② 将采购订单汇总表格中的"采购类别"字段赋值为 purchasing_categories。

③ 将采购订单汇总表格中的"经办人"字段赋值为 principal。

④ 将采购订单汇总表格中的"物品名称"字段赋值为 product_name。

⑤ 将采购订单汇总表格中的"资产"字段赋值为 asset。

⑥ 将后续循环判断用到的 hang，赋值为 hang+1。

⑦ 将后续循环判断用到的 index，赋值为 index+1。

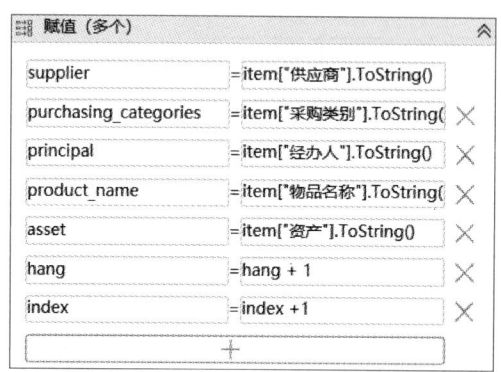

图 3-19　赋值（多个）

3. 判断物品名称和供应商是否都不为空

（1）在"赋值（多个）"组件下方，添加"条件（If）"组件，命名为"条件（If）【判断物品名称和供应商是否都不为空】"。

（2）单击右侧"输入 | 判断条件"的表达式编辑器为：item[" 物品名称 "].

ToString().Trim()！＝""，意思为某条记录中的"物品名称"是否不为空，如图3-20所示。

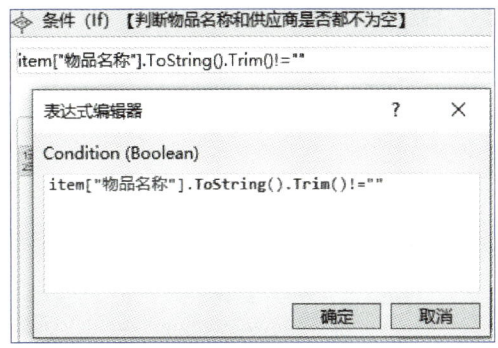

图 3-20　添加判断条件

> **重要提示**
>
> ！＝的意思是"不等于"。
>
> item["物品名称"].ToString().Trim() 的含义是：将"物品名称"字段的值转换为字符，然后通过 Trim() 函数去掉空格。

（3）在"条件成立"（Then）内部，创建"序列"组件，在此序列内完成采购订单汇总表中供应商、采购类别、经办人、预验收日、执行期间等元素的写入。

（4）在序列中添加"点击"组件，模拟鼠标单击已打开的合同订单列表中"新增"按钮，如图3-21所示。

图 3-21　模拟鼠标单击"新增"按键

RPA 单击"新增"按钮后，系统将进入到"录入合同订单"界面，如图 3-22 所示。

图 3-22   录入合同订单

（5）在"点击"新增的组件下方，创建"序列"，命名为"序列【供应商】"。在该序列内创建"输入文本"组件，单击写入区域编辑需切换至财天下平台，单击"请输入供应商"区域。

在"输入文本"组件的文本属性框中输入"1tem["供应商"].ToString()"。输入文本后，系统平台将自动展开下拉框，显示待选择公司的信息，如"杭州万向制衣有限公司"。

（6）继续添加"点击"组件，通过单击动作选择下拉列表中的公司信息，如图 3-22 中的"杭州万向制衣有限公司"。

（7）在"点击"组件的属性面板中，单击"目标 | 选择器"，如图 3-23 所示。

（8）系统弹出"选择器编辑器"，单击选中末行，在右边的选择器节点处，将 SInfo 参数修改为"{supplier}"，如图 3-24 所示。

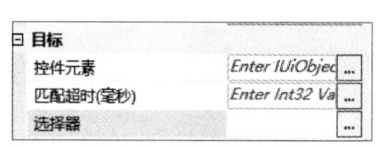

图 3-23   属性面板

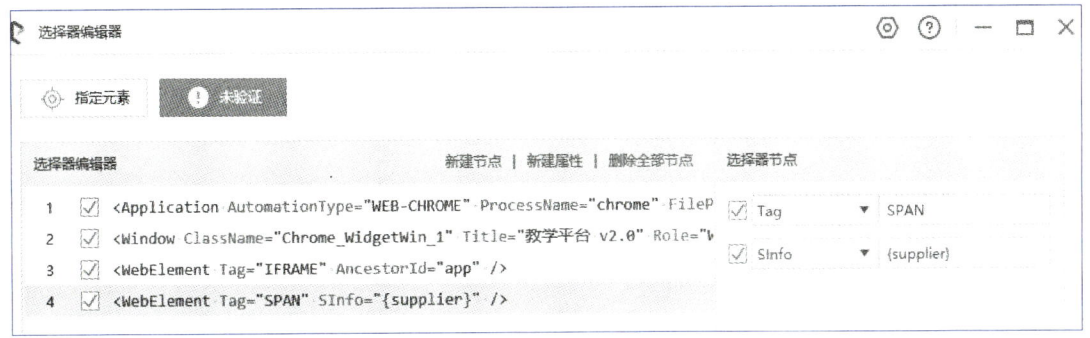

图 3-24　修改选择器节点参数

重要提示

　　"点击"组件中的选择器，可以详细设置并控制所单击的界面元素。在图 3-22 的供应商选择框中，如果直接默认单击的对象"杭州万向制衣有限公司"，而不做任何修改，程序将只会识别"杭州万向制衣有限公司"，无法单击到其他选项。因此需要对展开的下拉框选项执行动态选择，根据供应商的实际赋值进行动态选择。这就需要修改 SInfo 参数的值，将之前赋值的 supplier 变量的当前值，赋给 SInfo 参数。

　　这里可以将 SInfo 参数理解为控制下拉选项实际选择的变量值，给点击组件设置 SInfo 的值，程序就会去单击 SInfo 的值所相对应的内容。设置后，程序将会根据 supplier 变量的当前值自动选择下拉框的选项。

输入供应商最终结果如图 3-25 所示。

（9）依照上述步骤，继续增加"序列【采购类别】"组件，结果如图 3-26 所示。

（10）在"序列【采购类别】"组件下方，继续增加"序列【经办人】"组件。设置结果如图 3-27 所示。

（11）在"序列【经办人】"组件下方，创建"序列【录入预验收日】"序列。在该序列内创建"设置 Web 元素属性值"组件，单击屏幕录制功能，切换至财天下平台，点选合同订单的"预验收日"下的"选择日期"区域，如图 3-28 所示。

（12）编辑输入属性名为""readonly""，输入属性值为"" ""，如图 3-29 所示。

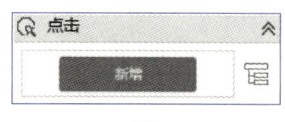

图 3-25 序列【供应商】

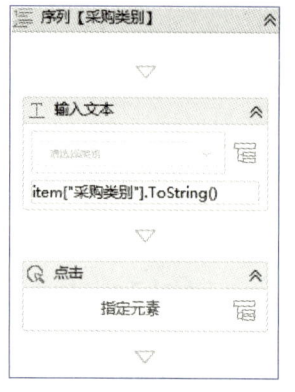

图 3-26 序列【采购类别】

图 3-27 序列【经办人】

我方主体：	北京晟泰服装商贸有限公司	* 供应商	杭州万向制衣有限公司
* 采购类别：	货物	合同类别	货物类/一般采购
* 经办人：	于畅林	所属部门	库管部
成本中心：	库管部-公共	已有框架协议	○ 是 ● 否
标准合同：	○ 是 ● 否	需盖章归档	○ 是 ● 否
* 验收人：	于畅林	* 预验收日	📅 选择日期

图 3-28 选择日期

图 3-29 设置 Web
元素属性值

📍 **重要提示**

　　网页中的"预验收日"的"选择日期"框默认是无法直接写入的，只能通过选择日期框进行录入。因此需要事先修改"选择日期"框的界面元素的属性。设置 Web 元素属性名"readonly"为空的含义是，将日期控件的"只读状态"设置为空，即可以在日期框中直接输入日期，以方便直接将变量中的"预验收日"中的日期值直接写入"预验收日"位置。

（13）继续创建"输入文本"组件，编辑写入区域，在合同订单界面，点选"选择日期"区域，编辑输入文本为"item[" 验收日期 "].ToString()"。程序将直接将采购订单汇总表中的验收日期写入"预验收日"栏，如图 3-30 所示。

图 3-30　录入预验收日期

（14）在"输入文本"组件下方，创建"发送快捷键"组件，通过表达式编辑器，输入键值为 "{ENTER}"，如图 3-31 所示。

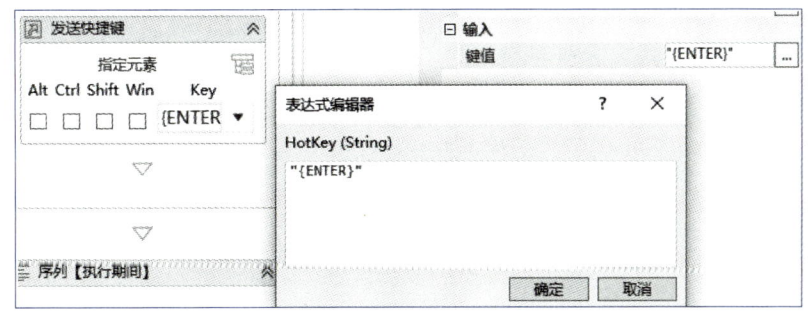

图 3-31　发送快捷键——输入键值

 重要提示

此处回车，表示对前面输入日期的确认。

（15）继续添加"序列【录入执行期间】"组件。先按照"验收日期"的编辑步骤完成"执行期间"下的"开始日期"写入，如图 3-32 所示。

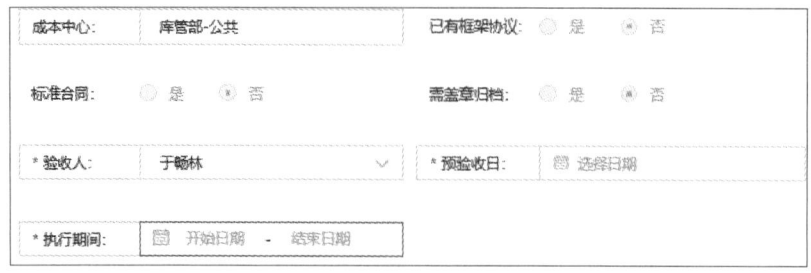

图 3-32　写入"执行期间"的开始日期

（16）在"发送快捷键"（Enter）下方，继续创建"发送快捷键"组件，"输入 | 键值"设置为 "{TAB}"。使光标跳转到"结束日期"输入框。

（17）在"发送快捷键"（TAB）下方，继续创建"输入文本"组件，输入"结束日期"，录入执行期间，如图 3-33 所示。

图 3-33　录入执行期间

（18）在"序列【录入执行日期】"组件下方，创建"点击"组件，单击合同订单界面的"下一步"按键。切换至财天下平台，模拟鼠标单击"下一步"按键，如图3-34所示。

图 3-34 单击"下一步"

4. 新增订单记录

（1）创建一个"序列【新增订单记录】"，在该序列内，新增"点击"组件，模拟鼠标，在合同订单界面，单击"手工添加"，如图3-35所示。

图 3-35 单击"手工添加"

（2）在"点击"组件下方，新增"序列"，重命名为"序列【物品名称】"，在"序列【物品名称】"内部，新增"点击【物品名称】"组件，在合同订单界面，模拟鼠标单击选择"物品名称"。在"点击【物品名称】"下方，新增"点击【选择物品】"组件，模拟鼠标选择"西装马甲"区域，如图3-36所示。

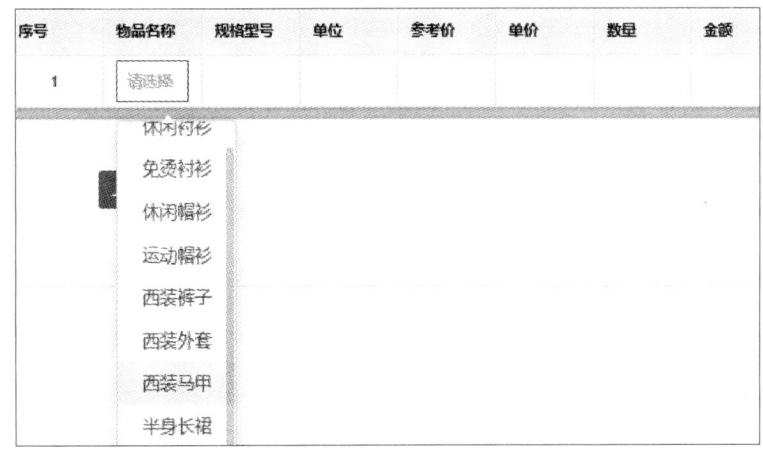

图 3-36 点击"物品名称"

（3）在"点击【选择物品】"组件的属性栏，将选择器中 SInfo 参数修改为
"{product_name}"，如图 3-37 所示。

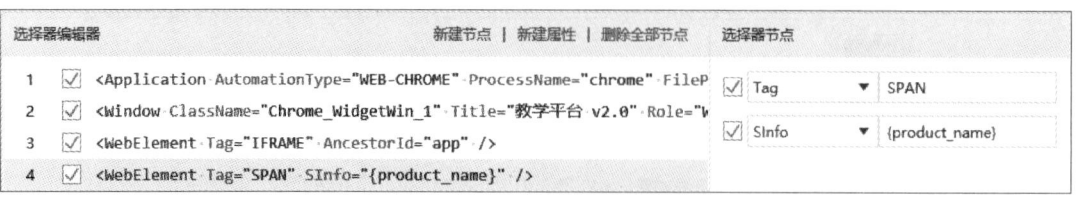

图 3-37　修改物品名称备选项的 SInfo 参数

（4）在"序列【物品名称】"下方，新增"序列"，重命名为"序列【单价】"。在
"序列【单价】"内部，新增"点击"组件，模拟鼠标单击"单价"区域，再"点击"
组件下方，新增"输入文本"组件，写入单价参数为"item[" 单价 "].ToString()"，
写入单价数据。

（5）新增"序列【数量】"，在该序列内，新增"点击"和"输入文本"组件，
写入数量数据，写入数量参数为"item[" 单价 "].ToString()"。

（6）新增"序列【税率】"，在该序列内，新增"点击"和"输入文本"组件，
写入税率数据，写入税率参数为"item[" 税率 "].ToString()"。

在"输入文本"组件下方，新增"发送快捷键"组件，设置键值为 "{DOWN}"，
如图 3-38 所示。

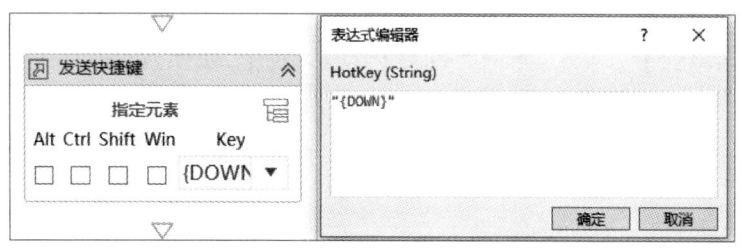

图 3-38　发送快捷键 "{DOWN}"

在"发送快捷键"组件下方，再次新增"发送快捷键"组件，设置键值为
"{ENTER}"，如图 3-39 所示。

图 3-39　发送快捷键 "{ENTER}"

重要提示

写入税率数据后，在税率栏下方会自动弹出该税率的下拉条，需要光标往下移动一行后，再回车确认，该税率才能输入进去。因此需要发送快捷键“DOWN”，再发送快捷键“ENTER”，如图 3–40 所示。

税率
13%
13%

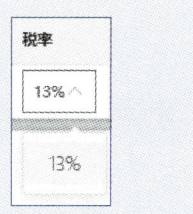

图 3–40　确认税率

（7）新增“序列【资产】”，在该序列内，新增“点击【资产】”组件，模拟鼠标选择单击该行“资产”区域。再新增“点击【选择资产属性】”组件，模拟鼠标，选择“否”区域，如图 3–41 所示。

资产
请选择
是
否

图 3–41　单击资产下方输入框

设置“点击【选择资产属性】”组件的属性，将 SInfo 参数修改为“{asset}”，如图 3–42 所示。

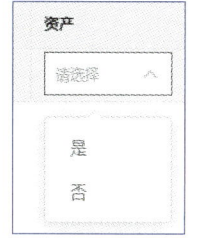

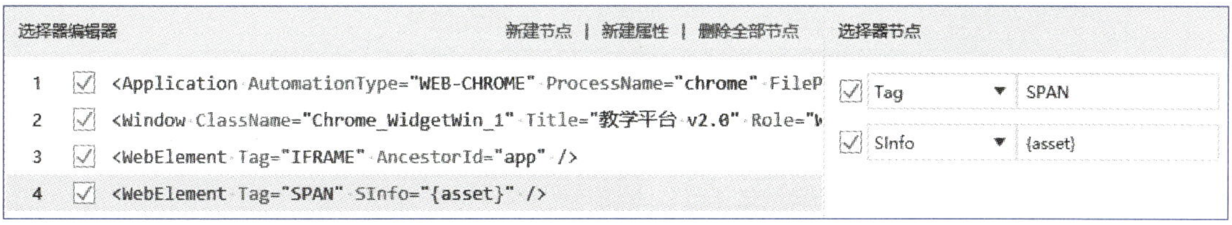

选择器编辑器
新建节点 | 新建属性 | 删除全部节点
选择器节点
1 <Application AutomationType="WEB-CHROME" ProcessName="chrome" FileP
2 <Window ClassName="Chrome_WidgetWin_1" Title="教学平台 v2.0" Role="W
3 <WebElement Tag="IFRAME" AncestorId="app" />
4 <WebElement Tag="SPAN" SInfo="{asset}" />
Tag
SPAN
SInfo
{asset}

图 3–42　修改资产备选项的 SInfo 参数

（8）如果条件成立，即“物品名称”和“供应商”均为空，则可判断该笔订单各行信息均录入完毕，可对该订单执行保存操作。此时，在“条件成立（Then）”框内创建“序列【保存审核订单】”，在序列内部，新增“点击【保存】”组件，模拟鼠标，在合同订单界面单击“保存”按键。

（9）再新增“点击【完成】”组件，模拟鼠标，切换至合同订单界面，单击“完成”按键。

（10）再新增“点击【提交】”组件，模拟鼠标，切换至合同订单界面，单击“提交”按键。上述三个按钮设置，如图 3–43 所示。

点击【保存】
保存
点击【完成】
完成
点击【提交】
提交

图 3–43　单击“保存”“完成”及“提交”

（11）在“点击【提交】”组件下方，新增“赋值”组件，将 hang 赋值为 0，如图 3–44 所示。

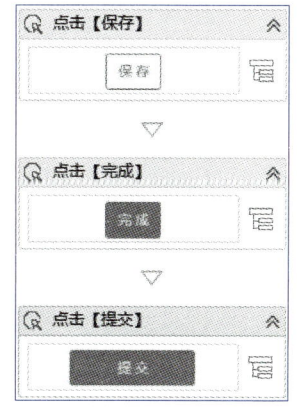

（12）在"赋值"组件下方，新增"点击【审批通过】"组件，模拟鼠标单击"审批通过"按钮，如图 3-45 所示。

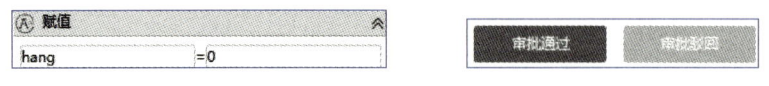

图 3-44　hang 赋值设置　　　　　　图 3-45　系统平台模拟鼠标单击"审批通过"

（四）模块 4：回写订单编号

本模块的主要目的在于利用 RPA 在财天下平台的"采购管理"界面获取已生成的采购订单编号，并将订单编号回写至采购订单汇总表中。主要的工作流程如图 3-46 所示。

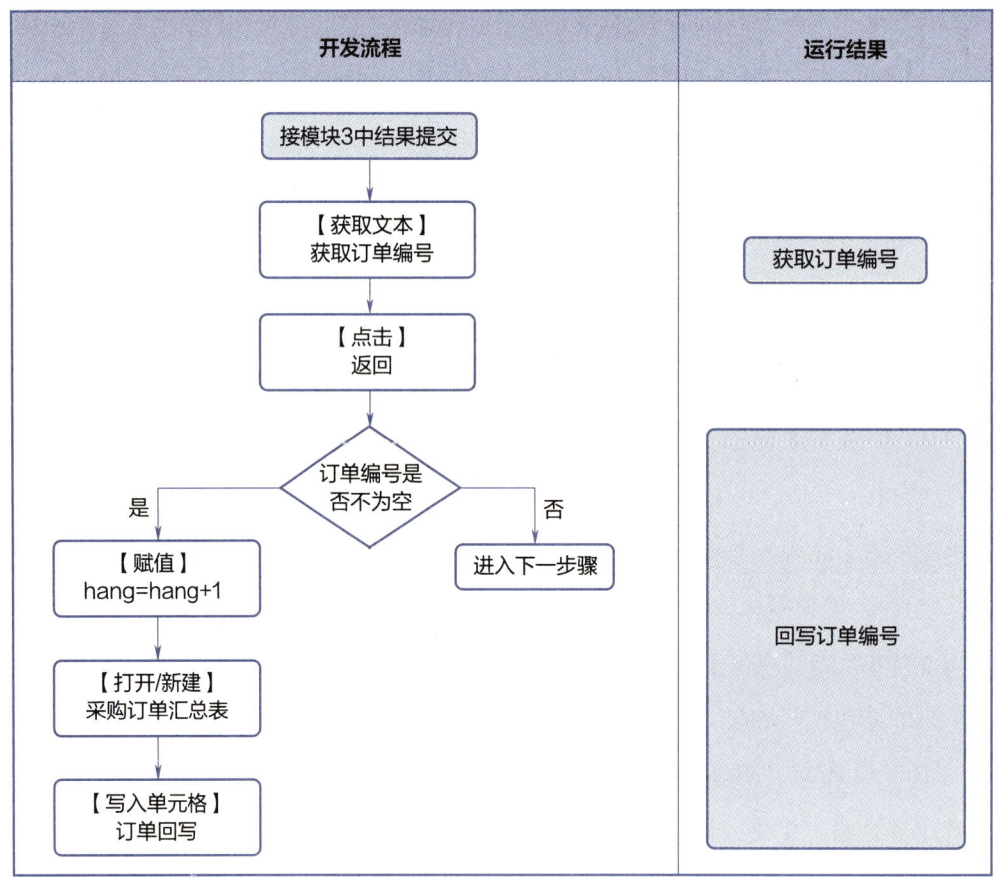

图 3-46　回写订单编号开发流程图

（1）从采购管理系统中获取订单编号。

（2）判断订单编号是否不为空。

（3）如果订单编号不为空，则证明已生成新的订单编号，将其写入至指定单元格当中。如果订单编号为空，则返回模块3继续进行采购订单数据填写，直至全部数据填写完毕。

（4）在"回写订单编号"子流程中，新增"获取文本"组件，获取系统界面生成的订单编号，切换至财天下系统平台，获取订单编号字段数据，如图3-47所示。

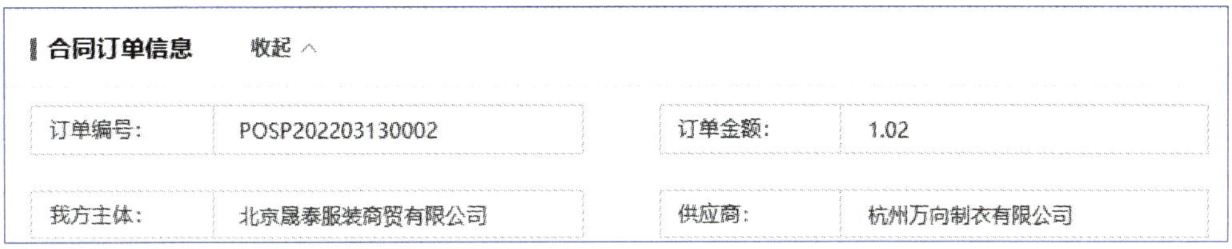

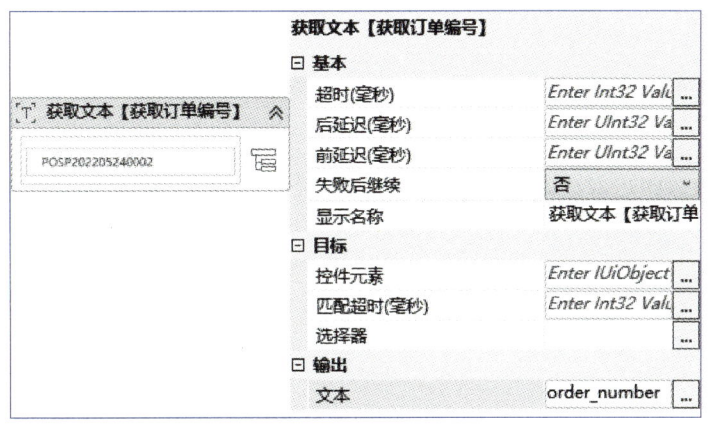

图 3-47　获取订单编号

在"获取文本"组件的设置中，输出文本设置为"order_number"，如图3-48所示。

图 3-48　设置输出文本

（5）在"获取文本"组件下方，新增"点击"组件，模拟鼠标，切换至财天下系统单击"返回"按键，如图3-49所示。

图 3-49　系统平台模拟鼠标单击"返回"

（6）回写订单编号操作如图 3-50 所示。

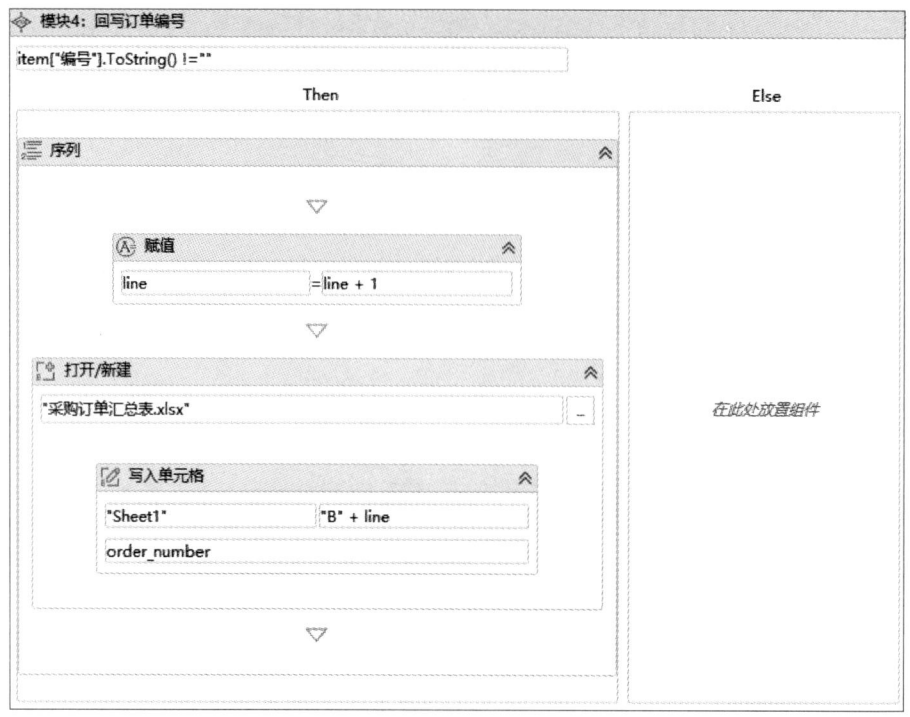

图 3-50　回写订单编号

（7）新增条件（If）判断组件，判断编号是否不为空，条件设置为"i[" 编号 "].ToString()! = """，如图 3-51 所示。

（8）如果条件成立，即订单编号不为空，则在"条件成立"内部，新增"序列"组件，在序列中新增"赋值"组件，将 line 赋值为"line + 1"，如图 3-52 所示。

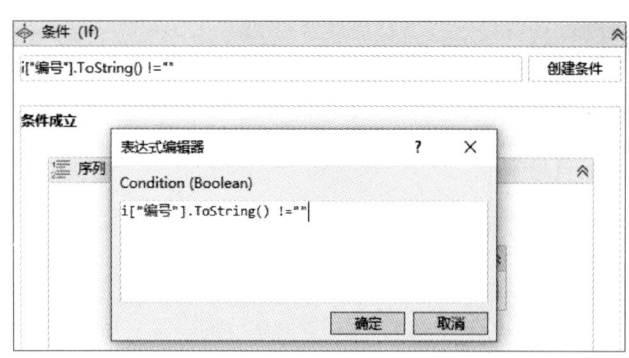

图 3-51　判断条件编号是否不为空

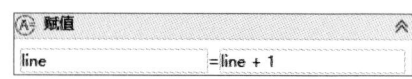

图 3-52　赋值 line = line + 1

（9）在"赋值"（line）组件下方，新增"打开／新建"组件，选择打开"采购订单汇总表"，如图3-53所示。

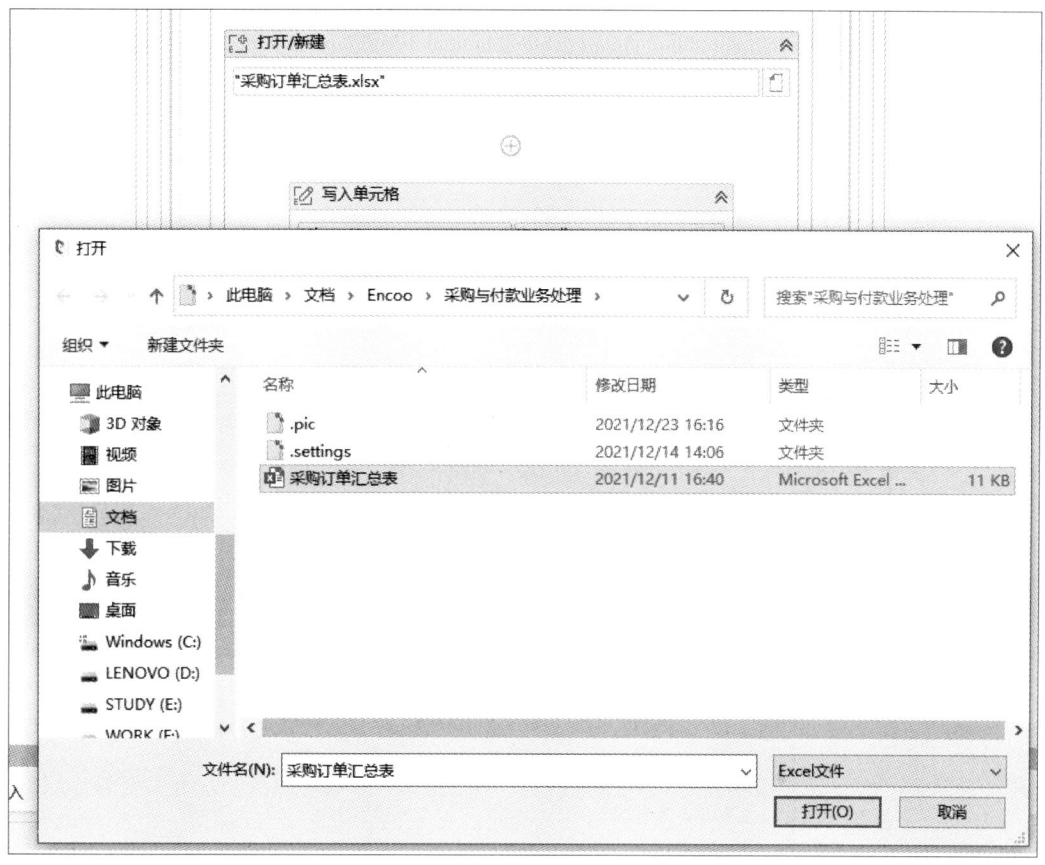

图3-53　打开"采购订单汇总表"

（10）在"打开／新建"组件内部，新增"写入单元格"组件，目的是将订单编号回写入采购订单汇总表。设置目标工作表为"Sheet1"，设置单元格为""B" + line"，设置输入数据为"order_number"，如图3-54所示。

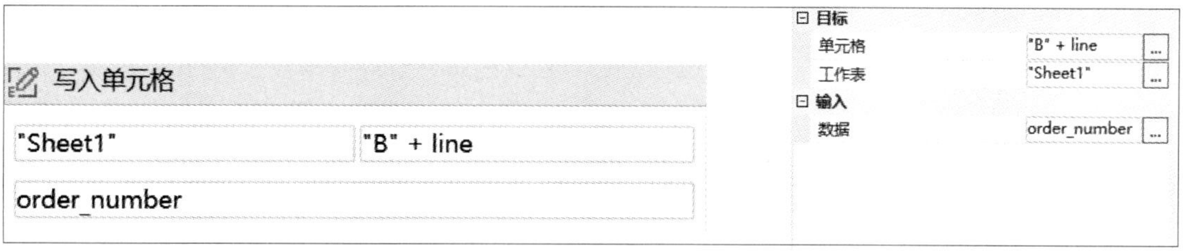

图3-54　写入单元格设置

（五）流程结束，用户确认

（1）上述步骤全部完成，在 Root 内部，"循环操作（For Each）"序列下方，创建"确认框"，选择添加"确认"组件。

（2）双击点开确认框，进行编辑，输入标题："提示"，输入描述："采购订单录入机器人已执行完毕"，如图 3-55 所示。

图 3-55　确认框

（六）打包生成文件

（1）点击文件菜单，选择导出项目，将项目以 .dgs 格式导出至目标文件夹中，如图 3-56 所示。

（2）运行 RPA 程序，生成业务结果。

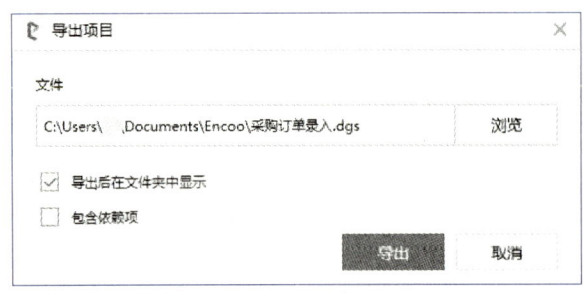

图 3-56　导出项目

【任务拓展】

北京晟泰服装商贸有限公司是一家主要对外销售衬衫、帽衫等商品的公司。

2022 年 7 月 29 日，晟泰公司销售部员工李冠华与北京合为商贸有限公司签订了销售合同，销售休闲衬衫 200 件，休闲衬衫不含税单价 250 元，销售免烫衬衫 300 件，免烫衬衫不含税单价 300 元。

李冠华将销售合同的相关资料交给财务部财务岗人员赵晓霞进行处理。

2022 年 7 月 29 日，财务部赵晓霞处理销售合同，具体内容如表 3-3 所示。

表 3-3　销售合同信息表

编号	税收分类	商品服务名称	型号	计量单位	数量	单价	税率
1	服装	休闲衬衫		件	200	250	13%
2	服装	免烫衬衫		件	300	300	13%

完成采购订单填写 RPA 流程设计后，根据资料进行销售发票申请业务 RPA 流程设计。

任务 3.2　网银付款业务开发与应用

【任务情境】

一、任务场景

（一）案例情境

李小刚帮王建宇完美解决了合同批量录入订单，这事在公司很快就传开了，大家都对这个小伙子刮目相看，尤其在财务部，李小刚都快成"红人"了。财务部的人觉得每天都在被一大堆枯燥、重复的工作折磨，眼看着机器人不用人动手，一字不错地就把合同数据自动录入到系统里去，十分震惊。大家纷纷跟李小刚请教 RPA 的问题。

情境动画：网银付款流程自动化

临近月底，财务部经理徐悦召开部门例会，要求财务部出纳刘思怡抓紧时间落实杭州万向制衣有限公司的几笔货款。刘思怡表示最近公司付款业务较多，能否让小刚也帮忙设计一个机器人，在减轻工作量的同时还能提高准确率。财务部经理十分赞同这个想法。

部门例会结束后，李小刚就找刘思怡开始对接付款机器人的需求了。刘思怡告诉李小刚，付款这个环节，主要包括付款单的处理和网银支付的处理两个部分。付款单是在采购与应付系统里发起和审批付款动作的流程。经审批以后的付款单，出纳人员就可以据此在网银系统里完成支付作业了。现在最主要的问题还是在网银系统的支付环节，因为涉及采购与应付系统和网银系统两个系统，数据的转载存在较大工作量。这块应该是需要 RPA 集中解决的问题。

小刚听完后，心里大致有了初步的方案。接下来他又对公司的银行和付款业务进行了详细了解。

（二）案例信息

北京晟泰服装商贸有限公司在中国工商银行设立了基本存款账户，并且开通了网上银行。日常的转账结算大部分通过网银结算。2021 年 07 月，在采购系统中已经审批完了 5 笔付款单。现在需要根据审核后的付款单，在网银系统中完成付款操作。

晟泰公司企业网银登录账号：6212285477412668953；密码：123456；网银 U 盾密码：123456。

登录财天下平台，在"任务 3.2 网银付款 RPA"的任务实施中，进入"采购管理"|"付款"|"付款单查询"界面查询审核后的付款单，如图 3-57 所示。

图 3-57　平台案例数据

二、任务布置

（1）了解网银付款的案例背景，熟悉网银付款的业务流程和需求。

（2）分析网银付款的业务需求，设计网银付款业务的RPA流程。

（3）根据案例资料，设计"付款信息汇总表"Excel模板。

（4）运行预置的"登记付款信息汇总表机器人"，根据审核后的付款单生成"付款信息汇总表"中的数据。

（5）在RPA编辑器中，编写"网银付款机器人"RPA程序。

（6）运行"网银付款机器人"RPA程序，完成网银付款。

【任务准备】

一、知识准备

应付账款是企业负债的重要组成部分，是企业在正常经营活动中，由于采购商品或接受劳务，而应向供货单位或提供劳务单位所支付的款项。企业的应付款管理主要用于核算和管理企业同供应商之间的往来款项。

在应付款管理中，付款业务是企业财务共享中心或财务部门日常工作中最重要的流程之一，也是风险较大的业务流程之一。及时进行应付账款确认及付款处理，是财务核算工作的重要内容。付款环节涉及采购与应付系统和网银系统。采购与应付系统需要根据订单或者入库单生成付款单，再对付款单执行审核。出纳人员再在网银系统中，根据审核后的付款单执行支付操作。企业付款业务通用流程如图3-58所示。

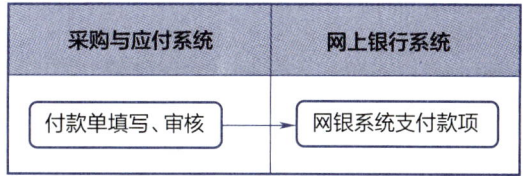

图3-58　企业付款业务通用流程

购销双方签订合同或者采购方商品入库以后，采购方可执行付款。采购方往往需要根据企业的资金计划及供应商的资信状况进行付款。发起付款时，通常需要在采购与应付系统中填写一张付款单，由主管人员审核以后，再交由出纳执行付款。

企业付款的方式很多，随着互联网技术的发展，在银行的大力推动下，通过网上银行进行转账付款成为当前最常用的付款方式。网上银行是指基于互联网将企业与银行进行无缝连接，完成实时开户、转账、查询、投资理财等功能，使企业足不出户便能享受银行服务的一种现实业务。凡是独立核算的企业都必须在当地银行开立账户，凡是涉及货币资金的业务活动（特定现金支付的除外）都要通过银行办理结算。银行存款的核算涉及企业各方面的经济事项，在会计核算中占有重要地位，成为企业发生最高频、财务人员工作最繁重的工作领域。

传统工作模式下的付款流程主要依赖于人工操作，对于大型集团企业，由于合作银行众多，付款主体多，存在诸多痛点，具体包括以下几点。

（1）供应商多、付款账号多、金额小、笔数多，需要出纳人员在业务系统中手动将付款数据录入网银进行支付，工作量大，导致人工处理付款数据差错率较高，带来较大的资金管理风险。

（2）通常对外支付业务处理时间相对集中，且业务系统与银行系统割裂，增加了集中处理的难度。

（3）支出类业务较多（包含采购、外包、费用等），各业务付款条件不一，给财务管理、资金统筹造成了困难。

（4）银企对账数据核对困难。银企对账需要财务人员将各家银行网上银行导出的数据与内部系统数据逐笔核对，耗费大量时间。

二、操作准备

（1）打开并登录网银仿真系统。

（2）启动 RPA 设计器，登录 "RPA 设计器"。

【任务实施】

一、业务分析

（一）业务流程分析

北京晟泰服装商贸有限公司的付款业务包括付款单的处理和网银支付两个环节。付款单处理主要是根据付款计划和采购订单，在采购系统中填写付款单，经主管人员审核后，该付款业务进入待支付状态。出纳接受付款指令后，登录网上银行系统，执行付款操作。经过李小刚和刘思怡的研讨，两人决定将审核以后的付款单作为付款自动化业务处理的起点。刘思怡初步整理了采购付款业务的处理流程，如图 3-59 所示。

RPA 实现—网银付款流程自动化（业务流程分析和流程新建）

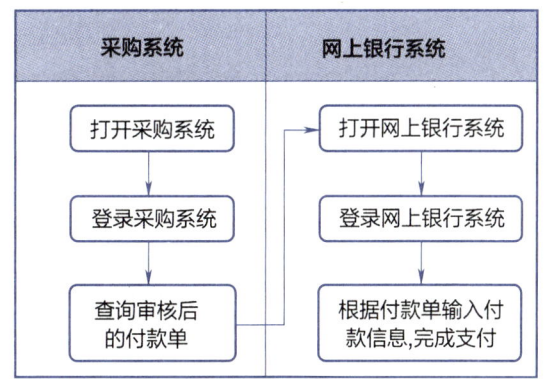

图 3-59　采购付款的原业务流程

根据业务的需求，李小刚和刘思怡一起对付款业务的流程做了初步的梳理。两人认为在付款这个环节，规则明确，流程稳定，处理的业务量较大，这都十分适合 RPA 的处理特点。为了发挥人工和 RPA 的各自优势，两人经过分析后，将原有流程做了一定的修改，初步梳理出了付款业务的流程，如图 3-60 所示。

具体的业务流程包括以下几个方面。

（1）设计并统一"付款信息汇总表"的 Excel 模板。付款业务流程需要跨采购系统和网上银行系统两个异构业务系统，为了方便 RPA 读写操作，需要设计一个 Excel 模板来汇总付款信息。该模板详细记录付款的具体信息，比如供应商、对方收款银行账号、付款金额等。

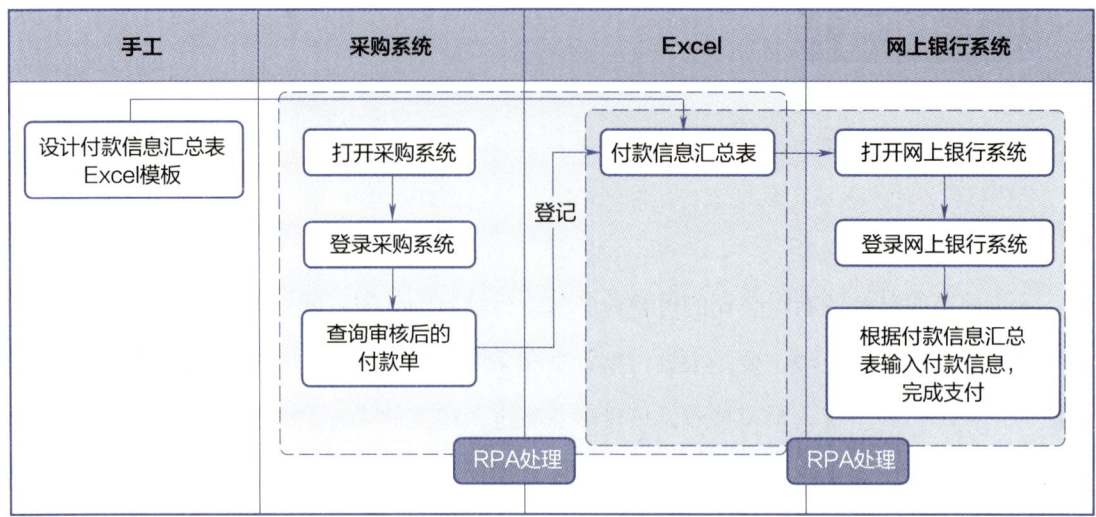

图 3-60 按照 RPA 需求修改后的付款业务流程

李小刚和刘思怡沟通后，确定"付款信息汇总表"模板的字段，如表 3-4 所示。

表 3-4 "付款信息汇总表"字段及说明

字段	说明
付款单号	从采购系统中审核后的付款单取数
银行账号	本企业的付款账号，从采购系统中审核后的付款单取数
收款单位	从采购系统中审核后的付款单取数
收款账号	从采购系统中审核后的付款单取数
汇款个人账户	"是"或者"否"。手工录入，对公付款默认为"否"
收款银行	从采购系统中审核后的付款单取数
收款金额	从采购系统中审核后的付款单取数
收款方式	"加急"或者"普通"。手工录入
收款银行全称	从采购系统中审核后的付款单取数
支付时间	日期型数据。手工录入
汇款用途	从采购系统中审核后的付款单取数
处理时间	"立即处理"或空值。手工录入
预约执行	"否"或空值。手工录入

（2）RPA机器人从采购系统中登记"付款信息汇总表"。由RPA机器人登录采购系统，打开"付款单查询"菜单，查看已通过审批的付款单，将审批后付款信息写入"付款信息汇总表"。

（3）RPA机器人登录网银系统，输入付款信息，完成支付。登录付款申请上指定的付款账号网银系统，将"付款信息汇总表"中的数据填报到网银系统中，完成支付操作。

（4）RPA机器人将付款结果回写到"付款信息汇总表"中。完成付款后，RPA机器人将付款结果回写到"付款信息汇总表"中，形成业务闭环。

另外，为了降低开发的难度，李小刚决定将登记"付款信息汇总表"和根据付款申请完成网银支付分成两个项目来完成。采购付款机器人流程如图3-61所示。

图 3-61　采购付款机器人流程

登记付款申请汇总表机器人负责查询应付系统审核后的付款单，并将付款单上的付款信息写入"付款信息汇总表"。网银系统付款机器人负责登录网银系统，将"付款信息汇总表"中的数据填报到网银系统中，并将付款结果回写到"付款信息汇总表"中。

因为教材篇幅所限，本教材主要介绍网银系统付款机器人的设计和开发，设定登记付款申请汇总表机器人已经开发完毕，本案例直接运行提取结果。

（二）自动化流程分析

业务流程确定后，还需要根据业务和软件的特点进行自动化流程分析，以方便指导后期的程序开发。网银付款自动化流程结果如图3-62所示。

网银付款的过程主要包括四个部分：

第一步，由RPA自动打开付款信息汇总表，将该文件中的付款信息记录读取到变量中，供后期网银付款时调用。

第二步，由RPA自动打开网上银行仿真系统的操作界面。

第三步，将前面从模板文件中读取出来的变量数据，逐一添加到网银系统的付款界面中，如付款界面的参数中含有多个选项，则需要构建条件进行判断，例如：汇

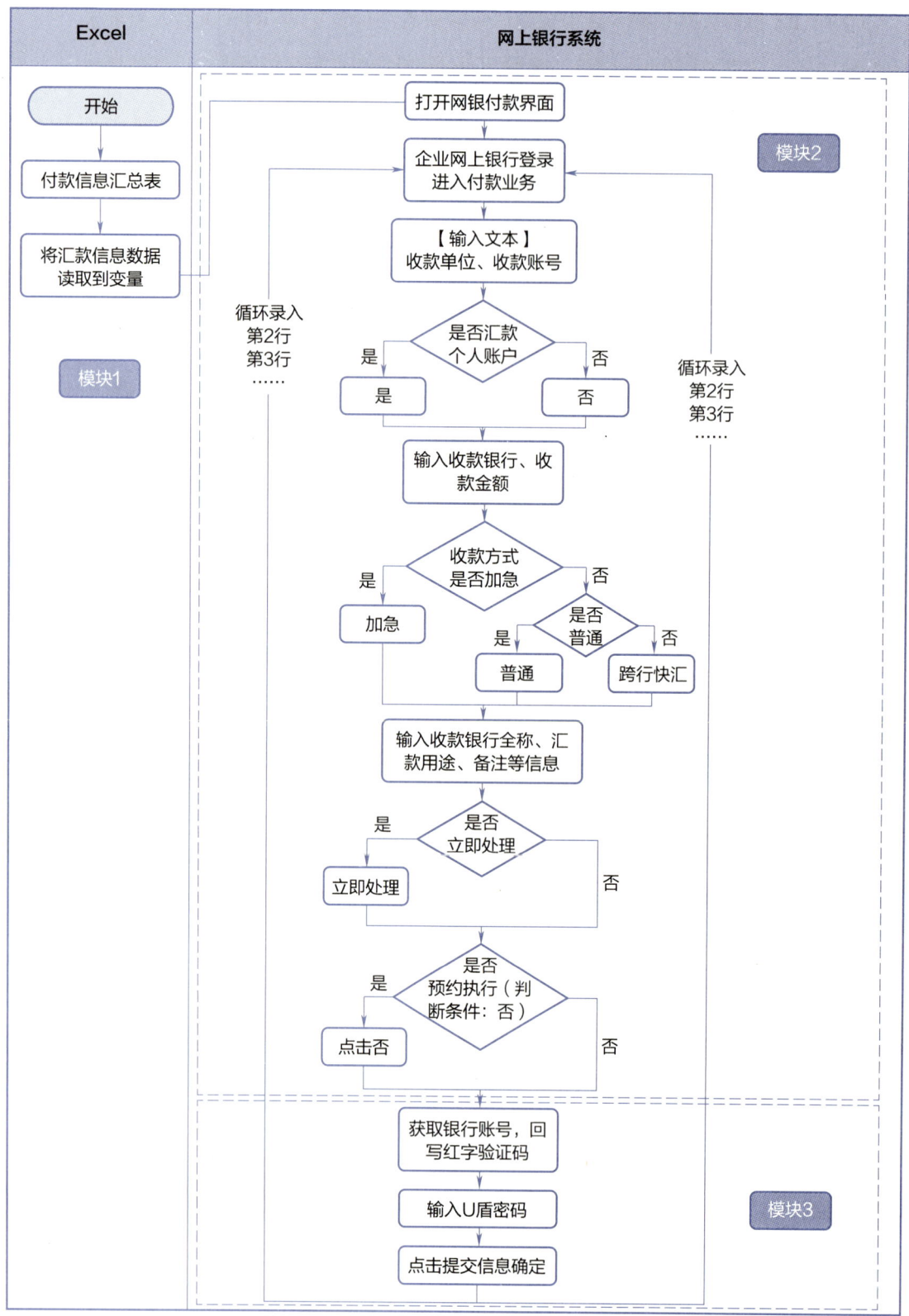

图 3-62　网银付款自动化流程

款个人账户（"是"或"否"）参数，需要根据"付款信息汇总表"中的值进行判断，如果为"是"则模拟鼠标单击"是"，如果为"否"则模拟鼠标单击"否"。其他还包括收款方式、处理时间、预约执行等参数都需要构建条件进行判断。

第四步，完成前序参数输入后，出现支付的验证码提示，由 RPA 自动识别信息并回写输入验证码信息，提交付款。

二、设计指导

（一）模块 1：打开付款信息汇总表读取变量

该模块的主要任务是打开业务部门设计好的"付款信息汇总表"Excel 文件，读取付款信息数据区域，将其存入变量。打开"付款信息汇总表 .xlsx"读取变量开发流程如图 3-63 所示。

1. 添加"打开 / 新建"组件

（1）打开 RPA 设计器，新建流程项目，将项目名称命名为"网银付款自动化"，双击打开 Main.xaml。

（2）下载案例文件"付款信息汇总表"。在 RPA 设计器中的"项目"菜单中，右键单击当前打开的项目名称"网银付款机器人"，选择"打开文件夹"，将下载后的"付款信息汇总表"文件拷贝到该工程文件夹下面，如图 3-64 所示。

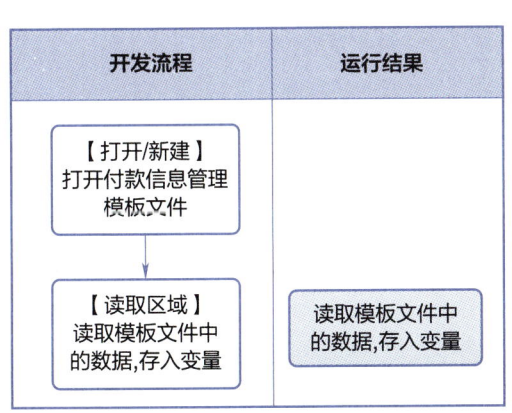

图 3-63 打开"付款信息汇总表 .xlsx"读取变量开发流程

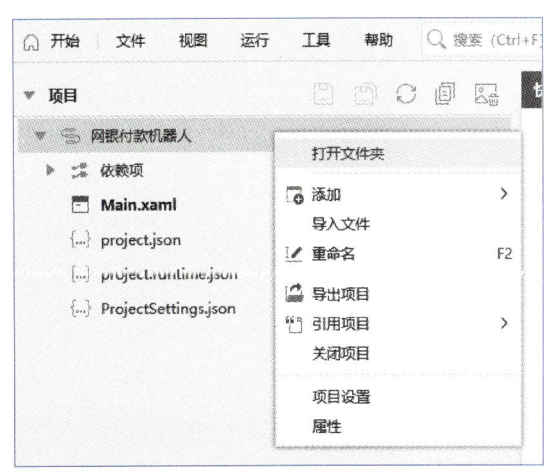

图 3-64 打开项目工程文件夹

（3）在 Root 内部 Start 下方，创建"打开 / 新建"组件。

（4）在"打开 / 新建"组件属性面板上，选择保存 Excel 文件的文件夹目录。在属性栏中将"可视"取消勾选，如图 3-65 所示。

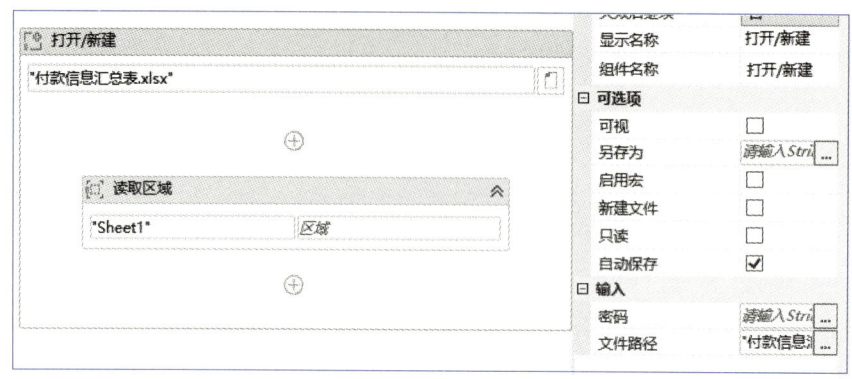

图 3-65 "打开 / 新建"组件属性设置

> 📍 **重要提示**
>
> 取消"可视"选项，则系统默认不打开 Excel 文件，只是读取数据。如果不取消，则系统会打开 Excel 文件。

2. 添加"读取区域"组件，读取 Excel 中"Sheet1"数据

（1）在"打开 / 新建"中添加"序列"，在"序列"中添加"读取区域"组件。"读取区域"输入框中，输入需要读取的 sheet 页为"Sheet1"，区域为默认，结果如图 3-66 所示。

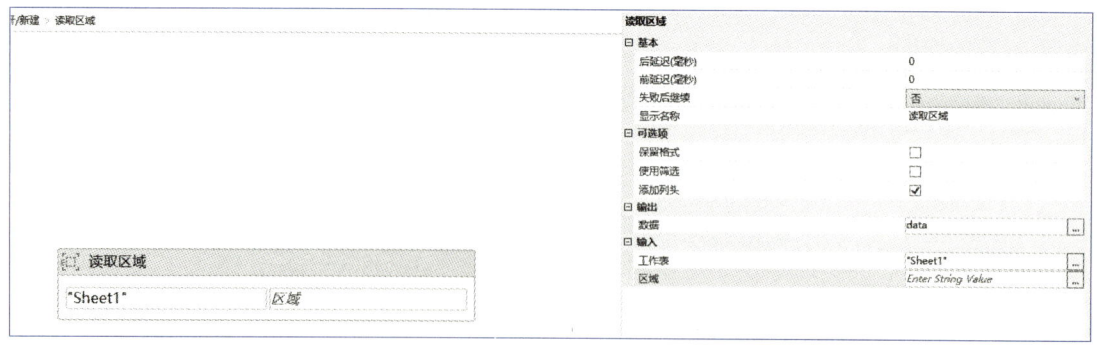

图 3-66 设置"读取区域"组件

重要提示

区域默认不填，则读取整个 sheet 页。

（2）在下方的变量区域，创建"data"变量，选择变量类型"DataTable"，如图 3-67 所示。

名称	变量类型	范围	默认值
data	DataTable	Root	*Enter DataTable Value*

图 3-67　创建"data"变量

（3）在"读取区域"组件的属性面板中，设置"输出 | 数据"为"data"变量，将从 Excel 模板中读取出来的数据输出至该变量中，勾选"添加列头"，如图 3-66 所示。

重要提示

添加列头选项勾选时，将工作表第一行作为新生成数据表的列头，也就是将读取的 Excel 区域中的第一行作为数组的字段名称。

（二）模块 2：建立遍历循环，打开网上银行界面，进行网银付款业务操作

本模块的主要目的在于遍历付款信息汇总表中的数据，打开网上银行仿真系统的"付款业务"界面，自动填写付款相关信息。设计的登录银行账号进入付款业务开发流程如图 3-68 所示。

1. 添加"循环操作（For Each）"组件

（1）在"打开 / 新建"组件下方，创建"循环操作（For Each）"组件。

（2）将"循环操作（For Each）"中 in（数据源形式）后面的集合名称设置为"data.Rows"，意思是在 data 变量中逐行循环取数，如图 3-69 所示。

（3）在"循环操作"组件内部，添加"序列"组件，命名为序列"输入付款参数"将后续创建组件统一放置序列内部。

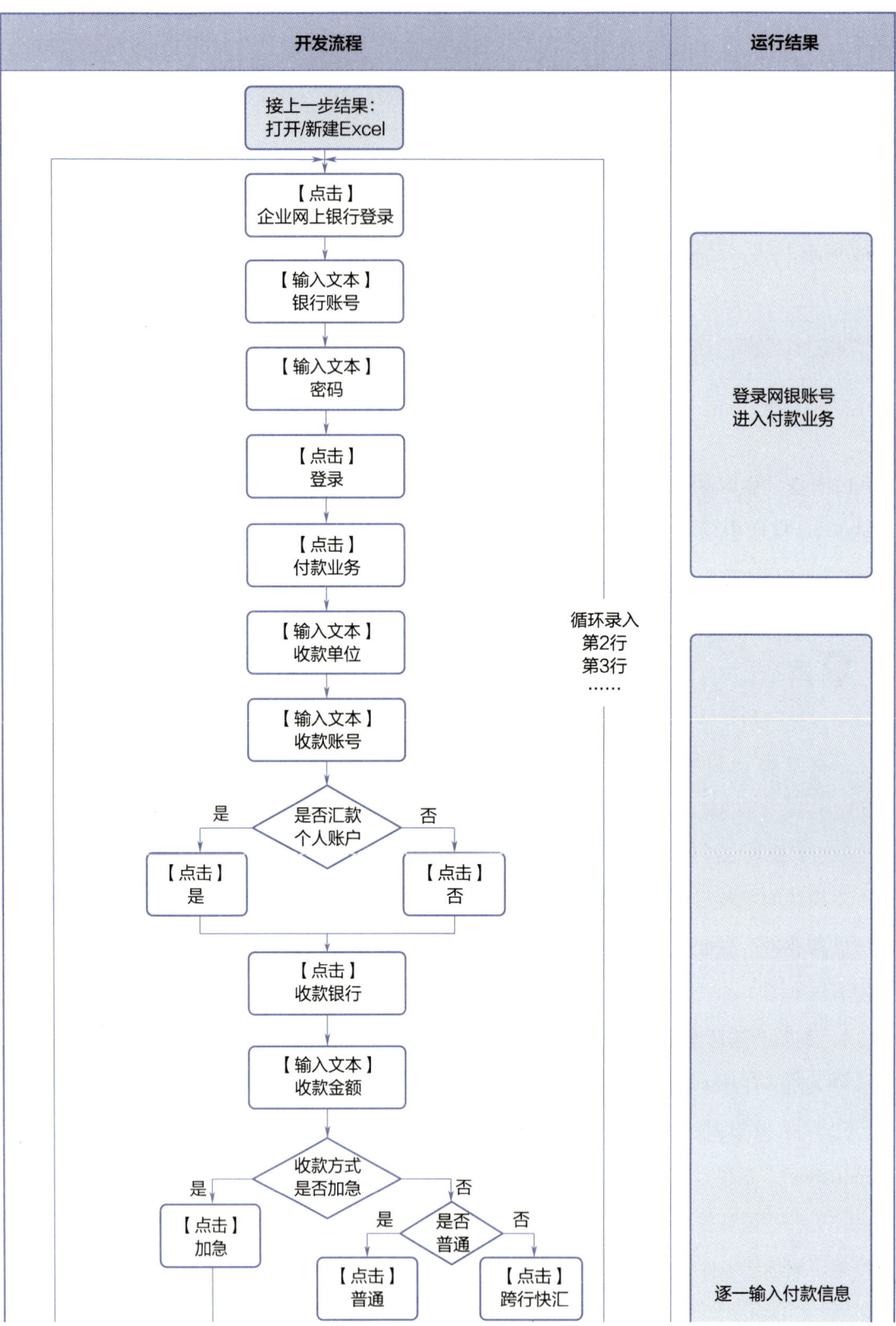

开发流程	运行结果

接上一步结果：
打开/新建Excel

【点击】
企业网上银行登录

【输入文本】
银行账号

【输入文本】
密码

登录网银账号
进入付款业务

【点击】
登录

【点击】
付款业务

【输入文本】
收款单位

循环录入
第2行
第3行
……

【输入文本】
收款账号

是否汇款
个人账户

是

【点击】
是

否

【点击】
否

【点击】
收款银行

【输入文本】
收款金额

收款方式
是否加急

是

【点击】
加急

是

【点击】
普通

是否
普通

否

【点击】
跨行快汇

逐一输入付款信息

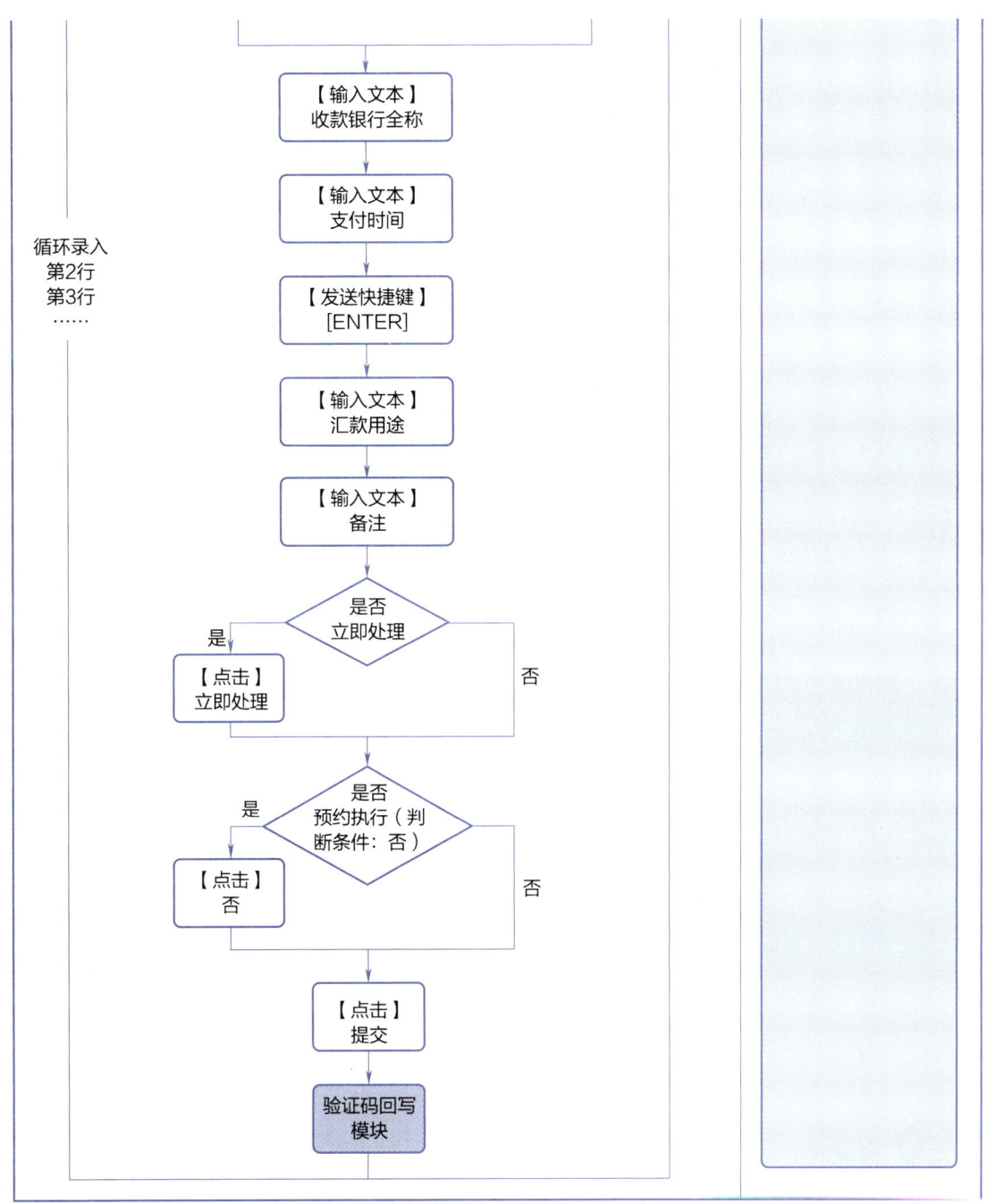

图 3-68　登录银行账号进入付款业务开发流程

图 3-69　添加 Foreach 循环

2. 在序列"输入付款参数"中添加组件，登录网银账户并进入付款业务

（1）在序列"输入付款参数"内，添加"点击"组件，切换到网银仿真系统，模拟鼠标单击"企业网上银行登录"按键，打开登录界面，如图 3-70 所示。

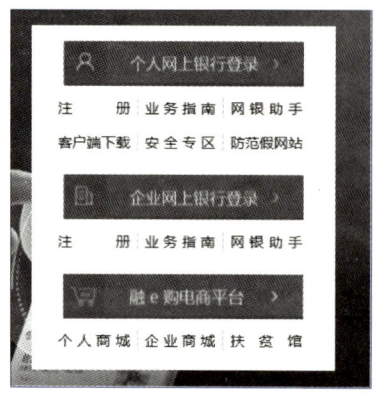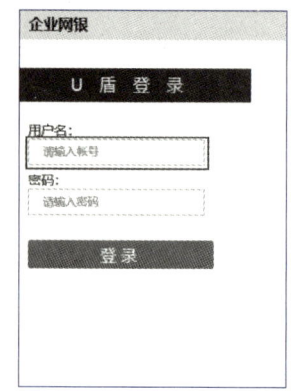

图 3-70　网银仿真系统

（2）在"点击"组件下方，创建"输入文本"组件，单击"指定元素"，切换至网银仿真系统登录界面，单击"用户名"区域，选中后，返回组件编辑界面。输入文本为"item[" 银行账号 "].ToString()"，如图 3-71 所示。

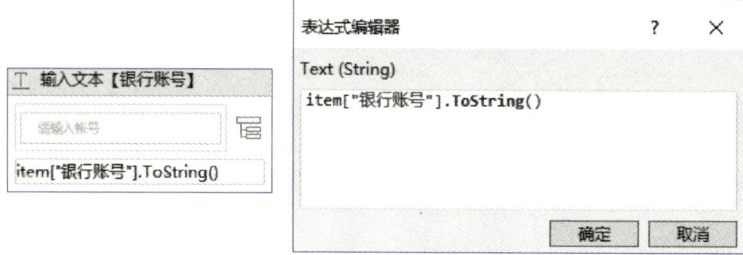

图 3-71　输入银行账号

> 📍 **重要提示**
>
> item[" 银行账号 "]，是提取数据表变量中的"银行存款"字段下的值，ToString()是将其转化为字符，以便输入文本。

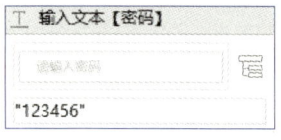

图 3-72　输入密码

（3）继续创建一个"输入文本"组件，命名为"输入文本【密码】"，单击"密码"区域，输入文本为""123456""，如图 3-72 所示。

重要提示

所输入的文本需要加英文半角的引号。

本案例假设公司网银账号登录的密码是"123456"。

（4）继续创建"点击"组件，模拟鼠标单击"登录"。

（5）继续创建"点击"组件，模拟鼠标单击"付款业务"，如图 3-73 所示。

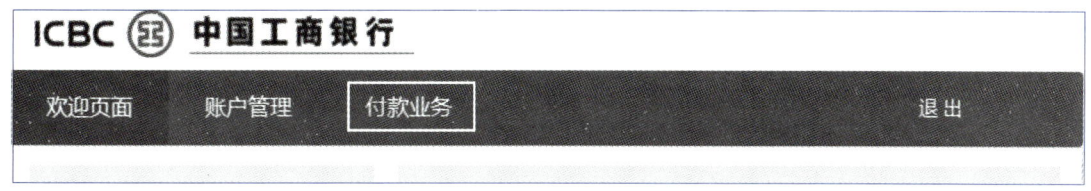

图 3-73　模拟鼠标单击"付款业务"

（6）继续创建"输入文本"组件，命名为"输入文本【收款单位】"，单击写入区域，再切换至网银仿真系统，单击选中"收款单位"区域。输入文本为"item[" 收款单位 "].ToString()"，如图 3-74 所示。

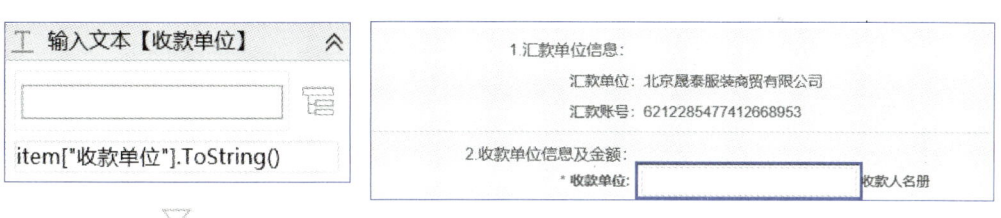

图 3-74　收款单位输入框区域

（7）在"输入文本【收款单位】"组件下方，创建"输入文本"组件，命名为"输入文本【收款账号】"，单击选择"收款账号"区域，输入文本为"item[" 收款账号 "].ToString()"，如图 3-75 所示。

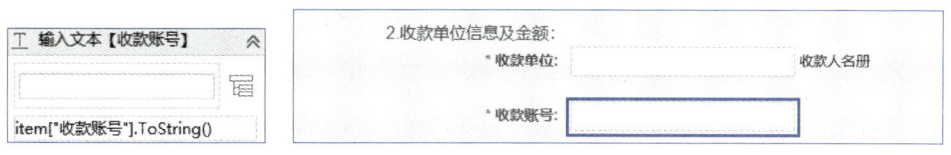

图 3-75　收款账号输入框区域

（8）在"输入文本【收款账号】"组件下方，创建"条件（If）"组件，命名为"条件（If）【是否汇款个人账户】"，根据"付款信息汇总表"判断汇款是否为个人账户。设置"输入 | 判断条件"为"item[" 汇款个人账户 "].ToString() ==" 是 ""。如果条件成立，则点击"是"。如果条件不成立，则点击"否"，如图 3-76 所示。

图 3-76　判断汇款是否为个人账户

如果条件成立，在 Then 的区域中，创建"点击"组件，模拟鼠标单击"是"。如果条件不成立，在 Else 的区域中，创建"点击"组件，模拟鼠标单击"否"，如图 3-77 所示。

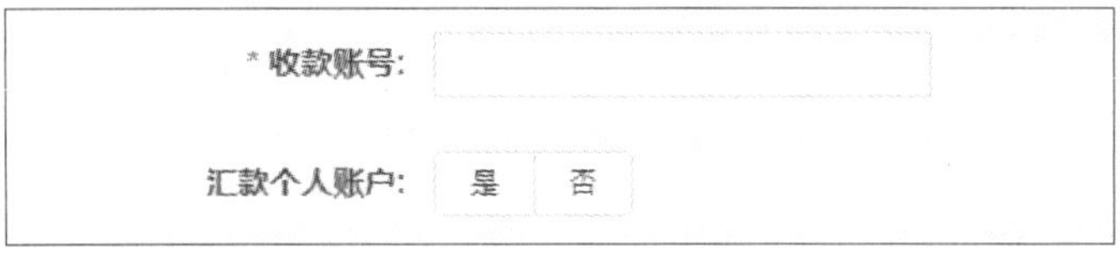

图 3-77　模拟鼠标单击汇款个人账户信息

（9）在"条件（If）"组件下方，创建"点击"组件，模拟鼠标单击"收款银行 / 行别"的输入区域，如图 3-78 所示。

图 3-78　模拟鼠标单击" 收款银行 / 行别"

（10）在点击"请选银行行别"下方，创建"赋值"组件，创建 bank 变量，变量类型为 String。将"付款信息汇总表"中的收款银行数据赋值给 bank，如图 3-79 所示。

图 3-79　创建 bank 变量，赋值组件

（11）在"赋值"组件下方，创建"点击"组件，模拟鼠标单击银行行别列表，在属性面板右下方单击"选择器"，如图 3-80 所示。

图 3-80　点击"选择器"

在选择器编辑器中，单击第四行，在右侧选择器节点中将 SInfo 设置为 {bank}，如图 3-81 所示。

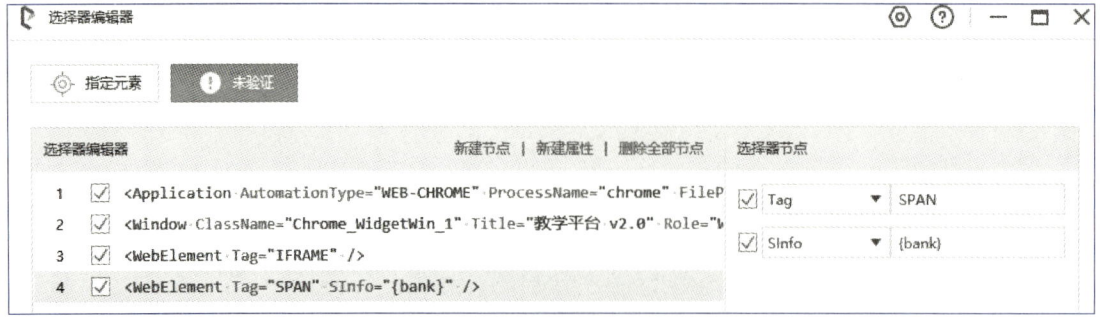

图 3-81　设置 SInfo 为 {bank}

> **重要提示**
>
> 　　选择行别不能通过直接写入，系统中 SInfo 控制下拉框元素，则需进入选择器编辑器进行 SInfo 元素编辑。根据付款信息汇总表中赋值的银行信息写入到收款银行行别，编辑网页元素的具体内容。

　　（12）在"点击"输入银行组件下方，创建"输入文本"组件，命名为"输入文本【金额】"，点选"收款金额"区域，输入文本为"item[" 金额 "].ToString()"，如图 3-82 所示。

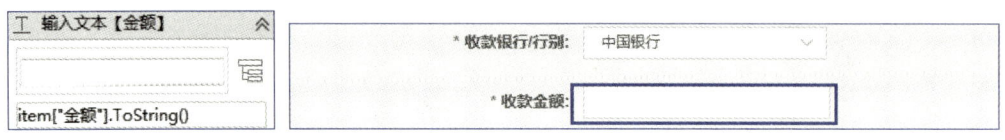

图 3-82　收款金额输入框区域

　　（13）在"输入文本【金额】"组件下方，创建"条件（If）"组件，命名为"条件（If）【收款方式】"确认点击收款方式。根据付款信息汇总表中的信息，判断收款方式是否为加急，设置"输入｜判断条件"为"item[" 收款方式 "].ToString() == " 加急 ""，如图 3-83 所示。

　　如果条件成立，在 Then 的区域中，创建"点击"组件，模拟鼠标单击网银仿真系统中的"加急"。如果条件不成立，则需要继续判断，在 Else 的区域中，创建"条件（If）"组件，判断收款方式是否为普通，设置"输入｜判断条件"为"item[" 收款方式 "].ToString() == " 普通 ""。如果条件成立，在 Else 的区域中，创建"点击"组件，模拟鼠标单击网银仿真系统中的"普通"；如果条件不成立，在 Eles 的区域中，模拟鼠标单击"跨行快汇"，如图 3-83、图 3-84 所示。

图 3-83　选择收款方式

图 3-84　网银仿真系统收款方式

（14）在"条件（If）【收款方式】"组件下方，创建"输入文本"组件，命名为"输入文本【收款银行全称】"，点选"收款银行全称"输入区域，输入文本为"item[" 收款银行全称 "].ToString()"，如图 3-85 所示。

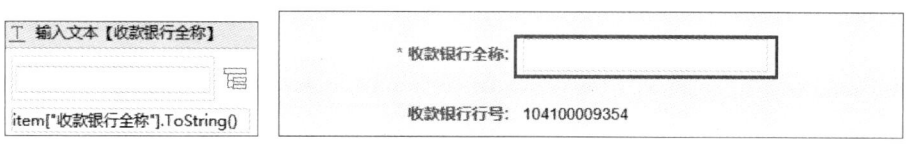

图 3-85　网银仿真系统——收款银行全称输入区域

（15）在"输入文本【收款银行全称】"组件下方，创建"输入文本"组件，命名为"输入文本【支付时间】"，点选"支付时间"输入区域，输入文本为"item[" 支付时间 "].ToString()"，如图 3-86 所示。

图 3-86　网银仿真系统——支付时间

在"输入文本【支付时间】"组件下方，创建"发送快捷键"组件，通过设置回车快捷键，进入下一步，将"输入 | 键值"设置为""{ENTER}""，如图 3-87 所示。

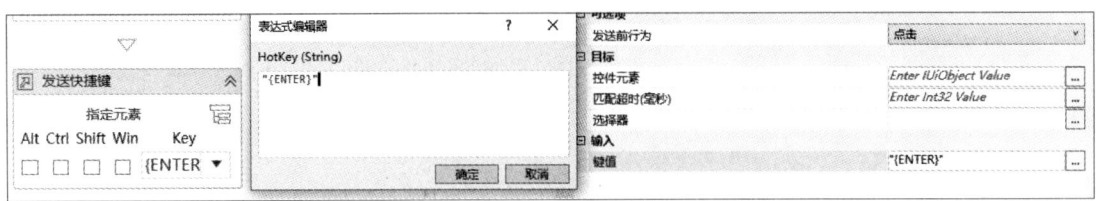

图 3-87 发送快捷键 {ENTER}

（16）在"发送快捷键"组件下方，创建"输入文本"组件，命名为"输入文本【汇款用途】"，点选"汇款用途"输入区域，输入文本为"item[" 汇款用途 "].ToString()"，如图 3-88 所示。

图 3-88 网银仿真系统——汇款用途

（17）在"输入文本【汇款用途】"组件下方，创建"输入文本"组件，命名为"输入文本【备注】"，点选"备注"输入区域，输入文本为"item[" 备注 "].ToString()"，如图 3-89 所示。

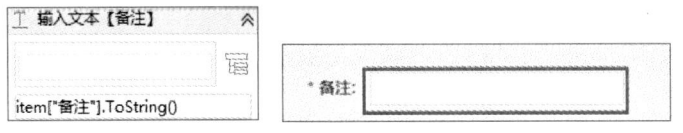

图 3-89 网银仿真系统——备注

（18）在"输入文本【备注】"组件下方，创建"条件（If）"组件，命名为"条件（If）【处理时间】"，确认点击处理时间。根据付款信息汇总表中的信息，判断收款方式是否为立即处理，设置"输入 | 判断条件"为"item[" 处理时间 "].ToString() == " 立即处理 ""，如图 3-90 所示。

如果条件成立，在 Then 的区域中，创建"点击"组件，模拟鼠标点击网银仿真系统中的立即处理。如果条件不成立，则不放置任何组件，流转至后续组件。

图 3-90　选择处理时间

（19）在"条件（If）【处理时间】"组件下方，创建"条件（If）"组件，命名为"条件（If）【预约执行】"，确认点击预约执行。根据付款信息汇总表中的信息，判断收款方式是否为预约执行，设置"输入 | 判断条件"为"item[" 预约执行 "].ToString() ==" 否 ""。如果条件成立，在 Then 的区域中，创建"点击"组件，模拟鼠标点击网银仿真系统中的"否"；如果条件不成立，则不放置任何组件，流转至后续组件，如图 3-91 所示。

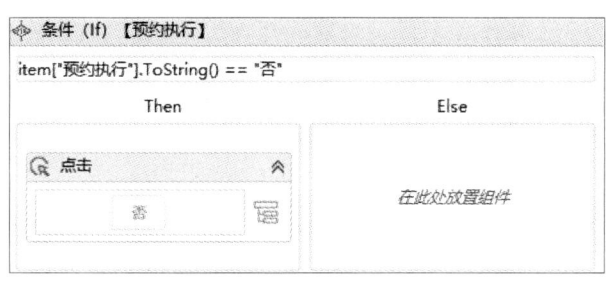

图 3-91　选择预约执行

（20）在"条件（IF）【预约执行】"下方，创建"点击"组件，模拟鼠标单击网银仿真系统的"提交"按键，如图 3-92 所示。

图 3-92　网银仿真系统——提交

（三）模块 3：进行验证码校验及输入，提交付款确认信息

在付款信息输入完成后，需要进行验证码校验及提交，具体操作需要先将收款账号进行分割，识别给出的验证码中红色的数字部分，然后将红色数字回写至输入框中。最后，确认信息并提交付款确认。验证码回写模块开发流程如图 3-93 所示。

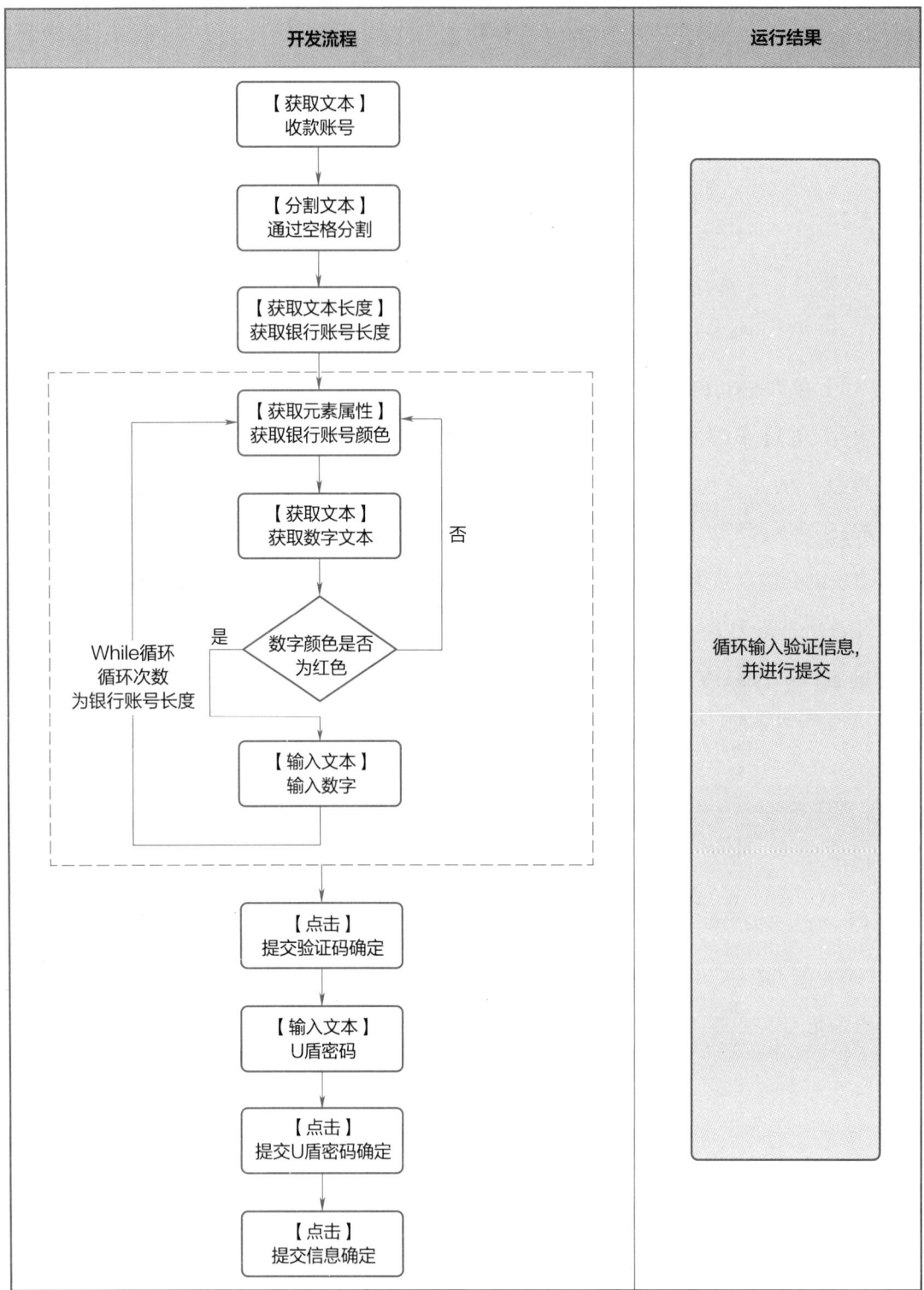

图 3-93　验证码回写模块开发流程

（1）在"点击"提交组件下方，创建"获取文本"组件，用于获取收款账号长度，以便后续识别验证码信息，网银仿真系统验证码如图3-94所示。

图 3-94　网银仿真系统——验证码

创建获取文本组件设置，创建变量 shroff_account_number，变量类型为 String，在右侧获取文本底部设置"输出｜文本"为"shroff_account_number"，如图3-95所示。

 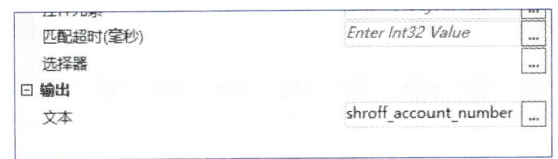

图 3-95　设置获取文本组件

（2）在"获取文本【验证码】"组件下方，创建"分割文本"组件，以 ""（空格）为分割元素，创建变量 res，变量类型为 String，将"输出｜分割结果"设置为"res"，如图3-96所示。

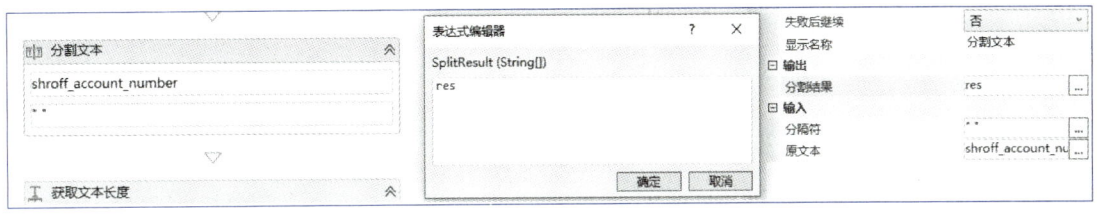

图 3-96　设置"分割文本"组件

（3）在"分割文本"组件下方，创建"获取文本长度"组件，创建变量 number_list，变量类型为 Int32，在右侧"输出｜长度"单击编辑表达式为"number_list"，在右侧"输入｜文本"单击编辑表达式为"res[1]"，用于后续识别验证码，如图3-97所示。

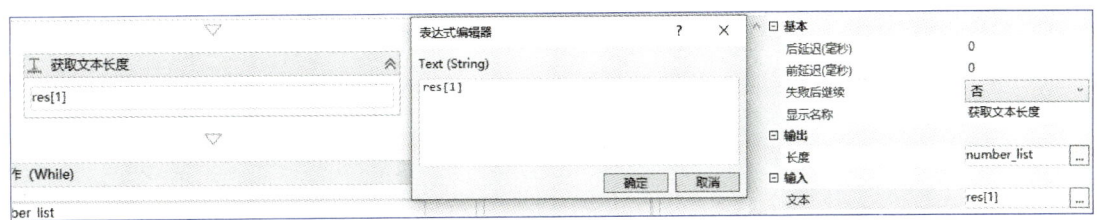

图 3-97　设置"获取文本长度"组件

（4）创建"循环操作（While）"组件，用于根据收款账号信息循环验证，识别红色数字，并进行回写输入操作，如图3-98所示。

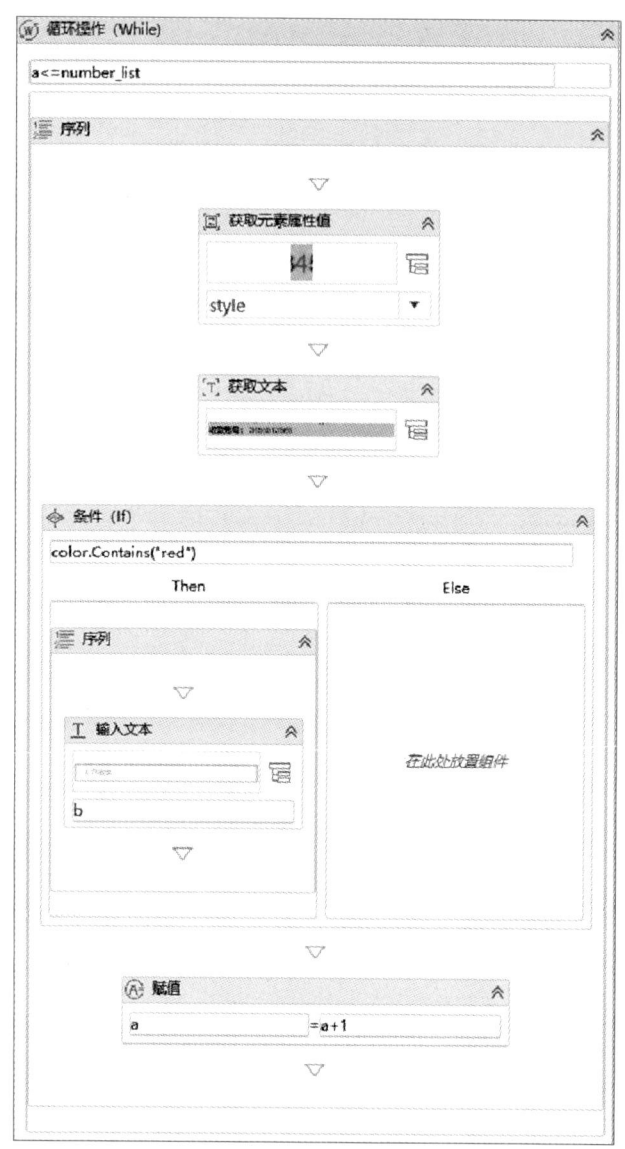

图3-98　循环（While）设置流程

根据银行账号长度输出变量number_list，进行银行账号的多次循环。创建变量a，为循环变量，变量类型Int32，默认值为1。循环条件设置为"$a<=$ number_list"，如图3-99所示。

（5）在"循环操作（While）"组件内部，创建"序列"，命名为"序列【回写验证码】"用于将后续识别红色数字并进行回写输入操作统一放置处理。在"序列【回写验证码】"内部，创建"获取元素属性值"组件，用于获取红色数字，"输入｜属性名"设置为"'style'"，"输出｜属性值"设置为"color"，如图 3-100 所示。

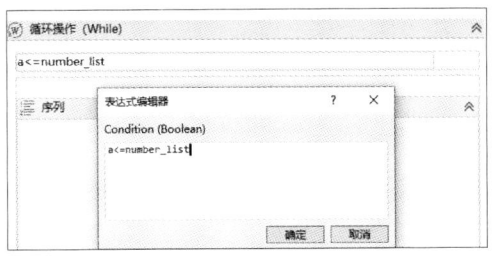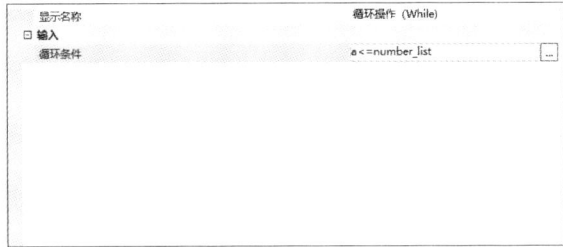

图 3-99 设置 While 循环条件

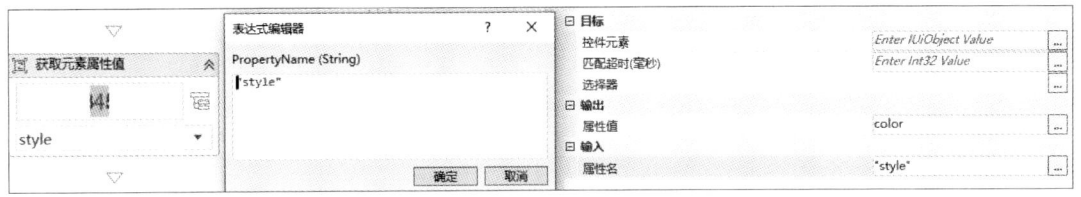

图 3-100 设置获取元素属性值

（6）在"获取元素属性值"组件下方，创建"获取文本"组件，用于获取银行账号的文本数据，创建变量 b，变量类型为 String，获取文本"输出｜文本"设置为 b，后续用于红色数字回写输入，具体设置如图 3-101 所示。

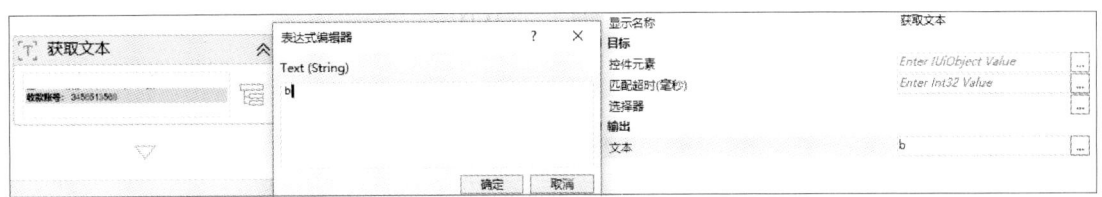

图 3-101 设置获取文本——银行账号组件

（7）在"获取文本"组件下方，创建"条件（If）"组件，用于判断获取文本是否为红色，如果是红色则进行回写输入。"输入｜判断条件"设置为"color.Contains（"red"）"，如图 3-102 所示。

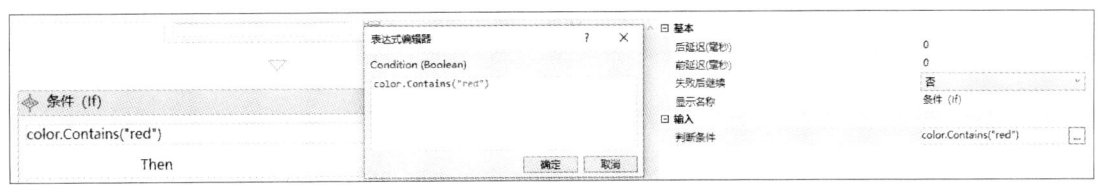

图 3-102 设置颜色判断

如果条件成立，内容为红色字，在 Then 的区域内，创建"序列【输入验证码】"进行输入文本操作。在"序列【输入验证码】"内部，创建"输入文本"组件，命名为"输入文本【红色数字】"，将获取到的该文本 b 回写输入至网银仿真系统红色数字区域内。网银仿真系统输入区域如图 3-103 所示。

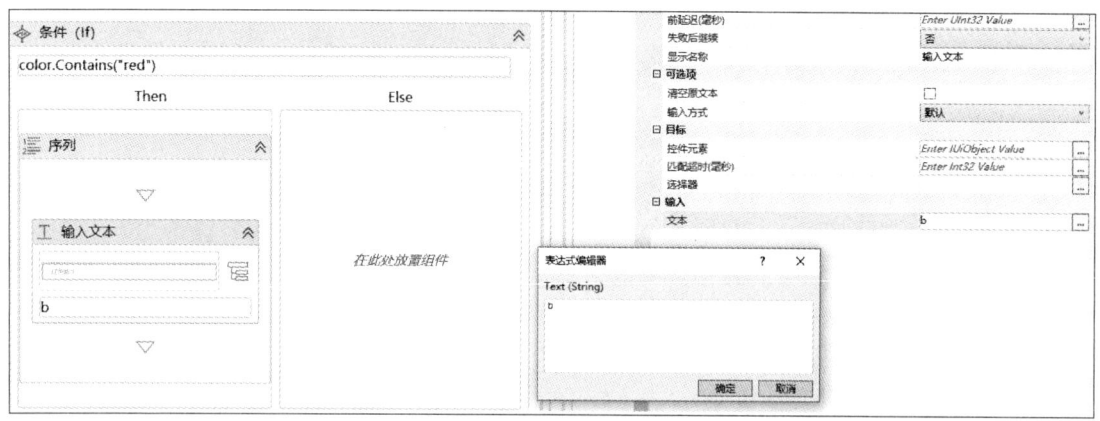

验证码：请输入下面账号中红色数字
收款账号：6222587425413558987
收款人：杭州万向制衣有限公司

红色数字

图 3-103　网银仿真系统——红色数字输入区域

将"输入 | 文本"设置为 b，即在第（6）步中输出的变量 b，如图 3-104 所示。

图 3-104　设置输入文本为红色数字

如果条件不成立，在 Eles 区域中不放置任何组件，继续进行下一步流转。

（8）在"循环（While）"组件内部，条件（If）判断红色数字组件下方，创建"赋值"组件，"输入 | 变量名"为"a"，即数字列表循环变量，"输入 | 值"赋值为"$a+1$"，用于增加循环至下一位数字，如图 3-105 所示。

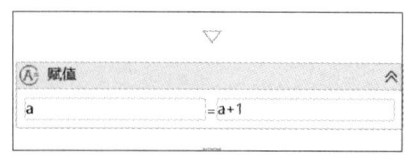
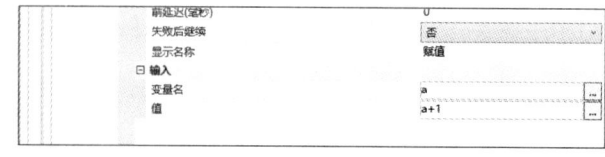

图 3-105　设置赋值 While 循环变量

（9）在"循环（While）"组件下方，创建"点击"组件，模拟鼠标单击"确定"。网银仿真系统——红色数字确定如图 3-106 所示。

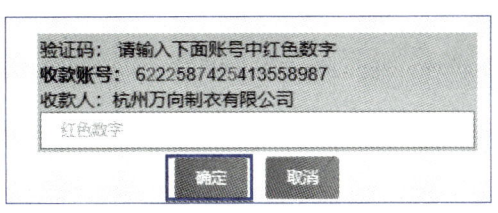

图 3-106　网银仿真系统——红色数字确定

（10）单击"确定"后，网银仿真系统弹出"逐笔支付 校验 U 盾密码"框，需要输入 U 盾密码，如图 3-107 所示。

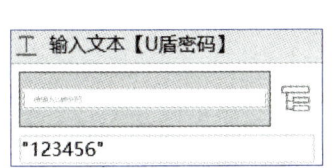
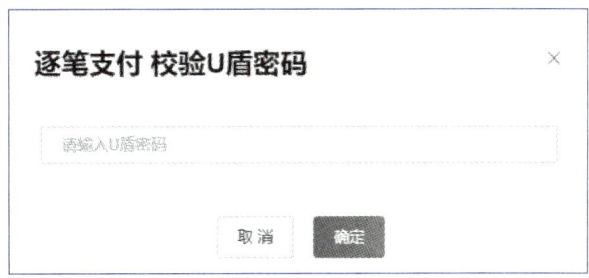

图 3-107　网银仿真系统——校验 U 盾密码

在"点击"确定组件下方，创建"输入文本"组件，命名为"输入文本【U 盾密码】"，用于输入 U 盾密码，U 盾密码根据教学系统提示为 123456，指定元素切换至网银仿真系统，选取"请输入 U 盾密码"区域，输入文本表达式编辑器中，输入""123456""，如图 3-107 所示。

（11）在"输入文本【U 盾密码】"输入组件下方，创建"点击"组件，命名为"点击【U 盾密码确定】"用于模拟鼠标点击输入 U 盾密码后系统界面中的确定，如图 3-108 所示。

图 3-108　U 盾密码确定

（12）在"点击【U 盾密码确定】"组件下方，创建"点击"组件，模拟鼠标点击请核对签名下方的"确定"按键，如图 3-109 所示。

请核对签名信息

金额: 107350元
大写金额: 壹拾万零柒仟叁佰伍拾元整元
汇款单位名称: 北京晟泰服装商贸有限公司
汇款单位账号: 6212285477412668953
汇款单位开户行名称: 中国工商银行北苑支行
收款单位名称: 杭州万向制衣有限公司
收款单位账号: 6222587425413558987
收款单位开户行名称: 中国工商银行东康支行

取消　　确定

图 3-109　网银仿真系统——请核对签名"确定"按键

（四）流程结束，用户确认

（1）上述步骤全部完成，在 Root 内部，"循环操作（For Each）"序列下方，创建"确认框"，选择添加"确认"组件。

（2）双击点开确认框，进行编辑，"输入│标题"设置为""提示"'，"输入│描述"设置为""流程运行完毕""，如图 3-110 所示。

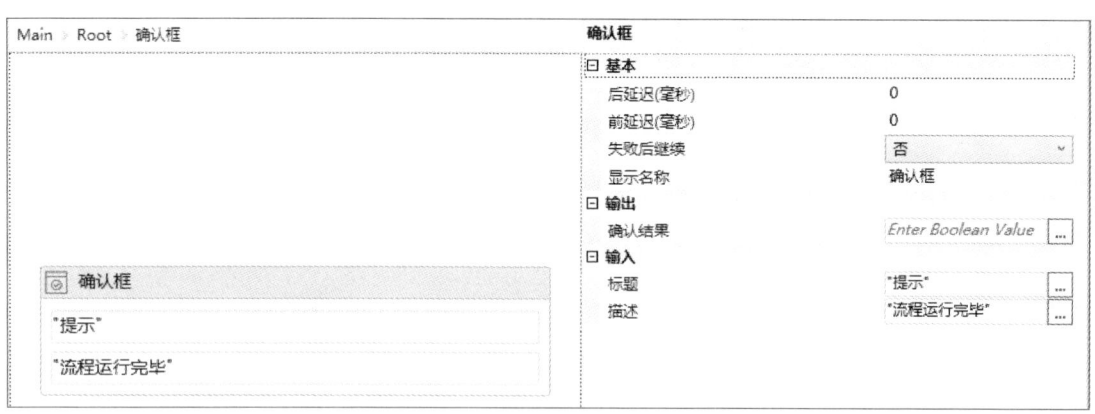

图 3-110　确认框

（五）打包生成文件

（1）单击文件菜单，选择导出项目，将项目以 .dgs 格式导出至目标文件夹中，如图 3-111 所示。

（2）运行 RPA 程序，生成业务结果。

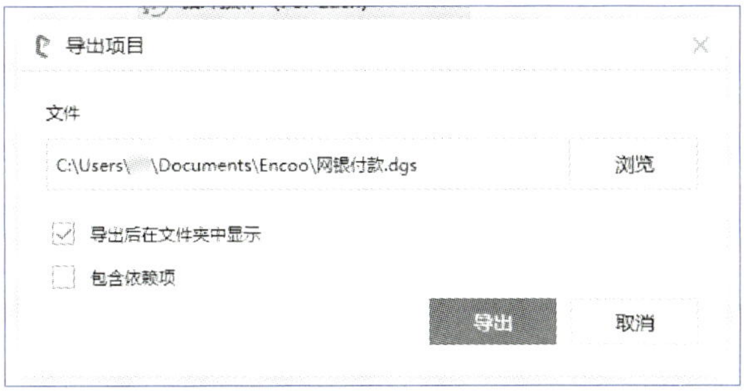

图 3-111　导出项目

【任务拓展】

北京近邻信息有限公司（简称"近邻公司"）根据企业工商注册等资料显示，基础信息如下：

企业名称：北京近邻信息有限公司

统一社会信用代码：91110106563644C923

企业类型：有限责任公司

纳税人类型：一般纳税人

所属行业：科技推广和应用服务业

法定代表人：郑伟

注册资本：30 万元

地址、电话：北京市丰台区马家堡角门 14 号商业街 3 号楼 2 层 225；010-60253532

开户行及账号：中国工商银行丰台马家堡角门支行；0200222109200091203

经营范围：销售食品；计算机系统服务；软件开发；技术服务；企业管理咨询；销售计算机、软件及辅助设备、文具用品、电子产品。（依法须经批准的项目，经相关部门批准后依批准的内容开展经营活动。）

该公司近期有几笔付款清单，汇总表如表 3-5 所示。

表3-5　付款信息汇总表

编号	银行账号	收款单位	收款账号	汇款个人账户	收款银行	收款金额	收款方式	收款银行全称	支付时间	汇款用途	备注	处理时间	预约执行
1	6222285477341266000	北京科大有限公司	62225874254135500000		中国工商银行	127600	普通	中国工商银行朝阳支行	2022年1月20日	货款	货款		否
2	6222285477341266000	北京财天下股份有限公司	62225980252678500092		中国工商银行	352700	加急	中国工商银行朝阳支行	2022年1月20日	货款	货款		否
3	6222285477341266000	天津红坤股份有限公司	68886549252678589020		中国建设银行	352700	加急	中国建设银行滨海支行	2022年1月10日	货款	货款		否
4	6222285477341266000	湖北田园科技有限公司	58866549222671884010		中国建设银行	21000	普通	中国建设银行汉口支行	2022年1月12日	违约金	违约金		否

作为该企业财务人员，请根据付款信息汇总数据，通过网银仿真系统进行付款，设计开发并运行 RPA 程序。

【学习评价】

按照表 3-6 业务财务流程自动化开发与应用学习评价表的考核内容分别评价各项内容的完成度并计算得分，按考核项目的权重计算本单元的总分。

表 3-6　业务财务流程自动化开发与应用学习评价表

考核项目	权重（%）	考核内容	分值	得分
知识	20	按时完成采购订单录入、网银付款业务开发流程内容的线上阅读或线下听讲	30	
		积极参与本单元有关的采购订单录入、网银付款业务的讨论与交流活动	40	
		正确辨析并解释本单元涉及采购订单录入、网银付款业务内容	30	
技能	60	能够通过 RPA 设计器，自动读取 Excel 中"采购订单汇总表"数据，实现自动打开"财天下系统—采购管理菜单"，添加合同订单信息，排查并调试程序运行过程中的问题，并运行 RPA 程序，得到正确结果	40	
		能够通过 RPA 设计器，自动读取 Excel 中"付款信息汇总表"数据，实现自动打开"网银仿真系统－付款业务"，自动添加付款信息。能够排查并调试程序运行过程中的问题，并运行网银付款 RPA 操作程序，得到正确结果	60	
素养	20	按照本单元规定的职业素养目标的基本要求，各项表现良好	50	
		结合本单元实例，完成业务财务流程自动化应用方面问题的讨论，能对某个具体的业务场景的流程自动化应用提出自己的建议和见解	50	
总体评价			100	

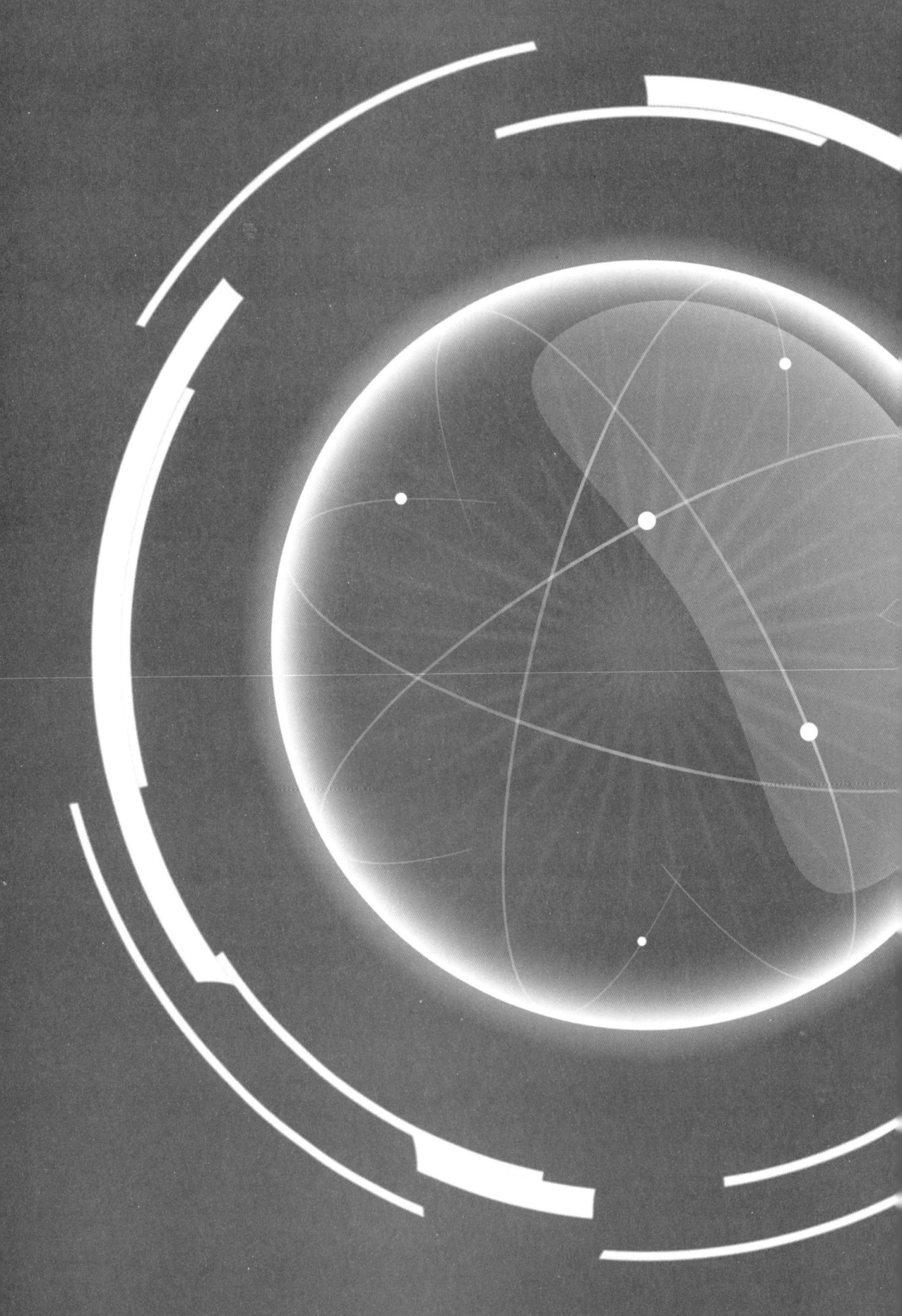

财务核算流程自动化
开发与应用

学习目标

知识目标：

◆ 理解批量记账的业务场景；

◆ 理解固定资产卡片的业务场景；

◆ 理解上述财务核算的开发步骤。

技能目标：

◆ 能够根据批量记账的业务需求完成采购发票申请的自动化设计与应用；

◆ 能够根据固定资产卡片录入的业务需求使用财务机器人完成固定资产卡片录入的设计与应用；

◆ 能够根据银行对账的业务需求使用财务机器人完成银行对账流程设计与应用；

◆ 能够完成上述财务核算机器人程序设计，完成相关业务处理并完成程序调试任务。

素养目标：

◆ 具有科学和创新精神；

◆ 具有踏实肯干的劳动精神，严谨细致的工匠精神；

◆ 具有坚持准则、不做假账的职业操守。

职业素养提升

坚持诚信　守法合规　杜绝财务作假

在市场经济环境下，企业通过财务信息向社会公布经营状况，获取公众的信任，以此来获取融资、投资等社会资源。在资本利益驱动下，通过篡改财务数据，粉饰财务状况，攫取超额经济利益的财务造假行为，成为各国都普遍存在的顽疾。财务造假扰乱市场经济秩序，侵害国家和社会公众利益，误导投资者决策，具有很大的社会危害。2022年1月，财政部印发《会计人员职业道德规范》，要求财务人员坚持诚信，守法奉公；坚持准则，守责敬业；坚持学习，守正创新。《中华人民共和国会计法》第四十三条规定："伪造、变造会计凭证、会计账簿，编制虚假财务会计报告，构成犯罪的，依法追究刑事责任。"

在财务自动化的背景下，部分财务工作流程交由 RPA 程序处理，不需要人工干预，大量的职业判断也被预置到程序中去，人工职业判断的空间大幅度降低。对 RPA 财务流程的设计来说，必须坚持不做假账的原则，把合法合规的内部控制程序和机制融入程序设计中去，在保证工作效率的同时，保证程序运行的合法性，确保财务信息的真实性。

任务 4.1　批量制单自动化开发与应用

【任务情境】

一、任务场景

（一）案例情境

今年，晟泰公司因为市场火爆，业务和订单量迎来一个高增长点。因为业务的快速增长，给公司的各部门工作都带来一定的压力，财务工作也不例外。去年同期晟泰公司一个月只有 30~40 笔业务需要进行账务处理，今年 7 月公司需要记账的业务直线增长 4~5 倍。

情境动画：
批量记账流
程自动化

公司经理认为：如今，人员成本较高，多一个人，意味着人均薪酬会降低。其次，现在招聘周期较长，远水解不了近渴，找个靠谱且熟练的人员，也不容易。再者，人员招聘进来还需要进行培训和适应岗位，也需要有培训成本和上岗周期。旺季的时候，人手比较紧张，但淡季的时候，因为业务较少，又会出现人员冗余的情况。所以，公司决定，暂时不增加新员工。暂时性的人员紧张和工作压力大，由财务部通过内部技术创新来解决。

财务部经理徐悦考虑到目前的业务状况，找到李小刚，希望通过 RPA 技术，缓解人员压力和工作紧张的情况。

徐悦对李小刚说："业务最大的瓶颈之一就在制单这个环节上，每次我们都要登录平台，通过凭证管理平台把会计分录输入进去，因此凭证的录入成为在系统工作中最大的工作量。另外，因为人员变动频繁，实习生由于还没有系统账号，他们经常会把分录临时填写在 Excel 中，然后再由正式员工录入到系统中去。这样实习生的工作方便了，但是在正式录入会计系统的时候，员工的工作量就很大了。"

听完徐悦的描述后，李小刚说："目前业务的基本需求就是要把 Excel 文件中的信息批量写入会计核算系统，理论上来说，这个过程是非常适合 RPA 来处理的。但是处理业务前，需要让大家统一 Excel 文件的格式标准，这样 RPA 才能准确地将数据定位并抓取出来。

（二）案例信息

2021 年 7 月 15 日，银行代缴 6 月增值税及其附加税、个人所得税。需要进行账务处理，根据原始凭证生成记账凭证。

晟泰公司代缴各项税款有关的原始凭证如图 4-1 所示。

晟泰公司批量记账的 Excel 模板如图 4-2 所示。

二、任务布置

（1）根据案例资料在 Excel 模板中填写会计分录。

（2）根据实际操作流程，设计批量记账 RPA 操作流程。

（3）发布开发好的批量记账 RPA 操作流程。

（4）运行批量记账 RPA 操作批量记账流程。

（5）查看并审核有关记账凭证。

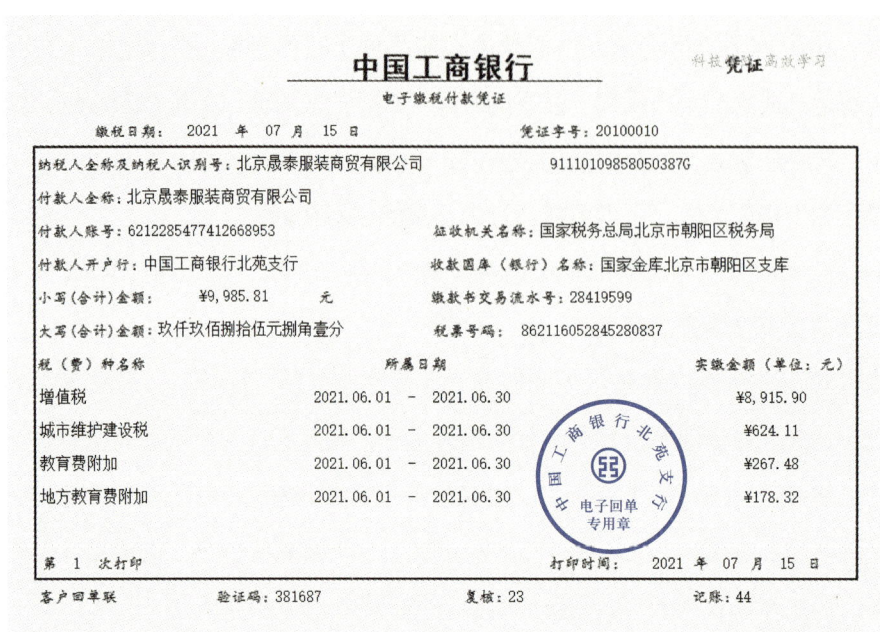

图 4-1　晟泰公司支付各项税款银行回单

序号	摘要	会计科目编号	会计科目名称	借方金额	贷方金额	日期
1	缴纳增值税及附加	222102		8915.9		2021−07−15
		222126		624.11		2021−07−15
		222127		267.48		2021−07−15
		222133		178.32		2021−07−15
		1002			9985.81	2021−07−15
2	缴纳个人所得税	222131		125.25		2021−07−15
		1002			125.25	2021−07−15
结尾						

图 4-2 晟泰公司批量记账 Excel 模板

【任务准备】

一、知识准备

（一）典型账务处理流程

企业典型日常业务的账务处理，首先要确定经济业务的业务类别、票据类别、会计分录，然后以此为依据，分别按业务类别和票据类别设置凭证模板、采集和整理票据、制单与审核。业务类别和票据类别，是根据企业的业务特点和票据种类划分的。通常大多数企业的典型日常业务主要包括采购、销售、费用报销等。

（二）RPA 批量制单

传统的制单业务是针对一笔经济业务，填写一张记账凭证。由于手工操作，每张记账凭证都需完整填写。这样，造成会计核算岗有许多的重复性工作，并且容易发生错误。企业实行会计信息化后，可以在计算机上进行修改，有效改善了记账凭证一旦出错就要重新填写一张的情况，但是仍然需要业务员手动在账务处理系统中，逐笔增加记账凭证。随着财务智能化的不断发展，RPA 批量制单机器人应运而生，RPA 批量制单机器人可以通过运行设计好的批量记账程序，由机器人代替人工自动完成制单操作。记账凭证制作完成后，可人工进行检查、纠错、审核，可以有效减少会计核算工作的重复性，提升制单的效率和准确性。

二、操作准备

（1）打开并登录财天下平台。

（2）启动 RPA 设计器，登录 RPA 设计器。

💻 **任务要领**

（1）能够根据业务需求，描述并绘制业务流程分析图和自动化流程分析图。

（2）根据业务需求，确定并整理批量制单 Excel 模板。

（3）根据自动化流程分析图、开发流程和操作指导，完成 RPA 程序开发。

（4）根据 RPA 程序，完成业务处理，生成业务结果。

（5）根据处理过程中的问题，进行程序调试。

（6）逐笔检查并审核记账凭证。

【任务实施】

一、业务分析

（一）业务流程分析

从晟泰公司的业务痛点来看，一次需要记账的凭证数量波动性大，个别月份需要编制的记账凭证数量多，且由于记账人员账号限制，难以将工作分散，多人协作共同完成。制单工作重复性强，晟泰公司迫切需要提高填制记账凭证的准确性和效率。由于 RPA 需要从固定格式的文件中抓取数据，徐悦已经设计了统一的 Excel 表格模板，并下发给公司实习生李小刚，由李小刚根据业务需求，将需要制单的业务信息整理成了统一的 Excel 表格模板，保证 RPA 程序的顺利运行。

RPA 实现一批量制单流程自动化（业务流程分析和流程新建）

有了固定的 Excel 模版，现在的任务就是把 Excel 模板中的账务处理信息逐笔登记到财天下平台账务处理模块中去，如图 4-3 所示。

图 4-3　账务处理系统新增记账凭证操作界面

在财天下平台中，新增记账凭证，系统的操作步骤是：单击"凭证 – 新增凭证"按钮，进入记账凭证填制界面，将账务处理有关信息，逐项填入到记账凭证中，单击保存，即可完成记账凭证的填制。

为了方便 RPA 开发人员快速理解业务流程，徐悦把新增记账凭证的业务流程梳理出来，如图 4-4 所示。

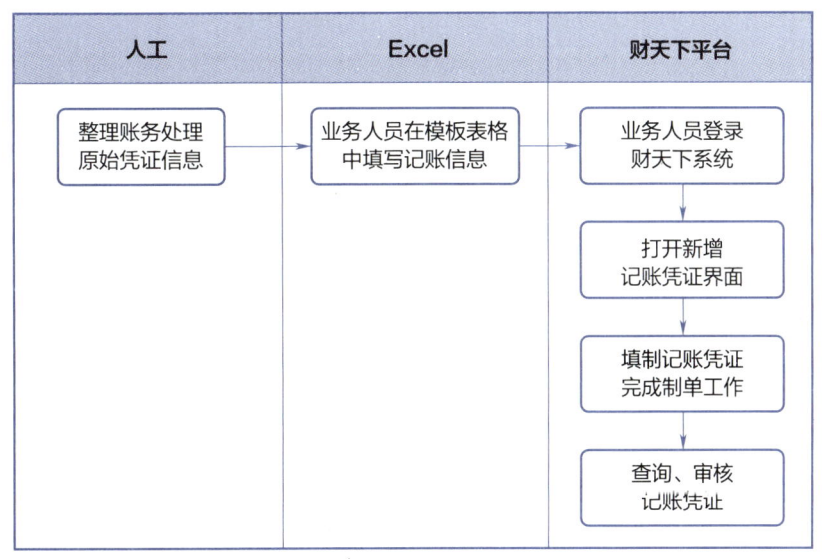

图 4-4　初步梳理的业务流程

根据 RPA 的特点和要求，李小刚建议把"打开新增记账凭证界面"和"填制记账凭证完成制单工作"交给 RPA 来自动执行。设计后的业务流程如图 4-5 所示。

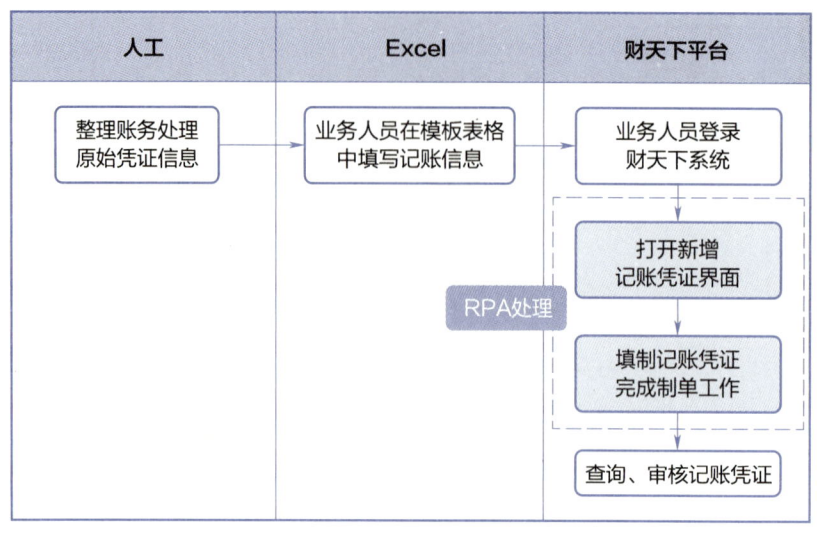

图 4-5 设计后的业务流程

（二）自动化流程分析

业务流程确定后，还需要根据业务和软件的特点进行自动化流程分析，以方便指导后期的程序开发。批量制单自动化流程结果如图 4-6 所示。

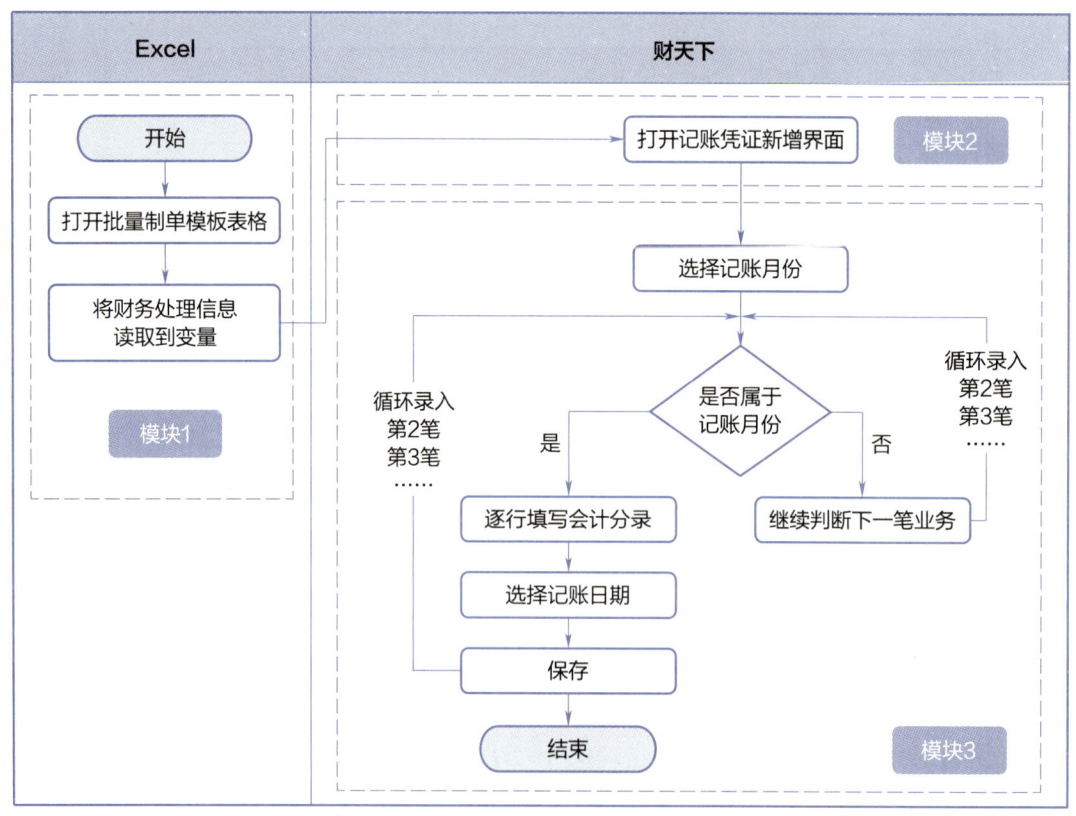

图 4-6 批量制单自动化流程

批量制单自动化的过程主要包括三个部分：

第一步，由 RPA 自动打开批量制单模板表格文件，将该文件中的账务处理记录读取到变量中，供后期填写记账凭证的时候调用。

第二步，由 RPA 自动打开财天下的记账凭证新增界面。

第三步，选择记账月份，由 RPA 自动判断从模板表格中读取出来的账务处理记录是否属于当期，如果属于当期则将账务处理信息逐一填写至记账凭证的有关位置，然后保存记账凭证，完成制单工作；如果不属于当期应当进行的账务处理，则跳过该笔账务处理记录，继续进行下一条记录的判断。逐条记录循环操作，直至所有数据都读取完毕后，程序终止，操作结束。

二、设计指导

（一）模块 1：打开批量制单 Excel 文件读取变量

该模块的主要任务是打开财务部有关人员设计并整理好的"批量记账 RPA 机器人信息模板"Excel 文件，读取数据区域，将其存入变量。读取变量开发流程如图 4-7 所示。

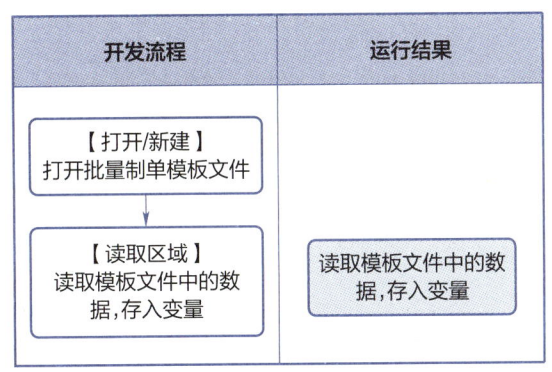

图 4-7　读取变量开发流程

1. 添加"打开 / 新建"组件

（1）打开 RPA 编辑器，新建流程项目，命名为"批量制单机器人"，打开该流程项目。

（2）单击左边的"项目"菜单，右键单击当前打开的项目名称"批量制单机器人",选择"打开文件夹",将下载好的"批量记账RPA机器人信息模板"文件拷贝到工程文件夹下面。

（3）在左侧组件面板中搜索"打开/新建"组件，并将其拖拽至Main面板上。

（4）双击"打开/新建"组件属性面板上，"输入|文件路径"选择保存Excel文件的文件夹目录。在属性栏中将"可视"取消勾选，如图4-8所示。

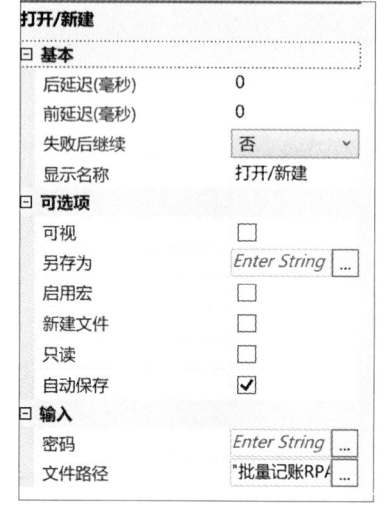

图4-8 增加"打开/新建"组件

2. 添加"读取区域"组件，读取Excel中制单信息数据

（1）在序列中添加"读取区域"至"打开/新建"组件中。

（2）在"读取区域"输入框中，输入需要读取的sheet页为""Sheet1""，区域为默认，如图4-9所示。

（3）在下方的变量区域，创建data变量，变量类型设置为"DataTable"，如图4-10所示。

图4-9 设置"读取区域"组件

名称	变量类型	范围	默认值
data	DataTable	Root	请输入DataTable类型的值

图4-10 创建变量

（4）在前面添加的"读取区域"组件的属性面板中，设置"输出｜数据"为"data"，将从Excel模板中读取出来的数据输出至该变量中。在"读取区域"属性面板，勾选"添加列头"，如图4-11所示。

图4-11　读取区域属性面板

（二）模块2：打开记账凭证新增界面

本模块的主要目的在于利用RPA自动打开财天下平台账务处理模块的"新增凭证"界面，方便RPA机器人后期自动执行记账凭证新增和填制操作。设计的打开记账凭证新增界面流程如图4-12所示。

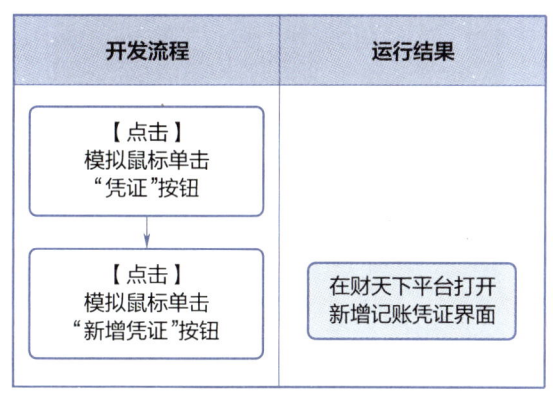

图4-12　打开记账凭证新增界面流程

（1）打开财天下平台。

（2）在RPA编辑器活动面板中，搜索"序列"组件创建一个新的序列，并将其拖拽至Main面板中"打开/新建"组件的下方，当"打开/新建"组件向下箭头变为深蓝色时，放开鼠标，如图4-13所示。

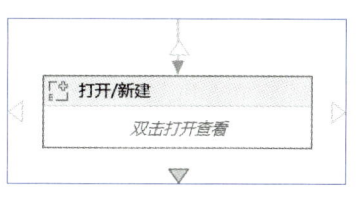

图4-13　新增组件拖拽示意图

单击"序列"二字，将序列名称修改为"界面操作"，如图4-14所示。

双击该序列内部，从组件区域搜索并拖入"点击"组件，如图4-15所示。再单击"指定元素"。

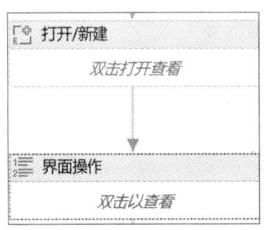

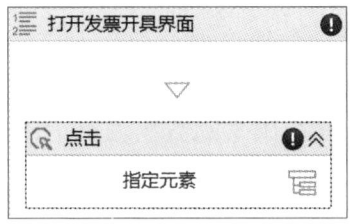

图 4-14　新增"界面操作"序列组件　　图 4-15　创建"点击"组件

（3）将系统切换到财天下界面，单击选择"凭证"菜单，即完成组件设置。

（4）继续在"界面操作"序列中，添加"点击"组件，指定元素为财天下界面凭证菜单内的新增凭证按钮，如图 4-16 所示。指定时，单击指定元素按钮，切换到财天下界面，将鼠标光标移动至"凭证"按钮处，财天下界面即可自动出现扩展菜单，单击"新增凭证"进行指定即可。

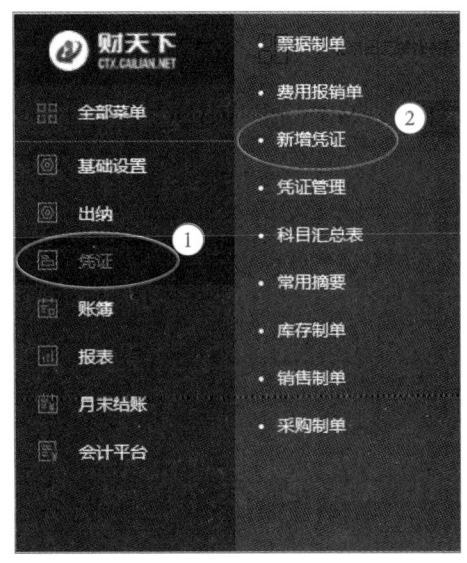

图 4-16　"界面操作"序列组件设计

（三）模块 3：逐项制作记账凭证

本模块的主要目的在于通过人机交互，由操作人员选择制单的月份。利用 RPA 将读取的制单信息与操作员选择的制单月份进行逐一比对。属于当期应当进行账务处理的数据，利用 RPA 自动在记账凭证适当位置填入账务数据，完成记账凭证的填制工作。不属于当期应当进行账务处理的信息，则不做相应处理。新增记账凭证开发流程如图 4-17 所示。

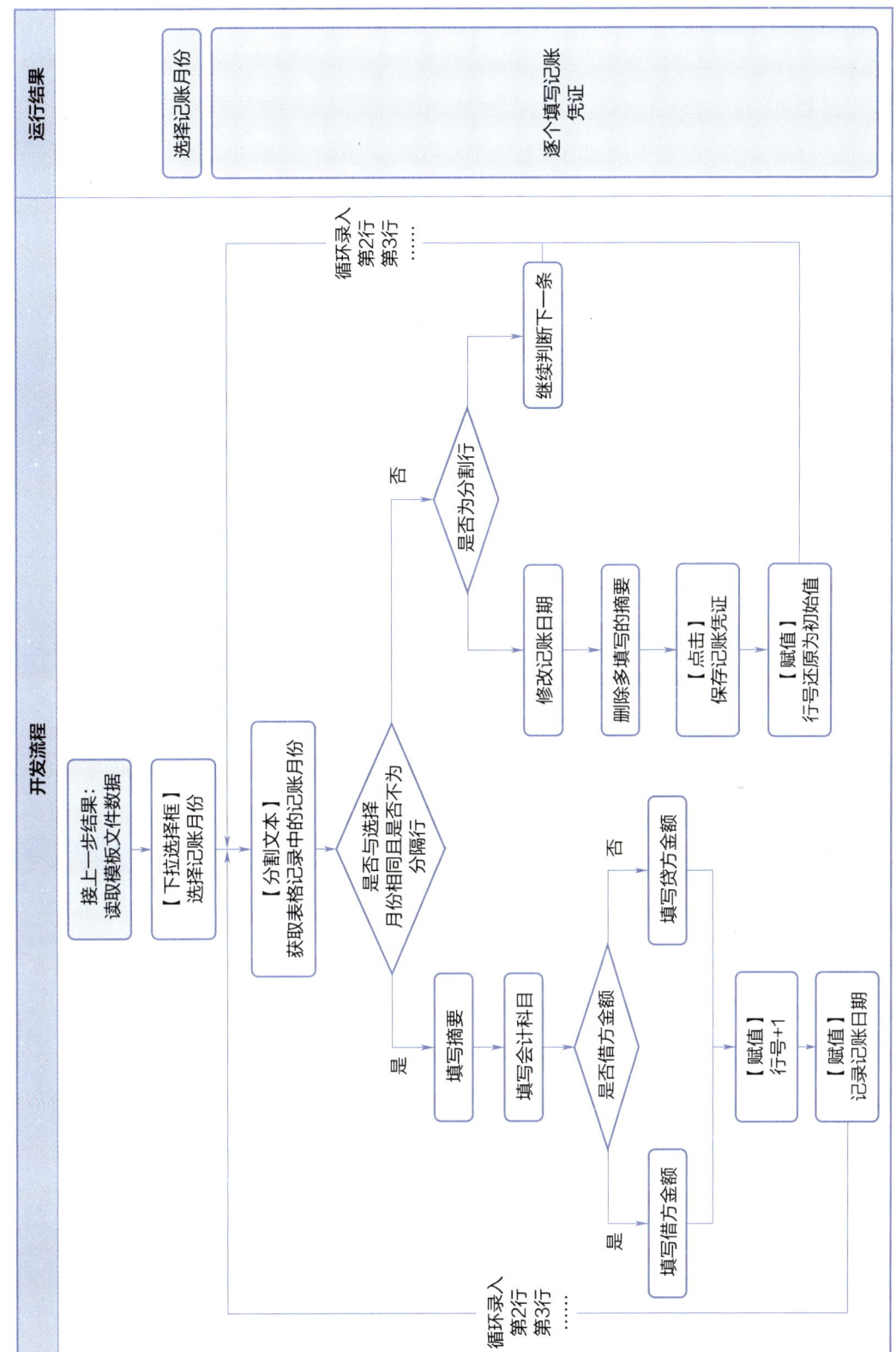

图 4-17　新增记账凭证开发流程

1. 添加"下拉选择框"组件，选择记账月份

（1）在"界面操作"组件的下方，添加"序列"组件，单击"序列"，将其重命名为"批量制单"。

（2）在"批量制单"组件内部，添加"下拉选择框"组件。用于实现人机交互，由业务员根据需要选择账务处理月份。设置"输入│标题"为""日期区间""，提示需要选择的是记账月份，设置"输入│下拉"选项为"new string[]{"01", "02", "03", "04", "05", "06", "07", "08", "09", "10", "11", "12"}"，表示下拉选项为01～12，可以在12个数字中进行选择，如图4-18所示。

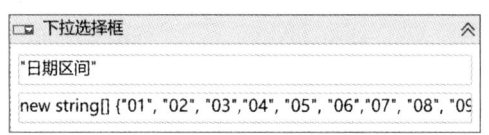

图4-18 "下拉选择框"组件设置

（3）在下方的变量区域，创建riqiqujian变量，变量类型设置为"String"，如图4-19所示。

图4-19 创建变量

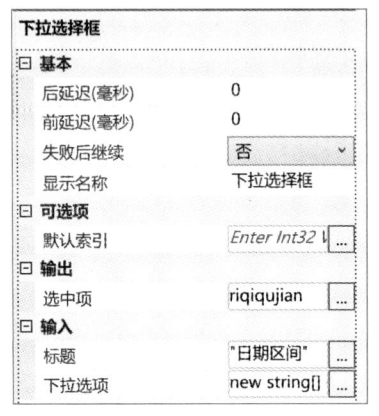

图4-20 "下拉选择框"组件属性设置

（4）在"下拉选择框"组件的属性面板中，设置"输出│选中项"为"riqiqujian"，表示将选择的记账月份存储在riqiqujian变量中，如图4-20所示。

2. 添加Foreach循环

在"下拉选择框"下方，添加"循环操作（For Each）"组件，将Foreach循环中in（数据源形式）后面的集合名称设置为"data.Rows"，意思是在data变量中逐行循环取数，如图4-21所示。

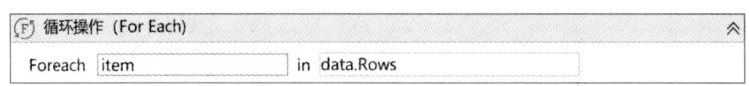

图4-21 添加Foreach循环

3. 添加组件，判断读取到的行信息是否需要填写

（1）在 Foreach 循环体内，添加"分割文本"组件，将从模板表格中读取到的日期进行分割，设置"输入－原文本"为"item["日期"].ToString()"，设置"输入－分隔符"为""－""，即表示按"－"对日期进行分割，将日期分割为年、月、日三个文本，如图 4-22 所示。

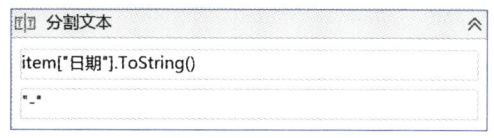

图 4-22 "分割文本"组件

（2）在下方的变量区域，创建 splitResult 变量，变量类型设置为"String[]"，用来存放分割后的日期文本。

📍 **重要提示**

设置 String[] 变量类型时，可单击变量类型下变量类型属性右侧的向下箭头，选择"ArrayOf[T]"。在弹窗中，继续单击右侧的向下箭头，展开变量类型选项，选择"String"，如图 4-23 所示。单击确定，即可完成变量设置。

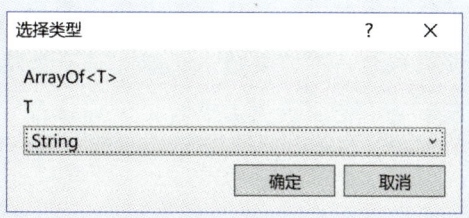

图 4-23 设置变量类型

由于模板表格中日期格式为 YYYY-MM-DD，例如 2021-07-15，按"－"进行文本分割后，可得到三个文本，分别是 2021、07 和 15。其中表示年的文本"2021"被存储在 splitResult 变量的 0 号位置；表示月的文本"07"被存储在 splitResult 变量的 1 号位置；表示日的文本"15"被存储在 splitResult 变量的 2 号位置。

（3）在"分割文本"组件的属性面板中，设置"输出 | 分割结果"为"splitResult"，表示将分割后的日期存储在 splitResult 变量中。

（4）在"分割文本"组件下方，添加"条件（If）"组件。设置"输入 | 判断条件"为"item[" 日期 "].ToString().Trim()！=" "&& riqiqujian == splitResult[1].ToString()"，即判断是否满足"日期不为空，下拉选择的月份与模板表格信息中的日期月份相同"，如图 4-24 所示。.Trim() 语句表示去掉文本两端的空格。

条件 (If)

item["日期"].ToString().Trim()!="" && riqiqujian == splitResult[1].ToString()

图 4-24 "条件（If）"组件设置

📍 **重要提示**

如果条件判断成立，则表明目前循环读取到的模板表格中的数据日期不为空，且模板表格中的数据记账月份与下拉框选择的月份相同。第一个条件成立表示目前读取到的行不是凭证分隔行，第二个条件成立表示记账月份与当前记账月份相符。说明应当将读取到的模板表格数据填到记账凭证的相应位置中。

如果条件判断不成立，则说明目前循环读取到的模板表格中的数据日期为空或模板表格中的数据记账月份与下拉框选择的月份不相同。第一种情况说明此行是记账凭证分隔行，没有信息，不需要填入记账凭证。第二种情况说明此条记录的账务处理信息不属于本月，不应当在本月填制记账凭证。因此均不需要将信息填入记账凭证中。

4. 添加组件，进行摘要录入

（1）当条件组件判断成立时，说明需要将相关信息填入记账凭证。因此，在条件组件 Then 下方的框格中，添加"序列"组件，单击"序列"二字，将序列名称修改为"填写摘要"。

（2）在"填写摘要"组件内部，添加"点击"组件，指定单击的元素为财天下系统中任意一行的摘要输入框，如图 4-25 所示。

图 4-25　需要单击的位置

（3）在下方的变量区域，创建 hang 变量，变量类型设置为"Int32"。用来存放当前填写的行次。由于记账凭证中，第一行为标题行，首行信息的填写从第二行开始，因此设置 hang 变量的初始值为"2"，如图 4-26 所示。

图 4-26　变量设置

（4）在"点击"组件的属性面板中，设置"可选项 – 点击方式"为模拟鼠标。单击"目标 | 选择器"后的…按钮，进行属性设置。设置 TableRow 属性为"{hang}"，即可以根据 hang 变量的不同数值，在不同的行次内填写摘要，如图 4-27 所示。

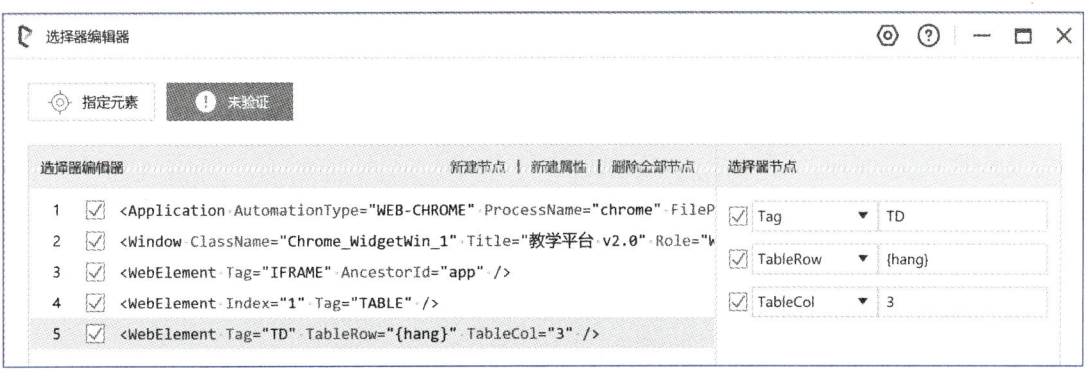

图 4-27　"点击"组件属性设置

（5）在"点击"组件的下方，添加"输入文本"组件。在输入文本属性面板中，"可选项 | 清空原文本"后的方框打钩；将"输入 | 文本属性"，修改为"item[" 摘要 "].ToString()"。

（6）在"输入文本"组件下方，添加"发送快捷键"组件，在"发送快捷键"组件的属性面板中，"可选项 | 发送前行为"为点击，"输入 | 键值"设置为""{ENTER}""。模拟键盘敲击回车键，确认摘要的输入，并将光标选择移动到下一个输入框中，如图 4-28 所示。

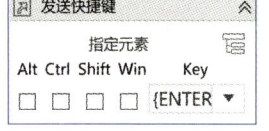

图 4-28 "发送快捷键"组件设置

> **重要提示**
>
> 输入完摘要后，键盘输入回车键，光标会自动移动到右侧会计科目的输入框中。

5. 添加组件，进行会计科目的录入

（1）在"填写摘要"组件的下方，添加"序列"组件，单击"序列"二字，将序列名称修改为"填写会计科目"。

（2）在"填写会计科目"组件的内部，添加"输入文本"组件。在右侧输入文本属性面板中，"输入 | 文本属性"修改为"item[" 会计科目编码 "].ToString()"。

（3）在"输入文本"组件下方，添加"发送快捷键"组件，在"发送快捷键"组件的属性面板中，"可选项 | 发送前行为"为点击，"输入 | 键值"设置为""{ENTER}""。模拟键盘敲击回车键，确认会计科目的输入，并将光标选择移动到下一个输入框中。

> **重要提示**
>
> 输入完会计科目后，键盘输入回车键，光标会自动移动到右侧借方金额的输入框中。

6. 添加组件，进行记账金额的录入

（1）在"填写会计科目"组件的下方，添加"条件（If）"组件。设置"输入 |

判断条件"为"item[" 借方金额 "].ToString().Trim() == """，即判断当前读取到的记录行信息是借方金额还是贷方金额，如图 4-29 所示。

填写记账金额
item["借方金额"].ToString().Trim()==""

图 4-29　判断是否为借方金额的条件设置

如果判断结果为是，则表示当前记录中借方金额为空，表示借方金额没有数字，说明本条记录填写的是贷方金额；如果判断结果为否，则表示当前记录中借方金额有数字，说明本条记录填写的是借方金额。

（2）如果条件判断结果为否，则表示需要填写的是借方金额。此时，光标所在位置就在借方金额的填写处。因此，在条件组件下方的 Else 框内，添加"输入文本"组件。在右侧输入文本属性面板中，"输入 | 文本"属性修改为"item[" 借方金额 "].ToString()"。

（3）在"输入文本"组件下方，添加"发送快捷键"组件，在"发送快捷键"组件的属性面板中，"可选项 | 发送前行为"为点击，"输入 | 键值"设置为""{ENTER}""。模拟键盘敲击回车键，确认借方金额的输入，并将光标选择移动到下一个输入框中。

（4）如果条件判断结果为是，则表示需要填写的是贷方金额。此时，由于光标所在位置就在借方金额的填写处。因此，需要先将输入光标移动到贷方金额填写处，再进行输入。所以，在"条件"组件下方的 Then 框内，首先添加"发送快捷键"组件，在"发送快捷键"组件的属性面板中，设置"可选项 | 发送前行为"为点击，"输入 | 键值"设置为""{ENTER}""。模拟键盘敲击回车键，将光标选择移动到贷方金额输入框中。

（5）在"发送快捷键"组件的下方，添加"输入文本"组件。"输入 | 文本属性"修改为"item[" 贷方金额 "].ToString()"。

（6）在"输入文本"组件下方，添加"发送快捷键"组件，在"发送快捷键"组件的属性面板中，"可选项 | 发送前行为"为点击，"输入 | 键值"设置为""{ENTER}""。模拟键盘敲击回车键，确认贷方金额的输入，并将光标选择移动到下一个输入框中，即将光标移动到下一行。"填写记账金额"组件的设置如图 4-30 所示。

图 4-30 "填写记账金额"组件设置

7. 添加"赋值"组件

（1）通过上面组件的设置，就完成了记账凭证第一行分录的填写，但会计分录通常至少由 2 行组成，因此下一条信息记录仍需在本张记账凭证中进行填写，但是应当写到记账凭证的下一行中。

因此，在"填写记账金额"组件的下方，添加"赋值"组件。设置需要赋值的变量为 hang 变量，赋予的值为"hang＋1"，如图 4-31 所示。

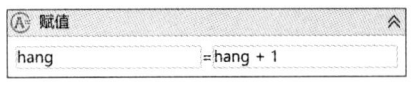

图 4-31 "赋值"组件设置

（2）在下方的变量区域，创建 jizhangriqi 变量，变量类型设置为"String"，用来存放所填写记账凭证的制单日期。

（3）在"赋值"组件的下方，添加"赋值"组件，用于存储凭证的记账日期，方便后续使用。设置需要赋值的变量为 jizhangriqi，赋予的值为"item[" 日期 "].ToString()"。

8. 添加组件，修改记账凭证日期

（1）条件为"item[" 日 期 "].ToString().Trim()! = ""&& riqiqujian == splitResult[1].ToString()"的"条件（If）"组件，如果判断结果为否，则说明循环到的信息记录可能为空行，即记账凭证分隔行，或记录中的日期与所选的账务处理时间不符。此时需要再次对两种情况进行判断，根据再次判断的结果进行处理。

（2）在"条件（If）"组件下方 Else 框内，继续添加"条件（If）"组件，设置"输入 | 判断条件"为"item[" 日期 "].ToString().Trim() == """，即判断当前读取到的记录行信息是否为分隔行，如图 4-32 所示。

◇ 条件 (If)	
item["日期"].ToString().Trim()!="" && riqiqujian == splitResult[1].ToString()	
Then	**Else**
	◇ 条件 (If) ⌃
	item["日期"].ToString().Trim()==""

图 4-32　条件组件

如果判断结果为是，则表示当前记录为分隔行，则需要修改记账日期，删除末行多填写的摘要，然后保存记账凭证；如果判断结果为否，则说明当前记录有信息，但是记录中的记账日期不是所选的账务处理时间，不做任何操作，循环至下一条记录继续进行判断。

（3）在"条件（If）"组件下方 Then 框内，添加"序列"组件，单击"序列"二字，将序列名称修改为"修改记账日期"。

（4）在"修改记账日期"组件内部，添加"设置 Web 元素属性值"组件，指定其元素为财天下平台制单日期后的日期框。设置要修改的属性名为""readonly""，属性值为"""。"设置 Web 元素属性值"组件设置如图 4-33 所示。

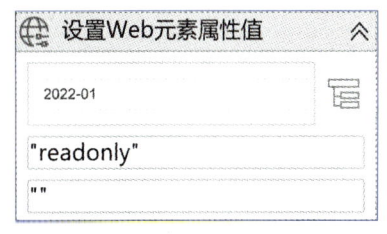

图 4-33　"设置 Web 元素属性值"组件设置

📍 **重要提示**

由于日期框原本的属性为只读，即只能选择，不能输入日期，不利于 RPA 机器人进行操作。因此，需要将其只读属性取消。

（5）在"设置 Web 元素属性值"组件下方，添加"输入文本"组件，指定其元素为财天下平台中制单日期后的日期框。在右侧输入文本属性面板中，"可选项 | 清空原文本"后的方框打钩；"输入 | 文本"修改为"jizhangriqi"，如图 4-34 所示。

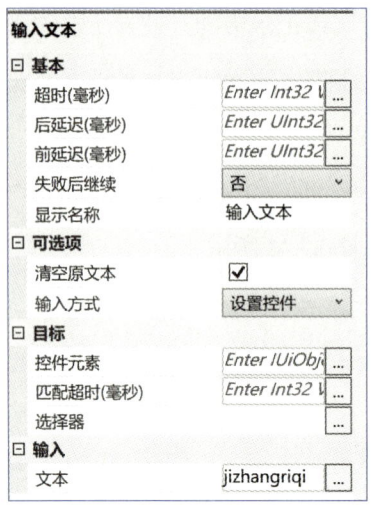

图 4-34 "输入文本"组件属性设置

> **重要提示**
>
> 选择"清空原文本"，则 RPA 会首先清除目标输入框中原有的内容，清除后再进行文本的输入。如果不勾选"清空原文本"，则 RPA 会直接进行输入，这时有可能保留原文本，造成操作错误。

（6）在"输入文本"组件下方，添加"发送快捷键"组件，在"发送快捷键"组件的属性面板中，"可选项 | 发送前行为"为点击，"输入 | 键值"设置为""{ENTER}""。模拟键盘敲击回车键，确认日期的输入。

9. 添加组件，删除末行摘要

（1）在"修改记账日期"组件，添加"序列"组件，单击"序列"二字，将序列名称修改为"删除末行摘要"。

> **重要提示**
>
> 进行上述操作是因为，填写记账凭证最后一行的贷方金额后，由于组件的设置，RPA 程序执行了回车键的输入，因此光标移动到了记账凭证最后一行下一行

的摘要输入框中。由于平台的设置，光标移动后，会在下一行自动填充摘要内容。但是如果存在一行只填写了摘要，没有填写会计科目等其他内容，则凭证无法保存。因此需要将多余的摘要删除掉。

（2）在"删除末行摘要"组件内部，添加"点击"组件，指定单击的元素为财天下系统中任意一行的摘要输入框。在"点击"组件的属性面板中，设置"可选项｜点击方式"为模拟鼠标。为了避免RPA程序运行过快，造成运行错误，设置"基本｜前延迟（毫秒）"为"4000"，即在单击前先等待4 000毫秒再进行单击操作。点击"目标｜选择器"属性后的▦按钮，设置TableRow属性为"{hang}"，这样就可以根据hang变量的值定位在无效行次的摘要位置，如图4-35所示。

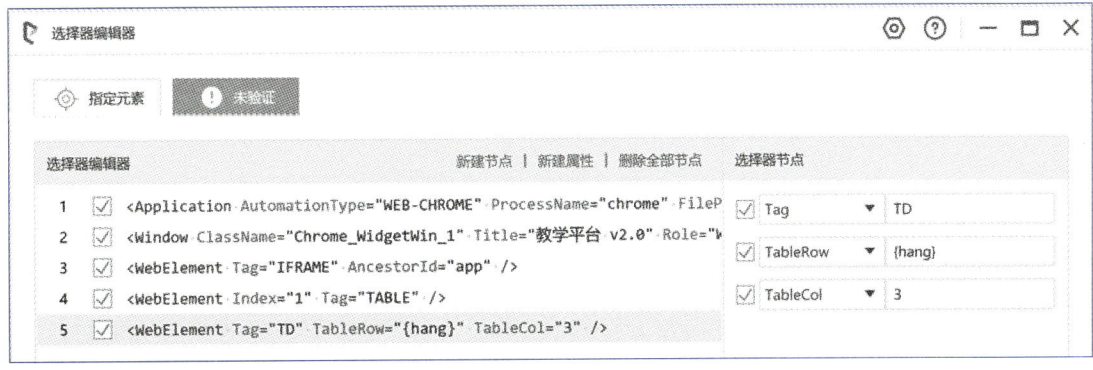

图4-35 "点击"组件属性设置

（3）在"点击"组件的下方，添加"发送快捷键"组件，在"发送快捷键"组件的属性面板中，"可选项 | 发送前行为"为点击，勾选辅助键 Ctrl 按键后的方框，"输入 | 键值"设置为""A""。模拟键盘敲击 Ctrl + A，进行摘要内容的全选。"发送快捷键"组件如图 4-36 所示。

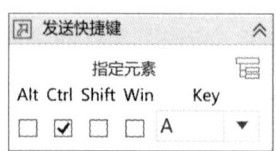

图 4-36 "发送快捷键"组件

（4）在"发送快捷键"组件下方，继续添加"发送快捷键"组件，"输入 | 键值"设置为""{DELETE}""。模拟键盘敲击 Delete 删除键，删除多余的摘要信息。

10. 添加"点击"组件，保存记账凭证

在"删除末行摘要"下方，添加"点击"组件，指定单击的元素为财天下系统中新增凭证页面右上角的"保存并新增"按钮。模拟鼠标单击保存并新增，进行记账凭证的保存，并打开下一张记账凭证的新增界面，如图 4-37 所示。

图 4-37 "点击"元素位置

由于 RPA 程序运行过快，在新打开的记账凭证填制页面，仍存在上一张记账凭证保存成功的弹框，影响新一张记账凭证有关记录的输入。因此，需要设置

"点击"组件的"基本|后延迟（毫秒）"属性值为"4 000"。在单击保存并新增后，等待 4 000 毫秒，再进行后续组件的运行。"点击"组件属性设置如图 4-38 所示。

11. 添加赋值组件，恢复 hang 变量值

由于点击保存并新增后，将开始进行新的一张记账凭证的填制，需要新填写的摘要位置又变回第二行，因此需要将指定摘要填写位置的 hang 变量恢复到默认值。在"点击"组件下方，添加"赋值"组件，设置需要赋值的变量为 hang 变量，赋予的值为"2"。

分析判断循环读取信息应当进行哪些对应操作的程序设计，如图 4-39 所示。

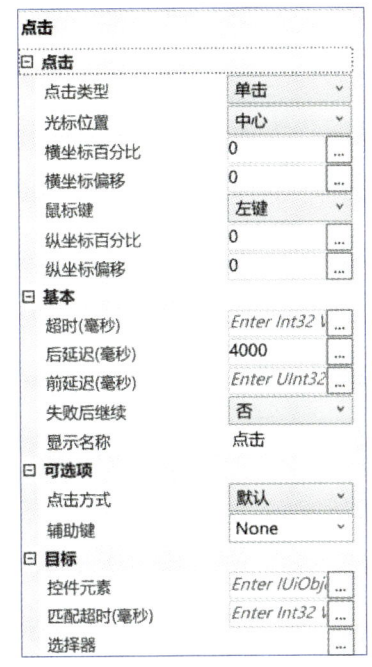

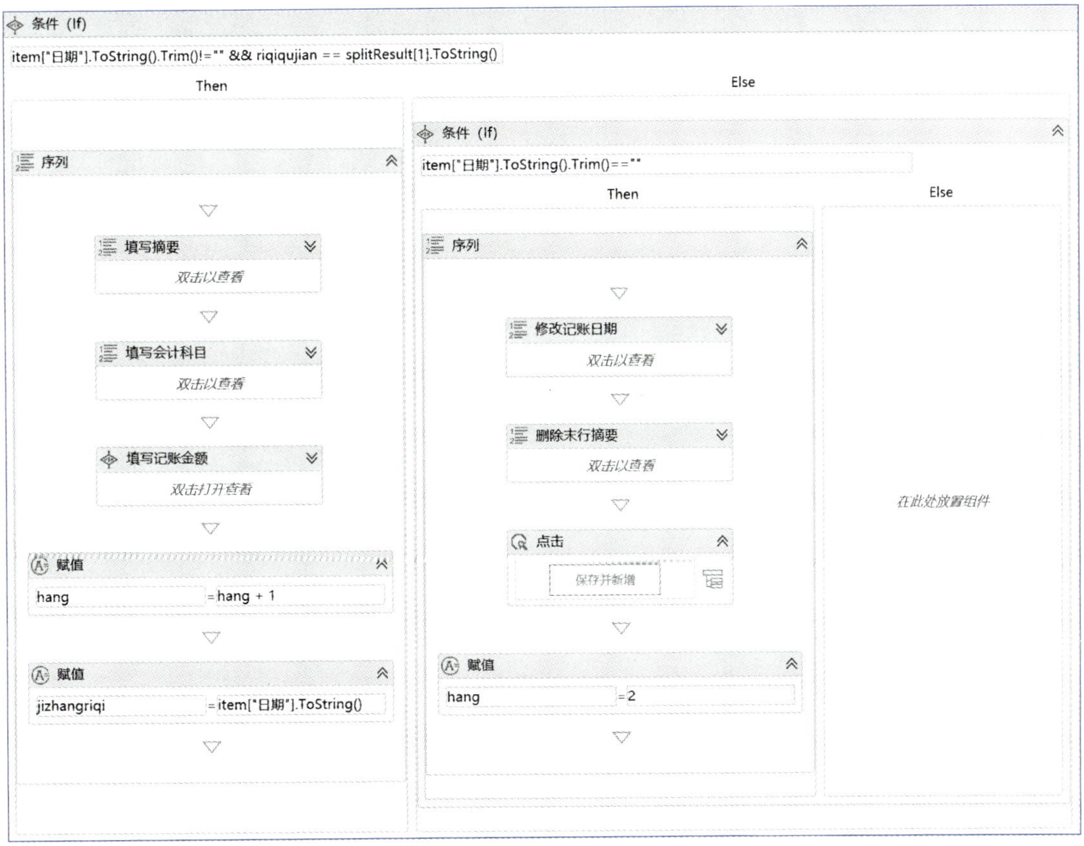

图 4-38 "点击"组件属性设置

图 4-39 "条件"组件设计

12. 流程结束，用户确认

（1）流程结束，在循环序列外，选择添加"确认框"组件。

（2）双击点开"确认框"，进行编辑，输入标题："" 提示 ""，描述："" 流程运行完毕 ""，如图 4-40 所示。

13. 打包生成文件

（1）单击文件菜单，选择导出项目，将项目以 . dgs 格式导出至目标文件夹中，如图 4-41 所示。

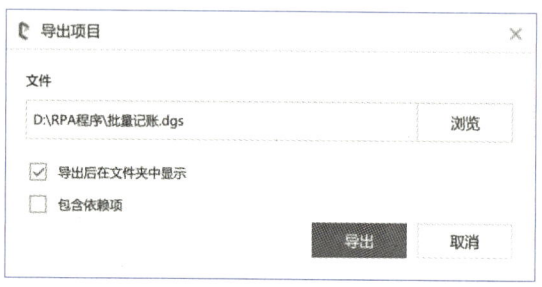

图 4-40　"确认框"组件设置

图 4-41　导出项目

（2）运行 RPA 程序，生成业务结果。

📍 **重要提示**

由于记账凭证页面系统的设置，在运行批量记账程序时，必须保证页面的输入法为英文，否则可能导致记账凭证中无法输入借、贷方金额。输入法设置如图 4-42 所示。

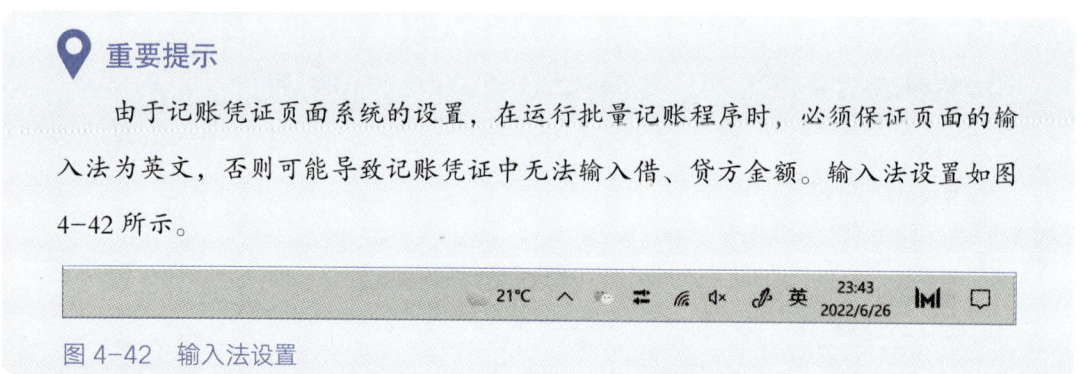

图 4-42　输入法设置

【任务拓展】

北京近邻信息有限公司（简称"近邻公司"）2022 年 8 月需要填制的记账凭证情况如表 4-1 所示。

表4-1　需要填制的记账凭证

序号	摘要	会计科目编号	会计科目名称	借方金额	贷方金额	日期
1	采购办公用品	660208		2 165.0		2022-08-15
		22210101		281.45		2022-08-15
		1002			2 446.45	2022-08-15
2	预收货款	1002		497.20		2022-08-17
		2203			497.20	2022-08-17
3	销售货物	1122		4 972.00		2022-08-17
		600101			4 400.00	2022-08-17
		22210107			572.00	2022-08-17
结尾						

作为该企业财务人员，请根据企业需要填制的记账凭证情况。设计开发并运行 RPA 程序，在财天下平台完成批量制单工作。

任务 4.2　固定资产卡片流程自动化开发与应用

【任务情境】

一、任务场景

（一）案例情境

行政部最近经常收到其他部门同事反应计算机运行缓慢，经常出现卡顿、死机等问题，公司领导层为提高办公效率，决定将公司全部的计算机进行整体更换。

随后，公司采购人员购置 150 台台式计算机。由于供应商发票金额限制，计算机供应商开具了五张增值税专用发票。

公司出纳赵晓霞拿到发票后，为发票和固定资产卡片登记工作发愁，正巧这时，李小刚来财务部询问报销事宜，看到正在为录入 150 张固定资产卡片发愁的赵晓霞。听了录入固定资产卡片的操作流程后，李小刚建议对于这些重复性工作，可以开发 RPA 程序来帮助赵晓霞完成工作。

（二）案例信息

2021 年 7 月 20 日，晟泰公司从杭州长灵科技有限公司采购 150 台台式计算机，已验收投入使用，不含税价格 120 万元，款项已用银行存款支付并取得增值税专用发票。需要根据固定资产验收单，在财天下平台固定资产模块增加资产卡片，并进行账务处理。

晟泰公司采购台式计算机的相关凭证如图 4-43～图 4-45 所示。

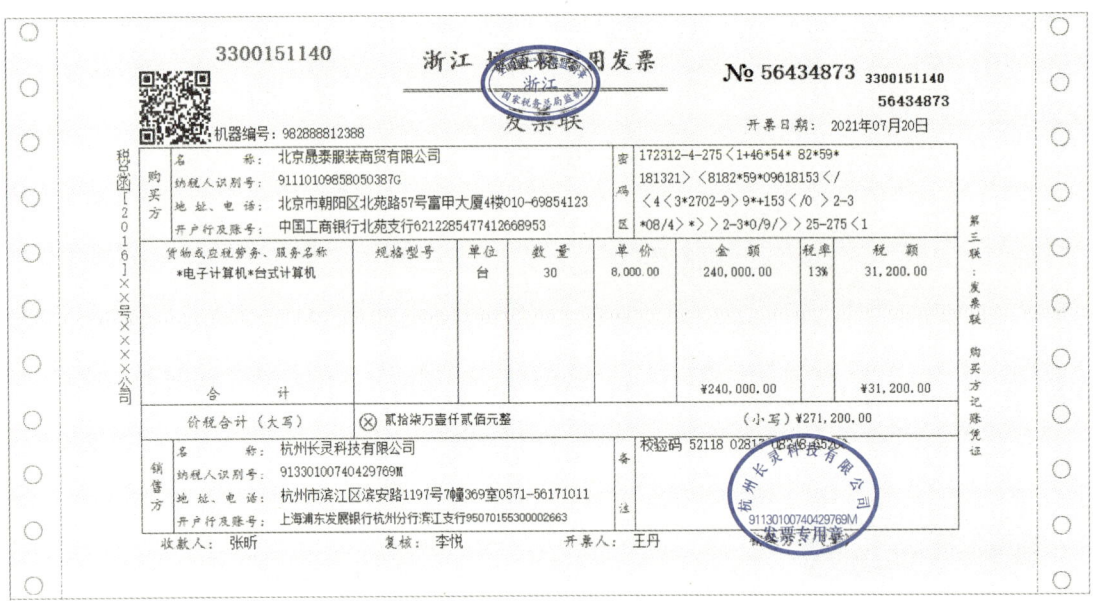

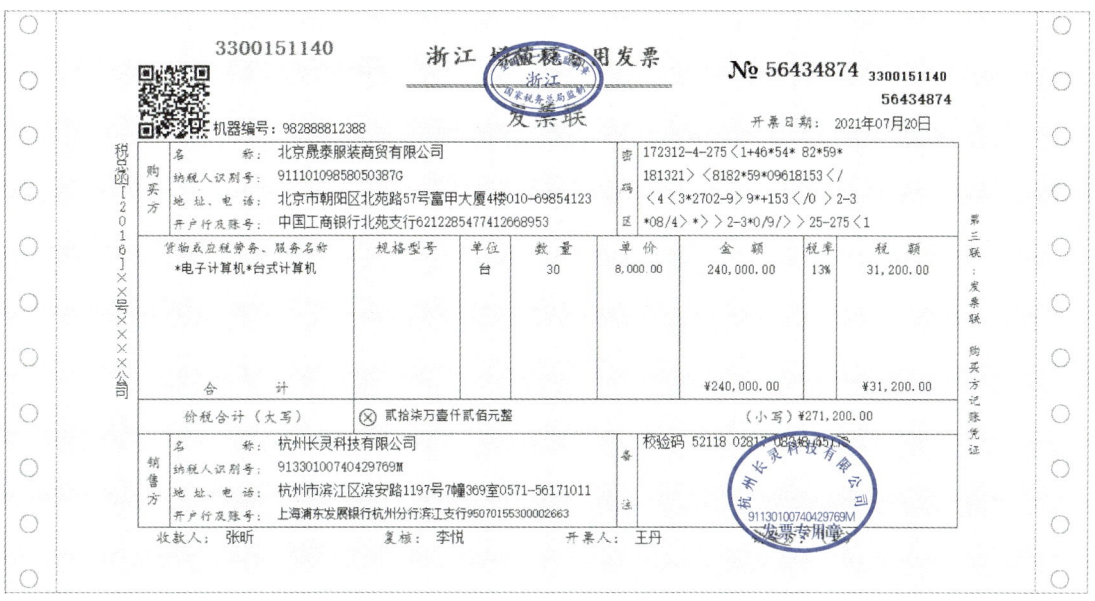

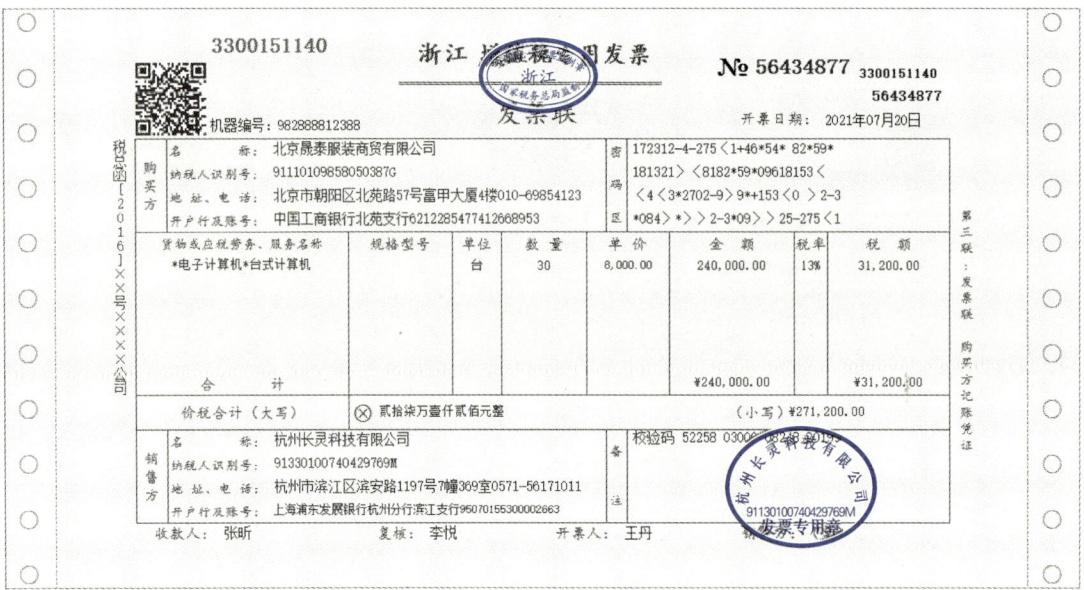

图 4-43 晟泰公司采购台式计算机的增值税发票

中国工商银行　　　凭证

业务回单（付款）

日期：2021 年 07 月 20 日　　回单编号：98655855319

付款人户名：北京晟泰服装商贸有限公司　　付款人开户行：中国工商银行北苑支行

付款人账号(卡号)：6212285477412668953

收款人户名：杭州长灵科技有限公司　　收款人开户行：上海浦东发展银行杭州分行滨江支行

收款人账号(卡号)：95070155300002663

金额：壹佰叁拾伍万陆仟元整　　小写：¥1,356,000.00 元

业务(产品)种类：　　凭证种类：5655786114　　凭证号码：98887042732715849

摘要：货款　　用途：　　币种：人民币

交易机构：4678914866　记账柜员：04581　交易代码：98636　渠道：

95070155300002663

中国工商银行北苑支行 电子回单专用章

本回单为第 1 次打印，注意重复　打印日期：2021 年 07 月 20 日　打印柜员：3　验证码：259005776308

图 4–44　晟泰公司支付台式计算机采购款的银行回单

固定资产验收单

2021 年 07 月 20 日　　编号：10001

名称	规格型号		来源	数量	购（造）价	使用年限	预计残值
台式计算机			外购	150	1,200,000.00	3	480,000.00
安装费	月折旧率		建造单位		交工日期	附件	
	0.80%				2021年07月20日		
验收部门	行政部	验收人员	张莉	管理部门	行政部	管理人员	栗娜
备注							

审核：张笑玮　　制单：周国

图 4–45　晟泰公司台式计算机的资产验收单

二、任务布置

（1）根据案例资料在 Excel 模板中登记商品服务数据。

（2）根据操作流程设计新增固定资产卡片 RPA 操作流程。

（3）发布开发好的固定资产卡片新增 RPA 操作流程。

（4）运行新增固定资产卡片 RPA 操作固定资产卡片新增流程。

（5）进行固定资产新增账务处理，生成有关记账凭证。

【任务准备】

一、知识准备

固定资产是指已经建成投入生产或交付使用的，工程价值达到固定资产标准的设备、工具、器具。新增固定资产价值包括交付使用工程的全部价值，即包括交付使用工程在报告期内完成的投资和报告期以前完成的投资的全部价值在内。企业新增固定资产，可能通过外部购置、自行建造、租入、投资者投入、非货币性资产交换获得等方式取得。虽然取得方式不同，但新增固定资产都需要入账。当会计核算岗工作人员收到固定资产验收单时，表明有固定资产的新增，新增固定资产已经达到预定可使用状态，应当据此增加相应的固定资产卡片，并开始进行固定资产的管理。

固定资产卡片，是按每一个固定资产项目开设的。固定资产项目，是指固定资产独立登记的对象，指具有一定用途的独立物体，包括固定资产主体和必要的附属设备或附件。例如，房屋，以房屋和附属建筑物及设备为一个固定资产项目。又比如，动力设备，要连同基座和附属设备作为一个独立登记对象。

运用 OCR 机器人，将固定资产采购的原始单据进行 OCR 自动化和 Excel 自动化，提取关键信息填入固定资产卡片新增模板表格内，如图 4-46 所示。

资产名称	资产编码	资产类别	原值	录入日期	开始使用日期	预计使用年限（月）	折旧方式	残值率	部门	发票类型	发票号码	进项税额	固定资产科目	结算科目	折旧科目	折旧费用科目	是否期初
台式计算机	20100021	固定资产-电子设备	8000	2021-07-20	2021-07-20	36	评价年限法	0.04	销售部	专用发票	56434873	1040	160105	1002	160205	660107	否
台式计算机	20100022	固定资产-电子设备	8000	2021-07-20	2021-07-20	36	评价年限法	0.04	生产部	专用发票	56434873	1040	160105	1002	160205	510117	否
台式计算机	20100023	固定资产-电子设备	8000	2021-07-20	2021-07-20	36	评价年限法	0.04	行政部	专用发票	56434873	1040	160105	1002	160205	660206	否
台式计算机	20100024	固定资产-电子设备	8000	2021-07-20	2021-07-20	36	评价年限法	0.04	行政部	专用发票	56434873	1040	160105	1002	160205	660206	否
台式计算机	20100025	固定资产-电子设备	8000	2021-07-20	2021-07-20	36	评价年限法	0.04	行政部	专用发票	56434873	1040	160105	1002	160205	660206	否
台式计算机	20100026	固定资产-电子设备	8000	2021-07-20	2021-07-20	36	评价年限法	0.04	行政部	专用发票	56434873	1040	160105	1002	160205	660206	否
台式计算机	20100027	固定资产-电子设备	8000	2021-07-20	2021-07-20	36	评价年限法	0.04	行政部	专用发票	56434873	1040	160105	1002	160205	660206	否
台式计算机	20100028	固定资产-电子设备	8000	2021-07-20	2021-07-20	36	评价年限法	0.04	行政部	专用发票	56434873	1040	160105	1002	160205	660206	否
台式计算机	20100029	固定资产-电子设备	8000	2021-07-20	2021-07-20	36	评价年限法	0.04	行政部	专用发票	56434873	1040	160105	1002	160205	660206	否
台式计算机	20100030	固定资产-电子设备	8000	2021-07-20	2021-07-20	36	评价年限法	0.04	行政部	专用发票	56434873	1040	160105	1002	160205	660206	否
台式计算机	20100031	固定资产-电子设备	8000	2021-07-20	2021-07-20	36	评价年限法	0.04	行政部	专用发票	56434873	1040	160105	1002	160205	660206	否
台式计算机	20100032	固定资产-电子设备	8000	2021-07-20	2021-07-20	36	评价年限法	0.04	行政部	专用发票	56434873	1040	160105	1002	160205	660206	否
台式计算机	20100033	固定资产-电子设备	8000	2021-07-20	2021-07-20	36	评价年限法	0.04	行政部	专用发票	56434873	1040	160105	1002	160205	660206	否
台式计算机	20100034	固定资产-电子设备	8000	2021-07-20	2021-07-20	36	评价年限法	0.04	行政部	专用发票	56434873	1040	160105	1002	160205	660206	否
台式计算机	20100035	固定资产-电子设备	8000	2021-07-20	2021-07-20	36	评价年限法	0.04	行政部	专用发票	56434873	1040	160105	1002	160205	660206	否
台式计算机	20100036	固定资产-电子设备	8000	2021-07-20	2021-07-20	36	评价年限法	0.04	行政部	专用发票	56434873	1040	160105	1002	160205	660206	否
台式计算机	20100037	固定资产-电子设备	8000	2021-07-20	2021-07-20	36	评价年限法	0.04	行政部	专用发票	56434873	1040	160105	1002	160205	660206	否
台式计算机	20100038	固定资产-电子设备	8000	2021-07-20	2021-07-20	36	评价年限法	0.04	行政部	专用发票	56434873	1040	160105	1002	160205	660206	否
台式计算机	20100039	固定资产-电子设备	8000	2021-07-20	2021-07-20	36	评价年限法	0.04	行政部	专用发票	56434873	1040	160105	1002	160205	660206	否
台式计算机	20100040	固定资产-电子设备	8000	2021-07-20	2021-07-20	36	评价年限法	0.04	行政部	专用发票	56434873	1040	160105	1002	160205	660206	否

图 4-46 新增固定资产卡片模板表格

新增固定资产卡片 Excel 表格模板中，需要填入的关键信息有资产名称、资产编码、资产类别、原值、录入日期、开始使用日期、预计使用年限（月）、折旧方式、残值率、部门、发票类型、发票号码、进项税额、固定资产科目、结算科目、折旧科目、折旧费用科目、是否期初，与手动新增固定资产卡片需要录入的信息一致。

资产编码，作为企业资产的"身份证号码"，具有唯一性。财天下系统采用"资产类别编号＋序号"的方式对资产进行编码。第一至三位是固定资产的类型，具体为：102 表示房屋及购建物类、201 表示计算机设备及软件类、202 表示办公设备类、203 表示运输设备类、210 表示机械设备类；第四至七位是固定资产的流水号。

二、操作准备

（1）打开并登录财天下购销存系统。

（2）启动 RPA 设计器，登录 RPA 设计器。

任务要领

（1）能够根据业务需求，描述并绘制业务流程分析图和自动化流程分析图。

（2）根据业务需求，确定并整理固定资产卡片新增 Excel 模板。

（3）根据自动化流程分析图、开发流程和操作指导，完成 RPA 程序开发。

（4）根据 RPA 程序，完成业务处理，生成业务结果。

（5）根据处理过程中的问题，进行程序调试。

（6）选中新增的全部固定资产卡片，一键联合制单。

【任务实施】

一、业务分析

（一）业务流程分析

从晟泰公司的业务痛点来看，一次新增固定资产卡片数量多，且工作重复性强，需要提高新增固定资产卡片的准确性和效率。由于 RPA 需要从固定的文件中抓取数据，赵晓霞已经按照 RPA 的要求将企业新增的台式计算机有关信息整理成统一的 Excel 表格模板，保证 RPA 程序的顺

RPA 实现——固定资产卡片流程自动化（流程分析和流程新建）

利运行。

有了固定的 Excel 模版，现在的任务就简单了，就是把 Excel 模版中的固定资产卡片数据登记到财天下资产管理模块中去，如图 4-47 所示。

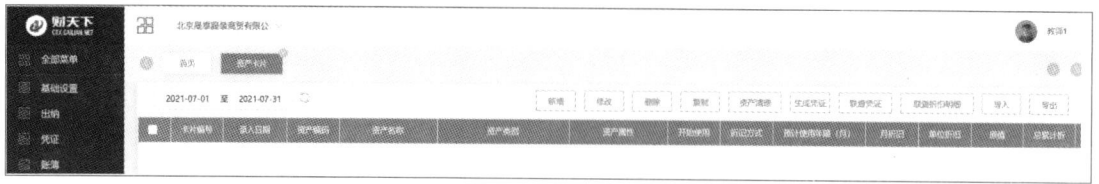

图 4-47　资产管理系统操作界面

在财天下系统中，新增固定资产卡片。操作步骤是：单击新增按钮，进入资产卡片新增界面，将新增资产有关信息逐项填入系统中，单击保存，即可完成资产卡片的新增，如图 4-48 所示。

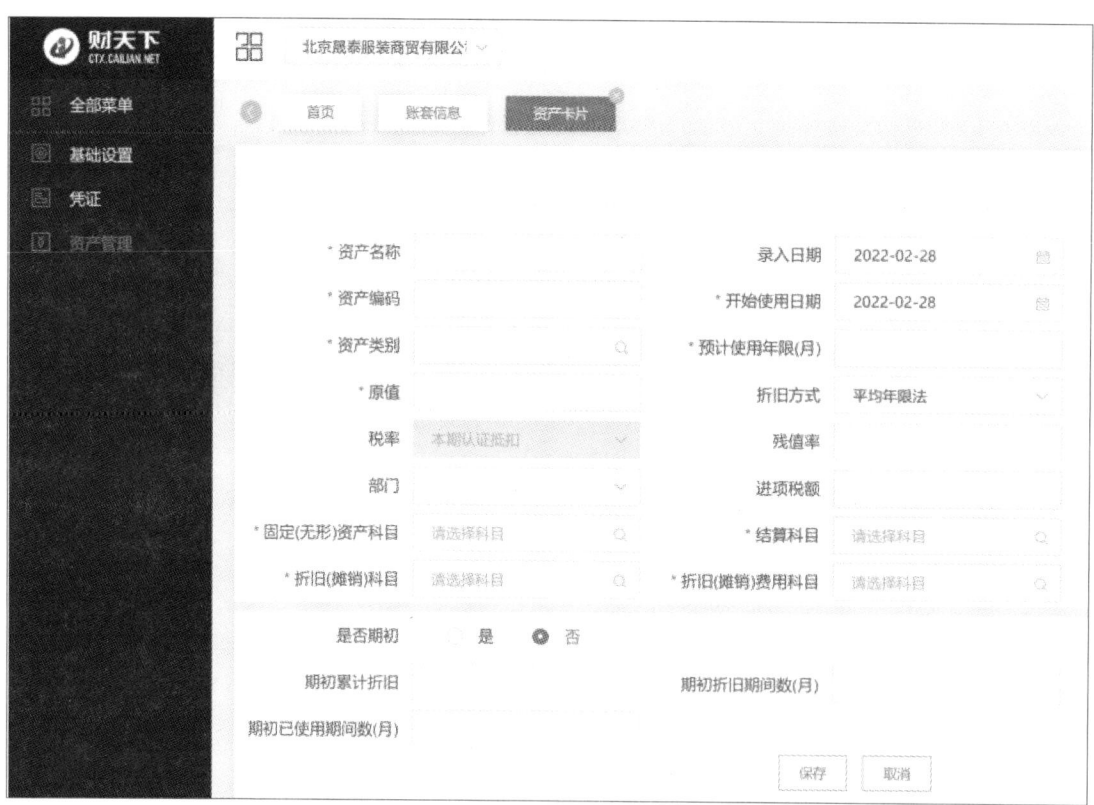

图 4-48　根据资产验收信息新增固定资产卡片

为了方便 RPA 开发人员快速理解业务流程，赵晓霞把新增固定资产卡片的业务流程梳理出来，如图 4-49 所示。

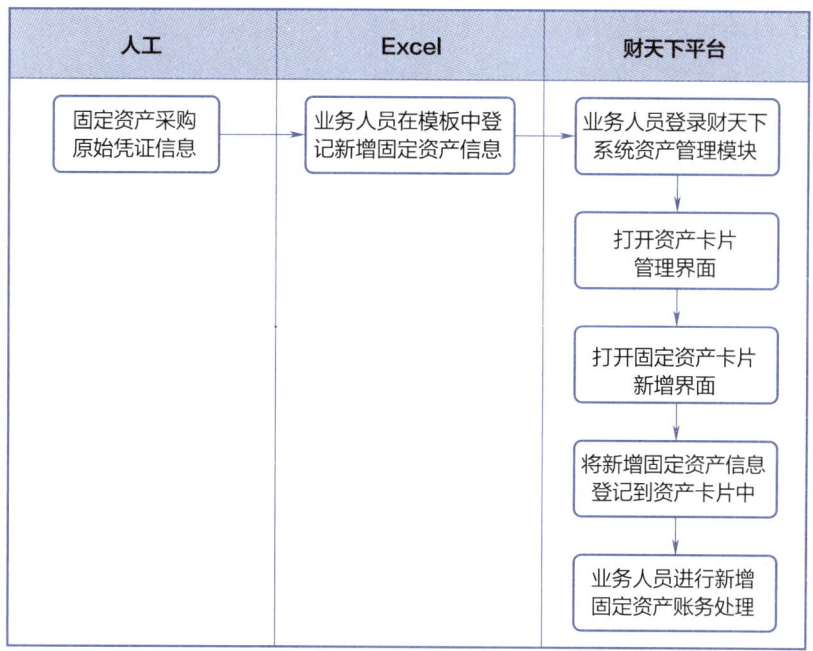

图 4-49　初步梳理的业务流程

根据 RPA 的特点和要求，李小刚建议把"打开资产卡片管理界面""打开固定资产卡片新增界面"和"将新增固定资产信息登记到资产卡片中"交给 RPA 来自动执行。

设计后的业务流程如图 4-50 所示。

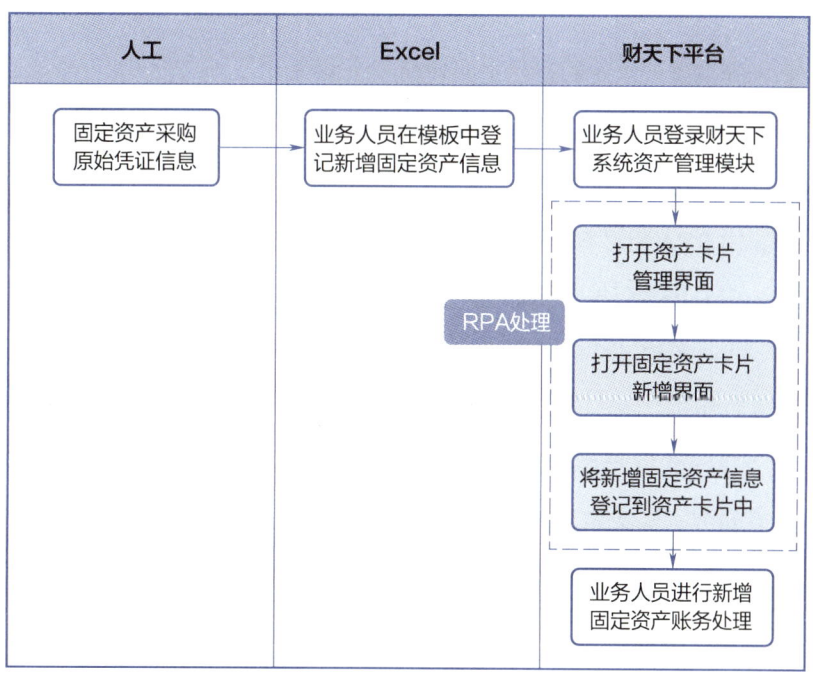

图 4-50　设计后的业务流程

（二）自动化流程分析

业务流程确定后，还需要根据业务和软件的特点进行自动化流程分析，以方便指导后期的程序开发。录入新增固定资产卡片自动化流程如图 4-51 所示。

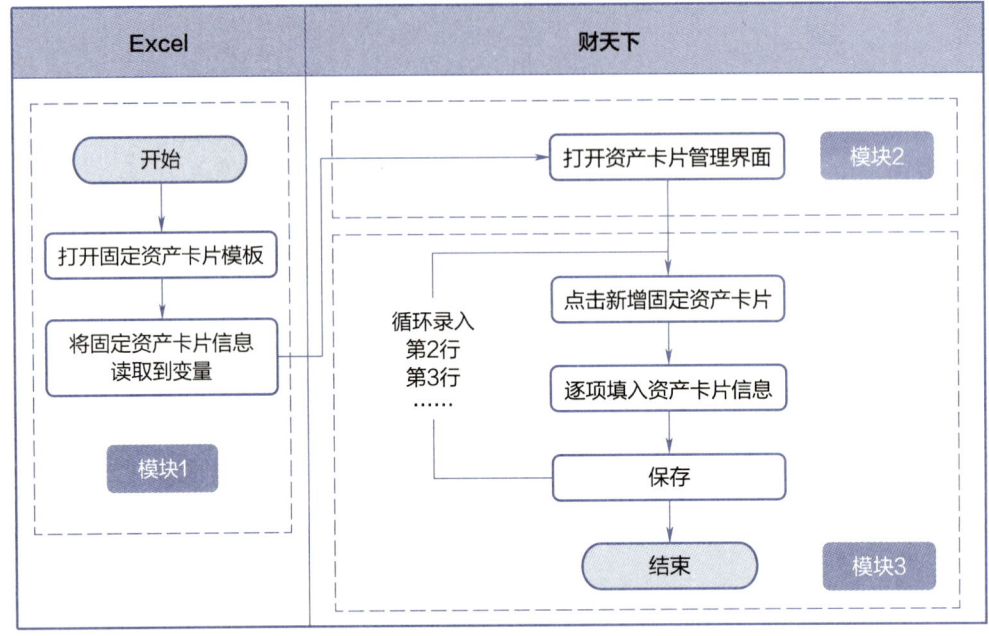

图 4-51　录入新增固定资产卡片自动化流程

录入新增固定资产卡片的过程主要包括三个部分：

第一步，由 RPA 自动打开新增固定资产卡片模板文件，将该文件中的固定资产卡片记录读取到变量中，供后期写入资产卡片的时候调用。

第二步，由 RPA 自动打开财天下的资产卡片管理界面。

第三步，由 RPA 自动打开财天下系统资产卡片管理界面中的新增资产卡片操作界面。将第一步从模板文件中读取出来的变量记录，逐一添加到财天下系统资产管理模块的资产卡片中去。

在财天下系统的资产管理模块中新增固定资产卡片，保存时，系统会自动判断资产编号是否重复。如果资产编号重复，则资产卡片无法添加，因此，在填写 Excel 模板表格时，应当注意新增资产编号是否与已有资产编号重复。设置循环操作后，机器人会逐行读取表格数据，直至将所有有数据的表格行次都读取完毕后，程序终止，操作结束。

二、设计指导

（一）模块 1：打开新增固定资产资产卡片 Excel 文件，读取变量

该模块的主要任务是打开业务部门设计好的"新增固定资产卡片"模板 Excel 文件，读取数据区域，将其存入变量。读取变量开发流程如图 4-52 所示。

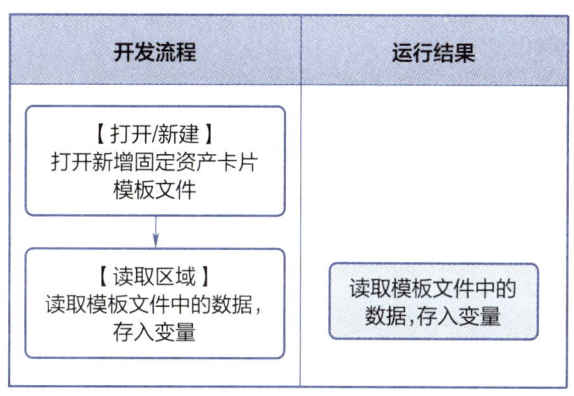

图 4-52 读取变量开发流程

1. 添加"打开 / 新建"组件

（1）打开 RPA 编辑器，新建流程项目。

（2）单击左边的"项目"菜单，右键单击当前打开的项目名称"新增固定资产卡片录入"，选择"打开文件夹"，将下载好的"固定资产数据源模板"文件拷贝到工程文件夹下面。

（3）在左侧组件面板中搜索"打开 / 新建"组件，并将其拖拽至 Main 面板上。

（4）双击"打开 / 新建"组件属性面板，选择保存 Excel 文件的文件夹目录。在属性栏中将"可视"取消勾选，如图 4-53 所示。

2. 添加读取区域组件，读取 Excel 中"固定资产数据源模板"数据

（1）在序列中添加"读取区域"至"打开 / 新建"组件中。

（2）在"读取区域"输入框中，输入需要读取的 sheet 页为""固定资产卡片""，区域为默认，如图 4-54 所示。

图 4-53 增加"打开 / 新建"组件

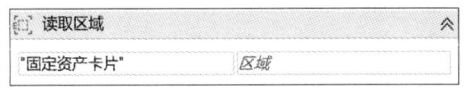

图 4-54 设置"读取区域"组件

（3）在下方的变量区域，创建 data 变量，变量类型设置为"DataTable"，如图 4-55 所示。

名称	变量类型	范围	默认值
data	DataTable	Root	请输入DataTable类型的值

图 4-55 创建变量

（4）在前面添加的"读取区域"组件的属性面板中，设置"输出 | 数据"为"data"，将从 Excel 模板中读取出来的数据输出至 data 变量中。在"读取区域"属性面板，勾选"添加列头"，如图 4-56 所示。

图 4-56 "读取区域"属性面板

（二）模块 2：打开资产卡片管理界面

本模块的主要目的在于利用 RPA 自动打开财天下平台资产管理模块的"资产卡片"界面，方便 RPA 机器人后期自动执行新增资产卡片操作。打开资产卡片开发流程如图 4-57 所示。

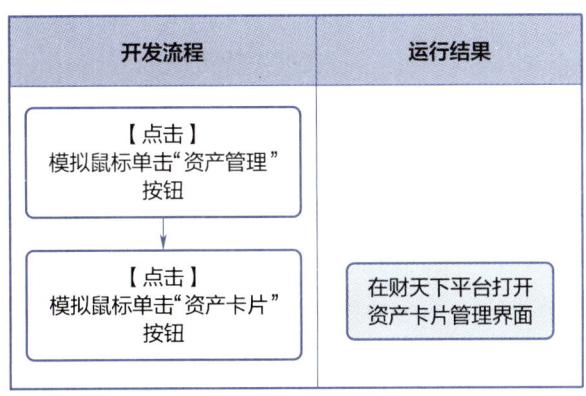

图 4-57　打开资产卡片开发流程

（1）打开财天下平台。

（2）在 RPA 编辑器活动面板中，搜索"序列"组件创建一个新的序列，并将其拖拽至 Main 面板中"打开 / 新建"组件的下方，当"打开 / 新建"组件向下箭头变为深蓝色时，放开鼠标，如图 4-58 所示。使新增序列为"打开 / 新建"组件后的一个组件程序。

单击"序列"二字，将序列名称修改为"打开资产卡片管理界面"，如图4-59所示。

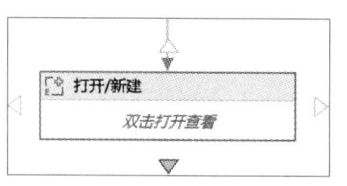

图 4-58　"打开 / 新增"组件拖拽示意图

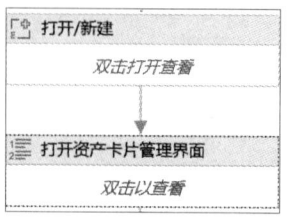

图 4-59　新增"打开资产卡片管理界面"序列组件

双击该序列内部，从组件区域搜索并拖入"点击"组件，再单击"指定元素"，如图4-60所示。

（3）将系统切换到财天下界面，单击选择"资产管理"菜单，即完成组件设置。

（4）继续在"打开资产卡片管理界面"序列中，添加"点击"组件，指定元素为财大卜界面资产管理菜单内的资产卡片按钮，如图4-61所示。指定时，单击指定元素按钮，切换到财天下界面，将鼠标光标移动至"资产管理"按钮处，财天下界面即可自动出现下拉菜单，单击"资产卡片"进行指定即可。

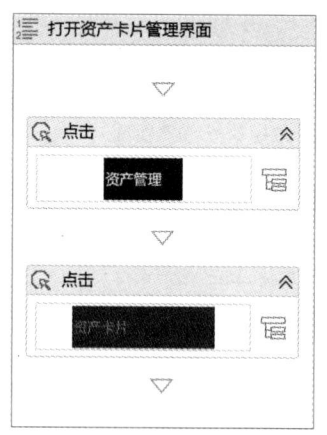

图 4-60　创建"点击"组件

图 4-61　"打开资产卡片管理界面"序列组件设计

（三）模块 3：新增固定资产卡片

本模块的主要目的在于利用 RPA 自动打开财天下平台资产管理模块的"新增固定资产卡片"界面，方便 RPA 机器人填写完毕第一张资产卡片后，自动单击新增，进行第二张资产卡片的填写。并利用 RPA 自动在适当位置填入新增固定资产的关键信息，完成固定资产卡片的新增。新增固定资产卡片开发流程如图 4-62 所示。

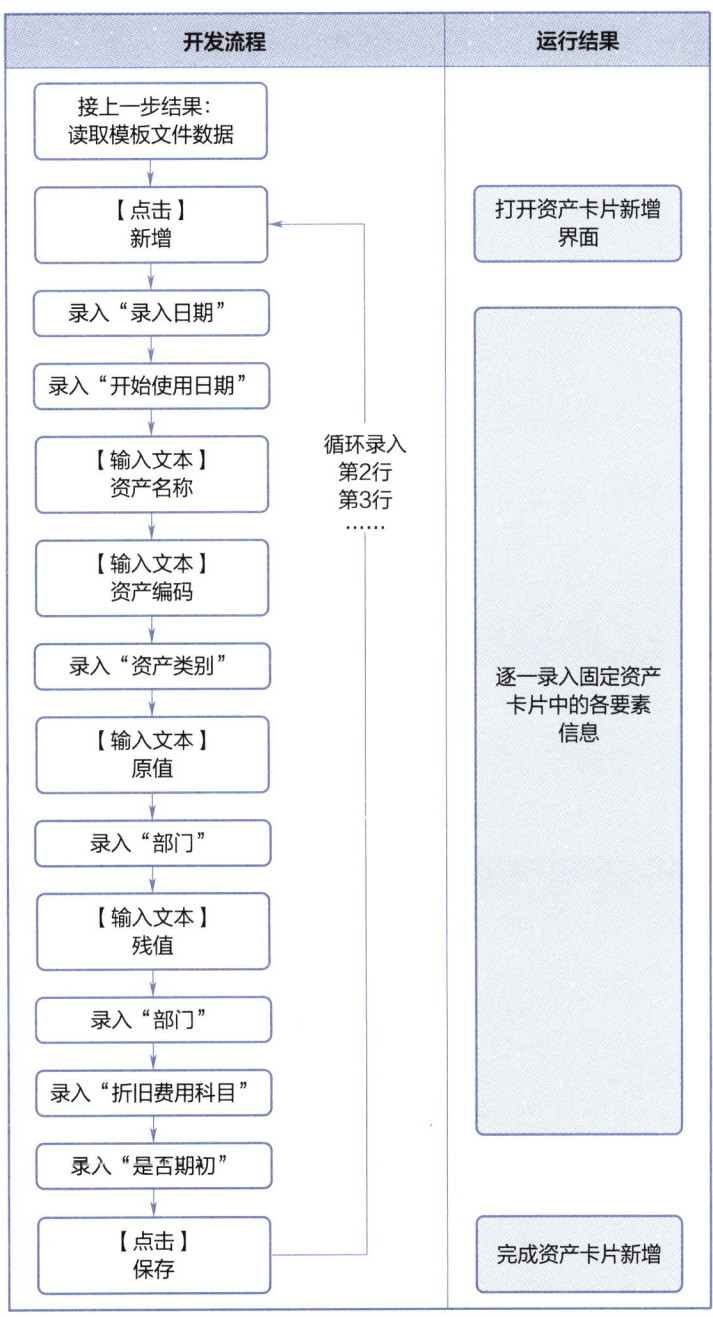

图 4-62　新增固定资产卡片开发流程

1. 添加"Foreach"组件

（1）打开财天下平台的资产管理模块。

（2）在 flowchart 流程图中创建一个新的序列，在该序列内创建"循环操作（For Each）"组件。

（3）将 Foreach 循环的中 in（数据源形式）后面的集合名称设置为"data.Rows"，意思是在 data 变量中逐行循环取数，如图 4-63 所示。

图 4-63　添加 Foreach 循环

2. 打开资产卡片新增界面

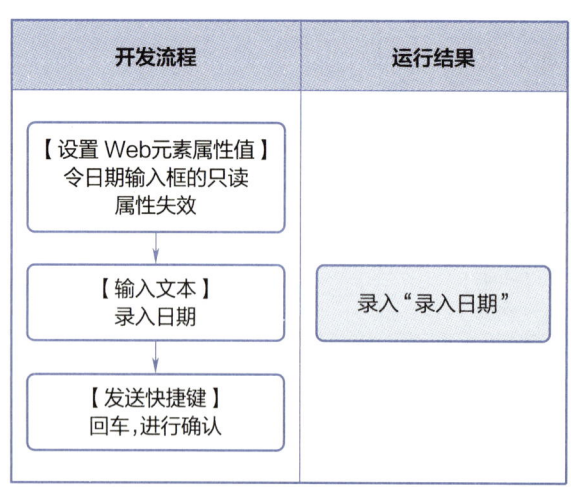

图 4-64　创建"点击"组件

（1）在 Foreach 循环体内，从组件区域搜索并拖入"点击"组件，如图 4-64 所示，再单击"指定元素"。

（2）在财天下系统中，单击"资产管理 – 资产卡片"按钮，打开资产卡片管理界面。将"点击"组件的指定元素设置为"新增"菜单。可模拟鼠标单击财天下平台"资产管理"界面中的"新增"菜单。

3. 进行"录入日期"信息录入

（1）由于"录入日期"信息在手动操作下需点开日历，选择要录入的日期。在平台界面中，日期的选择为只读属性，不便于 RPA 进行自动操作。因此，需要分步进行日期录入。录入"录入日期"开发流程如图 4-65 所示。

图 4-65　录入"录入日期"开发流程

重要提示

日期输入框本身的属性为"只读"，因此只能手动选择日期，不利于 RPA 进行自动化输入，令日期输入框的只读属性失效后，便可在日期框中填入日期文本。同时，由于日期录入窗口没有确定按钮，因此添加发送快捷键组件，向页面发送回车按钮，进行录入日期的确认。

（2）在 RPA 编辑器中，上一步"点击"组件下方，创建一个新的序列，并单击序列将其名称修改为录入日期。双击该序列内部，从组建区域搜索并拖入"设置 Web 元素属性值"组件，如图 4-66 所示。再单击"指定元素"。

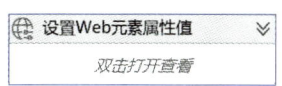

图 4-66　创建"设置 Web 元素属性值"组件

（3）将系统切换到财天下界面，单击选择"录入日期"右侧的时间框，并在添加的"设置 Web 元素属性值"组件的属性面板中，"输入|属性名"为""readonly""，"输入 | 属性值"为""""，如图 4-67 所示，即完成属性面板设置。

（4）继续在序列中，添加"输入文本"组件，模拟鼠标选定"录入日期－日期框"区域，输入文本设置为"item[" 录入日期 "].ToString()"，"可选项|清空原文本"进行勾选，如图 4-68 所示。

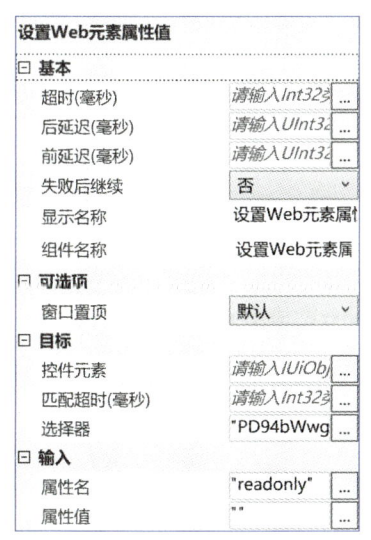

图 4-67　"设置 Web 元素属性值"属性面板

图 4-68　输入"录入日期"文本属性设置

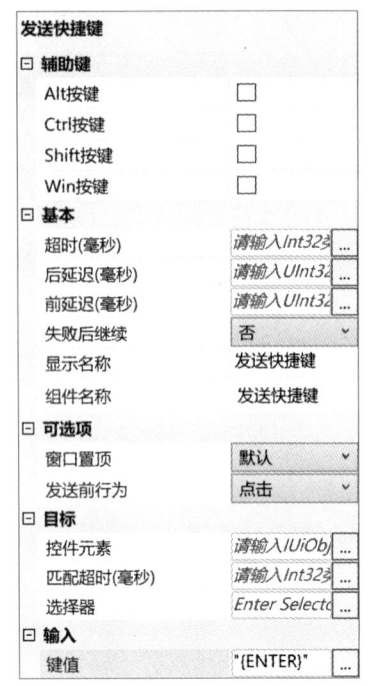

图 4-69 "发送快捷键"属性面板

（5）再增加"发送快捷键"组件，在添加的"发送快捷键"组件的属性面板中，"可选项｜发送前行为"为"点击"，"输入｜键值"设置为""{ENTER}""，如图 4-69 所示。

4. 进行"开始使用日期"信息录入

（1）在 RPA 编辑器中，上一步"录入日期"序列下方，创建一个新的序列，并单击序列将其名称修改为开始使用日期。双击该序列内部，从组件区域搜索并拖入"设置 Web 元素属性值"组件。再单击"指定元素"。

（2）将系统切换到财天下界面，单击选择"开始使用日期"右侧的时间框，并在添加的"设置 Web 元素属性值"组件的属性面板中，设置"输入｜属性名"为""readonly""，"输入｜属性值"为""""，即完成组件设置。

（3）继续在序列中，添加"输入文本"组件，模拟鼠标选定"开始使用日期 - 日期框"区域，"输入｜文本"设置为"item[" 开始使用日期 "].ToString()"，"可选项｜清空原文本"后的方框中打钩，如图 4-70 所示。

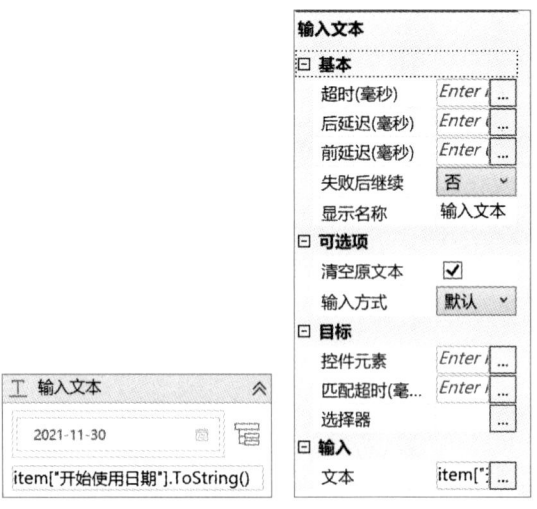

图 4-70　输入"开始使用日期"文本

（4）再增加"发送快捷键"组件，在添加的"发送快捷键"组件的属性面板中，"可选项｜发送前行为"为"点击"，"输入｜键值"设置为""{ENTER}""。

5. 录入"资产名称""资产编码"

（1）创建"输入文本"，点选区域，输入"资产名称"，"item[" 资产名称 "].ToString()"。

（2）创建"输入文本"，点选区域，输入"资产编码"，"item[" 资产编码 "].ToString()"。

6. 进行"资产类别"信息录入

（1）由于在新增固定资产卡片的模板表格中，资产类别的填写采用"固定资产 –电子设备"的形式，注明了一级、二级两级资产科目。因此，RPA 在读取数据时，需要对资产类别文本进行分割，读取二级资产类别，输入搜索框中进行搜索，从而选中资产末级类别。因此，需要分步进行资产类别信息的录入。录入"资产类别"开发流程如图 4-71 所示。

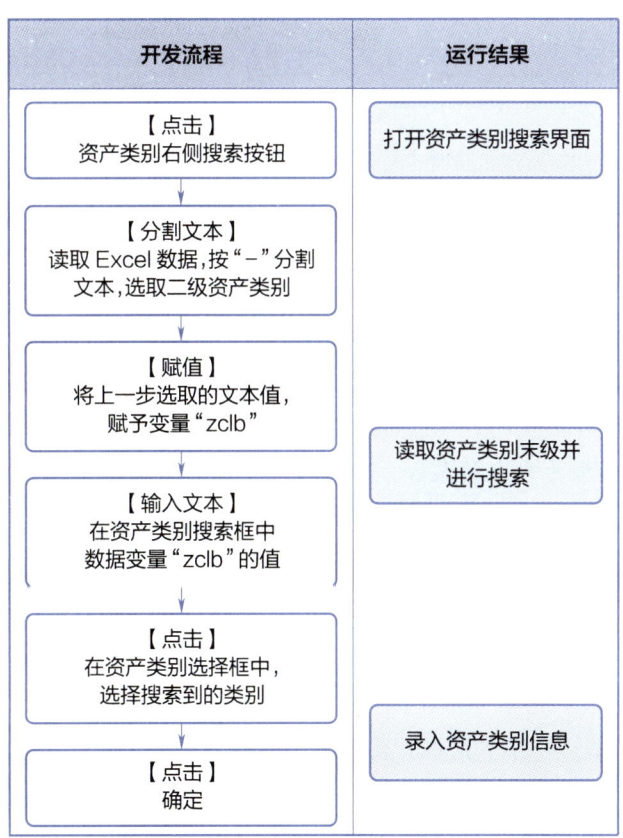

图 4-71　录入"资产类别"开发流程

（2）在 RPA 编辑器中，上一步"资产编码"输入文本组件下方，创建一个新的序列，并单击序列将其名称修改为资产类别。

（3）单击资产类别序列，在下方的变量区域，创建 zclb 变量，变量类型设置为"String"，单击右键，添加批注，说明该变量为资产类别文本的变量容器。创建 result 变量，变量类型设置为"String"，如图 4-72 所示。

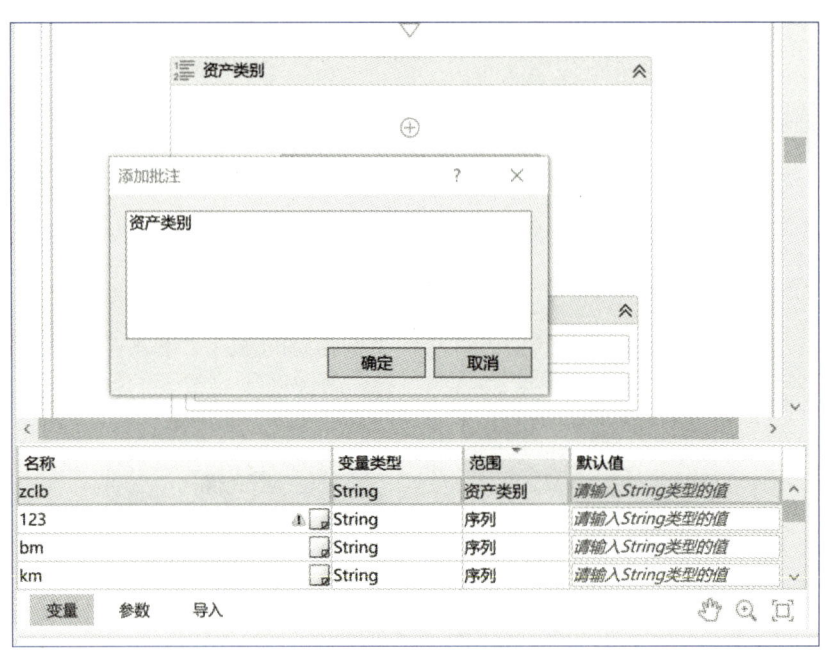

图 4-72　创建变量

重要提示

变量类型"String"表示变量类型为文本，可以为数字、汉字等。变量类型"String"表示变量类型为文本的集合，可存储多个文本变量，例如可存储："123，××教育，RPA"三个变量。其中"123"文本为第 0 个文本，"××教育"为第 1 个文本，"RPA"为第 2 个文本。

（4）从组件区域搜索并拖入"点击"组件，再单击"指定元素"。将系统切换到"新增资产卡片"界面，单击选择"资产类别"后方框内的放大镜 ◎ 按钮，即完成组件设置。创建"点击"组件，可模拟鼠标单击新增资产卡片界面中的搜索资产类别操作，如图 4-73 所示。

（5）继续在序列中添加"分割文本"组件，如图4-74所示。将模板表格中，读取的"资产类别"列文本进行分割。"输入 | 原文本"设置为"item[" 资产类别 "].ToString()"，分隔符设置为""–""，"输出 | 分割结果"设置为"result"，如图4-75所示。即按"–"对文本进行分割，将分割得到的文本集合存储在 result 变量中。

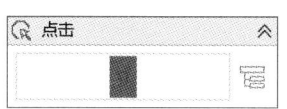

图 4-73　创建"点击"组件

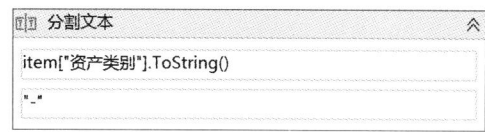

图 4-74　创建"分割文本"组件

分割文本	
□ 基本	
后延迟(毫秒)	0
前延迟(毫秒)	0
失败后继续	否
显示名称	分割文本
组件名称	分割文本
□ 可选项	
移除空字符	☑
□ 输出	
分割结果	result
□ 输入	
分隔符	"-"
原文本	item["资产类别"].ToString()

图 4-75　"分割文本"属性面板

（6）继续在序列中，添加"赋值"组件，如图4-76所示。"输入 | 变量名"设置为"zclb"，"输入 | 值"设置为"result[1].ToString()"，如图4-77所示。即选取result 文本集中第二个文本，赋值给 zclb 变量。例如，模板表格中，某资产的资产类别为"固定资产 – 电子设备"，分割文本，可得到"固定资产"和"电子设备"，赋值操作，可让 zclb 变量的值为电子设备。

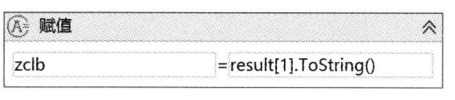

图 4-76　创建"赋值"组件

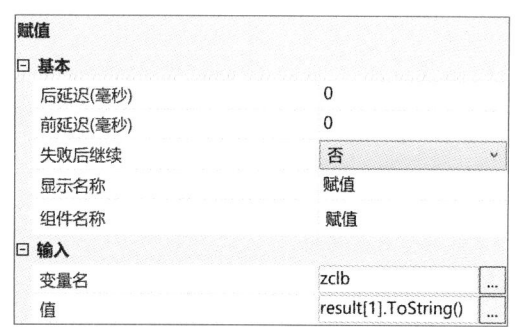

赋值	
□ 基本	
后延迟(毫秒)	0
前延迟(毫秒)	0
失败后继续	否
显示名称	赋值
组件名称	赋值
□ 输入	
变量名	zclb
值	result[1].ToString()

图 4-77　赋值属性面板

（7）继续在序列中，添加"输入文本"组件，模拟鼠标选定资产类别选择框中"搜索查询"区域，如图 4-78 所示。输入文本变量设置为 zclb。

（8）继续在序列中，添加"点击"组件，模拟鼠标选定资产类别选择框中二级资产类别区域，选择区域时，可任意搜索一个二级资产类别，并指定选择区域，如图 4-79 所示。

图 4-78 "输入文本"的目标位置

图 4-79 "点击"的目标位置

单击"点击"组件属性面板，"目标 | 选择器"右侧展开□按钮，对组件属性进行修改。将第 4 行 SInfo 值修改为"{zclb}"，如图 4-80 所示。

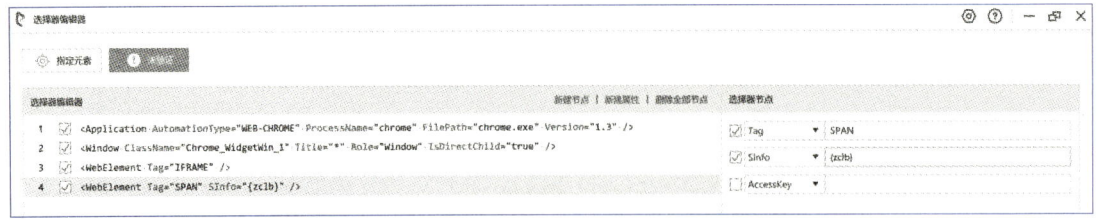

图 4-80 "点击"组件选择器编辑器

 重要提示

修改选择器的 SInfo 值为变量值后，RPA 可根据变量值的变化选择不同的目标。

（9）继续在序列中，添加"点击"组件，模拟鼠标选定资产类别选择框中的确定区域，完成资产类别的设置。

7. 进行"原值"信息录入

创建"输入文本"，点选区域，输入"原值"，设置为"item[" 原值 "].ToString()"。

8. 进行"部门"信息录入

（1）单击部门序列，在下方的变量区域，创建 bm 变量，变量类型设置为"String"，单击右键，添加批注，说明该变量为部门文本的变量容器。

（2）在 RPA 编辑器中，在原值"输入文本"组件下方，创建一个新的序列，并单击序列将其名称修改为"部门"。

（3）从组件区域搜索并拖入"点击"组件，再单击"指定元素"。将系统切换到新增资产卡片界面，单击选择"部门"后的方框。创建"点击"组件，可模拟鼠标单击新增资产卡片界面中的选择使用部门操作。

（4）继续在序列中，添加"赋值"组件。输入变量名设置为 bm，值设置为"item[" 部门 "].ToString()"。

（5）继续在序列中，添加"点击"组件，模拟鼠标选定部门下拉选择框中某一部门区域，选择区域时，可任意单击一个部门指定选择区域，如图 4-81 所示。

单击"点击"组件属性面板，"目标 | 选择器"右侧展开⊡按钮，对组件属性进行修改。将第 4 行 SInfo 值修改为 {bm}。部门设置序列结果如图 4-82 所示。

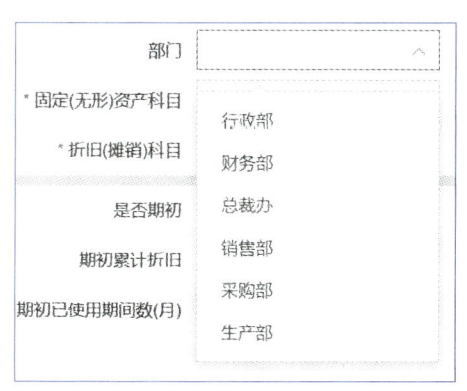

图 4-81 "点击"的目标位置

图 4-82 部门设置序列结果

9. 进行"残值"信息录入

创建"输入文本"，点选区域，输入残值率，设置为"item[" 残值率 "].ToString()"。

10. 进行"进项税"信息录入

（1）在 RPA 编辑器中，上一步残值"输入文本"组件下方，创建一个新的组件。从组件区域搜索并拖入"条件（If）"组件。

（2）设置"输入 | 判断条件"为"item[" 发票类型 "].ToString() == " 专用发票 ""，如图 4-83 所示。

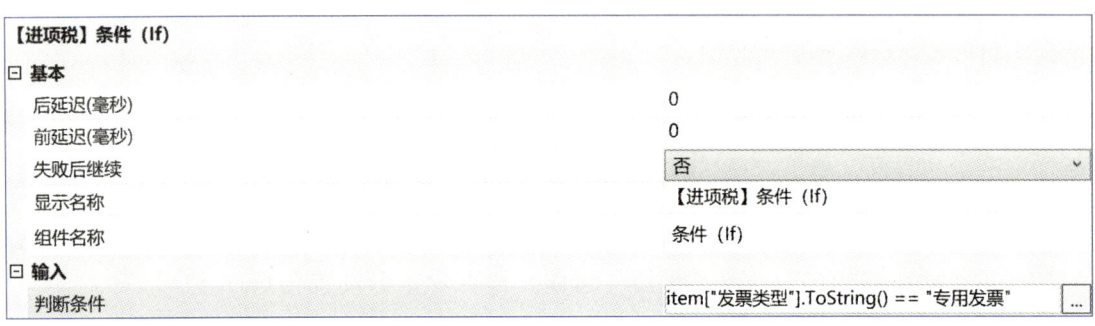

图 4-83　条件（If）属性面板

（3）在条件成立区域，添加"输入文本"组件，点选区域，输入"进项税额"，设置为"item[" 进项税额 "].ToString()"。

（4）在条件不成立区域，添加"输入文本"组件，点选区域，输入"进项税额"，设置为""0""。

> **重要提示**
>
> 增值税一般纳税人购入固定资产，取得增值税专用发票，进项税额可以抵扣；未取得增值税专用发票，进行税额不得抵扣，应当计入固定资产取得成本。

11. 进行"折旧费用科目"信息录入

（1）在 RPA 编辑器中，上一步进项税"条件（If）"组件下方，创建一个新的序列，并单击序列将其名称修改为"折旧（摊销）费用科目"。

（2）单击资产类别序列，在下方的变量区域，创建 kmbm 变量，变量类型设置为"String"，单击右键，添加批注，说明该变量为折旧费用科目编码文本的变量容器。创建 kmmc 变量，变量类型设置为"String"，单击右键，添加批注，说明该变量为折旧费用科目名称文本的变量容器。创建 zjfykm 变量，变量类型设置为"String"，单击右键，添加批注，说明该变量为折旧费用科目文本的变量容器。创建变量如图 4-84 所示。

名称	变量类型	范围	默认值
data	DataTable	Root	请输入DataTable类型的值
bm	String	序列	请输入String类型的值
kmbm	String	序列	请输入String类型的值
kmmc	String	序列	请输入String类型的值
zclb	String	序列	请输入String类型的值
zjfykm	String	序列	请输入String类型的值

图 4-84　创建变量

（3）从组件区域搜索并拖入"点击"组件，再单击"指定元素"。将系统切换到"新增资产卡片"界面，单击选择"折旧（摊销）费用科目"后方框内的放大镜 🔍 按钮，即完成组件设置。

（4）继续在序列中，添加"输入文本"组件，模拟鼠标单击折旧费用科目选择框中"搜索查询"区域。输入文本设置为"item[" 折旧费用科目 "].ToString()"。

（5）继续在序列中，添加"赋值"组件。输入变量名设置为"kmbm"，值设置为"item[" 折旧费用科目 "].ToString()"。

（6）继续在序列中，添加"赋值"组件。输入变量名设置为"kmmc"，值设置为""*""。

（7）继续在序列中，添加"赋值"组件。输入变量名设置为"zjfykm"，值设置为"kmbm＋kmmc"。"赋值"组件设置如图 4-85 所示。

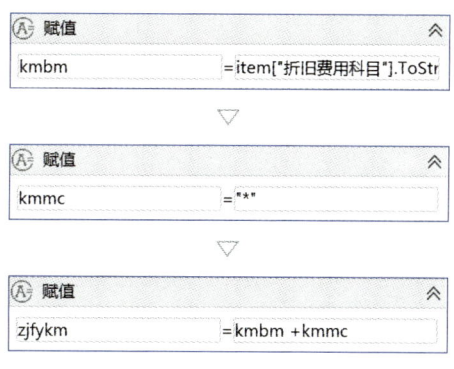

图 4-85　"赋值"组件

由于模板表格中，折旧费用科目仅有科目编码，没有科目名称，与财天下系统中进行折旧费用科目选择的内容不符，如图4-86所示。如果不进行调整，则RPA无法对折旧费用科目进行选择。因此，需要在读取折旧费用科目编码后，增加折旧费用科目名称。由于折旧费用科目编码具有唯一性，因此，不需要真的增加对应的科目名称，仅增加通配符即可。这里"*"就是通配符，表示任意内容、任意长度的文本信息。特别注意，财天下系统中，部门编码与部门名称之间有一个空格。因此"kmbm"+"kmmc"之间，需要有一个空格。

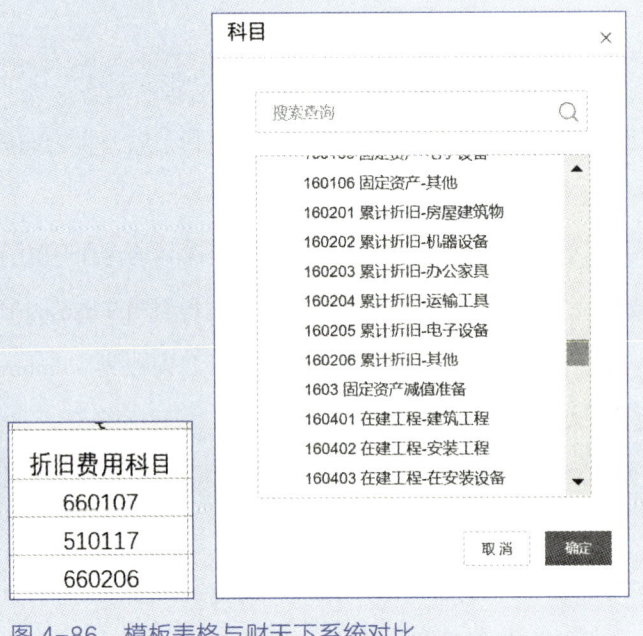

图4-86 模板表格与财天下系统对比

（8）继续在序列中，添加"点击"组件，模拟鼠标选择折旧费用科目区域，选择区域时，可任意搜索一个科目，并指定选择区域。单击"点击"组件属性面板，"目标 | 选择器"右侧展开□按钮，对组件属性进行修改。将第4行SInfo值修改为"{zjfykm}"，如图4-87所示。

（9）继续在序列中，添加"点击"组件，模拟鼠标选定折旧（摊销）费用科目选择框中的确定区域，完成折旧费用科目的设置。

			新建节点 | 新建属性 | 删除全部节点	选择器节点
1	☑	`<Application AutomationType="WEB-CHROME" ProcessName="chrome" FilePath="chrome.exe" Version="1.3" />`	☑ Tag ▼ SPAN
2	☑	`<Window ClassName="Chrome_WidgetWin_1" Title="*" Role="Window" IsDirectChild="true" />`	☑ SInfo ▼ {zjfykm}
3	☑	`<WebElement Tag="IFRAME" />`	
4	☑	`<WebElement Tag="SPAN" SInfo="{zjfykm}" />`	☐ AccessKey ▼

图 4-87 "点击"组件选择器编辑器

12. 进行"是否期初"信息的选择

（1）在 RPA 编辑器中，"折旧（摊销）费用科目"序列下方，创建一个新的组件。从组件区域搜索并拖入"条件（If）"组件。

（2）设置"输入 | 判断条件"为"item["是否期初"].ToString() == "是""。

（3）在条件成立区域，添加"点击"组件，点选是否期初后的是 是 区域。

（4）在条件不成立区域，添加"点击"组件，点选是否期初后的否 否 区域。

> 📍 **重要提示**
>
> 由于选择资产类别后，系统会根据基础设置，自动填充预计使用年限、固定资产科目、折旧科目、结算科目、折旧方式等，且通常情况下这些科目为默认值，不改变，因此不再专门设置组件修改这些变量。如果认为有必要，可增加组件对其进行修改。

13. 保存新增的资产卡片

在 RPA 编辑器中，上一步是否期初"条件（If）"组件下方，创建一个新的组件。从组件区域搜索并拖入"点击"组件。指定选择区域为"财天下 – 资产管理 – 新增资产卡片"界面的保存按钮。

14. 流程结束，用户确认

（1）流程结束，在循环序列外，选择添加"确认"组件。

（2）双击点开确认框，进行编辑，输入标题为""操作结束""，描述为""请确认""，如图 4-88 所示。

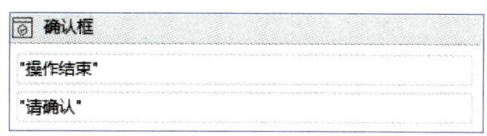

图 4-88 "确认框"

15. 打包生成文件

（1）单击文件菜单，选择"导出项目"，将项目以 .dgs 格式导出至目标文件夹中，如图 4-89 所示。

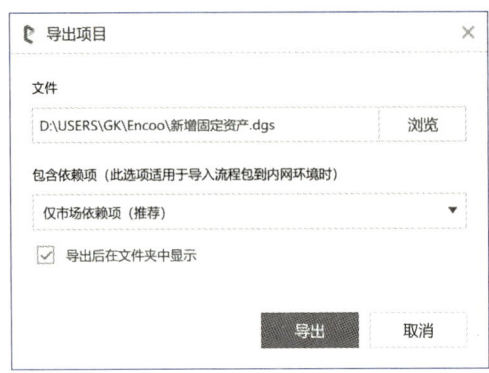

图 4-89 "导出项目"

（2）运行 RPA 程序，生成业务结果。

【任务拓展】

北京近邻信息有限公司（简称"近邻公司"）是一家科技信息公司，最近采购了一批固定资产，使用财天下资产管理模块，对固定资产进行核算和管理，需先增加固定资产卡片，假设本期公司新增的固定资产情况如表 4-2 所示。

作为该企业财务人员，请根据新购置固定资产的基本情况数据，设计开发并运行 RPA 程序，在财天下平台为新购置的固定资产新增资产卡片。

表4-2　新增固定资产

资产名称	资产编码	资产类别	原值	录入日期	开始使用日期	预计使用年限（月）	折旧方式	残值率	部门	发票类型	发票号码	进项税额	固定资产科目	结算科目	折旧科目	折旧费用科目	是否期初
联想台式电脑	2010031	固定资产-电子设备	5000	2021-05-01	2021-05-01	36	评价年限法	0.05	销售部	专用发票	56434873	650	160105	1002	160205	660107	否
联想台式电脑	2010032	固定资产-电子设备	5000	2021-05-01	2021-05-01	36	评价年限法	0.05	销售部	专用发票	56434873	650	160105	1002	160205	660107	否
联想台式电脑	2010033	固定资产-电子设备	5000	2021-05-01	2021-05-01	36	评价年限法	0.05	办公室	专用发票	56434873	650	160105	1002	160205	660206	否
联想台式电脑	2010034	固定资产-电子设备	5000	2021-05-01	2021-05-01	36	评价年限法	0.05	办公室	专用发票	56434873	650	160105	1002	160205	660206	否
联想台式电脑	2010035	固定资产-电子设备	5000	2021-05-01	2021-05-01	36	评价年限法	0.05	办公室	专用发票	56434873	650	160105	1002	160205	660206	否
华硕台式电脑	2010036	固定资产-电子设备	4000	2021-05-01	2021-05-01	36	评价年限法	0.05	采购部	专用发票	56434863	520	160105	1002	160205	660206	否
华硕台式电脑	2010037	固定资产-电子设备	4000	2021-05-01	2021-05-01	36	评价年限法	0.05	采购部	专用发票	56434863	520	160105	1002	160205	660206	否
华硕台式电脑	2010038	固定资产-电子设备	4000	2021-05-01	2021-05-01	36	评价年限法	0.05	财务部	专用发票	56434863	520	160105	1002	160205	660206	否
华硕台式电脑	2010039	固定资产-电子设备	4000	2021-05-01	2021-05-01	36	评价年限法	0.05	财务部	专用发票	56434863	520	160105	1002	160205	660206	否
CMK台式电脑	2010040	固定资产-电子设备	4000	2021-05-01	2021-05-01	36	评价年限法	0.05	财务部	专用发票	56434852	520	160105	1002	160205	660206	否
CMK台式电脑	2010041	固定资产-电子设备	4000	2021-05-01	2021-05-01	36	评价年限法	0.05	财务部	专用发票	56434852	520	160105	1002	160205	660206	否

【学习评价】

按照表 4-3 财务核算流程自动化开发与应用学习评价表的考核内容分别评价各项内容的完成度并计算得分,按考核项目的权重计算本单元的总分。

表 4-3　财务核算流程自动化开发与应用学习评价表

考核项目	权重（%）	考核内容	分值	得分
知识	20	按时完成批量制单、新增固定资产卡片等开发流程内容的线上阅读或线下听讲	30	
		积极参与本单元有关的批量制单、新增固定资产卡片的讨论与交流活动	40	
		正确辨析并解释本单元涉及的批量制单、新增固定资产卡片等内容的业务背景及核心流程	30	
技能	60	能够通过 RPA 设计器,自动读取 Excel 中批量制单记录数据,自动完成批量制单,能够主动排查并调试程序运行过程中的问题并运行 RPA 程序,得到正确结果	50	
		能够通过 RPA 设计器,自动读取 Excel 中"固定资产卡片"数据,自动添加固定资产卡片。能够排查并调试程序运行过程中的问题,并运行 RPA 操作程序,得到正确结果	50	
素养	20	按照本单元规定的职业素养目标的基本要求,各项表现良好	50	
		结合本单元实例,完成财务核算流程自动化应用方面问题的讨论,能够针对企业财务流程中的控制点提出自己的见解	50	
总体评价			100	

开票业务流程自动化
开发与应用

学习目标

知识目标：

◆ 理解开票业务的主要流程；

◆ 熟悉开票相关的业务知识。

技能目标：

◆ 能够完成商品服务档案的自动化流程设计与开发；

◆ 能够完成客户档案的自动化流程设计与开发；

◆ 能够完成领用发票业务的自动化流程设计与开发；

◆ 能够完成发票开具自动化流程设计与开发；

◆ 能够根据业务流程合理优化 RPA 流程；

◆ 能够根据设计的 RPA 程序生成业务数据。

素养目标：

◆ 具有科学和创新精神；

◆ 具有踏实肯干的劳动精神；

◆ 具有严谨细致的工匠精神；

◆ 具有诚信守法合规的职业操守。

职业素养提升

坚持诚信开票，具有守法合规的职业意识

发票是记录经营活动的一种原始证明。由于发票上载明的经济事项较为完整，既有填制单位印章，又有经办人签章，还有监制机关、发票号码、发票代码等，具有法律证明效力。正确地填写发票也是准确地进行会计核算的直接依据。发票还是税务稽查的重要依据。发票票面上记载了征税对象的名称、数量、金额，为计税基数提供了可靠的原始依据。税务稽查往往从发票检查入手。发票的虚开、错开会导致税款的流失，给国家造成严重的经济损失。企业应该加强发票的管理，严格禁止乱开发票、虚开发票以及错开发票的行为。尤其虚开发票是《中华人民共和国刑法》中明令禁止的犯罪行为。违反国家发票管理规定，虚开增值税专用发票和用于骗取出口退税、抵扣税款发票以外的发票的行为，将受到严厉处罚或判刑。

在开票业务的自动化处理过程中，应坚持法治原则，严格恪守税收法规的要求，坚持诚信开票，不触碰法治底线。在开票环节，必须做到不错开、不漏开、不虚开等要求，避免损害国家和集体的经济利益。

任务 5.1　商品与服务档案录入流程自动化开发与应用

【任务情境】

情境动画：
商品与服务
档案录入自
动化

一、任务场景

（一）案例情境

2021 年 6 月，北京紫霖财税共享服务中心与北京晟泰服装商贸有限公司签订了代理记账合同。

最近晟泰公司经理接到一个老客户的抱怨，说公司开票太慢，还把开票内容开错了，从 4 月拖到 6 月才把正确的发票开出来，导致其报税也出现了延迟。

许德丰把开票员赵晓霞叫过来询问具体情况。经了解得知因为最近公司业务增长较多，开票量激增。负责开票的人除了开票之外还要负责公司的其他事务。

从晟泰公司的开票情况来看，可以借助 RPA 实现开票自动化，提高开票的准确性和开票的效率。

（二）案例信息

2021 年 7 月 25 日，晟泰公司发生了若干笔开票业务。为了在智能开票平台上开票，需要先把业务涉及的商品与服务登记到开票平台。假设本期公司的商品与服务的清单如表 5-1 所示。

表5-1　本期商品与服务清单

编号	税收分类	商品服务名称	型号	计量单位	参考单价 / 元	税率 /%
1	其他服装	休闲衬衫		件	250.00	13
2	男衬衫	免烫衬衫		件	300.00	13
3	便服套装	休闲帽衫		件	500.00	13
4	其他服装	运动帽衫		件	650.00	13
5	其他服装	西装裤子		件	300.00	13
6	西服套装	西装外套		件	750.00	13
7	西服套装	西装马甲		件	280.00	13

二、任务布置

（1）根据案例资料，在 Excel 模板中登记商品与服务数据。

（2）分析业务需求，设计登记商品（服务）档案的 RPA 流程。

（3）在 RPA 编辑器中，编制登记商品（服务）档案的 RPA 程序。

（4）运行商品（服务）档案的 RPA 程序，完成商品（服务）档案登记。

【任务准备】

一、知识准备

自 2016 年 5 月 1 日起，国家税务总局在全国范围内推行了商品和服务税收分类编码。为了方便纳税人准确选择商品和服务税收分类编码，税务总局编写了商品和服务税收分类编码简称。

国家税务总局于 2017 年 12 月印发《关于增值税发票管理若干事项的公告》，规定自 2018 年 1 月 1 日起，纳税人通过增值税发票管理新系统开具增值税发票（包括增值税专用发票、增值税普通发票、增值税电子普通发票）时，商品和服务税收分类编码对应的简称会自动显示并打印在发票票面"货物或应税劳务、服务名称"或"项目"栏次中。

商品和服务税收分类编码是指在增值税发票升级版中，纳税人开具发票时，票面上的商品和服务应与税务总局核定的税收编码进行关联，按照分类编码上注明的税率和征收率开具发票，也能使税务机关统计、筛选、分析、比对数据等，最终目标是加强管理。

纳税人开票时如果不选择商品和服务税收分类编码，这种发票属于《中华人民共和国发票管理办法》第二十二条和《增值税专用发票使用规定》第十一条中规定的不符合规定 / 要求的发票。不符合规定 / 要求的发票，不得作为财务报销凭证，任何单位和个人有权拒收。未按照规定的时限、顺序、栏目，全部联次一次性开具发票的，主管税务机关将按照《中华人民共和国发票管理办法》第三十六条第三款处理，由税务机关责令改正，可以处以 1 万元以下罚款，并公开处罚情况。

二、操作准备

（1）打开并登录票据管理系统。

（2）启动并登录 RPA 设计器。

【任务实施】

一、业务分析

（一）业务流程分析

从晟泰公司的业务痛点来看，需要提高开票的准确性和开票的效率。这里引申出一个新的问题，因为企业在开票前，需要先登记商品与服务的名称，由于公司的商品与服务名称经常变化，实际工作中，经常要增加商品与服务名称。因此，要实现开票自动化，必须实现自动完成商品与服务名称的自动快速登记。由于 RPA 需要从固定的文件中抓取数据，开票员已经按照 RPA 的要求将本期企业涉及的商品及服务的名称整理成统一的 Excel 表格模板，保证 RPA 程序的顺利运行增值税电子普通发票如图 5-1 所示。

RPA 实现——商品与服务档案录入流程自动化（业务分析和流程新建）

RPA 实现——商品与服务档案录入流程自动化（打开商品服务档案读取变量）

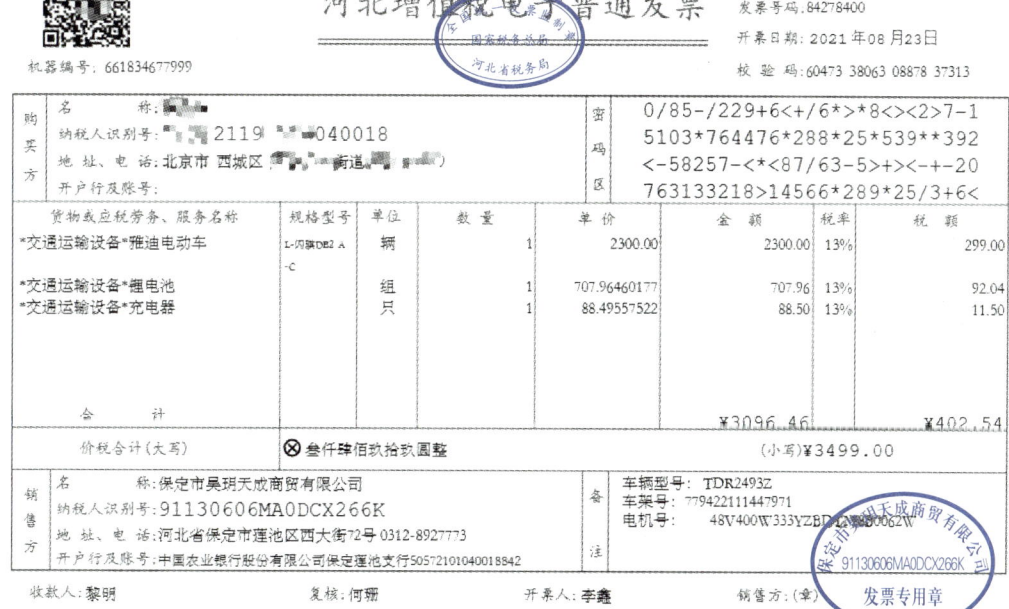

图 5-1　增值税电子普通发票

有了固定的 Excel 模版，接下来就是把 Excel 模版中的商品与服务数据登记到开票系统的商品服务档案中去。系统操作的步骤是先在"税收分类"栏目检索税收分类，如"交通运输设备"，选中检索的结果，再单击"增加"按钮，增加商品服务名称，如"雅迪电动车"等信息，如图 5-2 所示。

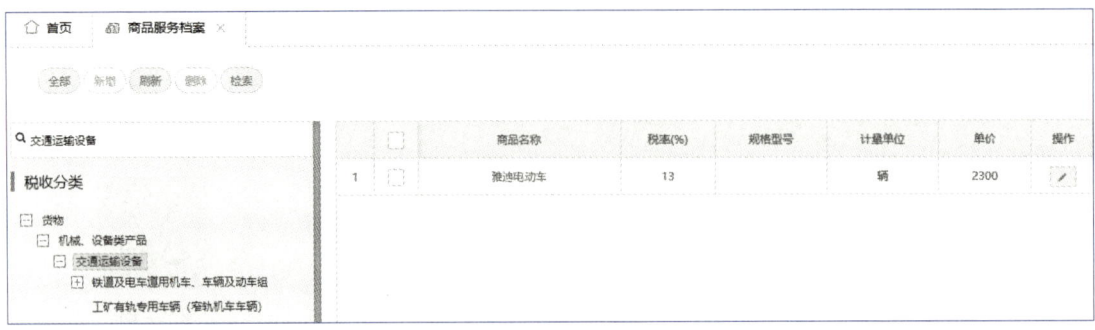

图 5-2　根据发票记录录入开票系统的商品服务档案

RPA 实现——商品与服务档案录入流程自动化（打开票天下商品档案界面）

RPA 实现——商品与服务档案录入流程自动化（写入商品档案信息）

为了方便 RPA 开发人员快速理解业务流程，赵晓霞把登记商品服务档案的业务流程梳理出来，如图 5-3 所示。

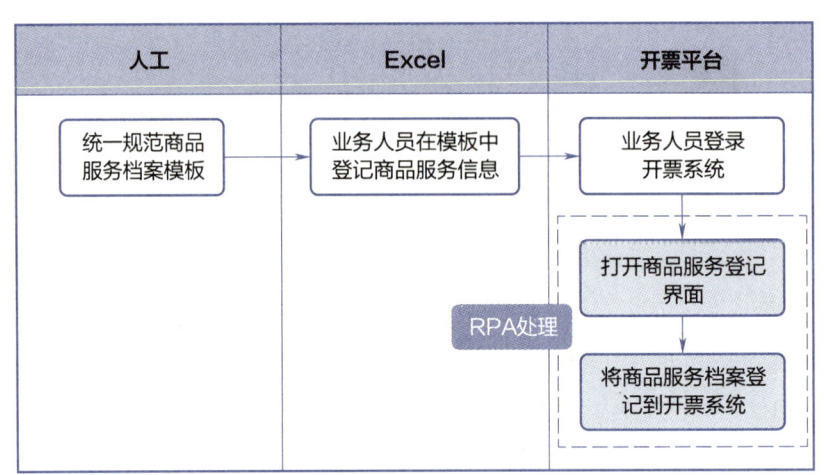

图 5-3　登记商品服务档案的业务流程

根据 RPA 的特点和要求，李小刚建议把"打开商品服务登记界面"和"将商品服务档案登记到开票系统"两个流程交给 RPA 来自动执行。

（二）自动化流程分析

业务流程确定后，还需要根据业务和软件的特点进行自动化流程分析，以方便指导后期的程序开发。录入商品服务档案自动化流程如图 5-4 所示。

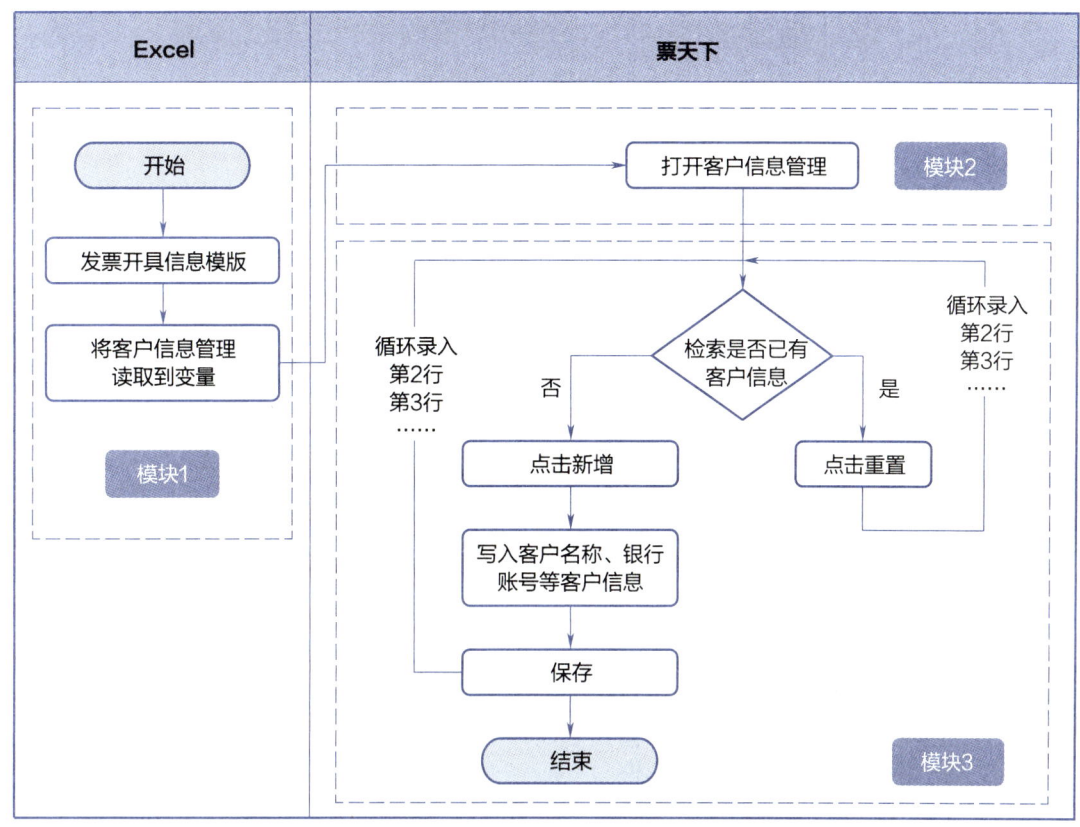

图 5-4　录入商品服务档案自动化流程

录入商品服务档案的过程主要包括三个部分：

第一步，由 RPA 自动打开商品服务档案模板文件，将该文件中的商品服务档案记录读取到变量中，供后期写入档案的时候调用。

第二步，由 RPA 自动打开票据管理系统的商品服务档案的操作界面。

第三步，将前面从模板文件中读取出来的变量中的记录，逐一添加到开票系统的商品服务档案中去。

为了防止重复添加，需要增加一个判断，由机器人先检索当前的商品服务档案中是否已经存在该商品服务名称。如果存在，则不增加；如果不存在，则新增一条记录。增加到最后一条记录，程序终止。

二、设计指导

（一）模块1：打开商品服务档案读取变量

该模块的主要任务是打开业务部门设计好的"商品服务档案"模板 Excel 文件，读取数据区域，将其存入变量。打开商品服务档案读取变量开发流程如图 5-5 所示。

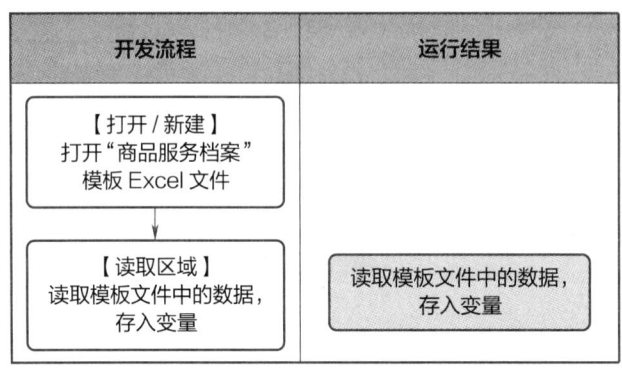

图 5-5　打开商品服务档案读取变量开发流程

1. 添加"打开 / 新建"组件

（1）打开 RPA 设计器，新建流程项目，将项目名称命名为"商品与服务档案录入"。

（2）下载案例文件"发票开具信息模板"。在 RPA 设计器中，单击打开左边的"项目"菜单，右键单击当前打开的项目名称"商品与服务档案录入"，选择"打开文件夹"，将下载后的"发票开具信息模板"文件拷贝到该工程文件夹下面，如图 5-6 所示。

图 5-6　打开项目工程文件夹

（3）在活动面板中搜索"打开／新建"组件，并将其拖拽至 Main 面板上。

（4）在"打开／新建"组件属性面板上，选择保存 Excel 文件的文件夹目录。在属性栏中将"可视"取消勾选，如图 5-7 所示。

图 5-7　增加"打开／新建"组件

2. 添加"读取区域"组件，读取 Excel 中"商品服务档案"数据

（1）在序列中添加"读取区域"至"打开／新建"组件中。

（2）在"读取区域"输入框中，输入需要读取的 sheet 页为"商品服务档案"，区域为默认，如图 5-8 所示。

图 5-8　设置"读取区域"组件

（3）在下方的变量区域，创建 DataTable 变量，选择变量类型"system.data. datatable"。创建变量如图 5-9 所示。

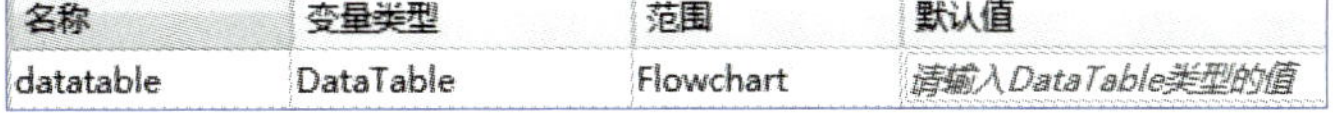

名称	变量类型	范围	默认值
datatable	DataTable	Flowchart	请输入 DataTable 类型的值

图 5-9　创建变量

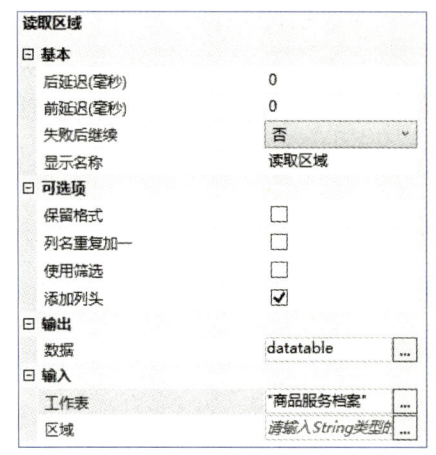

读取区域	
□ **基本**	
后延迟(毫秒)	0
前延迟(毫秒)	0
失败后继续	否
显示名称	读取区域
□ **可选项**	
保留格式	□
列名重复加一	□
使用筛选	□
添加列头	☑
□ **输出**	
数据	datatable
□ **输入**	
工作表	"商品服务档案"
区域	请输入String类型的

图 5-10 "读取区域"属性面板

（4）在前面添加的"读取区域"组件的属性面板中，设置"输出｜数据"为"datatable"，将从Excel模板中读取出来的数据输出至该变量中。在"读取区域"属性面板，勾选"添加列头"，如图5-10所示。

（二）模块 2：打开票据管理系统中的"商品服务档案"界面

本模块的主要目的在于利用RPA自动打开票据管理系统平台的"商品服务档案"界面，方便后期自动填写商品服务档案。打开商品服务档案界面开发流程如图5-11所示。

（1）打开票据管理系统平台。

（2）在RPA设计器的Main区域中，在"Start"节点下方单击 ⊕ 创建一个新的序列，从组件区域搜索"点击"组件并拖入序列内部，再单击"指定元素"，如图5-12所示。

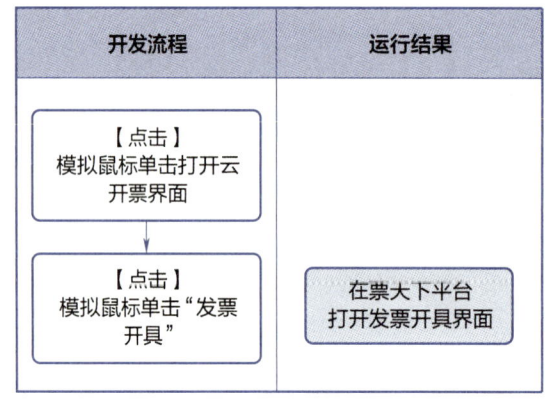

图 5-11　打开商品服务档案界面开发流程

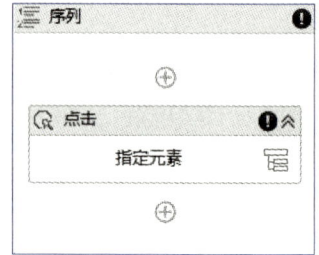

图 5-12　创建"点击"组件

（3）将系统切换到"票据管理系统"界面，单击选择"基础设置"菜单，即完成组件设置。

（4）继续新建序列，添加"点击"组件，在票据管理系统界面单击选择"商品服务档案"菜单，完成组件设置。

（三）模块 3：写入新增商品服务信息

本模块的主要目的在于利用RPA在票据管理系统平台的"商品服务档案"界面，自动填写商品服务档案。写入新增商品服务信息设计流程如图5-13所示。

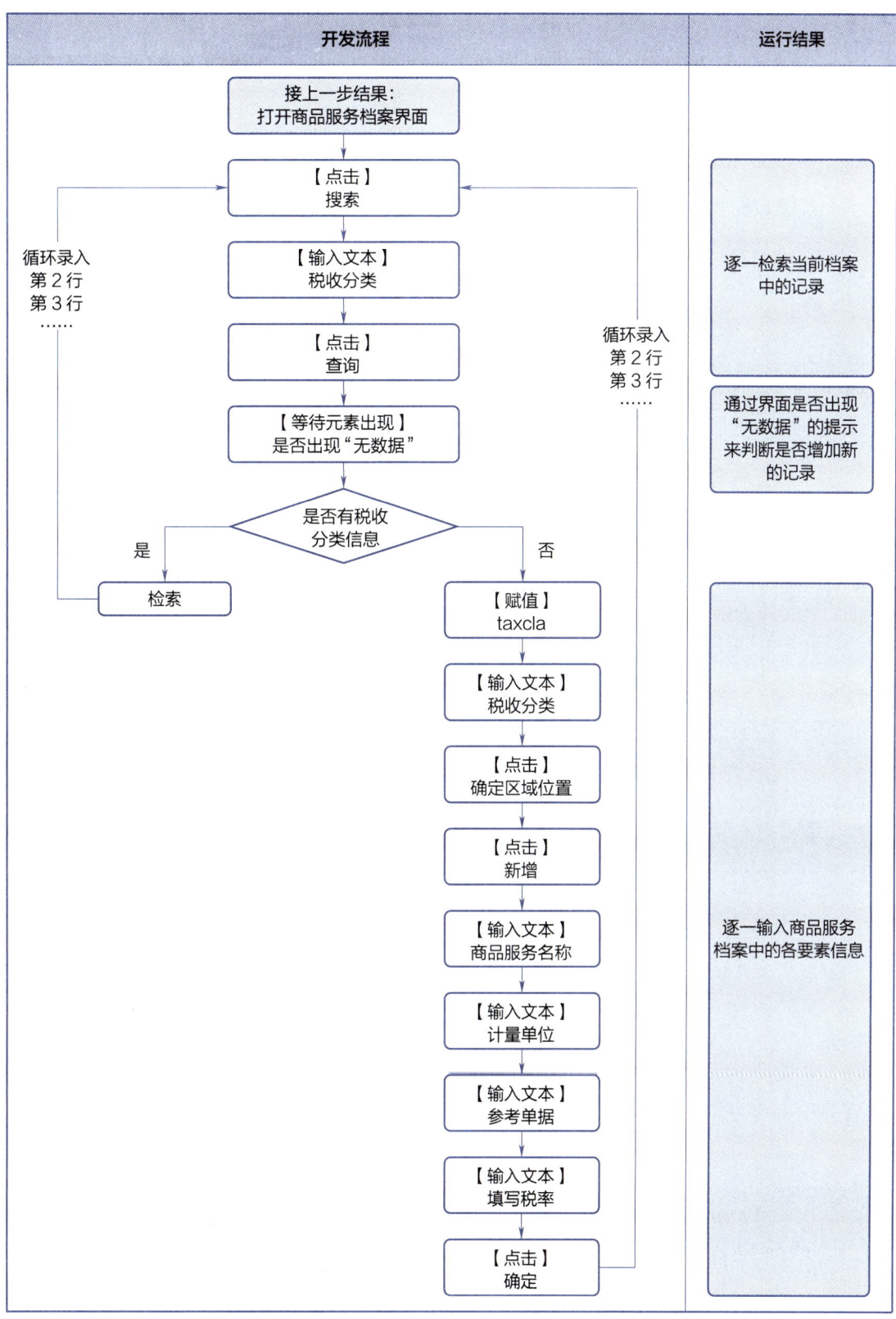

| 开发流程 | 运行结果 |

开发流程

接上一步结果：
打开商品服务档案界面

【点击】
搜索

循环录入
第2行
第3行
……

【输入文本】
税收分类

【点击】
查询

循环录入
第2行
第3行
……

【等待元素出现】
是否出现"无数据"

是否有税收
分类信息

是　　　　　　　否

检索

【赋值】
taxcla

【输入文本】
税收分类

【点击】
确定区域位置

【点击】
新增

【输入文本】
商品服务名称

【输入文本】
计量单位

【输入文本】
参考单据

【输入文本】
填写税率

【点击】
确定

运行结果

逐一检索当前档案
中的记录

通过界面是否出现
"无数据"的提示
来判断是否增加新
的记录

逐一输入商品服务
档案中的各要素信息

图 5-13　写入新增商品服务信息设计流程

1. 添加"Foreach"组件

（1）在 flowchart 流程图中创建一个新的序列，在该序列内创建 Foreach 循环组件。

（2）将 Foreach 循环的中"item"变量修改为"i"，将 in（数据源形式）后面的集合名称设置为"datatable.Rows"，意思是在 datatable 变量中逐行循环取数，如图 5-14 所示。

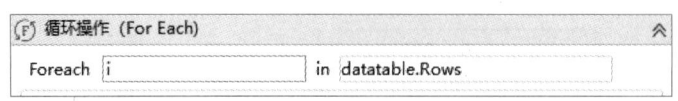

图 5-14　添加 Foreach 循环

2. 搜索是否已有商品服务信息

（1）在 Foreach 循环体内，创建"点击"组件，模拟鼠标单击票据管理系统平台"商品服务档案"界面中的"检索"菜单，在税收分类上方出现包含"关键字"字样的"搜索框"，如图 5-15 所示。

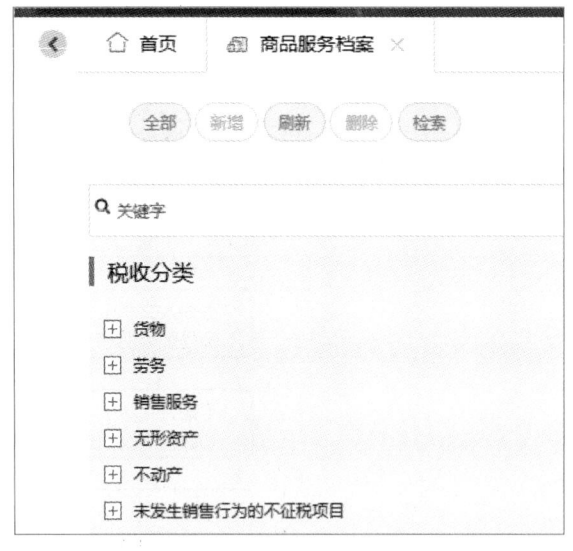

图 5-15　商品服务档案界面

（2）添加"输入文本"组件，单击"指定元素"，将操作界面切换到"票据管理系统"平台，单击选择"税收分类"上方的"关键字"搜索框。指定元素成功返回后，在组件下方的文本框输入"i[" 商品服务名称 "].ToString()"，如图 5-16 所示。

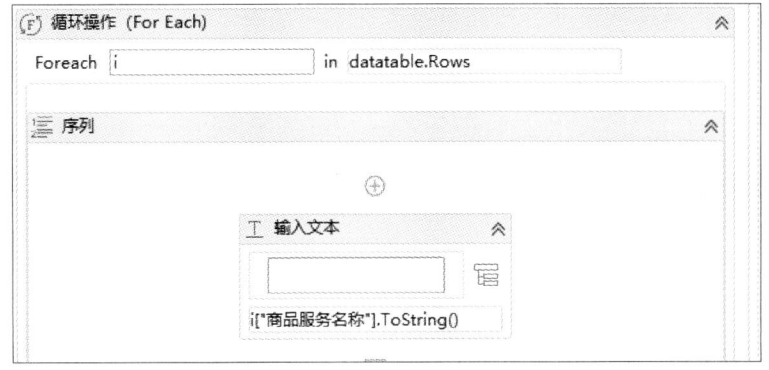

图 5-16　添加"输入文本"组件

（3）再在下方创建"点击"组件，模拟鼠标单击票据管理系统的"查询"按钮，如图 5-17 所示。

图 5-17　查询按钮

（4）在编辑器创建"等待元素出现"组件，等待界面提示是否出现"无数据"的记录，用于下一步进行条件判断，如图 5-18 所示。

图 5-18　"无数据"提示信息

（5）创建变量"PD"，变量类型为"Boolean"类型。将等待元素出现后写入变量"PD"，"输出 | 结果"为 PD，如图 5-19 所示。

图 5-19　将"等待元素出现"的结果存入变量

3. 添加"If 条件"组件，判断是否存在商品信息

（1）在"Foreach"循环中，创建"If 条件"组件，通过变量 PD，判断是否存在数据。判断"无数据"的条件是否存在，如果存在，则新增商品服务档案信息；如果不存在，则继续下一条记录，继续单击"检索"。

（2）如果判断存在"无数据"信息，则在条件成立框中放置后续新增商品服务档案信息的组件，如图 5-20 所示。

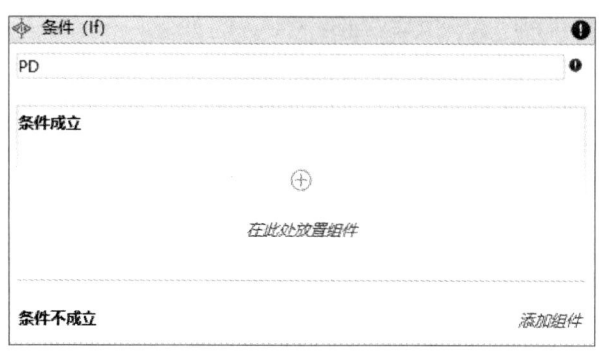

图 5-20　创建"条件"组件

（3）如果判断不存在"无数据"信息，在条件不成立的框中，放置进行"检索"的相关组件，继续检索下一条记录。

4. 在条件成立情况下，新增商品服务档案信息

（1）如果"PD"变量条件成立，即界面出现"无数据"提示信息，则进入新增商品服务档案的流程。

（2）首先设置赋值，将"商品服务档案信息"中的"税收分类"信息赋值至"taxcla"变量，如图 5-21 所示。

（3）新建"序列"，在"序列"中新增"输入文本"组件，模拟鼠标选定"关键字"区域，输入变量"taxcla"，如图 5-22 所示。

（4）再增加"点击"组件，在"点击"组件右侧单击"目标|选择器"，如图 5-23 所示。

图 5-21 "赋值"设置

图 5-22 "输入文本"组件

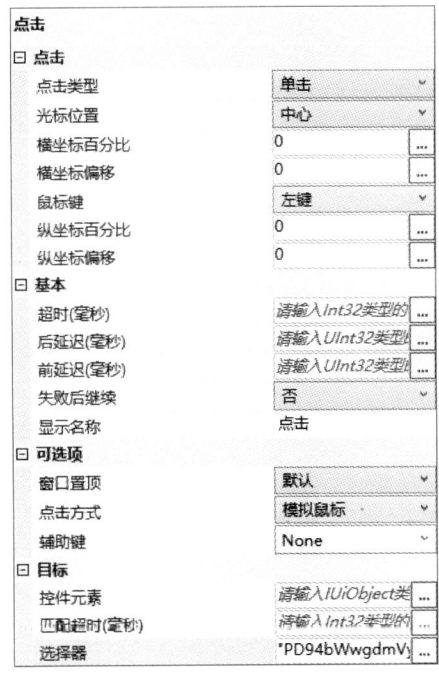

图 5-23 设置目标选择器

（5）在选择编辑器中设置点击对象。在选择器节点处，将页面属性 SInfo 值修改为"{taxcla}"，如图 5-24 所示。设置后，单击"确定"按钮。

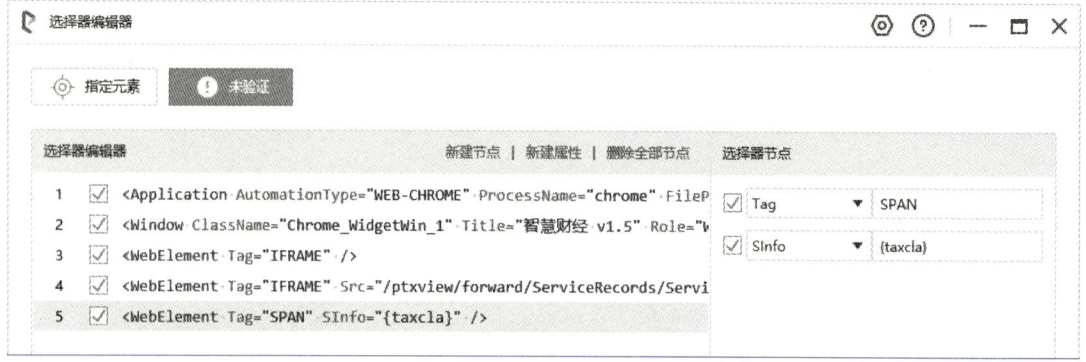

图 5-24　选择器设计器

> **📍 重要提示**
>
> "点击"组件属性中的选择器用于指示要单击的目标位置，可通过单击指定元素自动生成。SInfo 是控制页面显示文本信息的属性。修改这个值，RPA 将能根据 SInfo 属性单击页面上的包含该文本信息的位置。如果将 SInfo 的值设置为"{taxcla}"，RPA 将能根据 {taxcla} 变量的实际取值自动单击相应页面元素的位置。

（6）新增"点击"组件，模拟鼠标单击票天下——商品服务档案页面中的"新增"按键，如图 5-25 所示。

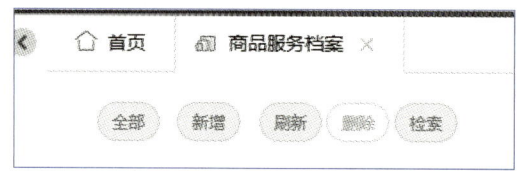

图 5-25　模拟鼠标单击"新增"按键

（7）弹出商品服务档案添加界面，写入相关商品服务档案信息，如图 5-26 所示。

（8）在条件成立序列中，逐一创建"输入文本"组件，如图 5-27 所示，具体如下：

① 创建"输入文本"，点选区域，输入商品服务名称，"i["商品服务名称"].ToString()"；

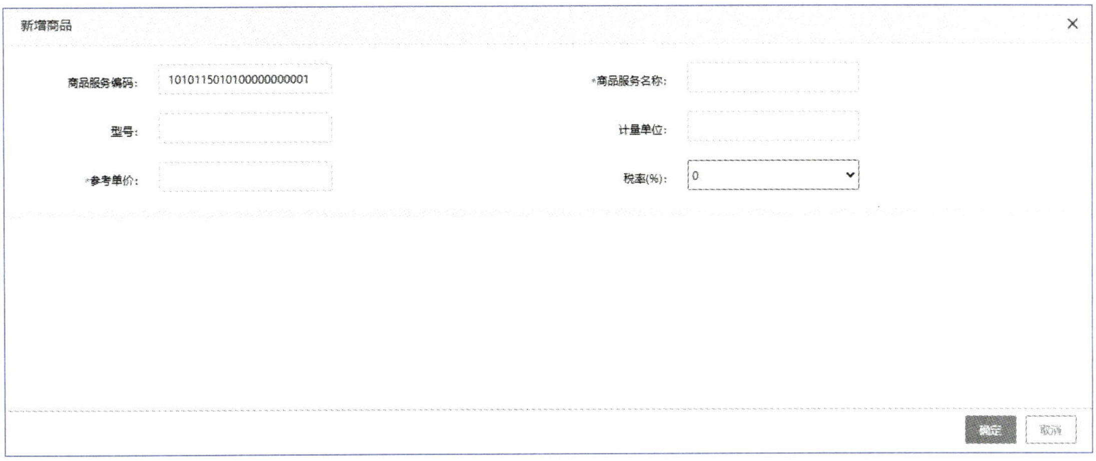

图 5-26　写入商品服务档案信息

图 5-27　逐一添加商品服务档案的各字段

② 创建"输入文本"，点选区域，输入计量单位，"i[" 计量单位 "].ToString()"；

③ 创建"输入文本"，点选区域，输入参考单价，"i[" 参考单价 "].ToString()"；

④ 创建"输入文本"，点选区域，根据项目文本输入税率，"i[" 税率 "].ToString()"。

（9）在条件成立序列中，创建"点击"，模拟鼠标单击"确定"。

5. 在条件不成立下，继续进行检索

（1）如果不存在"无数据"提示，则条件不成立。在不成立的条件分支中，创建"点击"组件，模拟鼠标单击"检索"，如图5-28所示。

图5-28　条件不成立分支序列

（2）单击重置后，添加"继续循环"组件，继续"For Each"循环。

6. 流程结束，用户确认

（1）流程结束，选择添加"确认"组件。

（2）双击点开确认框，进行编辑，输入标题为"操作结束"，输入描述为"请确认"，如图5-29所示。

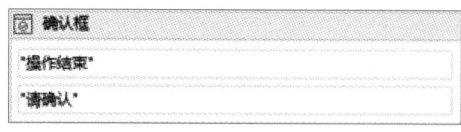

图5-29　确认框

7. 打包生成文件

（1）单击文件菜单，选择导出项目，将项目以 .egs 格式导出至目标文件夹中，如图5-30所示。

（2）运行RPA程序，生成业务结果。

图 5-30   导出项目

【任务拓展】

北京近邻信息有限公司根据企业工商注册等资料显示，公司基础信息如下：

企业名称：北京近邻信息有限公司

统一社会信用代码：91110106563644C923

企业类型：有限责任公司

纳税人类型：一般纳税人

所属行业：科技推广和应用服务业

法定代表人：郑伟

注册资本：30 万元

地址、电话：北京市丰台区马家堡角门 14 号商业街 3 号楼 2 层 225   010-60253532

开户行及账号：中国工商银行丰台马家堡角门支行；0200222109200091203

经营范围：销售食品；计算机系统服务；软件开发，技术服务；企业管理咨询；销售计算机、软件及辅助设备、文具用品、电子产品。（依法须经批准的项目，经相关部门批准后依批准的内容开展经营活动。）

该公司是一家小规模科技信息公司，主要的业务是软件系统等的维护、技术的开发等，增值税税率为 3%。当有与一般纳税人的经济业务时，需要财税咨询代理公司紫霖财税公司票据岗员工到税务局代理开具增值税专用发票。该公司满足国家规定的一般纳税人增值税税收优惠政策，享受税收优惠。

为了在智能开票平台进行开票，需要先把业务涉及的商品及服务登记到开票平台。假设本期公司的商品及服务清单如表5-2所示。

表5-2　商品及服务清单

编号	商品或服务分类简称	商品或服务名称	型号	计量单位	参考单价/元	税率/%
1	电子计算机	电子计算机及其部件	App001	件	300	13
2	电子计算机	电子计算机整机	Pea001	台	5 600	13
3	计算机配套产品	计算机电源	OQI01	件	150	13
4	电子计算机	计算机数字式处理部件	Soi002	件	543	13
5	软件	汽车电子嵌入式软件	MLOL	套	380	13
6	电线电缆	电子元器件引线	KIOQ	根	20	13

作为该企业财务人员，请根据商品及服务清单信息，重新整理商品服务档案，设计开发并运行 RPA 程序，将商品与服务档案写入到税务平台。

任务 5.2　客户档案录入流程自动化开发与应用

【任务情境】

一、任务场景

情境动画：
客户档案录
入流程自动
化

（一）案例情境

从晟泰公司的开票业务来看，要实现自动开票，还需要实现将开票客户的信息添加到开票系统中。这里同样也涉及客户信息的模板化，需要事先将客户信息登记到统一、固定的模板中去，才能保证 RPA 程序能准确无误地将相关信息提取出来。因为之前有过经验，公司开票员已经按照RPA的要求将本期企业涉及的客户信息整理成统一的Excel表格模板，保证RPA程序的顺利运行。发票的客户信息对应关系如图5-31所示。

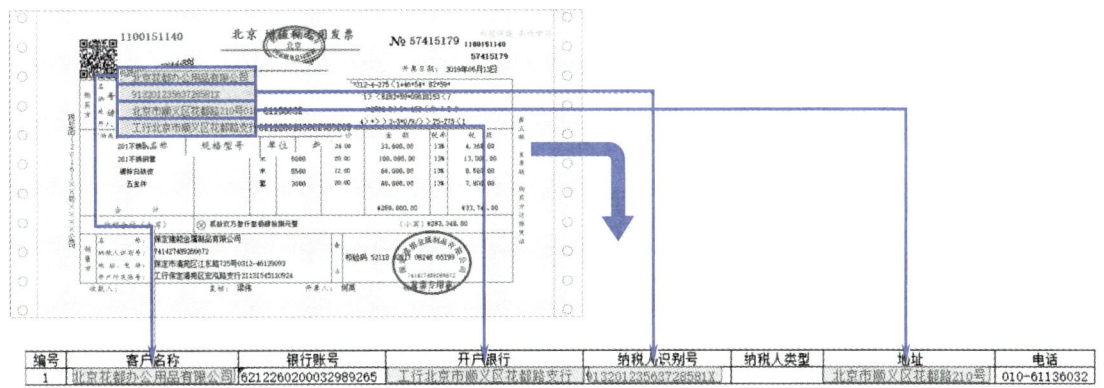

图 5-31　发票的客户信息对应关系

有了固定的Excel模板，需要按照模版的要求填写相关内容，剩下的任务就是把Excel模板中的客户信息登记到开票系统的"客户信息管理"中去，如图5-32所示。系统操作的步骤是先打开"客户信息管理"界面，进行"检索"，如果没有当前存在的客户信息，则单击"增加"按钮，增加客户名称详细信息。

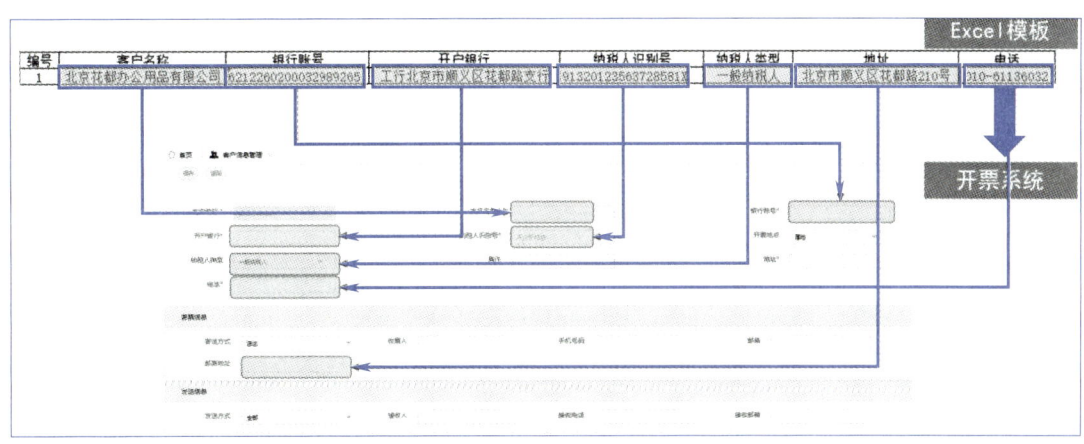

图 5-32　平台的客户信息对应关系

（二）案例信息

晟泰公司相关客户信息清单如表5-3所示。

表5-3 客户信息清单

编号	客户名称	银行账号	开户银行	纳税人识别号	纳税人类型	地址	电话
1	天津艾丝碧西餐饮管理公司	110068709573S035	交通银行天津市红桥支行	91120102700049964M	小规模纳税人	天津市河北区海河东路231号	022-67829989
2	北京欧雅贸易有限公司	2000223190006834000	工商银行北京市六铺炕支行	911101068737334C	一般纳税人	北京市西城区新街口外大街8号	010-62680087
3	北京浩清会计师事务所（普通合伙）	0200248109200072801	工商银行北京市玉东支行	9111011240GB2111K	小规模纳税人	北京市朝阳区来广营南鹿鸣春大酒店	010-40010131
4	天津武清区雅薇百货商行	0200207809200004403	工商银行天津市武清区支行	911201068737984C	一般纳税人	天津市武清区体育南路9号国际商务中心4号楼17层	022-62680090
5	北京新世纪酒店有限公司	3266601001005993362	工商银行北京市体育南路支行	91110102470451743R	一般纳税人	北京市海淀区首体南路6号	010-68492601
6	北京友利科技有限公司	110908168510401 7	招商银行北京分行建国路支行	91110105667 50E1129	小规模纳税人	北京市朝阳区望京东园四区9号楼17层1701号	010-65985888
7	北京博思创想咨询有限公司	6258199737250413285	工商银行北京市海淀支行	911101084239765 14D	一般纳税人	北京市海淀区紫竹园路1号6号楼2703室	010-61250011
8	北京中公教育有限公司	1109347901101 42	北京银行西客站支行	91110107469851325F	一般纳税人	北京市海淀区羊坊店路18号光耀东方N座510室	010-51668694

二、任务布置

（1）根据案例资料在 Excel 模板中登记客户信息数据。

（2）根据操作流程设计输入客户信息 RPA 操作流程。

（3）发布开发好的输入客户信息 RPA 操作流程。

（4）运行输入客户信息 RPA 操作，输入客户信息流程。

【任务准备】

一、知识准备

客户档案是企业在与客户交往过程中所形成的客户资料、企业自行制作的客户信用分析报告，全面反映企业客户资信状况的综合性档案材料。建立合格的客户档案是企业信用管理的起点，属于企业信用管理的基础性工作。

增值税发票的客户信息包括：客户名称、纳税人识别号、开户银行、银行账号、地址、电话等。

本案例涉及的 RPA 组件如表 5-4 所示。

表5-4　RPA组件

WEB 自动化	点击	模拟鼠标的点击操作，支持桌面端和浏览器。同时支持桌面端图像识别指定元素
	输入文本	模拟输入文本的操作，输入文本到指定位置，支持桌面端和浏览器。同时支持桌面端图像识别指定元素，浏览器端暂不支持
	等待元素出现	等待指定的 UI 元素从屏幕上出现，支持桌面端和浏览器。同时支持桌面端图像识别指定元素
	写入日志	将指定的文本内容打印在流程运行日志中。通常用于在流程日志中增加业务相关信息或关键字段信息，使流程日志更易于阅读和故障排查
	确认框	以弹框形式将需要人工确认的信息展现出来，并可通过用户的确认结果来做后续判断与流程走向的控制

Excel 自动化	打开／新建	打开一个 Excel 工作簿并为 Excel 组件操作提供范围
	读取区域	获取工作簿内单元格区域数据并存储在数据表变量内。若单元格区域未指定，则默认读取整表
	For Each	支持用户对某一对象内的数据逐个进行访问并处理
	If 判断	根据是否满足指定条件决定下一步的执行内容

二、操作准备

（1）打开并登录财天下购销存系统。

（2）启动 RPA 设计器，登录"RPA 设计器"。

【任务实施】

一、业务分析

（一）业务流程分析

从晟泰公司的业务痛点来看，录入客户信息业务有较多重复操作，业务流程固定，每进行一次添加客户信息业务，都需要进入客户信息管理界面，依次选择发票类型、填入客户名称、银行账号、开户银行、纳税人识别号、纳税人类型、地址、电话等信息。人工进行客户信息添加业务操作，费时费力，还容易出现误操作。可见，晟泰公司需要提高客户信息添加操作的准确性和效率。由于 RPA 需要从固定的文件中抓取数据，开票员已经按照 RPA 的要求将本期企业需要开具发票的客户信息整理成了统一的 Excel 表格模板，保证 RPA 程序的顺利运行。

有了固定的 Excel 模版，现在的任务就是依据 Excel 模版中的客户信息，在票天下系统中逐笔添加客户信息即可，如图 5-33 所示。系统操作的步骤是单击"基础设置"操作下的"客户信息管理"按钮，在"客户信息管理"页签中，单击新增，按照客户信息添加界面要求，逐项填写需要的信息。最后单击"保存"按钮，完成客户信

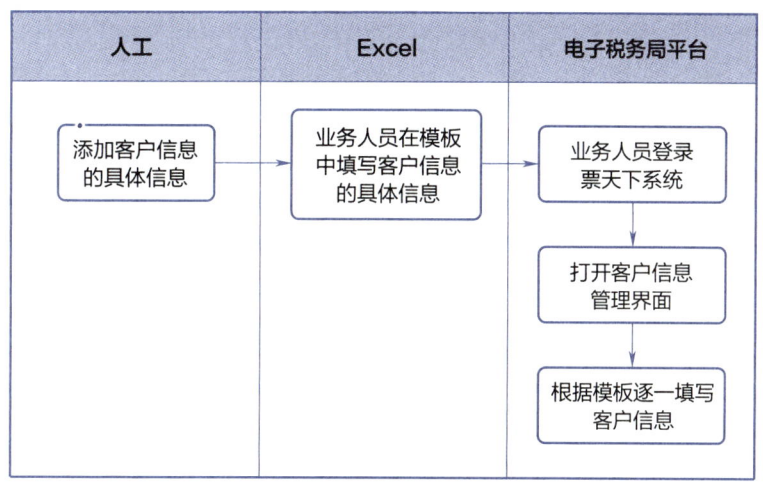

图 5-33　票天下系统客户信息管理操作界面

息的添加。

为了方便 RPA 开发人员快速理解业务流程，开票员把客户信息添加的业务流程梳理出来，如图 5-34 所示。

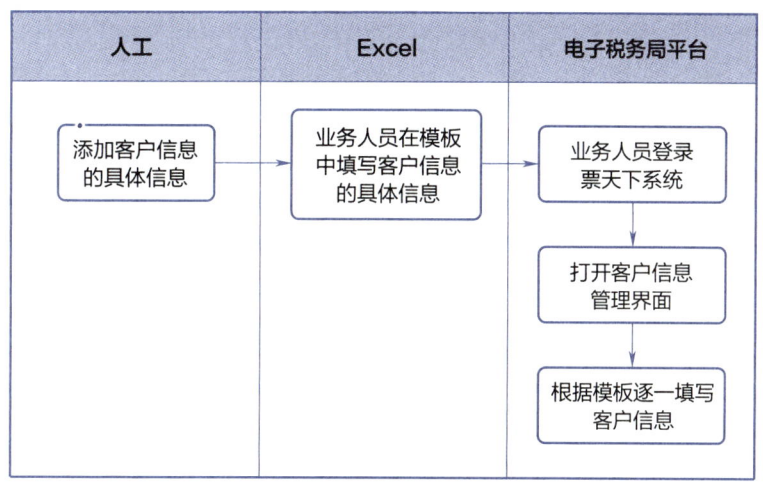

图 5-34　初步梳理的业务流程

根据 RPA 的特点和要求，李小刚建议把"打开客户信息管理界面"和"根据模板逐一填写客户信息"交给 RPA 来自动执行，如图 5-35 所示。

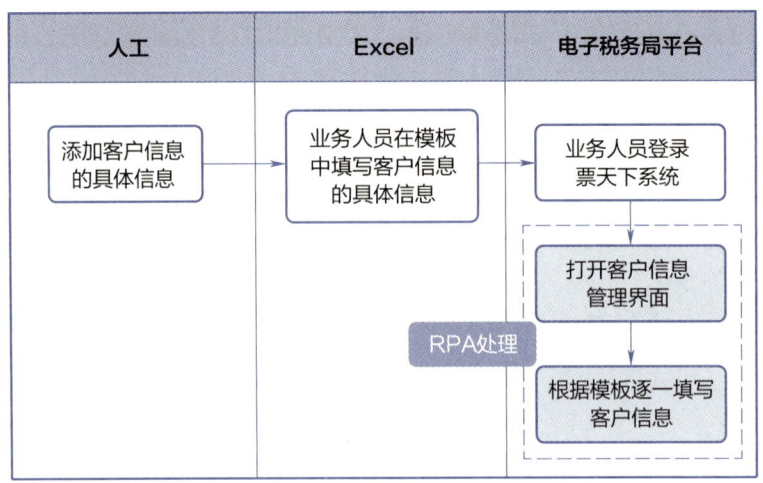

图 5-35　梳理后的 RPA 业务流程

（二）自动化流程分析

业务流程确定后，还需要根据业务和软件的特点进行自动化流程分析，以方便指导后期的程序开发。客户信息管理业务自动化流程如图 5-36 所示。

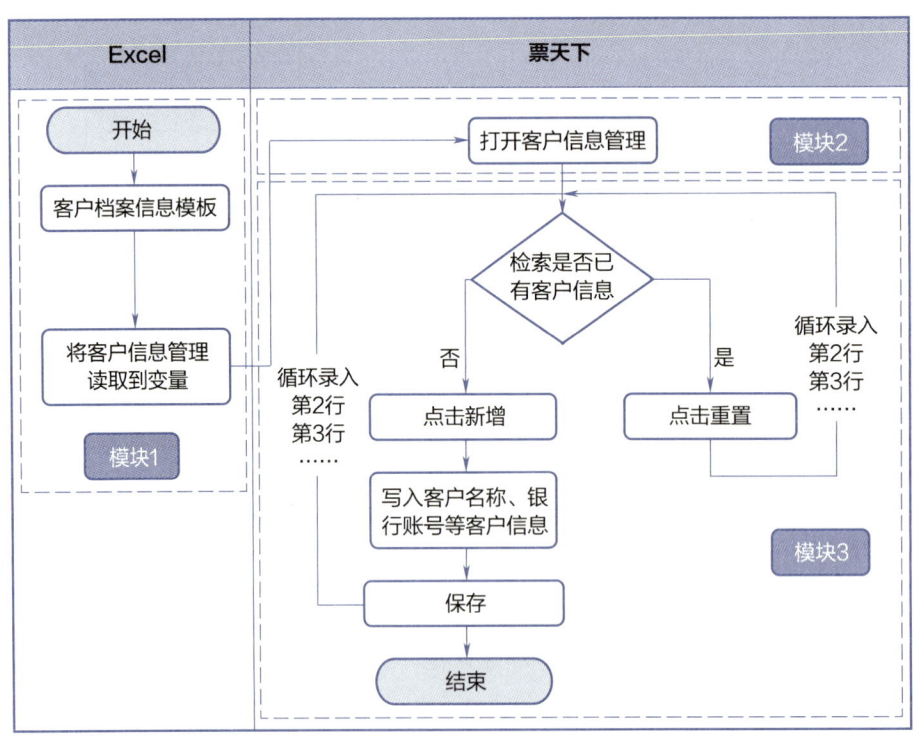

图 5-36　客户信息管理业务自动化流程

录入客户信息档案的过程主要包括三个部分：

第一步，由 RPA 自动打开客户档案信息模板文件，将该文件中的客户档案信息记录读取到变量中，供后期写入档案的时候调用。

第二步，由 RPA 自动打开票据管理系统的客户信息管理的操作界面。

第三步，将前面从模板文件中读取出来的变量中的记录，逐一添加到开票管理系统的客户信息管理中去。

为了防止重复添加，需要增加一个判断，由机器人先检索当前的客户信息管理中是否已经存在该客户信息，如果存在则不增加。如果不存在，则新增一条记录。增加到最后一条记录，程序终止。

二、设计指导

（一）模块 1：打开客户档案信息模板表读取变量

该模块的主要任务是打开业务部门设计好的"客户档案信息模板"Excel 文件，读取数据区域，将其存入变量。打开"客户档案信息模板"读取变量设计流程如图 5-37 所示。

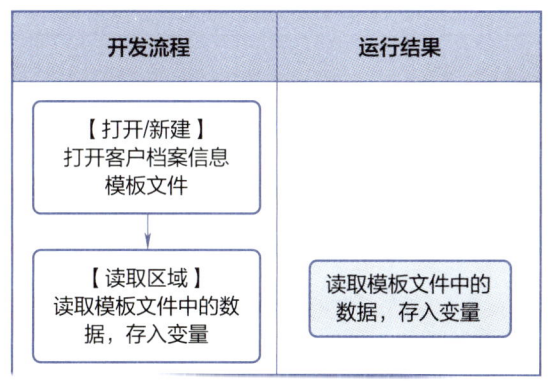

图 5-37　打开"客户档案信息模板"读取变量设计流程

1. 添加"打开/新建"组件

（1）打开 RPA 编辑器，新建流程项目，命名为"客户档案录入"。

在 RPA 设计器中，单击打开左边的"项目"菜单，右键单击当前打开的项目名称"客户档案录入"，选择"打开文件夹"，如图 5-38 所示。

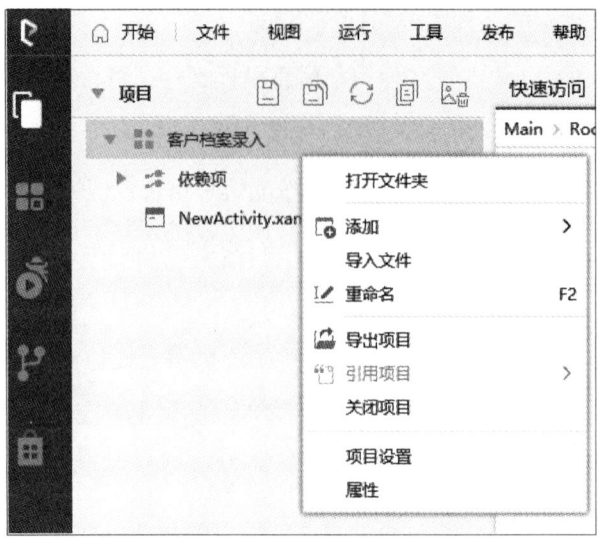

图 5-38 客户档案打开文件夹

（2）单击左边的"项目"菜单，右键单击当前打开的项目名称"客户档案录入"，选择"打开文件夹"，将下载后的"客户档案信息模板"文件拷贝到工程文件夹下面。

（3）在活动面板中搜索"打开／新建"组件，并将其拖拽至 Main 面板上。

（4）在"打开／新建"组件属性面板上，选择保存 Excel 文件的文件夹目录。在属性栏中将"可视"取消勾选，如图 5-39 所示。

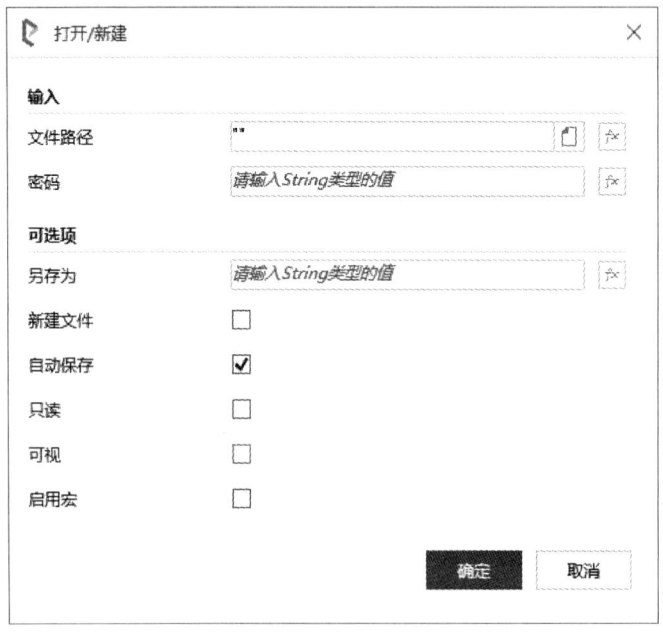

图 5-39 增加"打开／新建"组件

2. 添加“读取区域”组件，读取 Excel 中“客户信息管理”数据

（1）在序列中添加“读取区域”至“打开 / 新建”组件中，如图 5-40 所示。

打开/新建【打开excel】
"客户档案信息模板.xlsx"
读取区域【读取客户信息管理表】
"客户信息管理"
区域

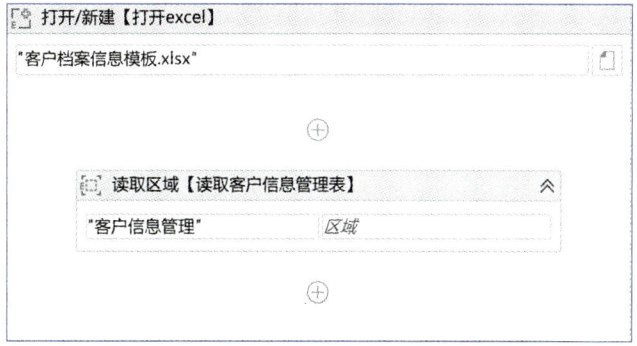

图 5-40　读取表格区域

（2）在“读取区域”输入框中，“输入 | 工作表”为“" 客户信息管理 "”，区域默认为空，即读取整个 sheet 页，如图 5-41 所示。

读取区域
基本
后延迟(毫秒)
0
前延迟(毫秒)
0
失败后继续
否
显示名称
读取区域
可选项
保留格式
使用筛选
添加列头
输出
数据
DataTable
输入
工作表
"客户信息管理"
区域
Enter String Value

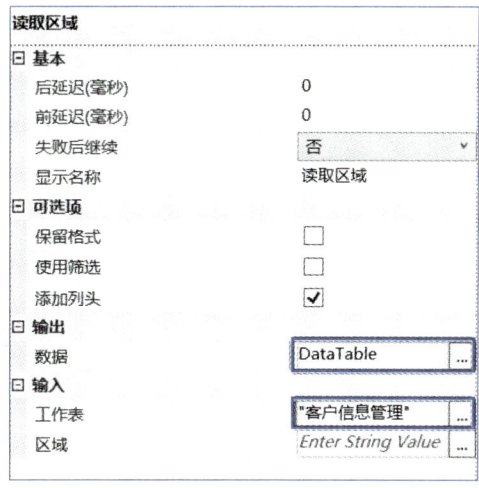

图 5-41　读取区域属性

（3）创建 data 变量，将读出的数据存入变量“datatable”中，如图 5-42 所示。

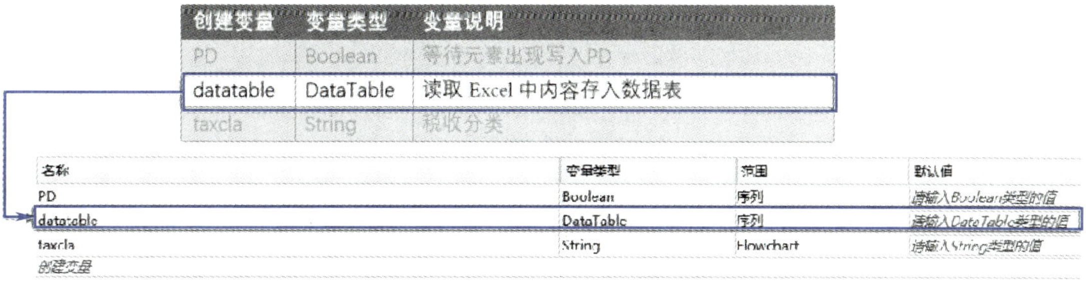

创建变量　变量类型　变量说明
PD　Boolean　等待元素出现写入PD
datatable　DataTable　读取 Excel 中内容存入数据表
taxcla　String　税收分类
名称　变量类型　范围　默认值
PD　Boolean　序列　请输入Boolean类型的值
datatable　DataTable　序列　请输入DataTable类型的值
taxcla　String　Flowchart　请输入String类型的值
创建变量

图 5-42　变量说明

（4）在"读取区域"设置区，勾选添加列头。

（二）模块2：打开票天下——客户信息管理界面

本模块的主要目的在于，利用RPA自动打开"客户信息管理"界面，方便后期自动填写客户信息，如图5-43所示。

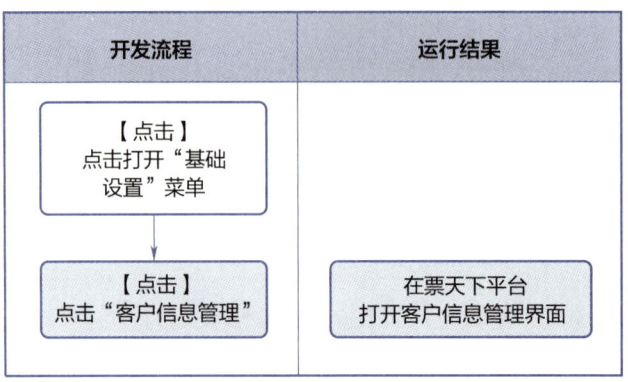

图 5-43　打开"客户信息管理"界面开发流程

（1）打开并登录票天下平台，进入"客户信息管理"界面，如图5-44所示。

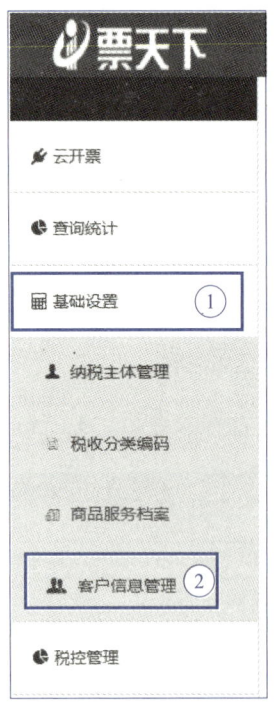

图 5-44　"客户信息管理"界面

打开客户信息管理界面开发流程，如图 5-45 所示。

图 5-45　页面操作

（2）在 RPA 编辑器中，"Start"下方点击"＋"，创建一个新的序列，双击该序列内部，在弹出的搜索栏输入"点击"，在"界面自动化"下找到并选择"点击"组件，单击"指定元素"。

（3）将系统切换到"票天下"界面，单击选择"基础设置"菜单，即完成组件设置。

（三）模块 3：写入新增客户信息

写入新增客户信息首先需要在存有客户档案信息的 datatable 变量中逐行提取客户名称字段，再在开票系统中搜索是否已经有该客户存在，如果无该客户，系统会显示"无数据"，则开始逐一添加客户相关信息。

因此首先需要建立一个遍历循环，然后再设置一个条件判断，判断某客户是否已经在系统内存在，如果不存在则添加客户信息，如图 5-46 所示。

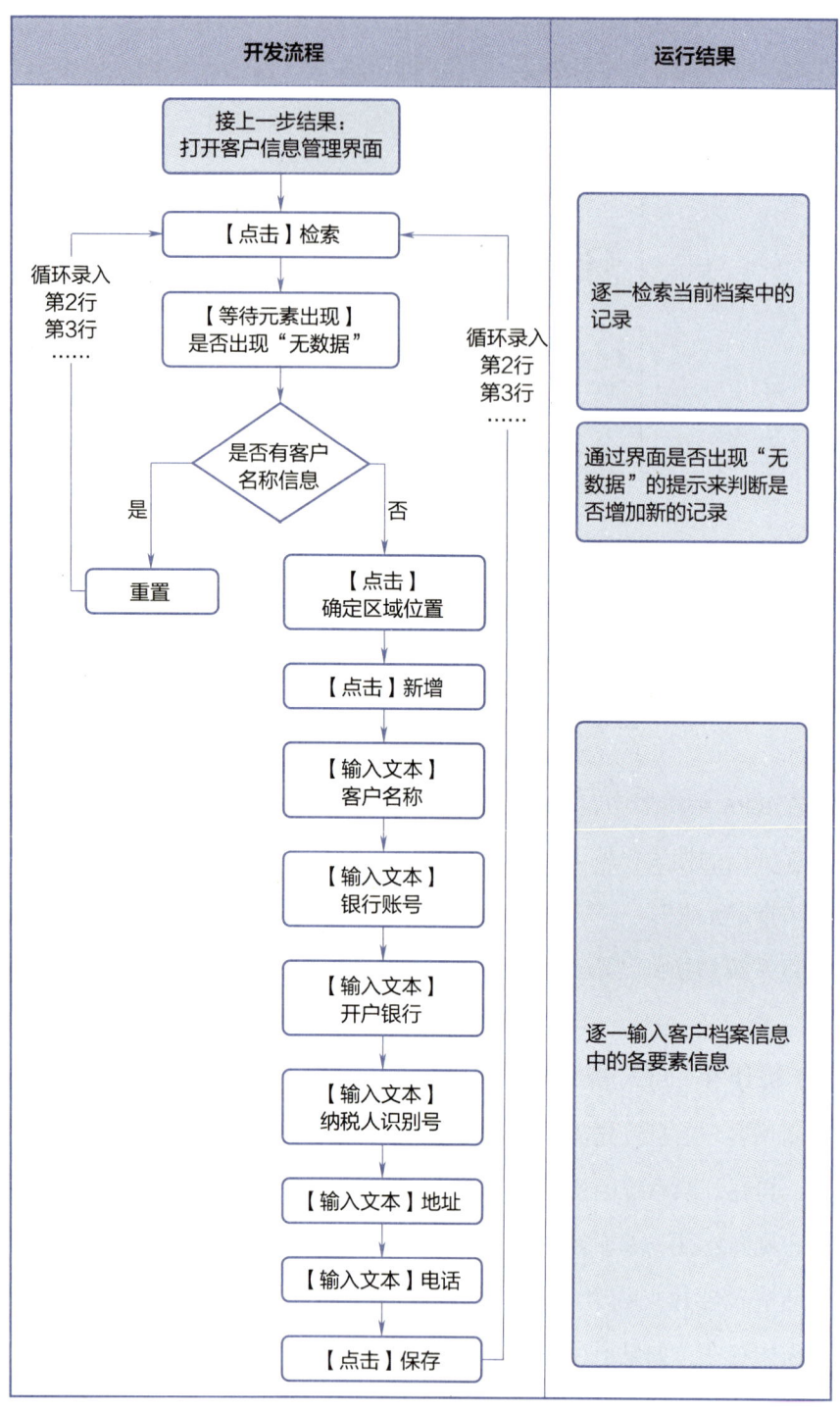

図 5-46　写入客户档案管理界面开发流程

1. 添加"（For Each）"组件

（1）在 flowchart 流程图中创建一个新的序列，在该序列内创建"循环操作（For Each）"组件。

（2）将 For Each 循环的中 in（数据源形式）后面的集合名称设置为"datatable.Rows"，意思是在 datatable 变量中逐行循环取数，如图 5-47 所示。

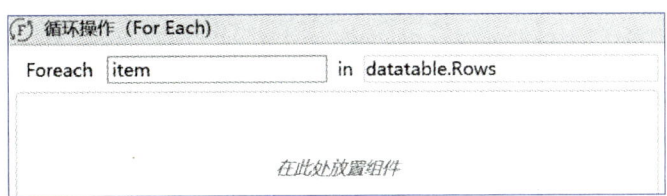

图 5-47　循环操作（For Each）

2. 搜索是否已有客户信息管理

（1）首先设置赋值，将"客户信息管理"中的"纳税人类型"信息赋值至"taxpayer"变量，如图 5-48 所示。

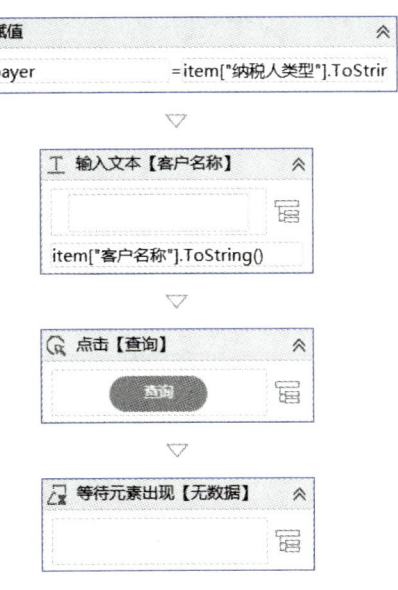

图 5-48　设置赋值及其他组件

（2）添加"输入文本［客户名称］"组件，单击"指定元素"，操作界面切换到"票天下"平台，单击选择"客户名称"右方的方框，返回后，在组件下方的文本框输入"item[" 客户名称 "].ToString()"。

（3）再在下方创建"点击［查询］"组件，模拟鼠标单击票天下的"查询"按键。

客户信息管理界面的查询菜单如图 5-49 所示。

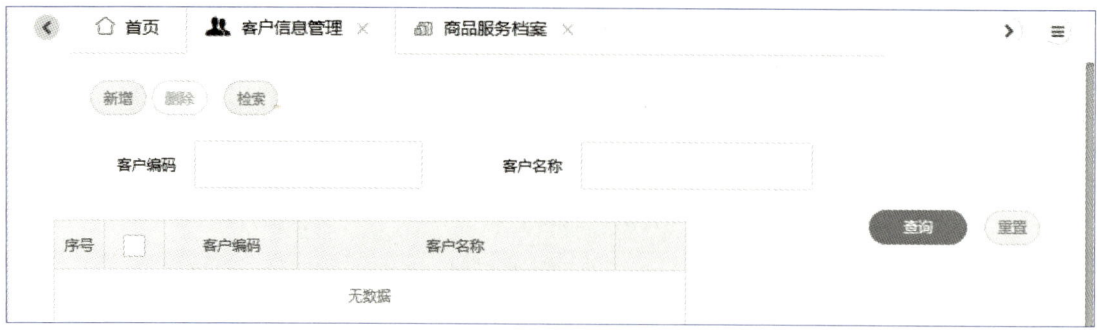

图 5-49　客户信息管理界面的查询菜单

（4）在编辑器创建"等待元素出现［无数据］"组件，等待界面提示是否出现"无数据"的记录，用于下一步进行条件判断。

（5）将等待元素出现后，"输出｜结果"写入变量"PD"，如图 5-50 所示。

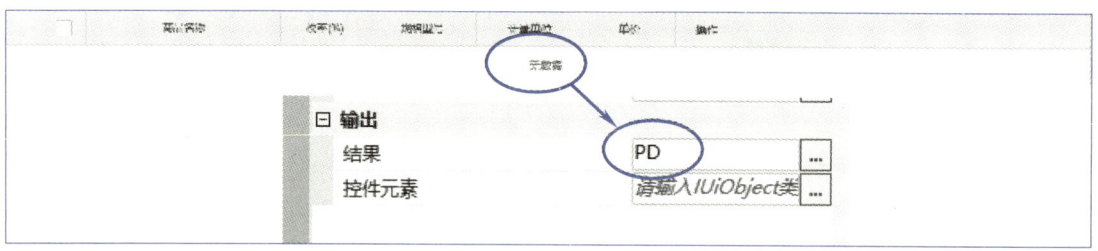

图 5-50　写入变量

3. 添加"If 条件"组件，判断是否存在客户信息

（1）在 For Each 循环中，继续创建"If条件"，通过变量 PD，判断是否存在数据。判断"无数据"的条件是否存在，如果存在，则新增客户信息管理，如果不存在，则继续下一条记录，继续单击"检索"。客户信息管理"检索"菜单如图 5-51所示。

图 5-51　客户信息管理"检索"菜单

（2）如果判断存在"无数据"信息，在条件成立中放置后续新增客户信息管理的组件，如图5-52所示。

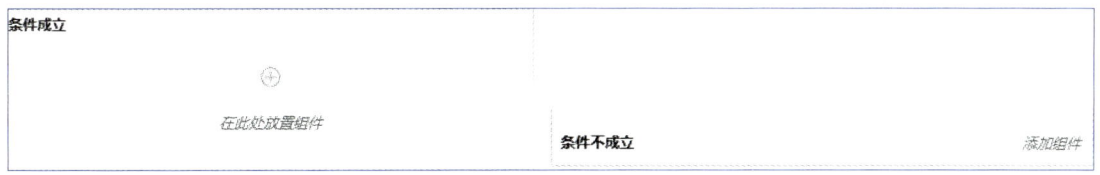

图5-52 "条件"组件设置

4. 在条件成立下，新增客户信息管理

（1）如果PD变量的条件成立，即存在"无数据"信息，则进入新增流程。

（2）在条件成立序列中，创建"点击"组件，模拟鼠标单击票天下平台的"新增"组件，如图5-53所示。

（3）在条件成立序列中，创建"输入文本"组件，点选区域，输入客户名称，"item[" 客户名称 "].ToString()"，如图5-54所示。

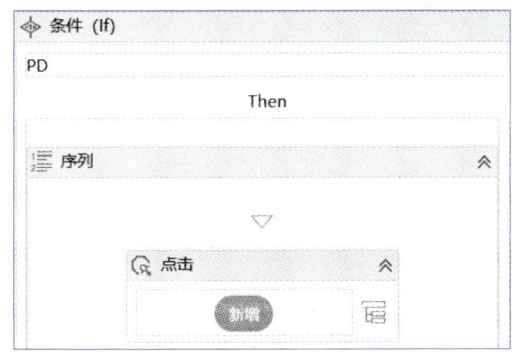

图5-53 "点击"组件

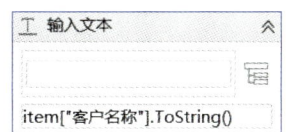

图5-54 "输入文本"组件

（4）在条件成立序列中，创建"输入文本"组件，点选区域，输入银行账号，"item[" 银行账号 "].ToString()"，如图5-55所示。

（5）在条件成立序列中，创建"输入文本"组件，点选区域，输入开户银行，"item[" 开户银行 "].ToString()"，如图5-55所示。

（6）在条件成立序列中，创建"输入文本"组件，点选区域，输入纳税人识别号，"item[" 纳税人识别号 "].ToString()"，如图5-55所示。

（7）在条件成立序列中，创建"点击"组件，模拟鼠标单击票天下平台的"小规模纳税人"菜单。

（8）在条件成立序列中，创建"点击"组件，模拟鼠标单击票天下平台的"小规模纳税人"下拉框内容。

（9）在条件成立序列中，创建"输入文本"，点选区域，输入地址，"item[" 地址 "].ToString()"。

（10）在条件成立序列中，创建"输入文本"，点选区域，输入电话，"item[" 电话 "].ToString()"。

（11）在条件成立序列中，创建"点击"组件，模拟鼠标单击票天下平台的"保存"菜单，如图 5-56 所示。

图 5-55　银行账号、开户银行、纳税人识别号信息　　图 5-56　输入地址、电话等信息

5. 在条件不成立下，继续进行检索

（1）如果不存在"无数据"提示，则在条件不成立中单击检索，继续进行检索。

（2）如果条件不成立，在不成立的条件分支中添加"继续循环"组件，继续循环"Foreach"组件，如图 5-57 所示。

图 5-57 继续循环组件

6. 流程结束，用户确认

（1）流程结束，添加"确认框"组件。

（2）双击点开确认框，进行编辑，输入标题"提示"，描述"客户档案录入已完毕"，如图 5-58 所示。

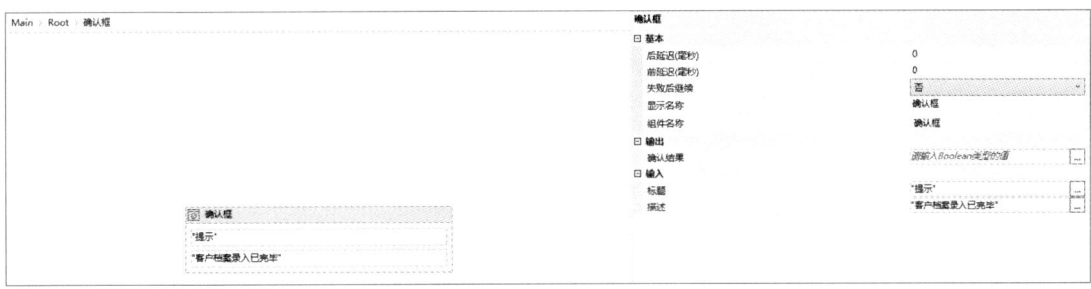

图 5-58 添加"确认框"组件

7. 打包生成文件

（1）单击文件菜单，选择导出项目，将项目以 .egs 格式导出至目标文件夹中，如图 5-59 所示。

图 5-59 导出项目

（2）运行 RPA 程序，生成业务结果。

【任务拓展】

北京近邻信息有限公司成立于 2019 年 1 月，根据企业工商注册等资料显示，公司基础信息如下：

企业名称：北京近邻信息有限公司

统一社会信用代码：91110106563644C923

企业类型：有限责任公司

纳税人类型：小规模纳税人

所属行业：科技推广和应用服务业

法定代表人：郑伟

注册资本：30 万元

地址、电话：北京市丰台区马家堡角门 14 号商业街 3 号楼 2 层 225；010-60253532

开户行及账号：中国工商银行丰台马家堡角门支行；0200222109200091203

经营范围：销售食品；计算机系统服务；软件开发；技术服务；企业管理咨询；销售计算机、软件及辅助设备、文具用品、电子产品。（依法须经批准的项目，经相关部门批准后依批准的内容开展经营活动。）

该公司是一家科技信息公司，是一家小规模公司，主要的业务是软件系统等的维护、技术的开发等，增值税税率为 3%。当有与一般纳税人经济业务往来时，需要财税咨询代理公司紫霖财税公司票据岗员工到税务局代理开具增值税专用发票。该公司满足国家规定的小规模纳税人增值税税收优惠政策，享受税收优惠。

假设本期公司相关客户信息清单如表 5-5 所示。

作为该企业财务人员，请根据表 5-5 数据，整理新客户档案信息清单模板表格，设计开发并运行 RPA 程序，在票天下平台完成客户档案登记。

表5-5 客户信息清单

编号	客户名称	银行账号	开户银行	纳税人识别号	纳税人类型	地址	电话	邮箱	手机号
1	北京木蚂蚁科技有限公司	62002221C9200062731	工商银行北京市北苑路支行	91110107571238976A	小规模纳税人	北京市朝阳区北苑路170号凯旋城7号楼4层	010-59273361	×××××@qq.com	186×××××××××
2	天津盛拓灵智信息技术有限公司	62002221C9200072136	工商银行天津市武清支行	91120118MA06B40B34	一般纳税人	天津自贸试验区（中心商务区）熙元广场1-513	022-23715347	×××××@qq.com	186×××××××××
3	北京风云笛音科技有限公司	62002221C9200031128	工商银行北京市上地支行	91110108MA0064610K	小规模纳税人	北京市海淀区上地十街1号院6号楼2层	010-37837494	×××××@qq.com	188×××××××××
4	北京新纪元科技有限公司	6523985673455674425	建设银行北京外国语大学支行	91112580MA0164600K	小规模纳税人	北京市丰台区厂洼路3号丹龙大厦A座B4018	010-51267778	×××××@qq.com	177×××××××××
5	北京九裁服装商贸有限公司	6222604935436759230	交通银行北京市高碑店支行	91110342101986 50N	小规模纳税人	北京市朝阳区高碑店乡半壁店村惠河南街10号	010-34924612	×××××@qq.com	188×××××××××
6	北京宏图科技有限公司	62002221C9200092736	工商银行北京市北苑路支行	91110107687456998A	小规模纳税人	北京市朝阳区北苑路170号明创园1号楼1层	010-59277736	×××××@qq.com	188×××××××××
7	北京云合信息技术有限公司	6211258742698520015	工商银行北京市东升路支行	911101080716525919	小规模纳税人	北京市海淀区农大南路88号1号楼一层178室	010-57838932	×××××@qq.com	135×××××××××
8	北京森华易腾通信技术有限公司	6211285479658712693	工商银行北京市九龙山富力城支行	911101087825067343	小规模纳税人	北京市海淀区九龙山富力城11层1103-1104	010-87382738	×××××@qq.com	138×××××××××
9	北京博实商贸有限公司	6222000268764729620	工商银行北京市北清路支行	91110566853414G	小规模纳税人	北京市海淀区北清路56号院1-23	010-23745862	×××××@qq.com	188×××××××××

任务 5.3　发票开具流程自动化开发与应用

【任务情境】

一、任务场景

（一）案例情境

晟泰公司最近业务量增长较多，开票量加大。虽然，李小刚已经开发制作了商品与服务档案登记自动化、客户档案登记自动化和发票领购流程自动化三个财务机器人，大大提升了开票准备工作的效率。但是，发票业务的核心工作——开具发票仍然需要手工逐步来完成。因为开具发票也有很多重复性的工作，所以也可以开发财务机器人，提高工作效率。

情境动画：
开票流程自
动化

（二）案例信息

2021 年 7 月，晟泰公司发生了若干笔业务，需要在智能开票平台完成发票的开具。假设公司发票开具信息清单如表 5-6 所示。

表5-6　发票开具信息清单

编号	票据类型	含税与否	开票日期	客户名称	商品名称	数量	单价/元
1	普通发票	不含税	2021-7-25	天津艾丝餐饮管理公司	休闲衬衫	50	250.00
2	专用发票	不含税	2021-7-25	北京欧雅贸易有限公司	西装裤子	20	300.00
3	普通发票	不含税	2021-7-25	北京浩清会计师事务所（普通合伙）	休闲帽衫	35	500.00
4	专用发票	不含税	2021-7-25	天津市武清区雅薇百货商行	运动帽衫	40	650.00
5	普通发票	不含税	2021-7-25	北京新世纪酒店有限公司	免烫衬衫	30	300.00
6	电子普通发票	不含税	2021-7-25	北京友利科技有限公司	西装外套	50	750.00
7	专用发票	不含税	2021-7-25	北京博思创想咨询有限公司	西装马甲	50	280.00
8	普通发票	不含税	2021-7-25	天津艾丝餐饮管理公司	半身长裙	25	400.00
9	专用发票	不含税	2021-7-25	北京中公教育有限公司	西装外套	60	750.00

晟泰公司相关客户信息清单如表 5-7 所示。

表5-7 客户信息清单

编号	客户名称	银行账号	开户银行	纳税人识别号	纳税人类型	地址	电话
1	天津艾丝餐饮管理公司	1130687095735035	交通银行天津市红桥支行	91120102700049964M	小规模纳税人	天津市河北区海河东路231号	022-67829989
2	北京欧雅贸易有限公司	20300223190068340000	工商银行北京市六铺炕支行	91110106838737334C	一般纳税人	北京市西城区新街口外大街8号	010-62680087
3	北京浩洁会计师事务所（普通合伙）	0220248109200072801	工商银行北京市玉东支行	91110112400GB2111K	小规模纳税人	北京市朝阳区来广营南鹿鸣春大酒店	010-40010131
4	天津市武清区雅薇百货商行	0200207809200004403	工商银行天津市武清支行	91120106838737984C	一般纳税人	天津市武清区体育南路9号国际商务中心4号楼17层	022-62680090
5	北京新世纪酒店有限公司	3266601001005599362	兴业银行北京市首体南路支行	91110102470451743R	一般纳税人	北京市海淀区首体南路6号	010-68492601
6	北京友利科技有限公司	11090816851040117	招商银行北京分行建国路支行	91110105667500E1129	小规模纳税人	北京市朝阳区望京东园四区9号楼17层1701号	010-65985888
7	北京博思创想咨询有限公司	6258199737250413285	工商银行北京市海淀支行	91110108423976514D	一般纳税人	北京市海淀区紫竹园路1号6号楼2703室	010-61250011
8	北京中公教育有限公司	11093479011100142	北京银行西客站支行	91110107469851325F	一般纳税人	北京市海淀区羊坊店路18号光耀东方N座510室	010-51668694

二、任务布置

（1）根据案例资料在 Excel 模板中登记发票开具信息数据。

（2）根据操作流程设计发票开具 RPA 操作流程。

（3）发布开发好的发票开具 RPA 操作流程。

（4）运行发票开具 RPA 操作开具发票流程。

（5）查看并下载开具完成的发票。

【任务准备】

一、知识准备

（一）发票开具的一般规定

增值税一般纳税人可以使用增值税发票开票软件，开具增值税专用发票、增值税普通发票、机动车销售统一发票、二手车销售统一发票。

纳入增值税发票开票软件推行范围的小规模纳税人，可以使用增值税发票开票软件开具增值税普通发票、机动车销售统一发票、二手车销售统一发票。并且，自2020 年 2 月 1 日起，所有增值税小规模纳税人（其他个人除外）发生增值税应税行为，需要开具增值税专用发票的，均可自愿使用增值税发票开票软件自行开具。选择自行开具增值税专用发票的小规模纳税人，税务机关不再为其代开增值税专用发票。

销售商品、提供服务以及从事其他经营活动的单位和个人，对外发生经营业务收取款项，收款方应当向付款方开具发票。下列特殊情况下，由付款方向收款方开具发票：① 收购单位和扣缴义务人支付个人款项时；② 国家税务总局认为其他需要由付款方向收款方开具发票的。

所有单位和从事生产、经营活动的个人在购买商品、接受服务以及从事其他经营活动支付款项，应当向收款方取得发票。取得发票时，不得要求变更品名和金额。

增值税纳税人购买货物、劳务、服务、无形资产或不动产，索取增值税专用发票时，须向销售方提供购买方名称（不得为自然人）、纳税人识别号或统一社会信用代码、地址电话、开户行及账号信息，不需要提供营业执照、税务登记证、组织机构代码证、开户许可证、增值税一般纳税人资格登记表等相关证件或其他证明材料。

自 2017 年 7 月 1 日起，购买方为企业（包括公司、非公司制企业法人、企业分支机构、个人独资企业、合伙企业和其他企业）的，索取增值税普通发票时，应向销售方提供纳税人识别号或统一社会信用代码；销售方为其开具增值税普通发票时，应在"购买方纳税人识别号"栏填写购买方的纳税人识别号或统一社会信用代码。不符合规定的发票，不得作为税收凭证。

个人消费者购买货物、劳务、服务、无形资产或不动产，索取增值税普通发票时，不需要向销售方提供纳税人识别号、地址电话、开户行及账号信息，也不需要提供相关证件或其他证明材料。

（二）发票开具时备注栏填写有关规定

提供建筑服务，纳税人自行开具增值税发票时，应在发票的备注栏注明建筑服务发生地县（市、区）名称及项目名称。

增值税一般纳税人提供货物运输服务，使用增值税专用发票和增值税普通发票，开具发票时应将起运地、到达地、车种车号以及运输货物信息等内容填写在发票备注栏中，如内容较多可另附清单。

保险机构作为车船税扣缴义务人，在代收车船税并开具增值税发票时，应在增值税发票备注栏中注明代收车船税税款信息。具体包括：保险单号、税款所属期（详细至月）、代收车船税金额、滞纳金金额、金额合计等。

销售不动产，纳税人自行开具或者税务机关代开增值税发票时，应在发票"货物或应税劳务、服务名称"栏填写不动产名称及房屋产权证书号码（无房屋产权证书的可不填写），"单位"栏填写面积单位，备注栏注明不动产的详细地址。

出租不动产，纳税人自行开具或者税务机关代开增值税发票时，应在备注栏注明不动产的详细地址。

单用途商业预付卡业务，销售方与售卡方不是同一个纳税人的，销售方在收到售卡方结算的销售款时，应向售卡方开具增值税普通发票，并在备注栏注明"收到预付卡结算款",不得开具增值税专用发票。

支付机构预付卡业务,特约商户收到支付机构结算的销售款时,应向支付机构开具增值税普通发票,并在备注栏注明"收到预付卡结算款",不得开具增值税专用发票。

（三）发票开具的具体要求

发票开具时,票面的具体要求和规定包括以下几个方面。

（1）项目齐全,与实际交易相符。

（2）字迹清楚,不得压线、错格。

（3）发票联和抵扣联加盖发票专用章。

（4）按照增值税纳税义务的发生时间开具。

（5）成品油专票左上角需标注"成品油"字样标识。

（6）货物或应税劳务、服务名称,以"*编码简称*名称*"的形式填写。编码简称必须规范,与实际业务相符,与税率相符。名称可以自主编写。

（7）货物等实物有规格、型号、单价、数量。单价必须要填写,且必须与实际业务相符。服务及劳务如无规格、型号、单位、数量、单价可不填。

（8）发票税率应与实际业务编码相符。

（9）某些特殊业务开具发票时,备注栏需按相关要求填写。

任何单位和个人不得有下列虚开发票行为:

（1）为他人、为自己开具与实际经营业务情况不符的发票;

（2）让他人为自己开具与实际经营业务情况不符的发票;

（3）介绍他人开具与实际经营业务情况不符的发票。

二、操作准备

（1）打开并登录开票管理系统;

（2）启动 RPA 设计器,登录"RPA 设计器"。

【任务实施】

一、业务分析

（一）业务流程分析

从晟泰公司的业务痛点来看，发票开具业务有较多重复操作，业务流程固定，每进行一次开票业务，都需要进入发票新增界面，依次选择发票类型、填入购买方信息、选择销售的商品或服务信息、输入销售数量、单价等信息。人工进行发票开具业务操作，费时费力，还容易出现误操作，晟泰公司需要提高发票开具操作的准确性和效率。由于 RPA 需要从固定的文件中抓取数据，赵晓霞已经按照 RPA 的要求将本期企业需要开具发票的信息整理成了统一的 Excel 表格模板，保证 RPA 程序的顺利运行。

有了固定的 Excel 模版，现在的任务就是依据 Excel 模版中的发票开具信息，在票天下系统中逐笔开具发票。系统操作的步骤是单击"云开票"操作卜的"发票开具"按钮，在"发票开具"页签中，单击新增，按照发票开具界面要求，逐项填写发票开具需要的信息。最后单击"发票开具"按钮，完成发票的开具，如图 5-60 所示。

为了方便 RPA 开发人员快速理解业务流程，赵晓霞把发票开具的业务流程梳理出来，如图 5-61 所示。

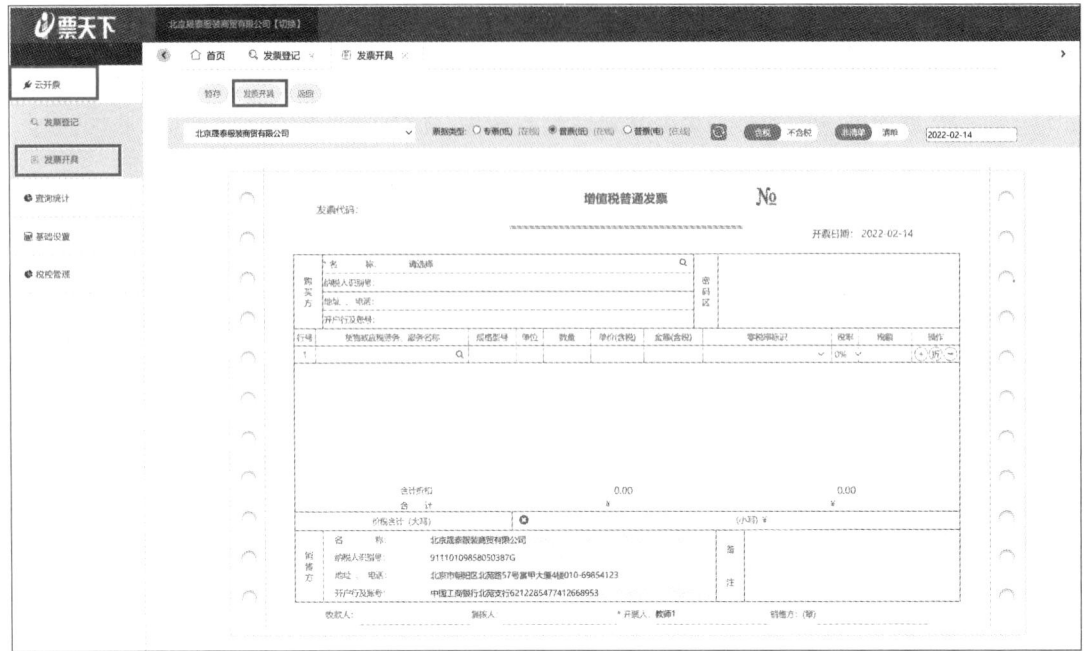

图 5-60 票天下系统发票开具操作界面

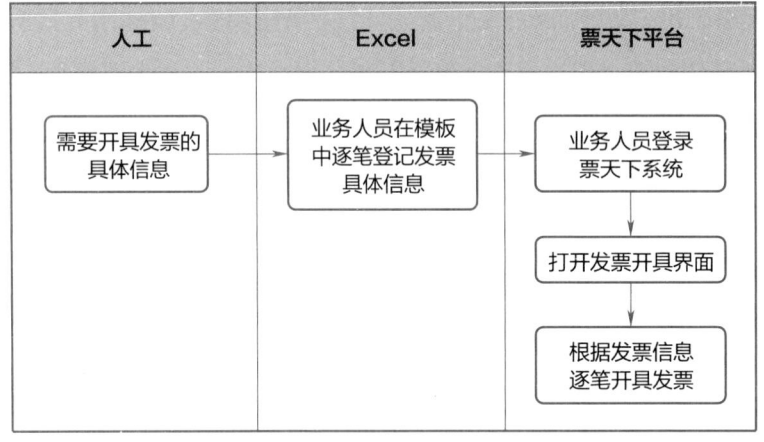

图 5-61 发票开具的业务流程

根据 RPA 的特点和要求，李小刚建议把"打开发票开具界面"和"根据发票信息逐笔开具发票"交给 RPA 来自动执行，如图 5-62 所示。

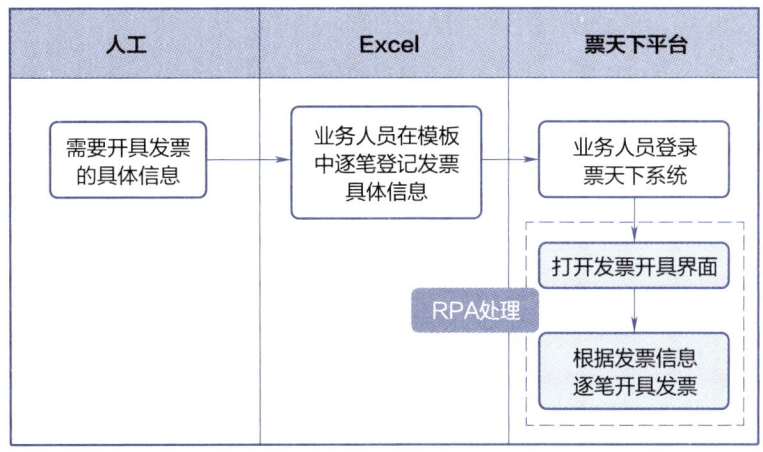

图 5-62　设计后的业务流程

（二）自动化流程分析

业务流程确定后，还需要根据业务和软件的特点进行自动化流程分析，以方便指导后期的程序开发。发票开具业务自动化流程结果如图 5-63 所示。

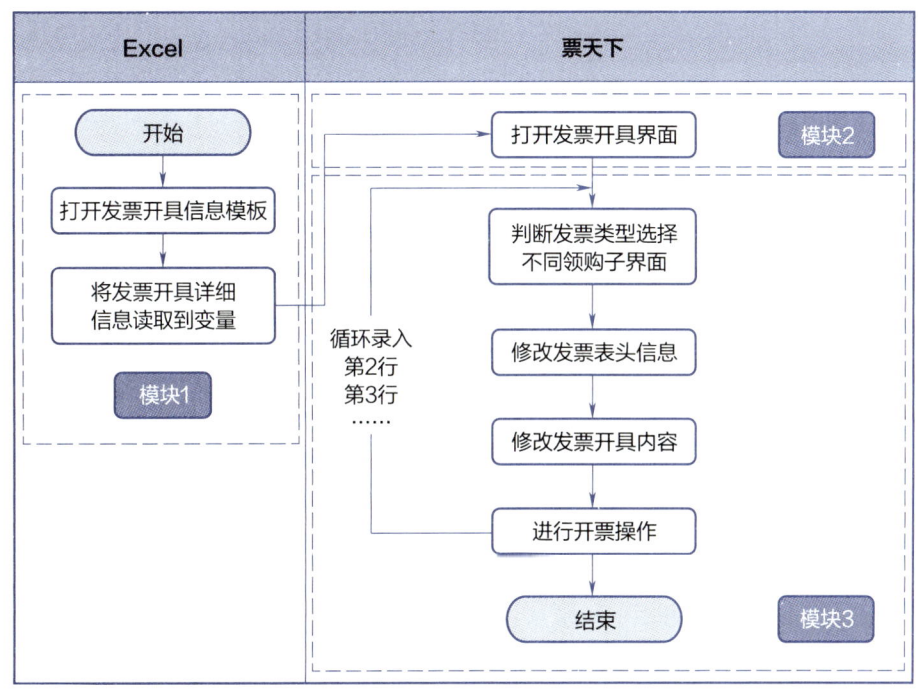

图 5-63　发票开具业务自动化流程

发票开具业务自动化过程主要包括三个部分：

第一步，由 RPA 自动打开发票开具信息模板文件，将该文件中的发票开具信息记录读取到变量中，供后期执行开票操作的时候调用。

第二步，由 RPA 自动打开票天下的发票开具操作界面。

第三步，依据从模板文件中读取出的变量记录，逐条填写发票有关信息，并完成开票操作。根据记录信息循环进行第三步操作，操作到最后一条记录，程序终止。

二、设计指导

（一）模块 1：打开发票开具信息模板表读取变量

该模块的主要任务是打开业务部门设计好的"发票开具信息模板"Excel 文件，读取数据区域，将其存入变量。打开"发票开具信息模板"读取变量开发流程如图 5-64 所示。

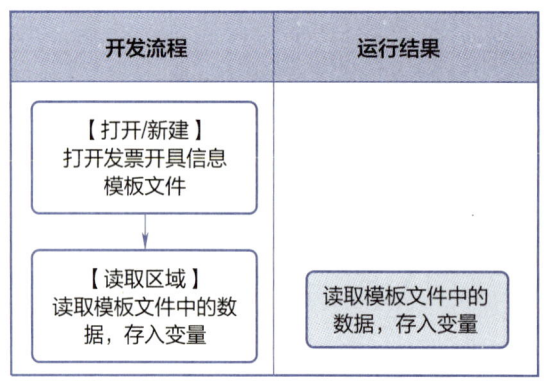

图 5-64　打开"发票开具信息模板"读取变量开发流程

1. 添加"打开 / 新建"组件

（1）打开 RPA 编辑器，新建流程项目。

（2）单击左边的"项目"菜单，右键单击当前打开的项目名称"发票开具"，选择"打开文件夹"，将下载后的"发票开具信息模板"文件拷贝到工程文件夹下面。

（3）在活动面板中搜索"打开 / 新建"组件，并将其拖拽至 Main 面板上。

（4）在"打开 / 新建"组件属性面板上，选择保存 Excel 文件的文件夹目录。在属性栏中将"可视"取消勾选，如图 5-65 所示。

图 5-65 "打开 / 新建"组件属性面板

2. 添加"读取区域"组件，读取 Excel 中"发票开具信息"数据

（1）在序列中添加"读取区域"组件至"打开 / 新建"组件中。

（2）在"读取区域"输入框中，输入需要读取的 sheet 页为 ""发票开具信息 ""，区域为默认，如图 5-66 所示。

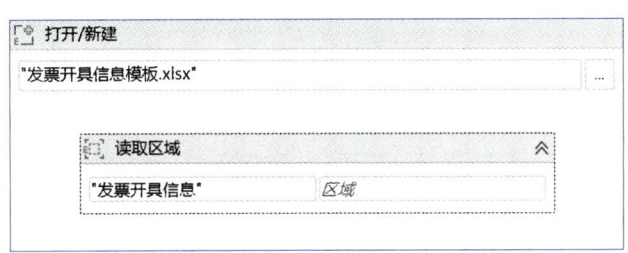

图 5-66　设置"读取区域"组件

（3）在下方的变量区域，创建 data 变量，变量类型设置为"DataTable"，如图 5-67 所示。

（4）在前面添加的"读取区域"组件的属性面板中，"输出 | 数据"设置为"data"，即从 Excel 模板中读取出来的数据将输出至该变量中。在"读取区域"属性面板，勾选"添加列头"，如图 5-68 所示。

名称	变量类型	范围	默认值
data	DataTable	Root	*Enter DataTable Value*

图 5-67　创建变量

图 5-68　读取区域属性面板

（二）模块 2：打开票天下—发票开具界面

本模块的主要目的在于利用 RPA 自动打开票天下平台的"发票开具"界面，方便后期自动执行发票的开具操作。打开开发流程如图 5-69 所示。

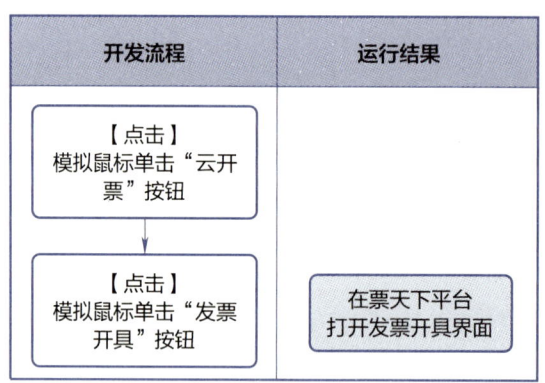

图 5-69　打开发票开具界面

（1）打开票天下平台。

（2）在 RPA 编辑器活动面板中，搜索"序列"组件创建一个新的序列，并将其拖拽至 Main 面板中"打开 / 新建"组件的下方，当"打开 / 新建"组件向下箭头变为深蓝色时，放开鼠标，如图 5-70 所示。使新增序列为"打开 / 新建"组件后的一个组件程序。

点击"序列"二字，将序列名称修改为"打开发票开具界面"，如图5-71所示。

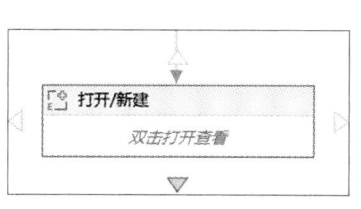

图5-70 "打开/新建"组件拖拽示意图

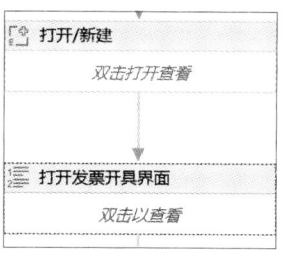

图5-71 新增"打开发票开具界面"序列组件

双击该序列内部，从组件区域搜索并拖入"点击"组件，如图5-72。再单击"指定元素"。

（3）将系统切换到"票天下"界面，单击选择"云开票"菜单，即完成组件设置。

（4）在浏览器"票天下"界面，单击"云开票"展开菜单。

（5）继续在"打开发票开具界面"序列中，添加"点击"组件，在票天下界面单击选择"发票开具"菜单，完成组件设置，如图5-73所示。

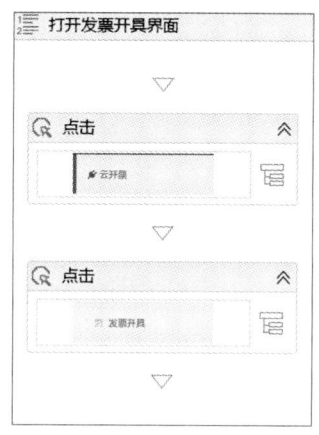

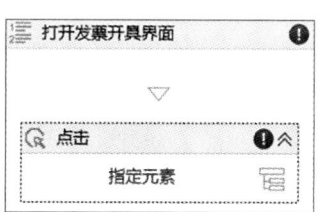

图5-72 创建"点击"组件

图5-73 "打开发票开具界面"序列组件设计

（三）模块3：根据发票开具信息，逐笔开具发票

本模块的主要目的在于利用RPA自动打开票天下平台的"发票开具"界面，根据"发票开具信息模板"Excel文件中的发票开具信息，逐笔开具发票，如图5-74所示。

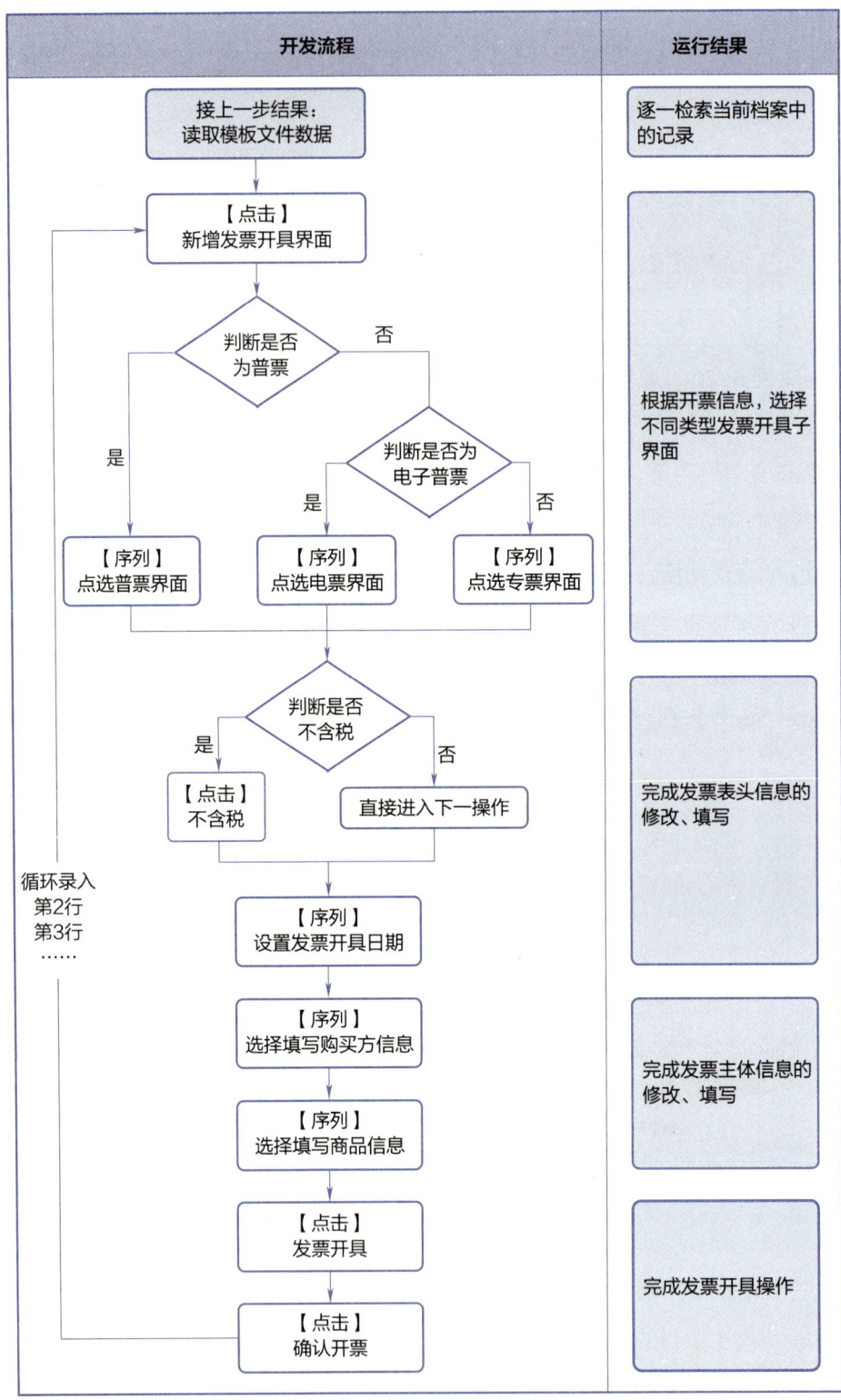

图 5-74　发票开具开发流程

1. 添加"循环操作（For Each）"组件

（1）在 RPA 编辑器活动面板中，搜索"循环操作（For Each）"组件，并将其拖拽至 Main 面板中"打开发票开具界面"组件的下方，当"打开发票开具界面"组件向下箭头变为深蓝色时，放开鼠标。使"循环操作（For Each）"组件为"打开发票开具界面"序列组件后的一个组件程序。

（2）将 Foreach 循环中的 in（数据源形式）后面的集合名称设置为"data.Rows"，意思是在 data 变量中逐行循环取数，如图 5-75 所示。

图 5-75　添加 Foreach 循环

2. 添加"点击"组件，打开发票开具新增界面

（1）在 RPA 编辑器活动面板中，搜索"序列"组件，并将其拖拽至 Main 面板中"循环操作（For Each）"界面内部。

（2）双击"序列"组件，在 RPA 编辑器活动面板中，搜索"点击"组件，并将其拖拽至 Main 面板中"序列"界面内部，如图 5-76 所示。

（3）将指定元素指定为"票天下"发票开具界面中的"新增"按钮，如图 5-77 所示。

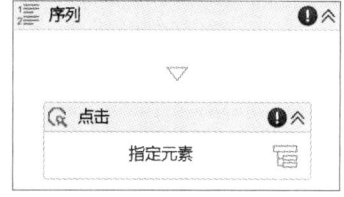

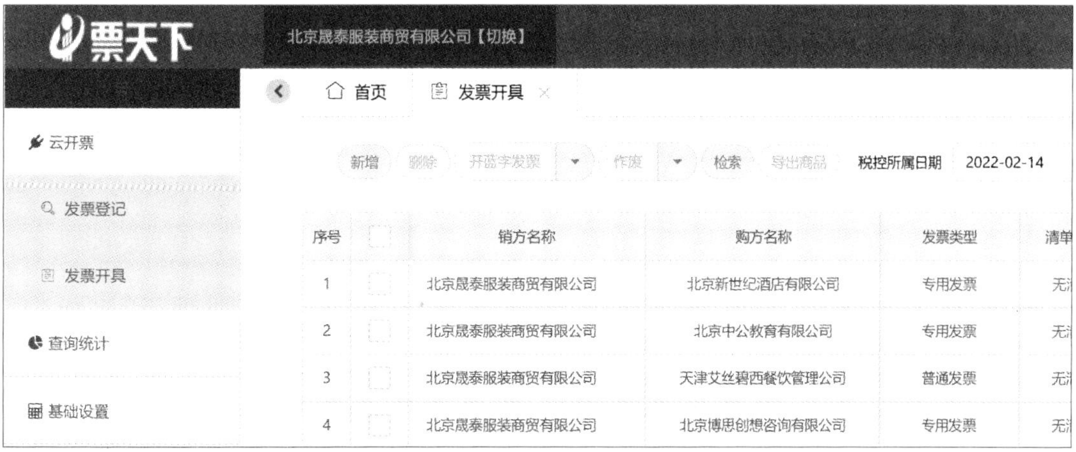

图 5-76　添加"点击"组件

图 5-77　"票天下"界面发票新增按钮

3. 添加"条件"组件，根据发票类型，选择不同发票开具子界面

（1）在 RPA 编辑器活动面板中，搜索"条件（If）"组件，并将其拖拽至 Main 面板中"点击"组件下方。单击"条件（If）"，将其名称修改为"判断发票类型"。

（2）将"判断发票类型"组件，条件设置为"item[" 票据类型 "].ToString() == " 普通发票 ""。当"发票开具信息"数据模板中记录的发票类型为"普通发票"时，条件判断为是，执行 Then 下面的程序；否则，条件判断为否，执行 Else 下面的程序。

（3）在下方的变量区域，创建 index 变量，变量类型设置为"Int32"；创建 invoice 变量，变量类型设置为"String"，如图 5-78 所示。

名称	变量类型	范围	默认值
index	Int32	Root	Enter Int32 Value
invoice	String	Root	Enter String Value

图 5-78　创建变量

> **重要提示**
>
> Int32 变量类型，为带负号的整数变量类型。表示该变量只能存储……-1、0、1、2、3……整数。Int32 的数值取值范围为"-2147483648"到"2147483647"。

（4）在 RPA 编辑器活动面板中，搜索"序列"组件，并将其拖拽至 Main 面板中"判断发票类型"组件 Then 下方的区域。单击"序列"，将其名称修改为"点选普票界面"。

（5）在 RPA 编辑器活动面板中，搜索"点击"组件，并将其拖拽至"点选普票界面"序列中。将其元素指定为"票天下"系统，发票新增界面的"普票（纸）"前的选择圆点，如图 5-79 所示。

图 5-79　点选"普票（纸）"界面

在"点击"组件右侧单击"目标 | 选择器"进行设置，在选择器节点处，将页面属性 Id 值修改为"fpType_*"，并新建属性 Index，将其值修改为"2"，如图 5-80

所示。设置后，单击"确定"按钮。

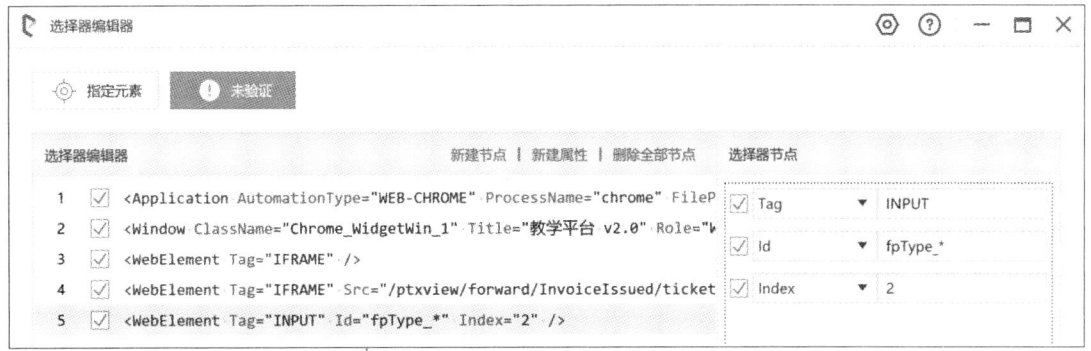

图 5-80　选择器编辑器设置

（6）在下方创建"赋值（多个）"组件，将 index 变量值设置为"2"，将 invoice 变量值设置为""pptb""，方便 RPA 程序后期组件调用，如图 5-81 所示。

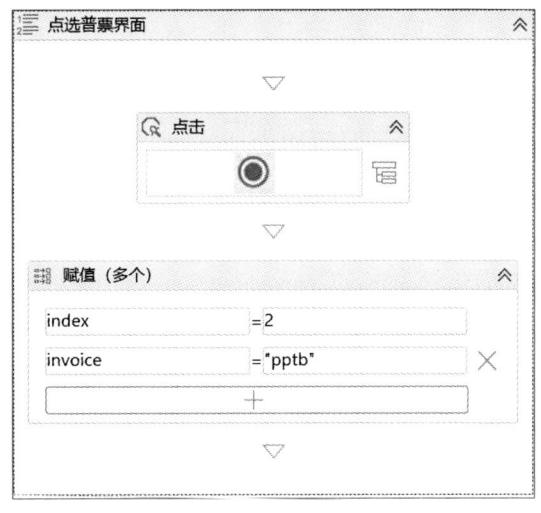

图 5-81　"赋值（多个）"组件设计

（7）在 RPA 编辑器活动面板中，搜索"条件（If）"组件，并将其拖拽至 Main 面板中"判断发票类型"组件 Else 下方的区域。将其"输入 | 判断条件"设置为"item["票据类型"].ToString() == "电子普通发票""，即当"发票开具信息"数据模板中记录的发票类型不为"普通发票"时，进行再分析。进一步分析"电子普通发票"时，条件判断为是，执行 Then 下面的程序；否则，条件判断为否，发票类型为专用发票，执行 Else 下面的程序。如此，三种发票类型可分别进入不同路径，执行相应操作。

（8）在 RPA 编辑器活动面板中，搜索"序列"组件，并将其拖拽至 Main 面板中"判断发票类型"组件 Then 下方的区域。单击"序列"，将其名称修改为"点选电子普票界面"。

（9）在 RPA 编辑器活动面板中，搜索"点击"组件，并将其拖拽至"点选电子普票界面"组件中。将其元素指定为"票天下"系统，发票新增界面的普票（电）前的选择圆点。在"点击"组件右侧单击"目标｜选择器"进行设置，在选择器节点处，将页面属性 Id 值修改为"fpType_*"，并新建属性 Index，将其值修改为"3"。设置后，单击"确定"按钮。

（10）在下方创建"赋值（多个）"组件，将 index 变量值设置为"3"，将 invoice 变量值设置为""dptb""，方便 RPA 程序后期组件调用。

（11）由于开具电子普票，必须注明发票接收人的电话及邮箱。因此，需要根据开票的客户名称，在模板表格"客户信息管理"页签中，查找并输入客户的电话及邮箱。设计逻辑如图 5-82 所示。

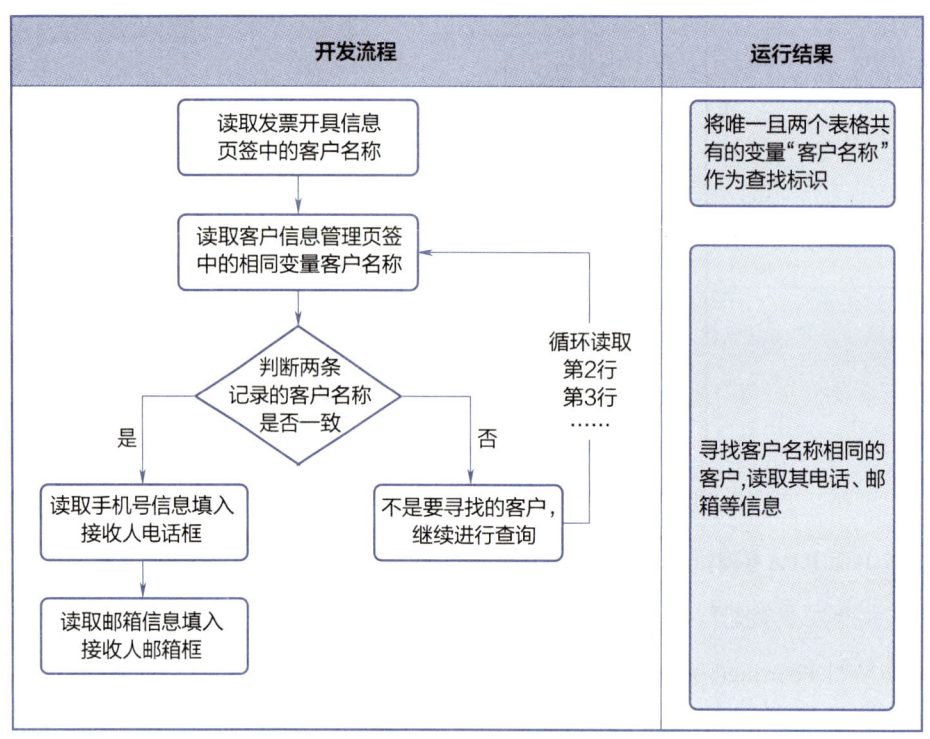

图 5-82　开具电子普票，读取接收人电话、邮箱流程设计

在下方的变量区域，创建 khdata 变量，变量类型设置为"DataTable"，用来存储"客户信息管理"页签中的数据信息。

（12）在活动面板中搜索"打开／新建"组件，并将其拖拽至 Main 面板上。在

"打开/新建"组件属性面板上，在属性栏中将"可视"取消勾选。在序列中添加
"读取区域"组件至"打开/新建"组件中。在"读取区域"组件输入框中，输入需
要读取的 sheet 页为"客户信息管理"，区域为默认。在前面添加的"读取区域"组件
的属性面板中，将"输出 | 数据"设置为 kndata，即从 Excel 模板中读取出来的数据
将输出至该变量中。将"可选项 | 添加列头"后的方框打钩，如图 5-83 所示。

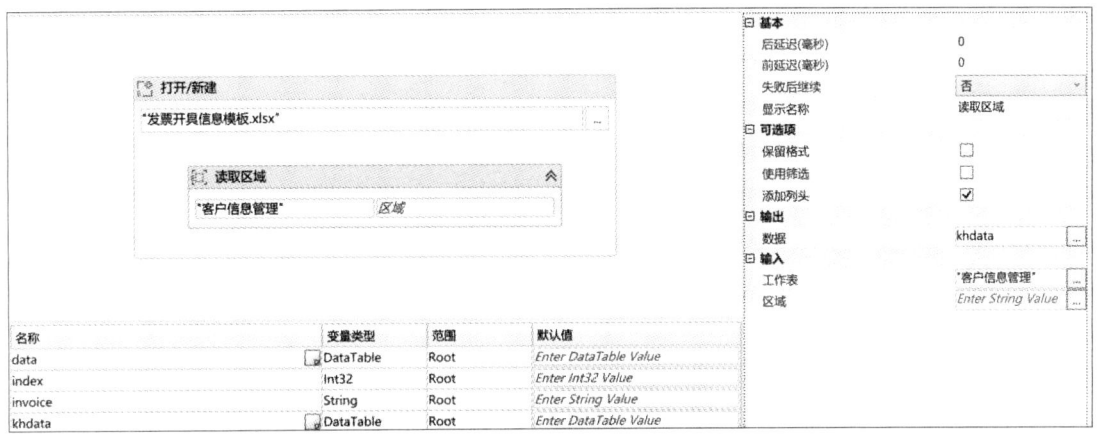

图 5-83 "客户信息管理"组件设计

（13）在 RPA 编辑器活动面板中，搜索"循环操作（For Each）"组件，并将
其拖拽至 Main 面板中"打开/新建"组件的下方。将 Foreach 循环中的 in（数据源
形式）前面的循环名称设置为"i"，后面的集合名称设置为"khdata.Rows"，即在
khdata 变量中逐行循环取数。

（14）在 RPA 编辑器活动面板中，搜索"条件（If）"组件，并将其拖拽至
"循环操作（For Each）"组件中。将"输入 | 判断条件"设置为"i[" 客户名称 "].
ToString() == item[" 客户名称 "].ToString()"。表示在"客户信息管理"数据表中，逐
行寻找与"发票开具信息"数据表中客户名称相同的记录。如果相同，则表示匹配，
条件判断为是，执行 Then 下方的操作；否则将继续寻找。

（15）在 RPA 编辑器活动面板中，搜索"序列"组件，将其拖拽至"条件（If）"
组件 Then 区域的下方。单击"序列"，将其名称修改为"输入电话、邮箱"。在"输入
电话、邮箱"中，添加"输入文本"组件，指定在"票天下"系统电子普票开具界面
"请输入接收人电话"框内，输入文本"i[" 手机号 "].ToString()"。再添加一个"输入文
本"组件，指定在"票天下"系统电子普票开具界面"请输入接收人邮箱"框内，输
入文本"i[" 邮箱 "].ToString()"。"点选电子普票界面"组件设计，如图 5-84 所示。

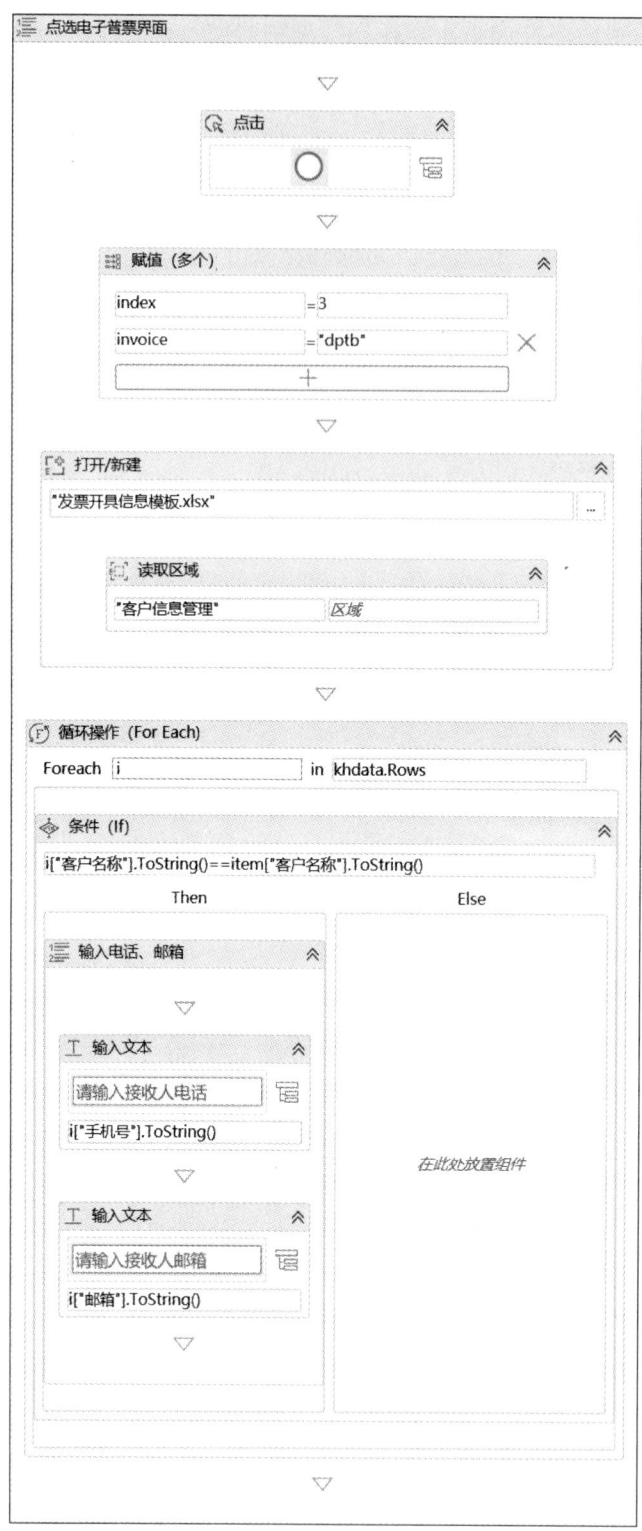

图 5-84 "点选电子普票界面"组件设计

（16）在票据类型等于电子普通发票条件组件的 Else 下方区域，增加"序列"组件。单击"序列"，将其名称修改为"点选专票界面"。

（17）在 RPA 编辑器活动面板中，搜索"点击"组件，并将其拖拽至"点选专票界面"序列中。将其元素指定为"票天下"系统，发票新增界面的"专票（纸）"前的选择圆点。在"点击"组件右侧单击"目标 | 选择器"进行设置，在选择器节点处，将页面属性 Id 值修改为"fpType_*"，并新建属性 Index，将其值修改为"1"。设置后，单击"确定"按钮。

（18）在下方创建"赋值（多个）"组件，将 index 变量值设置为"1"，将 invoice 变量值设置为""zptb""，方便 RPA 程序后期组件调用。"判断发票类型"组件设计如图 5-85 所示。

图 5-85 "判断发票类型"组件设计

4. 添加"条件"组件，判断发票是否含税

（1）在 RPA 编辑器活动面板中，搜索"条件（If）"组件，并将其拖拽至 Main 面板中发票类型判断"条件（If）"组件下方。单击"条件（If）"，将其名称修改为"判断是否含税"。

（2）将"判断发票类型"组件，条件设置为"item[" 含税与否 "].ToString() =="不含税 ""。当"发票开具信息"数据模板中记录的含税与否为"不含税"时，条件判断为是，执行 Then 下面的程序；否则，条件判断为否，跳过条件判断，执行后面的程序。

（3）在 Then 下方的区域，添加"点击"组件，指定其元素为"票天下"系统，发票开具界面的"不含税"选择按钮，如图 5-86 所示。

图 5-86 "票天下"系统"不含税"按钮

5. 添加"序列"组件,设置发票开具日期

（1）在 RPA 编辑器活动面板中,搜索"序列"组件,并将其拖拽至 Main 面板中是否含税"条件（If）"组件下方。单击"序列",将其名称修改为"修改开票日期"。

（2）在"修改开票日期"序列内,添加"设置 Web 元素属性值"组件,指定修改"票天下"系统,发票开具界面右上角日期框的""readonly""属性值为"""。组件设置如图 5-87 所示。

（3）在"设置 Web 元素属性值"组件,添加"输入文本"组件,指定其元素为"票天下"系统,发票开具界面右上角日期框。在右侧输入文本属性面板中,"可选项 | 清空原文本"后的方框打钩;将"输入 | 文本"设置为"item[" 开票日期 "].ToString()"。

（4）在"输入文本"组件,添加"点击"组件,指定其元素为"票天下"系统,发票开具界面右上方的刷新按钮 。

（5）在下方再添加"点击"组件,指定其元素为"票天下"系统,发票开具界面右上角日期框。将其属性面板中"可选项 | 点击方式",修改为"模拟鼠标",如图5-88 所示。

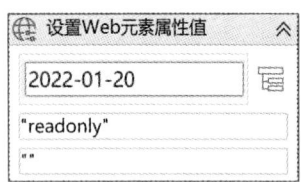

图 5-87 "设置 Web 元素属性值"组件

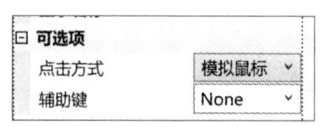

图 5-88 "点击"组件属性设置

（6）在下方再添加"点击"组件,指定其元素为"票天下"系统,日期选择框选择菜单的"确定"按钮,如图 5-89 所示。

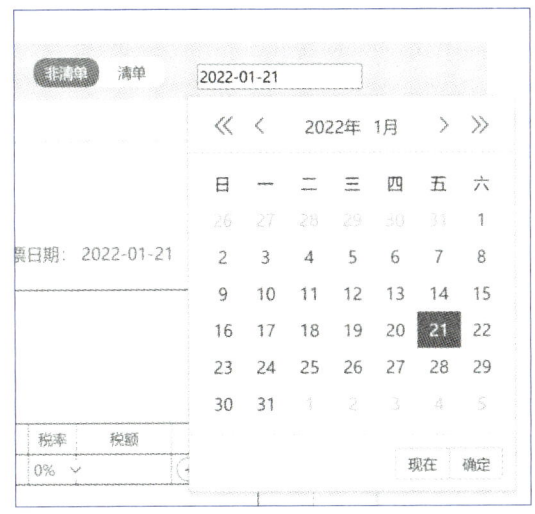

图 5-89 确认日期输入界面

📍 **重要提示**

　　由于系统对日期输入的设置较为苛刻。只是输入日期文本，不进行其他操作，"票天下"系统后台不认为进行了日期输入的确认，系统认为我们并没有修改日期。因此，需修改日期值后，点开日期选择框，再点击"确定"按钮，才能完成日期的修改。

　　"修改开票日期"组件设计，如图 5-90 所示。

6. 添加"序列"组件，设置发票开具内容

　　（1）在 RPA 编辑器活动面板中，搜索"序列"组件，并将其拖拽至 Main 面板中"修改开票日期"组件下方。单击"序列"，将其名称修改为"修改开票内容"。

　　（2）在"修改开票日期"组件内，添加"点击"组件，指定其元素为"票天下"系统，发票上购买方名称右侧的放大镜按钮。在"点击"组件右侧单击"目标 | 选择器"进行设置，在选择器节点处，将页面属性 Index 值修改为"{index}"，如图 5-91所示。设置后，单击"确定"按钮。

图 5-90 "修改开票日期"组件设计

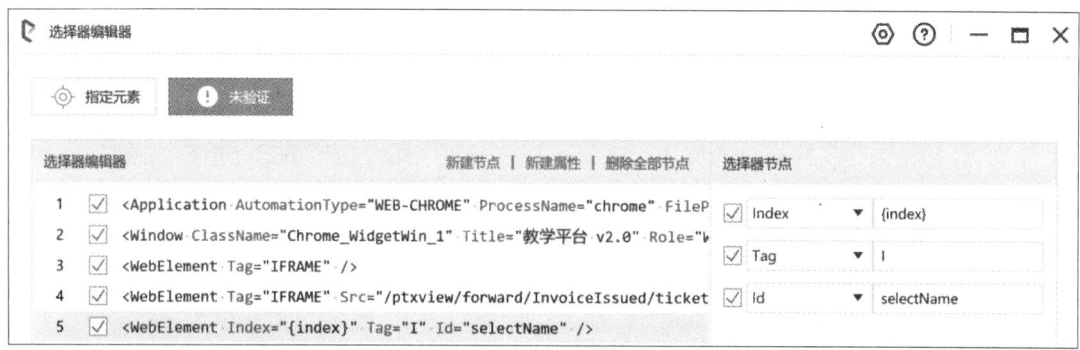

图 5-91 设置选择器编辑器

通过单击不同发票类型前的选择圆点，我们会发现专用发票、普通发票、电子普通发票的发票开具子界面不同。每种发票的购买方名称右侧的放大镜按钮也是不同的。修改 Index 属性后，RPA 可根据之前选择的不同发票类型，判断应该在哪一个子界面单击购买方名称选择、查询放大镜。如果不进行修改，则只有发票类型为某一特定类别时，才能调用发票子界面的购买方名称选择、查询放大镜按钮。

（3）在"点击"组件下方添加"输入文本"组件，指定在"选择客户"弹窗页面，客户名称后的方框中，输入文本"item[" 客户名称 "].ToString()"。开票系统"选择客户"页面如图 5-92 所示。

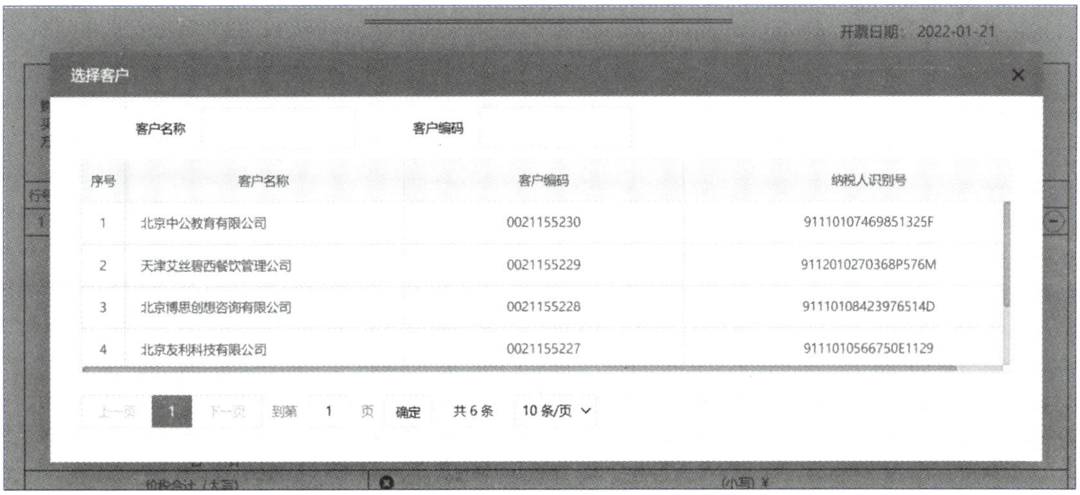

图 5-92 "选择客户"页面

在"输入文本"组件右侧单击"目标 | 选择器"进行设置，在选择器节点处，将页面属性 Id 值修改为"layui-layer-iframe*"，如图 5-93 所示。设置后，单击"确定"按钮。

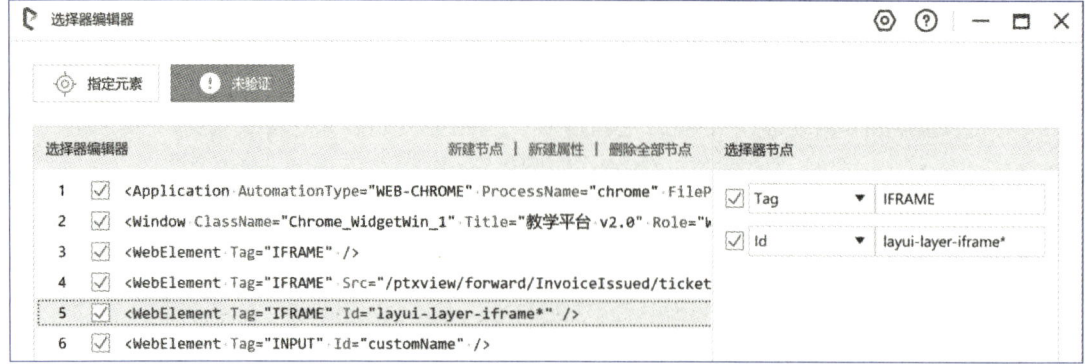

图 5-93　设置选择器编辑器

（4）在"输入文本"组件下方添加"点击"组件，模拟鼠标单击查询到的客户信息，进行指定客户的选择，将其相应信息填入发票上方的购买方位置。将其属性面板中，"可选项|点击方式"，修改为"模拟鼠标"。在"点击"组件右侧单击"目标|选择器"进行设置，在选择器节点处，将页面属性 Id 值修改为"layui-layer-iframe*"，如图 5-94 所示。

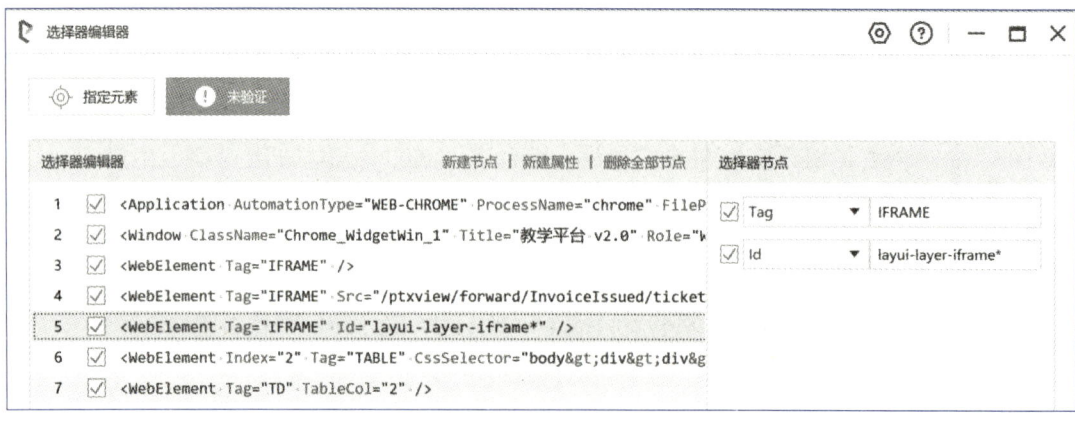

图 5-94　选择器编辑器设置

重要提示

RPA 设计器对于点选的区域要求严格，因此在指定元素时，应当选择客户名称下方的满框，不能只选择较窄的方框。可打开"目标｜选择器"进行查看，如果出现属性 SInfo 值为天津艾丝餐饮管理公司等属性值，如图 5-95 所示，则表示"点击"组件指定元素有误，需重新进行元素指定。

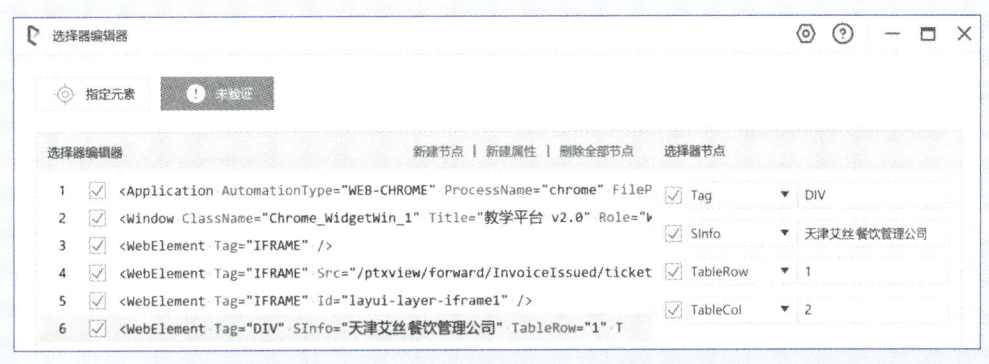

图 5-95　指定元素错误时选择器编辑器设置

（5）在"点击"组件下方继续添加"点击"组件，指定其元素为"票天下"系统，发票上货物或应税劳务、服务名称下方的放大镜按钮。在"点击"组件右侧单击"目标｜选择器"进行设置，在选择器节点处，将页面属性 Ancestorld 值修改为"{invoice}"，如图 5-96 所示。设置后，单击"确定"按钮。

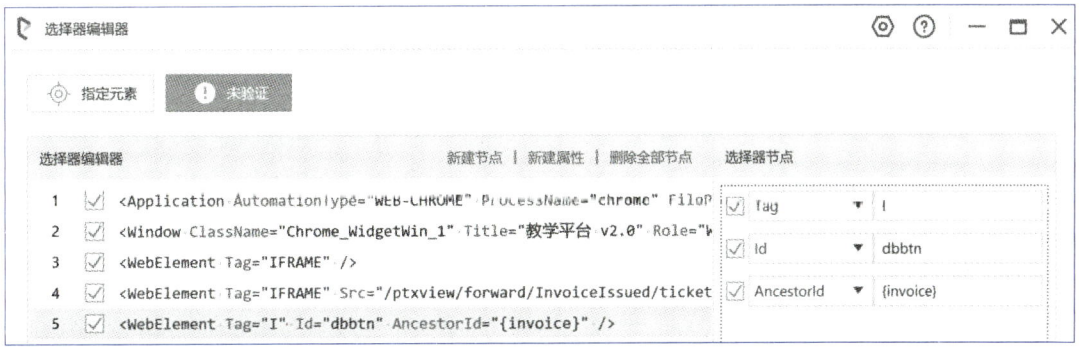

图 5-96　选择器编辑器设置

（6）在"点击"组件下方添加"输入文本"组件，指定在"选择税收编码"弹窗页面，商品名称后的方框中，输入文本"item[" 商品名称 "].ToString()"。开票系统"选择税收编码"页面如图 5-97 所示。

图 5-97 "选择税收编码"页面

在"输入文本"组件右侧单击"目标 | 选择器"进行设置，在选择器节点处，将页面属性 Id 值修改为"layui-layer-iframe*"，如图 5-98 所示。设置后，单击"确定"按钮。

图 5-98 选择器编辑器设置

（7）在"输入文本"组件下方添加"点击"组件，模拟鼠标单击弹窗的"查询"按钮。在"点击"组件右侧单击"目标 | 选择器"进行设置，在选择器节点处，将页面属性 Id 值修改为"layui-layer-iframe*"。

（8）在"点击"组件下方继续添加"点击"组件，模拟鼠标进行指定商品、服务的选择，将其相关信息填入发票信息行次中。"可选项 | 点击方式"为"模拟鼠标"。在"点击"组件右侧单击"目标 | 选择器"进行设置，在选择器节点处，将页面属性 Id 值修改为"layui-layer-iframe*"。

（9）在"点击"组件下方继续添加"点击"组件，模拟鼠标单击商品、服务信息行中的数量框，以便进行销售数量的输入。"可选项 | 点击方式"为"模拟鼠标"。在"点击"组件右侧单击"目标 | 选择器"进行设置，在选择器节点处，将页面属性 AncestorId 值修改为"{invoice}"，如图 5-99 所示。

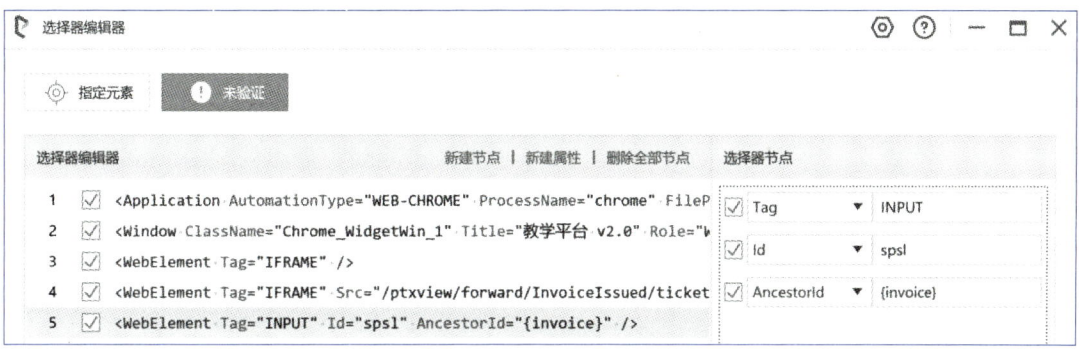

图 5-99　选择器编辑器设置

📍 **重要提示**

RPA 设计器对于点选的区域要求严格，因此在指定数量框元素时，应当选择较窄的方框，不能选择满框。可打开"目标 | 选择器"进行查看，如果出现属性 TableCol 值为 5 等属性，如图 5-100 所示，则表示"点击"组件指定元素有误，需重新进行元素指定。

图 5-100　指定元素错误时选择器编辑器设置

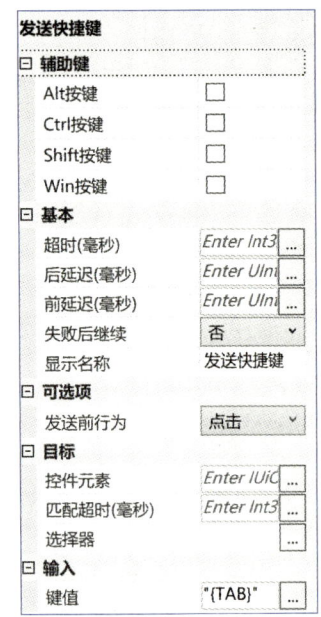

图 5-101 "发送快捷键"
组件属性设置

（10）在"点击"组件下方继续添加"输入文本"组件，模拟进行销售数量的输入，设置输入文本为"item[" 数量 "].ToString()"。

（11）在"输入文本"组件下方继续添加"发送快捷键"组件，模拟将输入光标移动至数量框后方的单价框中。属性面板中，"可选项 | 发送前行为"为"点击"，"输入 | 键值"为""{TAB}""，如图 5-101 所示。

（12）在"发送快捷键"组件下方继续添加"输入文本"组件。由于选择商品信息后，会自动填入默认单价数据。因此，将其属性面板中，"可选项 | 清空原文本"后的方框打钩。将输入文本设置为"item[" 单价 "].ToString()"。

（13）在"输入文本"组件下方继续添加"发送快捷键"组件，模拟将输入光标移动至数量框后方的金额框中，自动进行总金额的计算。属性面板中，"可选项 | 发送前行为"为"点击"。"输入 | 键值"设置为""{TAB}""。

📍 **重要提示**

如果开具的发票为建筑服务、运输服务等，则必须在发票的备注栏中填写相关信息。这时，可在表格模板右侧增加一列备注信息，并在第（13）步操作后增加两步操作。

增加操作①：在"发送快捷键"组件下方继续添加"点击"组件，模拟鼠标单击发票右下方的备注输入框。属性面板中，"点击 | 点击类型"为"双击"，"可选项 | 点击方式"为"模拟鼠标"。在"点击"组件右侧单击"目标 | 选择器"进行设置，在选择器节点处，将页面属性 Index 值修改为"{index}"，如图 5-102 所示。

增加操作②：在"点击"组件下方继续添加"输入文本"组件，模拟鼠标在发票备注栏中填入相应发票备注信息。将输入文本设置为"item[" 备注 "].ToString()"。

图 5-102 "点击"组件属性及选择器编辑器设置

7. 添加"序列"组件，进行开票操作

（1）在 RPA 编辑器活动面板中，搜索"序列"组件，并将其拖拽至 Main 面板中"修改开票内容"组件下方。单击"序列"，将其名称修改为"开票操作"。

（2）在"开票操作"组件内，添加"点击"组件，指定其元素为"票天下"系统，发票开具界面的刷新按钮 ⟳ 。将其属性面板中，"可选项 | 点击方式"修改为"模拟鼠标"。

> **重要提示**
>
> "票天下"系统将数据传输至后台，后台反应后给予反馈，在前端界面显示相关信息需要一定时间。由于 RPA 程序操作速度非常快，因此，需要插入刷新按钮，给"票天下"系统一定的反应时间。否则，可能会因为数据传输不及时，造成开具发票时，出现发票信息未及时被后台系统读取，显示发票信息为空，开票失败的情形。

（3）在"点击"组件的下方添加"点击"组件，指定点击元素为"票天下"系统发票开具界面左上角的发票开具按钮。将其属性面板中，"基本 | 前延迟（毫秒）"值修改为"4000"。

（4）在"点击"组件的下方继续添加"点击"组件，指定点击元素为发票开具弹窗的"确定开票"按钮。在"点击"组件右侧单击"目标 | 选择器"进行设置，在

选择器节点处，将页面属性 Ancestorld 值修改为"layui-layer*"，如图 5-103 所示。

图 5-103　选择器编辑器设置

8. 流程结束，用户确认

（1）流程结束，选择、添加"确认框"组件。

（2）双击点开确认框，进行编辑，输入标题""提示""，描述："" 发票开具流程已运行完毕 ""，如图 5-104 所示。

图 5-104　"确认框"组件

9. 打包生成文件

（1）单击文件菜单，单击保存，保存项目。选择导出项目，将项目以 .dgs 格式导出至目标文件夹中，如图 5-105 所示。

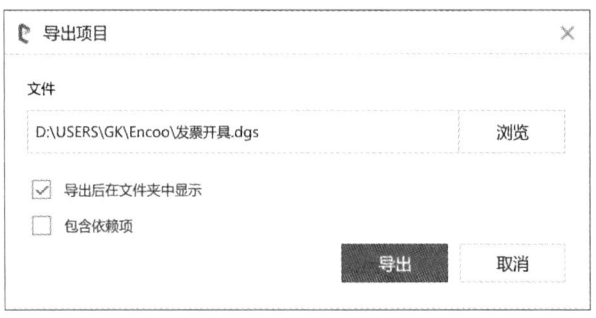

图 5-105　导出项目

（2）运行 RPA 程序，生成业务结果。

【任务拓展】

假设本期北京近邻信息有限公司发票开具信息清单如表 5-8 所示。

表 5-8　发票开具信息清单

编号	票据类型	含税与否	开票日期	客户名称	商品名称	数量	单价/元	备注
1	电子普通发票	含税	2021-07-24	北京木蚂蚁科技有限公司	台式计算机	10	3 450	
2	普通发票	含税	2021-07-25	天津盛拓灵智信息技术有限公司	计算机维修服务	1	500	
3	普通发票	含税	2021-07-26	北京风云笛音科技有限公司	计算机维修服务	1	350	
4	普通发票	含税	2021-07-27	北京新纪元科技有限公司	hp 打印机	1	2 300	
5	普通发票	含税	2021-07-28	北京九裁服装商贸有限公司	台式计算机	13	3 450	
6	普通发票	含税	2021-07-29	北京博实商贸有限公司	hp 打印机	3	2 300	
7	普通发票	含税	2021-07-30	北京宏图科技有限公司	计算机维修服务	1	270	
8	专用发票	含税	2021-07-30	北京金云台信息技术有限公司	台式计算机	35	3 450	
9	普通发票	不含税	2021-07-30	北京森华易腾通信技术有限公司	台式计算机	5	3 450	
10	电子普通发票	含税	2021-07-24	北京木蚂蚁科技有限公司	台式计算机	10	3 450	

近邻公司相关客户信息清单如表 5-9 所示。

表5-9 客户信息清单

编号	客户名称	银行账号	开户银行	纳税人识别号	纳税人类型	地址	电话	邮箱	手机号
1	北京木鹅蚁科技有限公司	6200022210920000062731	工商银行北京市北苑路支行	91110107571238976A	小规模纳税人	北京市朝阳区北苑路170号凯城7号楼4层	010-59273361	×××××@qq.com	186×××××××
2	天津盛拓灵智信息技术有限公司	620002221092000072136	工商银行天津市武清支行	91120118MA06B40B34	一般纳税人	天津自贸试验区(中心商务区)熙元广场1-513	022-23715347	×××××@qq.com	186×××××××
3	北京风云笛音科技有限公司	620002221092000031128	工商银行北京市上地支行	91110108MA0064610K	小规模纳税人	北京市海淀区上地十街1号院6号楼2层	010-37837494	×××××@qq.com	188×××××××
4	北京新纪元科技有限公司	65239867845567425	建设银行北京外国语大学支行	91112580MA0164600K	小规模纳税人	北京市厂洼路3号丹龙大厦A座B4018	010-51267778	×××××@qq.com	177×××××××
5	北京九裁服装商贸有限公司	6222604936436759230	交通银行北京市高碑店支行	91110134210198650N	小规模纳税人	北京市朝阳区高碑店乡半壁店村惠河南街10号	010-34924612	×××××@qq.com	188×××××××
6	北京宏图科技有限公司	6200022210920000092736	工商银行北京市北苑路支行	91110107687456998A	小规模纳税人	北京市朝阳区北苑路170号楼创城1层	010-59277736	×××××@qq.com	188×××××××
7	北京金云台信息技术有限公司	6211258742698520015	工商银行北京市东升路支行	911101080716525919	小规模纳税人	北京市海淀区农大南路88号1号楼178室	010-57838932	×××××@qq.com	135×××××××
8	北京森华易腾通信技术有限公司	6211285479658712693	工商银行北京市九龙山富力城支行	911101087825067343	小规模纳税人	北京市海淀区九龙山富力城1号楼11层1103-1104	010-87382738	×××××@qq.com	138×××××××
9	北京博实商贸有限公司	6222000268764729620	工商银行北京市北清路支行	91110105668553414G	小规模纳税人	北京市海淀区北清路56号院1-23	010-23745862	×××××@qq.com	188×××××××

作为该企业财务人员，请根据发票的领购数据，整理新的发票开具信息清单模板表格，设计开发并运行 RPA 程序，在票天下平台完成发票的开具。

【学习评价】

按照表 5-10 开票业务流程自动化开发与应用学习评价表的考核内容分别评价各项内容的完成度并计算得分，按考核项目的权重计算本单元的总分。

表5-10　开票业务流程自动化开发与应用学习评价表

考核项目	权重/%	考核内容	分值	得分
知识	20	按时完成商品与服务档案、客户档案录入、发票开具等开发流程内容的线上阅读或线下听讲	30	
		积极参与本单元有关的商品与服务档案、客户档案录入、发票开具的讨论与交流活动	40	
		正确辨析并解释本单元涉及的商品与服务档案录入等流程的背景及核心流程	30	
技能	60	能够通过 RPA 设计器，自动读取 Excel 中商品与服务档案数据，自动完成商品与服务档案录入业务处理过程，能够主动排查并调试程序运行过程中的问题并运行 RPA 程序，得到正确结果	35	
		能够通过 RPA 设计器，自动读取 Excel 中客户档案数据，自动完成客户档案录入业务处理过程，能够主动排查并调试程序运行过程中的问题并运行 RPA 程序，得到正确结果	35	
		能够通过 RPA 设计器，自动读取 Excel 中发票开具数据，自动完成发票开具业务处理过程，能够主动排查并调试程序运行过程中的问题并运行 RPA 程序，得到正确结果	30	
素养	20	按照本单元规定的职业素养目标的基本要求，各项表现良好	50	
		结合本单元实例，完成发票业务流程自动化应用方面问题的讨论，对企业发票业务流程自动化的应用价值及主要控制点提出自己的见解	50	
总体评价			100	

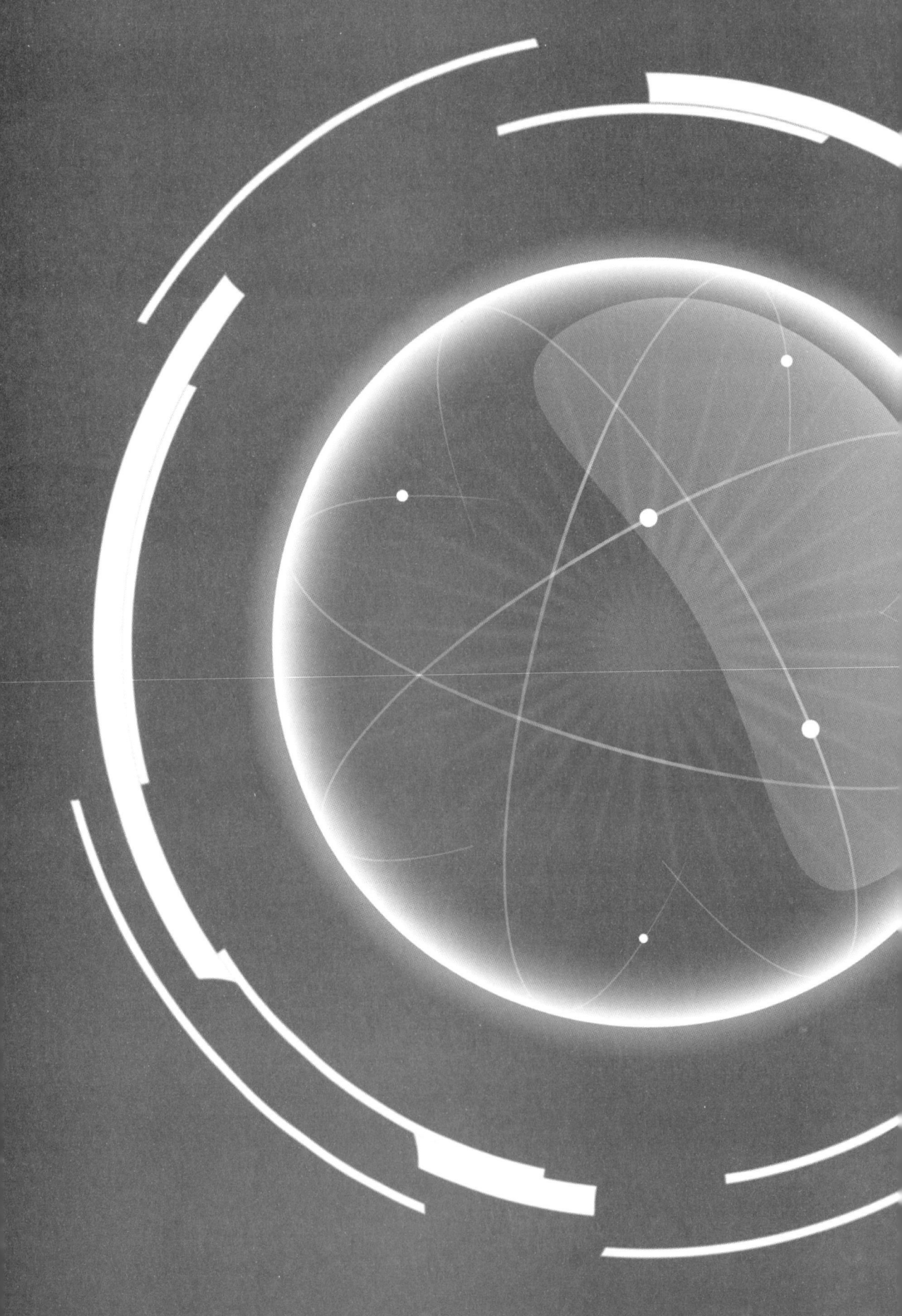

纳税申报流程自动化
开发与应用

学习目标

知识目标：

◆ 了解报税的业务场景；

◆ 了解增值税申报、所得税预缴申报等税务事务处理步骤。

技能目标：

◆ 能够根据增值税申报的业务需求使用财务机器人完成增值税申报自动化的设计与应用；

◆ 能够根据企业所得税（季）申报的业务需求使用财务机器人完成企业所得税（季）申报自动化的设计与应用；

◆ 能够完成上述税务事务处理机器人程序设计，完成相关业务处理并完成程序调试。

素养目标：

◆ 理解国家税收的法律及政策要求，培养制度自信；

◆ 理解依法纳税对国家发展的重要作用，培养大局意识；

◆ 诚信、合规、依法完成纳税事务处理；

◆ 具有严谨细致的工作作风。

职业素养提升

坚持法治思想　实施依法纳税

我国税收取之于民，用之于民。在我国，国家利益、集体利益和个人利益在根本上是一致的。国家的兴旺发达、繁荣富强与每个公民息息相关；而国家职能的实现，必须以社会各界缴纳的税收为物质基础。因而，在我国每个公民和单位都应自觉纳税。党的二十大报告指出，"加快建设法治社会。法治社会是构筑法治国家的基础。"税收必须坚持社会主义法治思想，依法进行纳税。依法纳税是每个公民及纳税主体的义务。近年来，一系列税收暂行条例陆续上升为法律，烟叶税、船舶吨税、资源税等税种的立法相继通过和实施。党的二十大在部署构建高水平社会主义市场经济体制时，明确提出"优化税制结构"。国家下一步将继续推动税收法治建设和改革，通过优化税制结构，完善降税降费，稳定市场预期，提振市场信心，保证经济的稳定健康运行。

在纳税申报流程自动化开发过程中，也必须从国家大局出发，坚持法治思想，强调依法申报并纳税，RPA程序设计需要符合税收法律法规的要求，不可偷漏税款。

任务 6.1　增值税申报流程自动化开发与应用

【任务情境】

一、任务场景

（一）案例情境

2021年12月，北京西华布艺加工有限公司（一般纳税人）与北京紫霖财税共享服务中心（简称"紫霖财税"）签订了代理记账合同，将其纳税申报业务外包给紫霖财税办理，合同约定按国家有关规定，紫霖负责西华公司纳税报表复核与申报业务。

北京西华布艺加工有限公司（简称"西华公司"），是一家生产经营西华牌窗帘的企业，主要生产和销售的产品是单幅窗帘、双幅窗帘。

开户银行账户：中国工商银行北京中山支行

开户银行账号：6002405861237322

纳税人识别号：91MP0110862387554R

公司注册地址：北京市丰台区中山路 12 号

电话：010-82345671

邮箱：xihuabuy@126.com

国家税务总局电子税务局登录账号：91MP0110862387554R，密码：123456

随着西华公司业务量的不断增长，紫霖财税的张小海原本每个月有一百多个客户的报税业务，一下猛增到 400 多个，原来一两天能忙完的，现在要做一周左右，而且重复工作量大。

一个偶然的机会，他得知这种重复的，规则明确的简单业务，可以用流程自动化机器人来完成。

张小海知道自己的朋友李嘉义正好就在从事这个行业。所以决定向朋友询问具体情况。

（二）案例信息

2021 年 12 月，西华公司发生了若干笔业务，需要在电子税务局平台完成增值税的纳税申报。假设公司增值税及附加税费申报表附列资料（一）（本期销售情况说明）详细信息如图 6-1 所示。

二、任务布置

（1）根据案例资料，在 Excel 模板中增值税纳税申报信息数据。

（2）根据操作流程设计增值税申报表填写 RPA 操作流程。

（3）发布开发好的增值税申报表填写 RPA 操作流程。

（4）运行发票开具 RPA 操作增值税申报表填写流程。

（5）查看填写好的增值税申报表，检查无误后，完成增值税纳税申报。

增值税及附加税费申报表附列资料（一）
（本期销售情况明细）

北京阳光麻市加工有限公司

| 填表日期： | 2021年12月31日 | | | | | | | | | | | | 金额单位：元至角分 |

项目及栏次		开具增值税专用发票		开具其他发票		未开具发票		纳税检查调整		合计			服务、不动产和无形资产扣除项目本期实际扣除金额	扣除后	
		销售额	销项（应纳）税额	销售额	销项（应纳）税额	销售额	销项（应纳）税额	销售额	销项（应纳）税额	销售额	销项（应纳）税额	价税合计		含税（免税）销售额	销项（应纳）税额
		1	2	3	4	5	6	7	8	9=1+3+5+7	10=2+4+6+8	11=9+10	12	13=11-12	14=13÷(100%+税率或征收率)×税率或征收率
一、一般计税方法计税	全部征税项目	13%税率的货物及加工修理修配劳务 1	3002200.00	390285.00	42300.00	5499.00	0.00	0.00		0.00	3044500.00	395785.00	---			
		13%税率的服务、不动产和无形资产 2	0.00	0.00	0.00	0.00	0.00	0.00		0.00	0.00	0.00	0.00	0.00	0.00	0.00
		9%税率的货物及加工修理修配劳务 3	0.00	0.00	0.00	0.00	0.00	0.00		0.00	0.00	0.00	---			
		9%税率的服务、不动产和无形资产 4	0.00	0.00	0.00	0.00	0.00	0.00		0.00	0.00	0.00	0.00	0.00	0.00	0.00
		6%税率 5	0.00	0.00	0.00	0.00	0.00	0.00		0.00	0.00	0.00	---			
	其中：即征即退项目	即征即退货物及加工修理修配劳务 6	---	---	---	---	---	---			0.00	0.00	---			
		即征即退服务、不动产和无形资产 7	---	---	---	---	---	---			0.00	0.00	0.00	0.00	0.00	0.00
二、简易计税方法计税	全部征税项目	5%征收率 8	0.00	0.00	0.00	0.00	0.00	0.00		0.00	0.00	0.00	---			
		5%征收率的货物及加工修理修配劳务 9a	0.00	0.00	0.00	0.00	0.00	0.00		0.00	0.00	0.00	---			
		5%征收率的服务、不动产和无形资产 9b	0.00	0.00	0.00	0.00	0.00	0.00		0.00	0.00	0.00	0.00	0.00	0.00	0.00
		4%征收率 10	0.00	0.00	0.00	0.00	0.00	0.00		0.00	0.00	0.00	---			
		3%征收率的货物及加工修理修配劳务 11	0.00	0.00	0.00	0.00	0.00	0.00		0.00	0.00	0.00	---			
		3%征收率的服务、不动产和无形资产 12	0.00	0.00	0.00	0.00	0.00	0.00		0.00	0.00	0.00	0.00	0.00	0.00	0.00
		预征率 0.00% 13a									0.00	0.00	0.00	0.00	0.00	0.00
		预征率 0.00% 13b									0.00	0.00	0.00	0.00	0.00	0.00
		预征率 0.00% 13c									0.00	0.00	0.00			
	其中：即征即退项目	即征即退货物及加工修理修配劳务 14	---	---	---	---	---	---			0.00	0.00	---			
		即征即退服务、不动产和无形资产 15	---	---	---	---	---	---			0.00	0.00	0.00	0.00	0.00	0.00
三、免抵退税	货物及加工修理修配劳务 16		0.00		0.00		0.00			0.00	---				
	服务、不动产和无形资产 17		0.00		0.00		0.00			0.00	---				
四、免税	货物及加工修理修配劳务 18	0.00	0.00	0.00	0.00	0.00	0.00			0.00	---				
	服务、不动产和无形资产 19		0.00		0.00		0.00			0.00	---				

图 6-1　西华公司增值税及附加税费纳税申报表附列资料（一）（本期销售情况说明）

【任务准备】

一、知识准备

（一）增值税纳税申报一般规定

根据《中华人民共和国税收征收管理法》第二十五条规定：纳税人必须依照法律、行政法规规定或者税务机关依照法律、行政法规的规定确定的申报期限、申报内容如实办理纳税申报，报送纳税申报表、财务会计报表以及税务机关根据实际需要要求纳税人报送的其他纳税资料。扣缴义务人必须依照法律、行政法规规定或者税务机关依照法律、行政法规的规定确定的申报期限、申报内容如实报送代扣代缴、代收代缴税款报告表以及税务机关根据实际需要要求扣缴义务人报送的其他有关资料。增值税一般纳税人和非定期定额户的增值税小规模纳税人都应当按照有关规定进行纳税申报。

（二）增值税纳税申报流程

增值税一般纳税人常规申报流程为，纳税人首先要对申报所属期月份内的增值税相关发票进行稽核认证。同时，纳税人在征期内登录开票软件抄税，并通过网上抄报或办税厅抄报，向税务机关上传上月开票数据。

其次需要填制纳税申报表，可在网上或税务局大厅办理报税和申报业务。申报完毕后，需按时缴纳相应增值税税款。最后需要在税控开票系统返写监控数据。也就是说，申报成功后，纳税人应返回开票系统对税控设备进行清零解锁。

纳税申报的核心是填写并报送纳税申报表及相关资料，增值税一般纳税人需要填报的申报表主要有1份主表、4份附表和其他材料。即《增值税及附加税费申报表（一般纳税人适用）》、增值税及附加税费申报表附列资料（一）（本期销售情况明细）、增值税及附加税费申报表附列资料（二）（本期进项税额明细）、增值税及附加税费申报表附列资料（三）（服务、不动产和无形资产扣除项目明细）、增值税及附加税费申报表附列资料（四）（税额抵减情况表）、代扣代缴税收通用缴款书抵扣清单、应税服务扣除项目清单、增值税减免税申报明细表、汇总纳税企业增值税分配表、成品油购销存情况明细表、其他扣税凭证明细表等。

纳税申报表及其附列资料，也就是1份主表和4份附表，其纸质资料的报送份数、报送期限是由市（或地）级税务机关确定的。纳税申报备查资料是否需要在当期报送，如何报送由主管税务机关确定。

二、操作准备

（1）打开智慧财经"电子税务局"平台。

（2）启动RPA设计器，登录"RPA设计器"

💻 **任务要领**

（1）分析业务需求，完成业务流程分析

能够根据业务需求，描述并绘制业务流程分析图和自动化流程分析图。

（2）整理增值税纳税申报表Excel模板

根据业务需求，确定并整理增值税纳税申报表Excel模板。

（3）根据自动化流程分析图，根据开发流程和操作指导，完成RPA程序开发。

（4）根据RPA程序，完成业务处理，生成业务结果。

（5）根据处理过程中的问题，进行程序调试。

【任务实施】

一、业务分析

（一）业务流程分析

RPA 实现一增值税申报流程自动化（业务分析和新建流程）

从财税共享中心的业务痛点来看，增值税纳税申报业务的数据量大，有较多重复操作，业务流程固定，每进行一个公司的增值税纳税申报，都需要进入电子税务局增值税纳税申报界面，将申报表中的数据逐个复制到电子税务局的系统表格中。人工进行增值税纳税申报表填报业务操作，费时费力，还容易出现误操作。由于 RPA 需要从固定的文件中抓取数据，张小海已经按照 RPA 的要求将本期企业的增值税纳税申报表信息整理成了统一的 Excel 表格模板，保证 RPA 程序的顺利运行，如图 6-1 所示。

有了固定的增值税申报 Excel 模板，接下来就是把 Excel 模板中的增值税申报数据登记到企业增值税申报系统的增值税申报表中去，如图 6-2 所示。系统操作的步骤是先"筛选应纳税条目"，再将"增值税相关数据登记到企业增值税申报系统"。

图 6-2　企业增值税申报系统的增值税及附加税费申报表

为了方便 RPA 开发人员快速理解业务流程，张小海把增值税申报的业务流程图梳理出来，如图 6-3 所示。

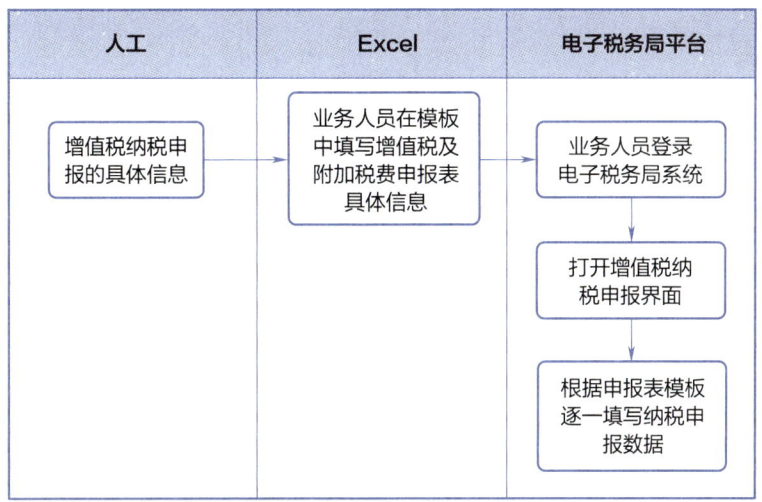

图 6-3　初步梳理的增值税申报业务流程

根据 RPA 的特点和要求，李嘉义建议把"打开增值税纳税申报界面"和"根据申报表模板逐一填写纳税申报数据"两个流程交给 RPA 来自动执行，如图 6-4 所示。

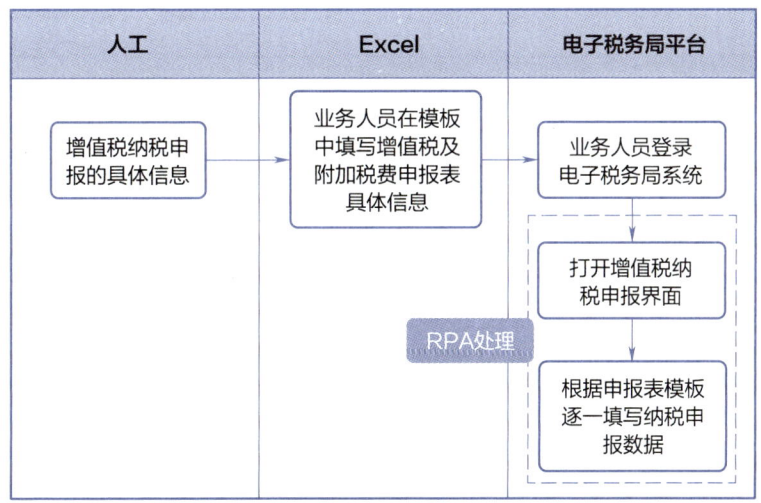

图 6-4　设计后的业务流程

（二）自动化流程分析（流程框架图）

业务流程确定后，还需要根据业务和软件的特点进行自动化流程分析，以方便指导后期的程序开发。发票领购业务自动化流程如图6-5所示。

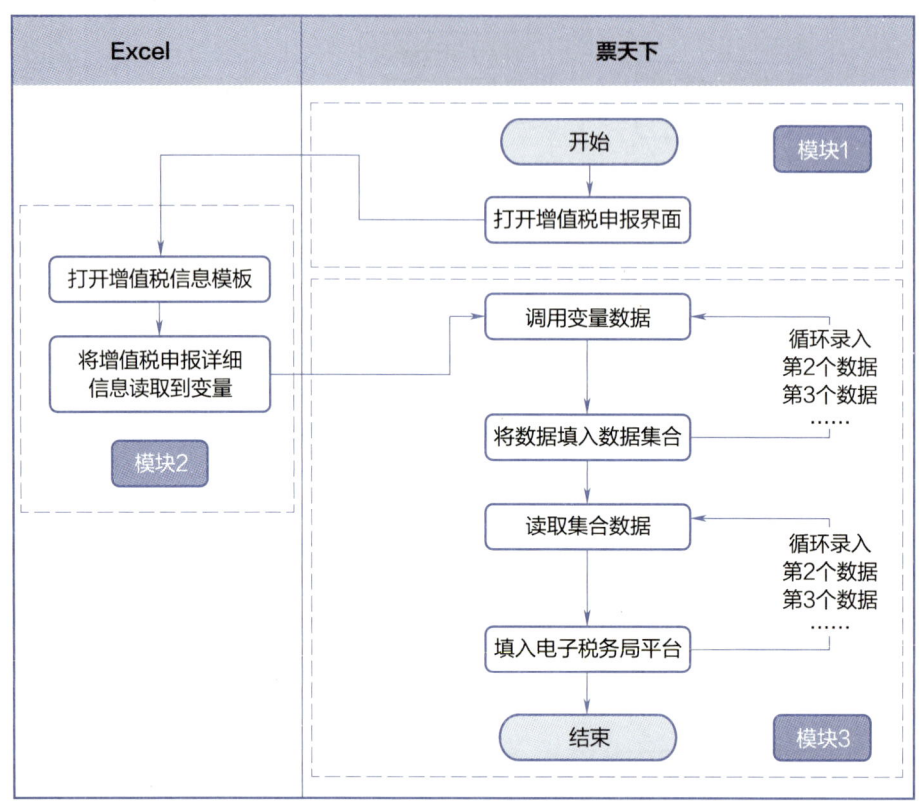

图6-5 发票领购业务自动化流程

增值税申报过程主要包括三个部分。

第一步，由业务人员登录增值税申报平台，打开增值税申报界面，为后期自动填写数据做准备。

第二步，由RPA自动打开增值税申报模板，将模板文件中的数据读取到变量中。

第三步，将变量逐一添加到增值税申报信息集合中，并将集合中的信息，逐一添加到企业增值税申报系统的增值税及附加税费申报表中。

为了防止填报错误，需要增加一个判断，由机器人先检索纳税条目是否符合条件，如果符合继续循环。如果不符合，则填写数据。增加到最后一条记录，程序终止。

二、设计指导

（一）模块1：打开增值税申报界面

本模块的主要目的在于利用RPA自动打开电子税务局平台的"增值税申报"界面，方便后期自动执行增值税申报表的数据填写操作，设计的开发流程如图6-6所示。

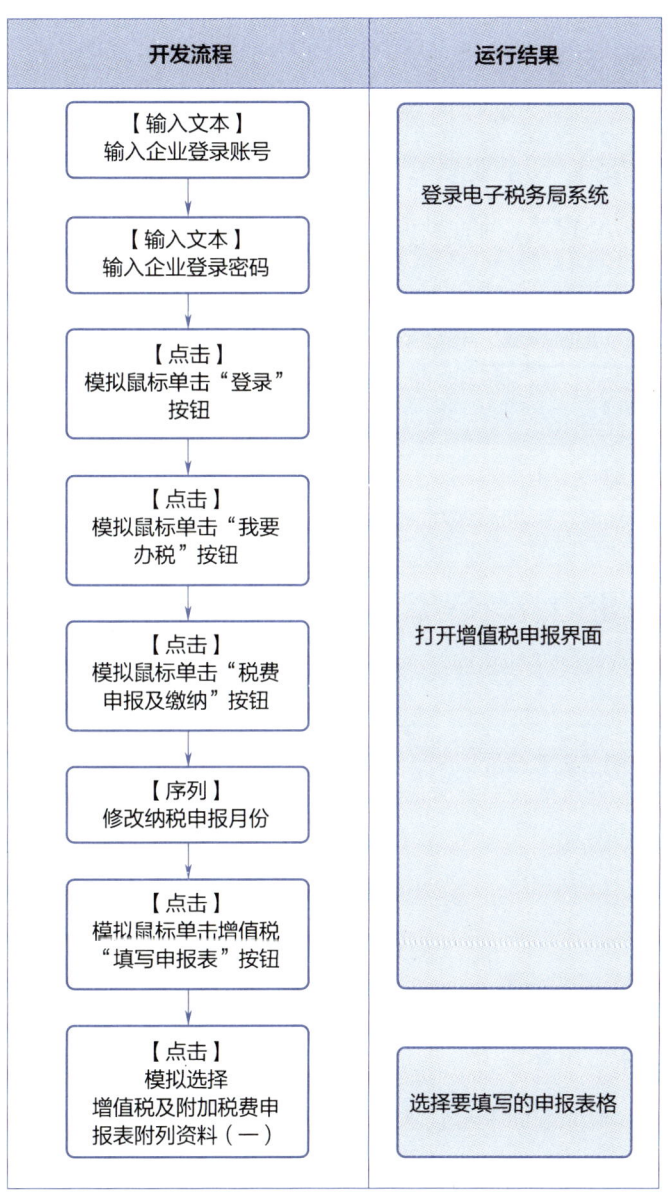

图6-6　打开增值税申报界面开发流程

1. 添加"打开/新建"组件

（1）打开 RPA 编辑器，新建流程项目，命名为"增值税申报机器人"。

（2）单击左边的"项目"菜单，右键单击打开的项目名称，选择"打开文件夹"，将下载后的"增值税及附加税费纳税申报表（适用于增值税一般纳税人）"文件拷贝到工程文件夹下面。

（3）在活动面板中搜索"序列"组件，并将其拖拽至 Main 面板上，并单击"序列"两个字，将其修改为"界面操作"。

2. 添加"输入文本"组件

（1）在"界面操作"组件内部添加"输入文本"组件。将其元素指定为电子税务局界面"请输入企业账号"框，如图 6-7 所示。"输入｜文本"设置为""91MP0110862387554R""，即企业的登录账号。"输入文本"组件如图 6-8 所示。

图 6-7　电子税务局登录界面

图 6-8　"输入文本"组件设置

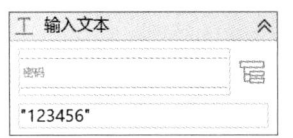

图 6-9　"输入文本"组件设置

（2）继续添加"输入文本"组件。将其元素指定为电子税务局界面"密码"框。将输入文本设置为""123456""，即企业的登录密码，如图 6-9 所示。

3. 添加"点击"组件，登录电子税务局

在"输入文本"组件下方，添加"点击"组件。将其元素指定为电子税务局界面"登录"按钮。模拟鼠标单击登录按钮，登录电子税务局。

4. 添加"点击"组件，打开增值税纳税申报界面

（1）在"点击"组件下方，添加"点击"组件。将其元素指定为电子税务局界面

"我要办税"按钮，如图6-10所示。模拟鼠标单击"我要办税"按钮，进入办税操作界面。

图 6-10 "我要办税"界面

（2）在"点击"组件下方，继续添加"点击"组件。将其元素指定为"我要办税"界面下的"税费申报及缴纳"按钮，如图6-11所示。模拟鼠标单击"税费申报及缴纳"按钮，进入纳税申报界面。

图 6-11 "税费申报及缴纳"按钮

5. 添加"序列"组件，修改纳税申报月份

（1）在"点击"组件下方，添加"序列"组件。单击"序列"两个字，将其名称修改为"修改纳税申报月份"，如图 6-12 所示。

（2）在"修改纳税申报月份"序列内，添加"设置 Web 元素属性值"组件，指定其元素为电子税务局平台申报月份后的日期框。设置要修改的属性名为""readonly""，属性值为""""。组件设置如图 6-13 所示。

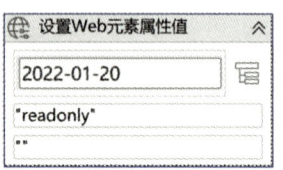

图 6-12　添加"修改纳税申报月份"组件　　图 6-13　"设置 Web 元素属性值"组件

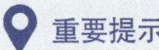

重要提示

由于日期框原本的属性为只读，即只能选择，不能输入日期，不利于 RPA 机器人进行操作。因此，需要将其只读属性取消。

（3）在"设置 Web 元素属性值"组件下方，添加"输入文本"组件，指定其元素为电子税务局系统申报月份右侧的日期框。在右侧输入文本属性面板中，"可选项｜清空原文本"后的方框打钩，将"输入｜文本"设置为""2021-12""，如图 6-14 所示。

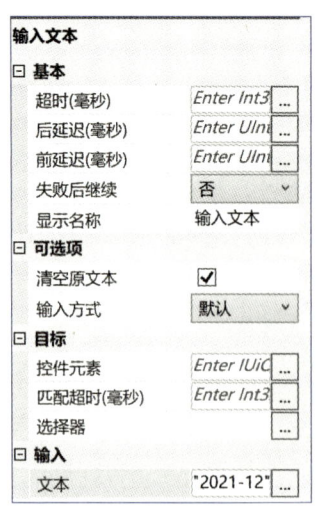

图 6-14　"输入文本"组件属性设置

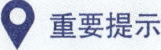

重要提示

选择清空原文本，则 RPA 会首先清除目标输入框中原有的内容，清除后再进行文本的输入。如果不勾选清空原文本，则 RPA 会直接进行输入，这时有可能保留原文本，造成操作错误。此外，实际工作中进行纳税申报时，应当于规定日期之内进行纳税申报，因此，一般无须修改纳税申报日期。可在程序中直接将此序列进行删除。

（4）在"输入文本"组件下方，添加"点击"组件，指定其元素为电子税务局系统申报月份右侧的日期框。

（5）在"点击"组件下方，添加"点击"组件，指定其元素为电子税务局系统申报月份日期框内的确定按钮。

6. 添加"点击"组件，选择纳税申报税种及填制表格

（1）在"修改纳税申报月份"序列下方，添加"点击"组件。将其元素指定为电子税务局系统，增值税右侧操作下方的"填写申报表"按钮，如图 6-15 所示。模拟鼠标单击"填写申报表"按钮，进入增值税纳税申报表填写界面。

图 6-15　申报税种选择

（2）在"点击"组件下方，继续添加"点击"组件。将其元素指定为增值税申报表填写界面左侧的"［002］增值税及附加税费申报表附列资料（一）（本期销售情况

明细）"表格，如图 6-16 所示。模拟鼠标单击并选择增值税及附加税费申报表附列资料（一）（简称"增值税申报附表（一）"），进入附表（一）填制界面。

图 6-16　选择填报纳税申报表格

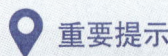 重要提示

如需填列其他报表，可将本操作"点击"组件的元素指定为其他表格。

（二）模块 2：打开增值税申报模板表读取变量

该模块的主要任务是打开业务部门设计好的"增值税及附加税费申报表（适用于增值税一般纳税人）"Excel 模板文件，读取数据区域，将其存入变量。开发流程如图 6-17 所示。

1. 添加"打开 / 新建"组件

（1）在"界面操作"组件下方，添加"打开 / 新建"组件。

（2）在"打开 / 新建"组件属性面板上，选择保存 Excel 文件的文件夹目录。在属性栏中将"可视"取消勾选，如图 6-18 所示。

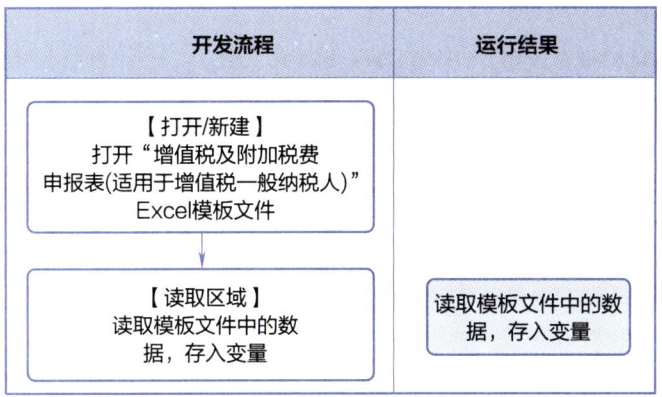

开发流程	运行结果
【打开/新建】 打开"增值税及附加税费 申报表(适用于增值税一般纳税人)" Excel模板文件	
【读取区域】 读取模板文件中的数 据，存入变量	读取模板文件中的数 据，存入变量

图 6-17　打开增值税及附加税费申报表 Excel 模板文件读取变量开发流程

打开/新建	
□ **基本**	
后延迟(毫秒)	0
前延迟(毫秒)	0
失败后继续	否
显示名称	打开/新建
□ **可选项**	
可视	□
另存为	Enter String Value
启用宏	□
新建文件	□
只读	□
自动保存	☑
□ **输入**	
密码	Enter String Value
文件路径	"增值税及附加税费纳税申报表（一般纳税人适用

图 6-18　"打开 / 新建"组件属性设置

2. 添加"读取区域"组件，读取 Excel 中"增值税及附加税费申报表附列资料（一）"数据

（1）在"打开 / 新建"组件中，添加"读取区域"组件。

（2）在"读取区域"输入框中，输入需要读取的 sheet 页为""增值税及附加税费申报表附列资料（一）""，区域为""E8:R29""，如图 6-19 所示。

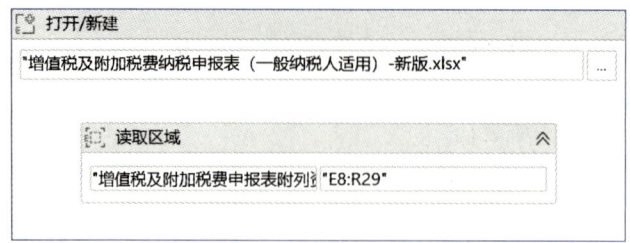

图 6-19　设置"读取区域"组件

　　（3）在变量区域，创建 data 变量，变量类型设置为"DataTable"，如图 6-20 所示。

图 6-20　创建变量

　　（4）在前面添加的"读取区域"组件的属性面板中，"输出 | 数据"设置为 data，即从 Excel 模板中读取出来的数据将输出至该变量中。

（三）模块 3：填写纳税申报表格

　　该模块的主要任务是将读取的纳税申报表格数据，逐一复制至电子税务局系统的相应表格中，完成纳税申报表的填制。开发流程如图 6-21 所示。

1. 添加"序列"组件，转换数据类型

（1）在"打开 / 新建"组件下方，添加"序列"组件。

（2）在下方的变量区域，创建 dataList 变量，变量类型设置为"List<String>"。

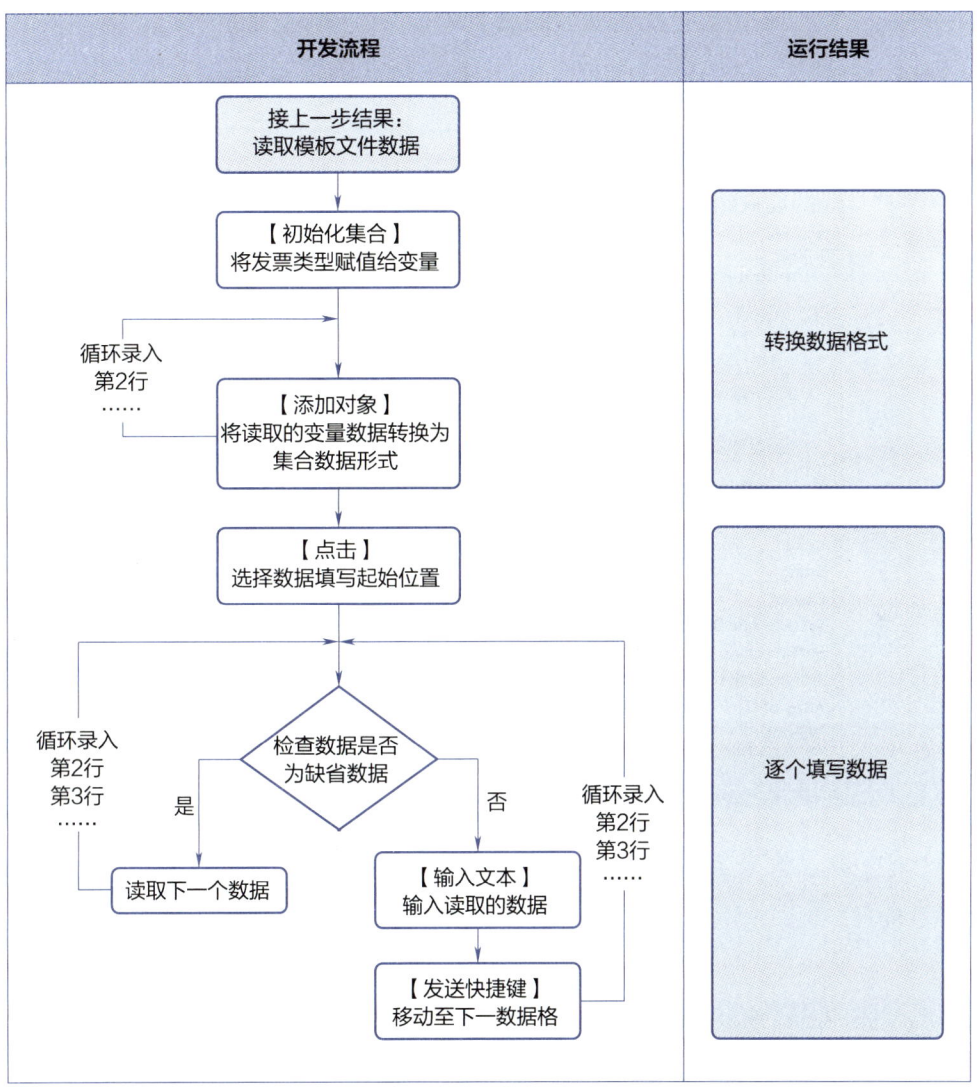

图 6-21　填写纳税申报表格开发流程

重要提示

　　设置"List<String>"变量类型时，可单击变量类型下变量类型属性右侧的向下箭头，选择"浏览类型…"，如图 6-22 所示。在弹框的类型名称后方框中输入"List<"，可以看到，下方会自动搜索定位变量类型，此时，显示的最末级变量类型为"List<T>"。单击类型名称输入框下方，System.Collections.Generic.List< > 一行的向下箭头方框，选择"String"类型，如图 6-23 所示。单击 List<T>，单击右下角确定按钮，完成变量类型设置。

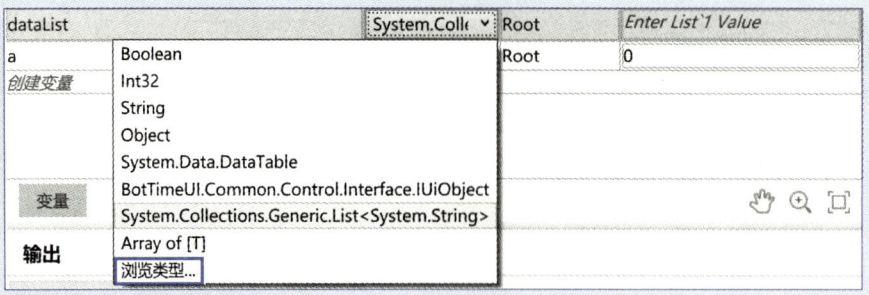

图 6-22　设置变量类型

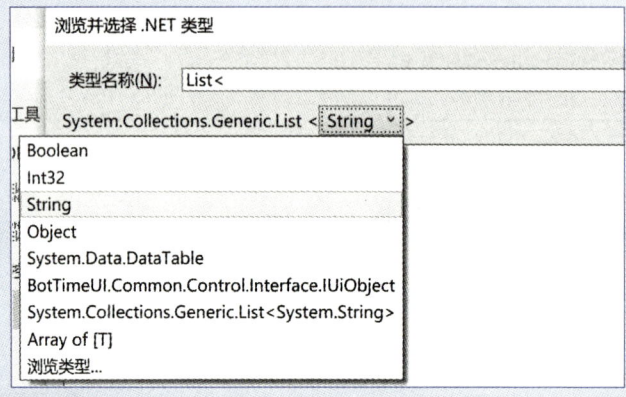

图 6-23　选择 List 集合内变量类型

List<String> 变量类型，表示创建了一个集合变量，集合中的每一个具体变量均为文本格式。

（3）在"序列"组件内部，添加"初始化集合"组件。设置"输入 / 输出 | 集合"为"dataList"。"初始化集合"组件如图 6-24 所示。

（4）在 RPA 编辑器活动面板中，搜索"循环操作（For Each）"组件，并将其拖拽至 Main 面板中"初始化集合"组件的下方。

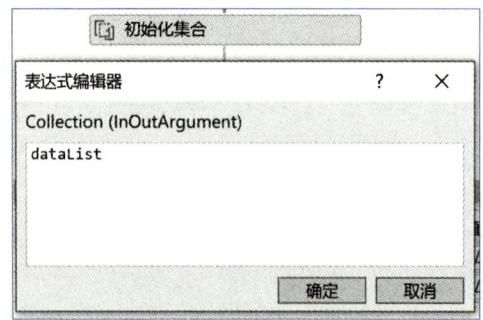

图 6-24　"初始化集合"组件

（5）将 Foreach 循环的中 in 后面的集合名称设置为"data.Rows"，意思是在 data 变量中逐项循环取数。如图 6-25 所示。

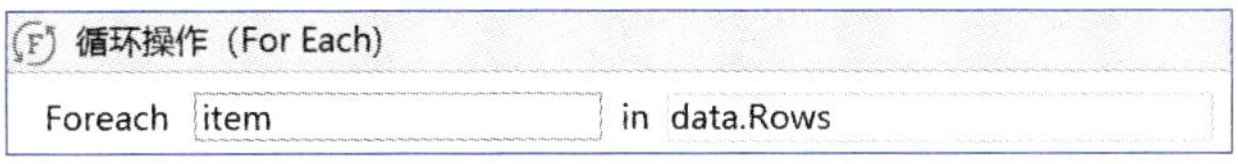

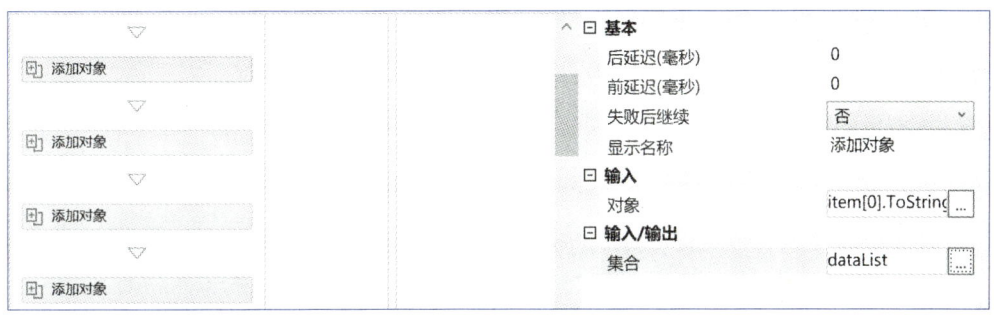

图 6-25　添加 Foreach 循环

（6）在"循环操作（For Each）"组件内部，依次添加 14 个"添加对象"组件，将"输入 | 对象"属性依次设置为：item[0].ToString()，item[1].ToString()，item[2].ToString()……。"输入 / 输出 | 集合"设置为"dataList"，如图 6-26 所示。

图 6-26　"添加对象"组件设置

> **重要提示**
>
> 　　由于数组 data 变量中，为多列数据集合形式，不便于后期逐个在表格中填写输入。因此，需将数据转换为一列的集合形式。在增值税申报附表（一）中，数据共有 14 列，因此需添加 14 个"添加对象"组件，如果其他表格列数不同，则添加的"添加对象"组件个数不同，有几列则添加几个"添加对象"组件。添加对象组件的输入值，由 0 开始，即第一个"添加对象"组件的输入对象为"item[0].ToString()"，而不是"item[1].ToString()"。因此，第 14 个"添加对象"组件的输入对象属性为"item[13].ToString()"。

2. 添加"点击"组件，确定数据填写起始位置

（1）在"循环操作（For Each）"组件下方，添加"点击"组件。将其元素指定为增值税及附加税费申报表附列资料（一）（本期销售情况明细）的 13% 税率的货物及加工修理修配劳务销售额所在的单元格，即数据格的左上角第一个，也就是起始数据格，如图 6-27 所示。

（2）"点击｜点击类型"设置为"双击"，"可选项｜点击方式"设置为"模拟鼠标"。模拟鼠标双击起始数据格，以便对数据进行修改，如图 6-28 所示。

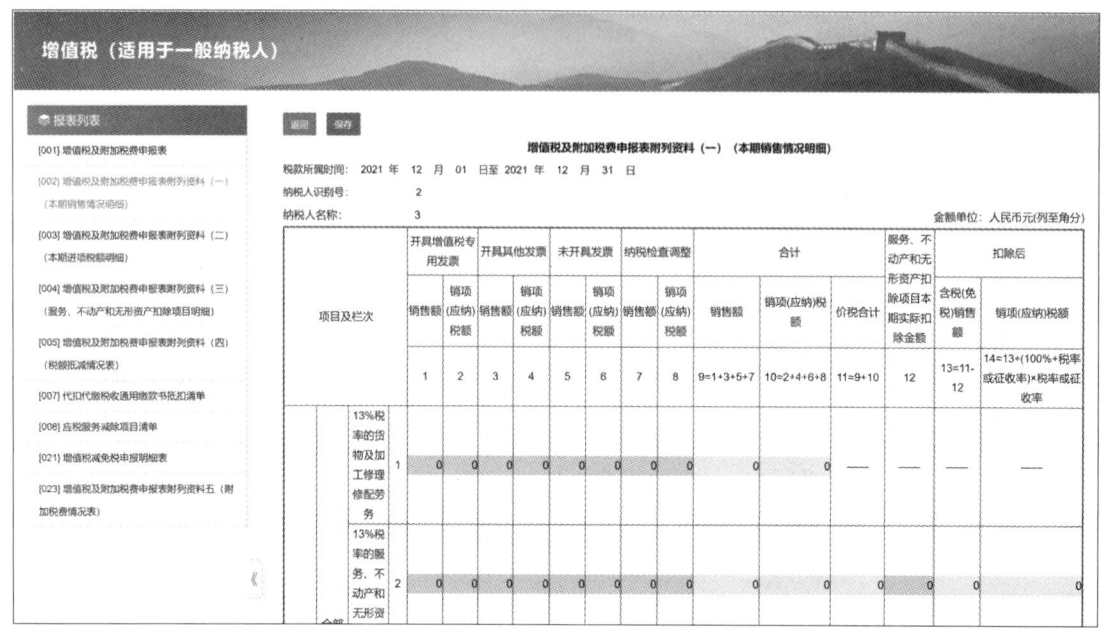

图 6-27　起始数据格

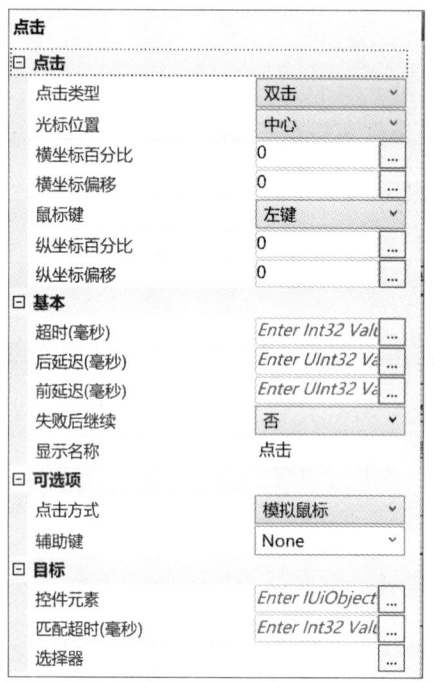

图 6-28　"点击"组件属性设置

3. 添加"循环操作"组件，逐一输入申报数据

（1）在"点击"组件下方，添加"循环操作（For Each）"组件。将 Foreach 循环的中 in（数据源形式）前的循环集修改为"i"，in 后面的集合名称设置为"dataList"，意思是在 dataList 集合中逐项循环取数，如图 6-29 所示。

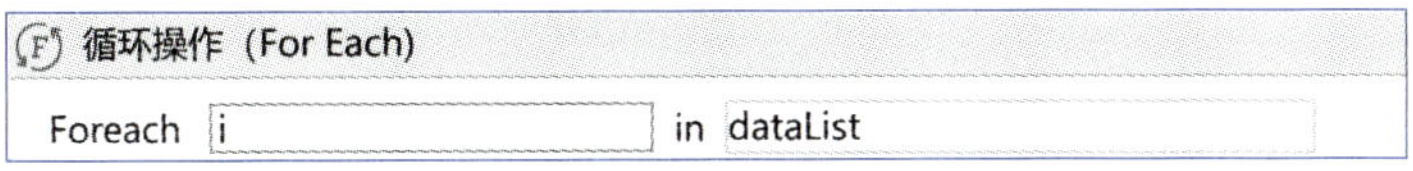

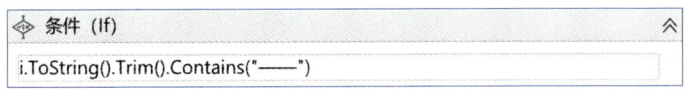

图 6-29　添加 Foreach 循环

（2）在 i 循环内，添加"条件（If）"组件。设置条件为"i.ToString().Trim().Contains（"——"）"，即判断 i 循环的变量，也就是 dataList 集合中的数据，去掉两端的空格后，是否包含"——"。如图 6-30 所示。

图 6-30　"条件（If）"组件条件设置

重要提示

.Trim() 代码可以去掉文本变量两端的空格，但是不能去掉中间的空格。这样操作后，变量数据较为整齐，不容易出现输入错误，无法识别的情况。当变量数据中包含"——"时，表示该单元格不需要进行填写，直接进行下一个变量判断即可。如果数据变量中不包含"——"，则表示数据变量为数字，需要进行填写，将其填入对应单元格即可。

（3）在"条件（If）"组件左侧 Then 框格中，添加"继续循环"组件，表示如果条件判断为真，则不需要进行数据填写，判断下一个变量即可，如图 6-31 所示。

（4）在"条件（If）"组件右侧 Else 框格中，添加"输入文本"组件。将"输入｜文本"设置为 i.ToString()。即在单元格中，写入 i 循环体中读取的变量值。"输入文本"组件如图 6-32 所示。

（5）在"输入文本"组件下方，添加"发送快捷键"组件，"输入｜键值"设置为""{TAB}""。模拟将光标移动至下一单元格，如图 6-33 所示。

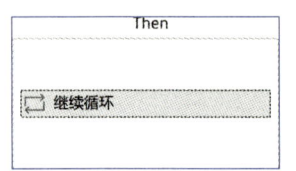

图 6-31 "继续循环"组件

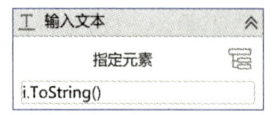

图 6-32 "输入文本"组件

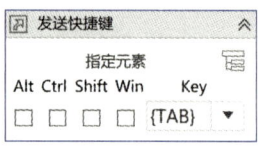

图 6-33 "发送快捷键"组件

4. 流程结束，用户确认

（1）流程结束，选择、添加"确认框"组件。

（2）双击点开确认框，进行编辑，输入标题 ""提示""，描述 ""发票开具流程已运行完毕""，如图 6-34 所示。

5. 打包生成文件

（1）单击文件菜单，单击保存，保存项目。选择导出项目，将项目以 .dgs 格式，导出至目标文件夹中，如图 6-35 所示。

（2）运行 RPA 程序，生成业务结果。

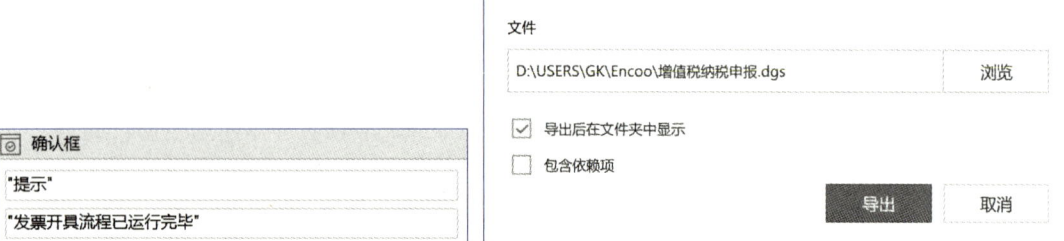

图 6-34 "确认框"组件   图 6-35 导出项目

【任务拓展】

北京友谊信息有限公司（简称"友谊公司"）根据企业工商注册等资料显示，公司基础信息如下：

企业名称：北京友谊信息有限公司

统一社会信用代码：91MP0110862387554R

企业类型：有限责任公司

纳税人类型：一般纳税人

所属行业：科技推广和应用服务业

法定代表人：王磊

注册资本：30 万元

地址、电话：北京市丰台区马家堡角门 1 号 1 号楼 25 层 2501 010-60253637

开户行及账号：中国工商银行丰台马家堡角门支行 0200222109274573712

经营范围：销售食品；计算机系统服务；软件开发；技术服务；企业管理咨询；销售计算机、软件及辅助设备、文具用品、电子产品。（依法须经批准的项目，经相关部门批准后依批准的内容开展经营活动。）

该公司是一家科技信息公司，属于一般纳税人，主要的业务是软件系统等的维护、技术的开发等，增值税税率为 13%。

假设本期公司 2021 年 12 月增值税及附加税费申报表附列资料（二）信息如表 6-1 所示。

表 6-1　友谊公司增值税纳税申报表附列资料（二）

一、申报抵扣的进项税额				
项目	栏次	份数	金额 / 元	税额 / 元
（一）认证相符的增值税专用发票	1＝2＋3	9	2 034 718.00	243 322.62
其中：本期认证相符且本期申报抵扣	2	9	2 034 718.00	243 322.62
前期认证相符且本期申报抵扣	3			
（二）其他扣税凭证	4＝5＋6＋7＋8a＋8b	2	954.12	85.88
其中：海关进口增值税专用缴款书	5			
农产品收购发票或者销售发票	6			
代扣代缴税收缴款凭证	7			0.00
加计扣除农产品进项税额	8a			
其他	8b	2	954.12	85.88
（三）本期用于构建不动产的扣税凭证	9	0	0.00	0.00
（四）本期用于抵扣的旅客运输服务扣税凭证	10	2	954.12	85.88
（五）外贸企业进项税额抵扣证明	11	—	—	0.00
当期申报抵扣进项税额合计	12＝1＋4＋11	11	2 035 672.12	243 408.50

二、进项税额转出额

项目	栏次	税额/元
本期进项税额转出额	13 = 14 至 23 之和	0.00
其中：免税项目用	14	
集体福利、个人消费	15	
非正常损失	16	
简易计税方法征税项目用	17	
免抵退税办法不得抵扣的进项税额	18	
纳税检查调减进项税额	19	
红字专用发票信息表注明的进项税额	20	
上期留抵税额抵减欠税	21	
上期留抵税额退税	22	
异常凭证转出进项税额	23a	
其他应作进项税额转出的情形	23b	

三、待抵扣进项税额

项目	栏次	份数	金额/元	税额/元
（一）认证相符的增值税专用发票	24	—	—	—
期初已认证相符但未申报抵扣	25			
本期认证相符且本期未申报抵扣	26			
期末已认证相符但未申报抵扣	27			
其中：按照税法规定不允许抵扣	28			
（二）其他扣税凭证	29 = 30 至 33 之和	0.00	0.00	0.00
其中：海关进口增值税专用缴款书	30			
农产品收购发票或者销售发票	31			
代扣代缴税收缴款凭证	32		—	
其他	33			
	34			

四、其他

项目	栏次	份数	金额/元	税额/元
本期认证相符的增值税专用发票	35	9.00	2 034 718.00	243 322.62
代扣代缴税额	36	—	—	

作为公司财务人员，请根据增值税纳税申报数据，整理新的增值税纳税申报信息清单模板表格。设计开发并运行 RPA 程序，在电子税务局平台完成增值税纳税申报表填制。

任务 6.2　企业所得税预缴纳税申报流程自动化开发与应用

【任务情境】

一、任务场景

（一）案例情境

李嘉义帮张小海设计了增值税纳税申报的 RPA 流程，张小海使用起来非常高效。到了企业所得税预缴申报时，张小海又犯难了，于是，再次求助李嘉义，想请他再设计一个用于企业所得税预缴申报的机器人。

情境动画：
企业所得税
（季）申报流
程自动化

（二）案例信息

2021 年 12 月，西华公司发生了若干笔业务，需要在电子税务局平台完成企业所得税第四季度的预缴纳税申报。假设公司的中华人民共和国企业所得税月（季）度预缴纳税申报表（A 类）详细信息如表 6-2 所示。

表6-2 西华公司中华人民共和国企业所得税月（季）度预缴纳税申报表（A类）

A200000 中华人民共和国企业所得税月（季）度预缴纳税申报表（A类）

税款所属时间自　　　　2021 年 10 月 01 日到 2021 年 12 月 31 日

纳税人识别号（统一社会信用代码）：91MP0110862387554R

纳税人名称：北京西华布艺加工有限公司　　　　　　　　　金额单位：人民币元（列至角分）

预缴方式	按照实际利润额预缴		
企业类型	一般企业		
跨省总机构行政区划		提示：总机构在外省的分支机构申报时，请先选择跨省总机构行政区划	

优惠及附报事项有关信息

项目	一季度		二季度		三季度		四季度		季度平均值
	季初	季末	季初	季末	季初	季末	季初	季末	
从业人数							40	40	40
资产总额（万元）							1 670.20	2 585.29	2 127.75
国家限制或禁止	否				小型微利企业				否

代码		附报事项名称	金额或选项
K01001	否	支持新型冠状病毒感染的肺炎疫情防控捐赠支出全额扣除（本年累计，元）	0.00
K01002	否	扶贫捐赠支出全额扣除（本年累计，元）	0.00
Y01001	否	软件集成电路企业优惠政策适用类型	无

预缴税款计算

行次	项目	本年累计金额
1	营业收入	15 264 666.00
2	营业成本	0.00
3	利润总额	3 153 211.41
4	加：特定业务计算的应纳税所得额	0.00
5	减：不征税收入	0.00
6	减：资产加速折旧、摊销（扣除）调减额（填写 A201020）	0.00
7	减：免税收入、减计收入、加计扣除（7.1＋7.2＋…）	0.00
7.1		0.00
7.2		0.00

7.3		0.00
7.4		0.00
8	减：所得减免（8.1＋8.2＋…）	0.00
8.1		0.00
8.2		0.00
9	减：弥补以前年度亏损	0.00
10	实际利润额（3＋4－5－6－7－8－9）＼按照上一纳税年度应纳税所得额平均额确定的应纳税所得额	3 153 211.41
11	税率（25%）	25%
12	应纳所得税额（10×11）	788 302.85
13	减：减免所得税额（13.1＋13.2＋…）	0.00
13.1		0.00
13.2		0.00
13.3		0.00
13.4		0.00
14	减：本年实际已缴纳所得税额	417 316.68
15	减：特定业务预缴（征）所得税额	0.00
16	本期应补（退）所得税额（12－13－14－15）＼税务机关确定的本期应纳所得税额	370 986.17

汇总纳税企业总分机构税款计算

17	总机构	总机构本期分摊应补（退）所得税额（18＋19＋20）	0.00
18		其中：总机构分摊应补（退）所得税额（16×总机构分摊比例 __%）	0.00
19		财政集中分配应补（退）所得税额（16×财政集中分配比例 __%）	0.00
20		总机构具有主体生产经营职能的部门分摊所得税额（16×全部分支机构分摊比例 __%×总机构具有主体生产经营职能部门分摊比例 __%）	0.00
21	分支机构	分支机构本期分摊比例	0.000000%
22		分支机构本期分摊应补（退）所得税额	0.00

实际缴纳企业所得税计算

FZ1	中央级收入实际应纳税额 [本期：16行 *60% 或 (18行 +20行)*60%+19 或 22行 *60%]				0.00
FZ2	地方级收入应纳税额 [本期：16行 *40% 或 (18行 +20行)*40% 或 22行 *40%]				0.00
23	减：民族自治地区企业所得税地方分享部分：	无	减征幅度	0.000 000%	本期实际减免金额（FZ2* 减征幅度）	0.00
23.1					本机构本年累计的（23行的本年累计）	0.00
23.2					本年累计应减免金额（总机构及分支机构的本年累计，总机构填报）	0.00
FZ3	地方级收入实际应纳税额（本期：FZ2−23）				0.00
24	实际应补（退）所得税额（本期：FZ1+FZ3）				0.00

谨声明：本纳税申报表是根据国家税收法律法规及相关规定填报的，是真实的、可靠的、完整的。

纳税人（签章）：　　　　年　　月　　日

经办人：
经办人身份证号：
代理机构签章：
代理机构统一社会信用代码：

受理人：
受理税务机关（章）：

受理日期：　　　　年　　月　　日

国家事务总局监制

二、任务布置

（1）根据案例资料在 Excel 模板中企业所得税预缴纳税申报信息数据。

（2）根据操作流程设计企业所得税预缴申报表填写 RPA 操作流程。

（3）发布开发好的企业所得税预缴申报表填写 RPA 操作流程。

（4）运行企业所得税预缴申报表填写 RPA，操作企业所得税预缴申报表填写流程。

（5）查看填写好的企业所得税预缴申报表，检查无误后，完成企业所得税预缴申报。

【任务准备】

一、知识准备

（一）企业所得税征收规则

企业所得税采用"按年计征，分月或分季预缴，年终汇算清缴，多退少补"的征收方法。纳税人预缴所得税时，应当按照月度或者季度的实际利润额预缴，不做纳税调整；按照月度或者季度的实际利润额预缴有困难的，可以按照上一纳税年度应纳税所得额的月度或者季度平均额预缴，或者按照经税务机关认可的其他方法预缴。预缴方法一经确定，该纳税年度内不得随意变更。

（二）企业所得税纳税期限

企业所得税可以分月或者分季预缴。按月预缴的企业应当在月份终了15日之内，按季预缴的企业应当在季度终了15日内，无论盈利或亏损，都应向税务机关报送预缴企业所得税纳税申报表，并预缴税款。其中，第四季度的税款也应于季度终了后15日内先进行预缴，然后企业应当自年度终了之日起五个月内，向税务机关报送年度企业所得税纳税申报表，并汇算清缴，结清应缴应退税款。

（三）企业所得税预缴申报表

企业所得税月度或季度预缴纳税申报使用全国统一的纳税申报表，共有两种类型，一类是适用于实行查账征收企业所得税的居民企业和跨地区经营汇总纳税企业的分支机构的，它们使用的是《中华人民共和国企业所得税月（季）度预缴纳税申报表（A类）》，其中查账征收企业使用本表进行月（季）度预缴，而分支机构使用本表进行所得税年度汇算清缴申报。

另一类是适用于实行核定征收企业所得税的居民企业的，它们使用的是《中华人民共和国企业所得税月（季）度和年度纳税申报表（B类）》。此外，企业在预缴申报时，还需要填制相应的附属表格，例如《免税收入、减计收入、所得减免等优惠明细表》《资产加速折旧、摊销（扣除）优惠明细表》《减免所得税优惠明细表》《企业所得税汇总纳税分支机构所得税分配表》等，附属表格有些并不是必须填写的，企业可以根据自己的实际情况，按需要进行填写。

（四）企业所得税预缴申报表的填写

2021 年修订的企业所得税月（季）度预缴纳税申报表目前由 1 张主表和 4 张附表组成。一般企业只填主表，有相关事项的才需要填写附表。

主表的上部是企业的有关基本情况和企业所得税优惠及附报事项有关信息。其中从业人数、资产总额、是否国家限制或禁止行业、是否小型微利企业等信息都是必填项目。

中间是表格的主体部分，即预缴税款计算部分。

企业所得税法规定分月或者分季预缴企业所得税时有三种方式：

1. 按照月度或者季度的实际利润额预缴，那么需要从表格第 1 行开始填起。

2. 按照上一纳税年度应纳税所得额的月度或者季度平均额预缴，这时需要从表格的第 9 行开始填起，上面的行可以不填。

3. 按照经税务机关认可的其他方法预缴，那么预缴税款计算部分只需要填写第 15 行就可以了。

预缴方法一经确定，该纳税年度内不得随意变更，目前大部分企业都用按实际利润预缴法。

第 1 行："营业收入" = 主营业务收入 + 其他业务收入。

第 2 行："营业成本" = 主营业务成本 + 其他业务成本，不包括营业外支出和期间费用。

第 3 行：利润总额应是财务报表上的利润总额，直接按照利润表填写即可。

表中的利润总额与第二行营业收入、第三行营业成本不存在必然的钩稽关系。也就是说，利润总额不等于营业收入 − 营业成本。

第 9 行："弥补以前年度亏损"，需要填写按照税收规定可在企业所得税前弥补的以前年度尚未弥补的亏损额。

第 9 行：根据公式等于第三行加第四行减去第五、六、七、八行。

如果企业符合小型微利企业的认定标准，可以享受小型微利企业的税收优惠。则需要在附表 3 的第一行填写小型微利企业减免的企业所得税金额。选择享受小型微利企业税收优惠的企业，只需通过填写附表 3 即完成备案，不需要再另外进行备案操作。

二、操作准备

（1）打开并登录"电子税务局"平台链接。

（2）启动 RPA 设计器，登录"RPA 设计器"。

> 💻 **任务要领**
>
> （1）能够根据业务需求，描述并绘制业务流程分析图和自动化流程分析图。
>
> （2）根据业务需求，确定并整理企业所得税预缴纳税申报表 Excel 模板。
>
> （3）根据自动化流程分析图、开发流程和操作指导，完成 RPA 程序开发。
>
> （4）根据 RPA 程序，完成业务处理，生成业务结果。
>
> （5）根据处理过程中的问题，进行程序调试。

【任务实施】

一、业务分析

（一）业务流程分析

从财税共享中心的业务痛点来看，增值税纳税申报业务的数据量大，有较多重复操作，业务流程固定，每进行一个公司的企业所得税预缴申报，都需要进入电子税务局企业所得税预缴纳税申报界面，将申报表中的数据逐个复制到电子税务局的系统表格中。人工进行增值税纳税申报表填报业务操作，费时费力，还容易出现误操作，财税共享中心需要提高企业所得税纳税申报表填报操作的准确性和效率。由于 RPA 需

RPA 实现——企业所得税预缴纳税流程自动化（业务分析和新建流程）

要从固定的文件中抓取数据，张小海已经按照李嘉义的要求将本期企业的企业所得税预缴纳税申报表信息整理成了统一的 Excel 表格模板，保证 RPA 程序的顺利运行。

有了固定的企业所得税预缴申报 Excel 模板，接下来就是把 Excel 模板中的企业所得税预缴申报数据登记到企业纳税申报系统的申报表中去，如图 6-36 所示。

为了方便 RPA 开发人员快速理解业务流程，张小海把企业所得税预缴申报的业

务流程图梳理出来，如图 6-37 所示。

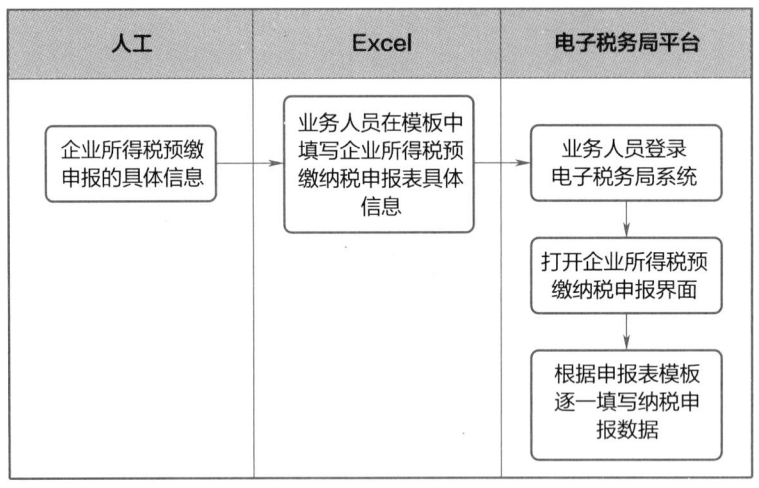

图 6-36　企业所得税预缴申报系统的申报表

人工	Excel	电子税务局平台
企业所得税预缴申报的具体信息	业务人员在模板中填写企业所得税预缴纳税申报表具体信息	业务人员登录电子税务局系统
		打开企业所得税预缴纳税申报界面
		根据申报表模板逐一填写纳税申报数据

图 6-37　企业所得税预缴申报的业务流程

　　根据 RPA 的特点和要求，李嘉义建议把"打开企业所得税预缴纳税申报界面"和"根据申报表模板逐一填写纳税申报数据"交给 RPA 来自动执行，设计后的业务流程如图 6-38 所示。

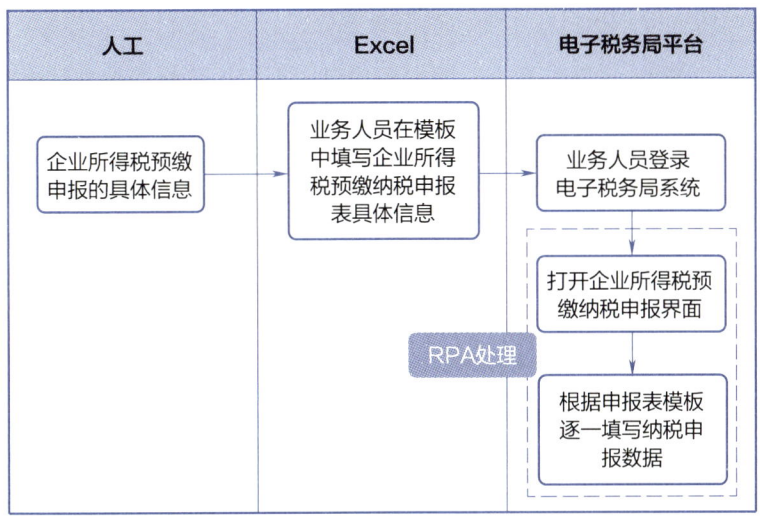

图 6-38　设计后的业务流程

（二）自动化流程分析

业务流程确定后，还需要根据业务和软件的特点进行自动化流程分析，以方便指导后期的程序开发。企业所得税预缴业务自动化流程结果如图 6-39 所示。

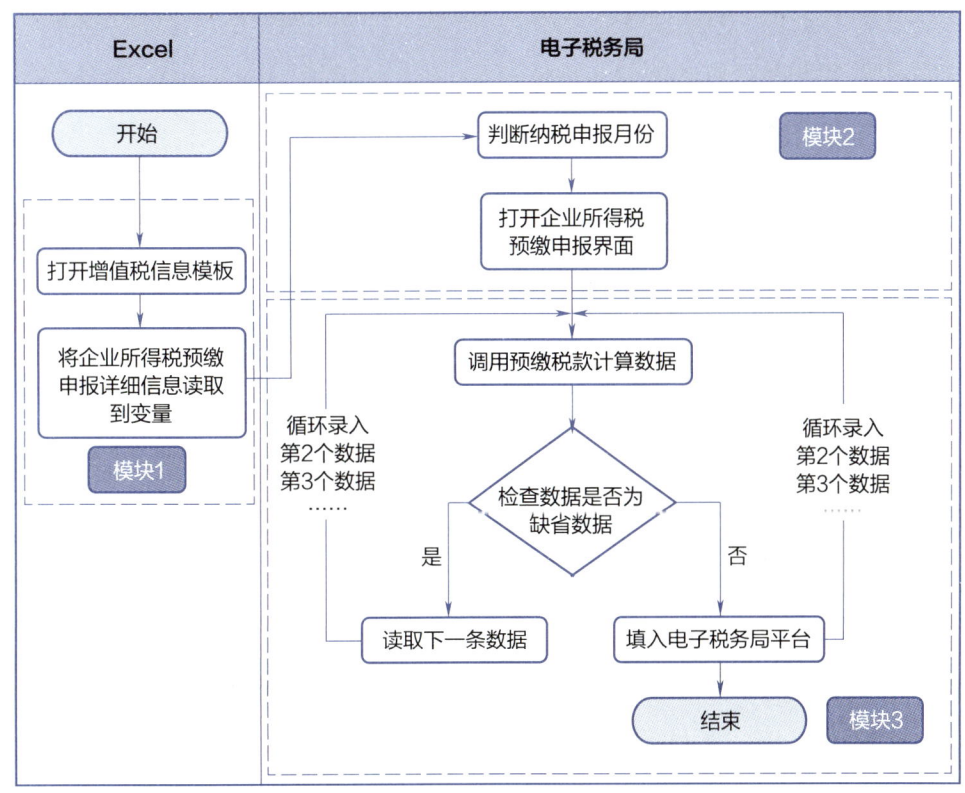

图 6-39　企业所得税预缴业务自动化流程

企业所得税预缴申报过程主要包括三个部分。

第一步，由RPA自动打开企业所得税预缴申报模板，将模板文件中的数据读取到变量中，为后期自动填写数据做准备。

第二步，由业务员打开电子税务局平台界面，RPA自动登录电子税务局平台，根据纳税申报日期，打开企业所得税预缴申报界面。

第三步，将变量数据，逐一添加到企业所得税预缴申报系统的申报表中。

为了防止税款计算数据填报错误，需要增加一个判断，由RPA先检索纳税条目是否为缺省数据，如果为缺省数据，继续循环。如果不是缺省数据，则填写数据。增加到最后一条记录，程序终止。

二、设计指导

（一）模块1：打开企业所得税预缴申报模板表读取变量

该模块的主要任务是读取"2021年第四季度北京西华布艺加工有限公司企业所得税月（季）度预缴纳税申报表（A类）"Excel文件的数据区域，将其存入变量。开发流程如图6-40所示。

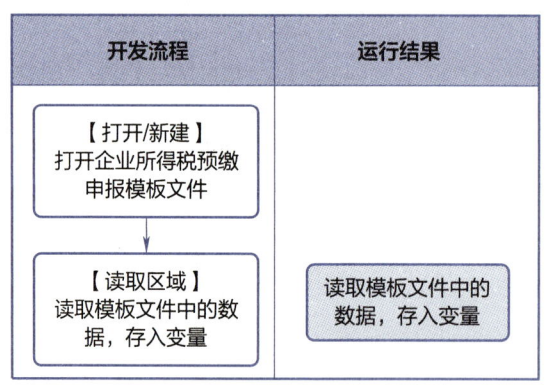

图6-40　打开企业所得税预缴申报模板文件读取变量开发流程

1. 添加"打开/新建"组件

（1）打开RPA编辑器，新建流程项目，命名为"企业所得税预缴申报"。

（2）单击左边的"项目"菜单，右键单击当前打开的项目名称"企业所得税预缴申报"，选择"打开文件夹"，将下载后的"2021年第四季度北京西华布艺加工有限公司中华人民共和国企业所得税月（季）度预缴纳税申报表（A类）"文件拷贝到工程文件夹下面。

（3）在活动面板中搜索"打开／新建"组件，并将其拖拽至 Main 面板上。

（4）在"打开／新建"组件属性面板上，选择保存 Excel 文件的文件夹目录。在属性栏中将"可视"取消勾选，如图 6-41 所示。

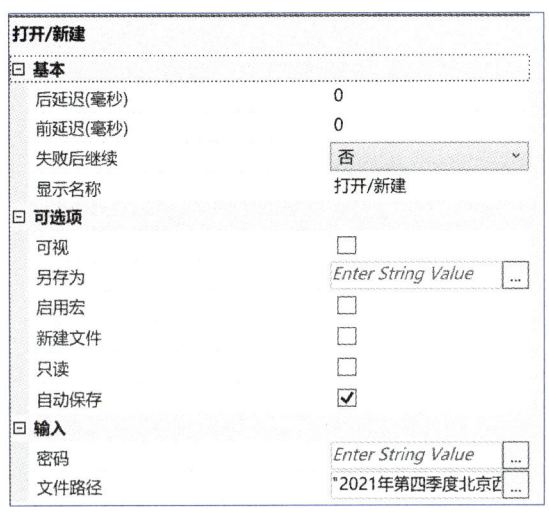

图 6-41 "打开／新建"组件属性设置

2. 添加"读取区域"组件，读取 Excel 中"中华人民共和国企业所得税月（季）度预缴纳税申报表（A类）"数据

（1）在变量区域，创建 sbsj 变量，变量类型设置为"DataTable"，存放预缴税款计算的相关数据；创建 sbrq 变量，变量类型设置为"String"，存放税款所属时间的有关数据。如图 6-42 所示。

名称		变量类型	范围	默认值
sbsj		DataTable	Root	*Enter DataTable Value*
sbrq		String	Root	*Enter String Value*

图 6-42 创建变量

（2）在"打开／新建"组件中，添加"读取区域"组件。在"读取区域"输入框中，输入需要读取的 sheet 页为""中华人民共和国企业所得税月（季）度预缴纳税申报表（A类）""，区域为""A20:K46""，输出数据设置为"sbsj"变量，即从 Excel

模板中读取出来的数据将输出至该变量中，如图 6-43 所示。

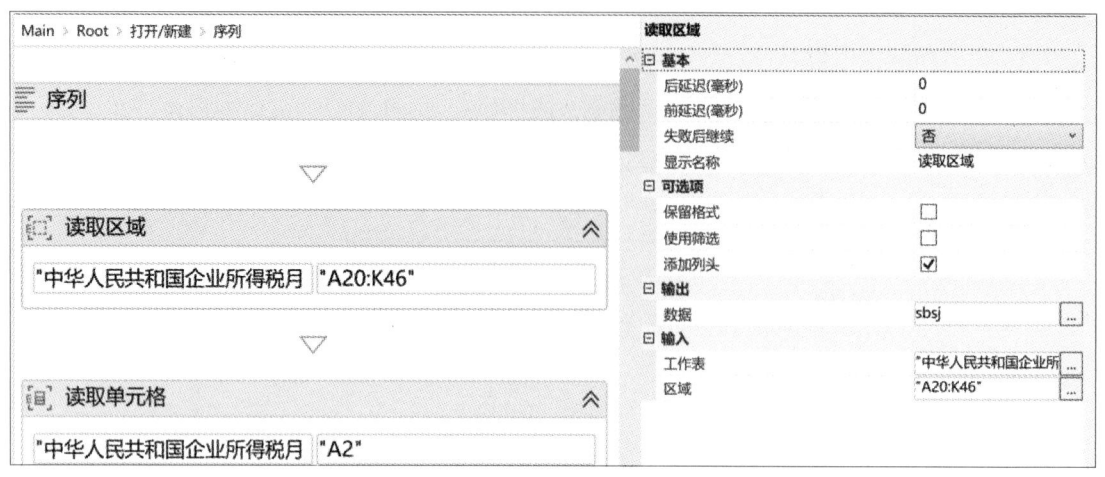

图 6-43　设置"读取区域"组件

（3）在"读取区域"组件下方，添加"读取单元格"组件。在"读取单元格"输入框中，输入需要读取的 sheet 页为""中华人民共和国企业所得税月（季）度预缴纳税申报表（A 类）""，单元格为 "A2"，输出单元格内容设置为"sbrq"变量，即从 Excel 模板中读取出来的数据将输出至该变量中。

（二）模块 2：打开企业所得税预缴申报界面

本模块的主要目的在于利用 RPA 自动打开电子税务局平台的"企业所得税预缴申报"界面，方便后期自动执行企业所得税预缴申报表的数据填写操作，设计的开发流程如图 6-44 所示。

1. 添加组件，获取申报所属期

（1）在"打开/新建"组件下方，添加"序列"组件。单击"序列"两个字，将其名称修改为"获取纳税所属期"。如图 6-45 所示。

（2）在变量区域，创建"sbrq_1"变量，变量类型设置为"String[]"；创建"sbrq_2"变量，变量类型设置为"String[]"；创建"year"变量，变量类型设置为"Int32"；创建"month"变量，变量类型设置为"Int32"。用来存放获取申报所属期过程中，需要用到的各个中间数据。

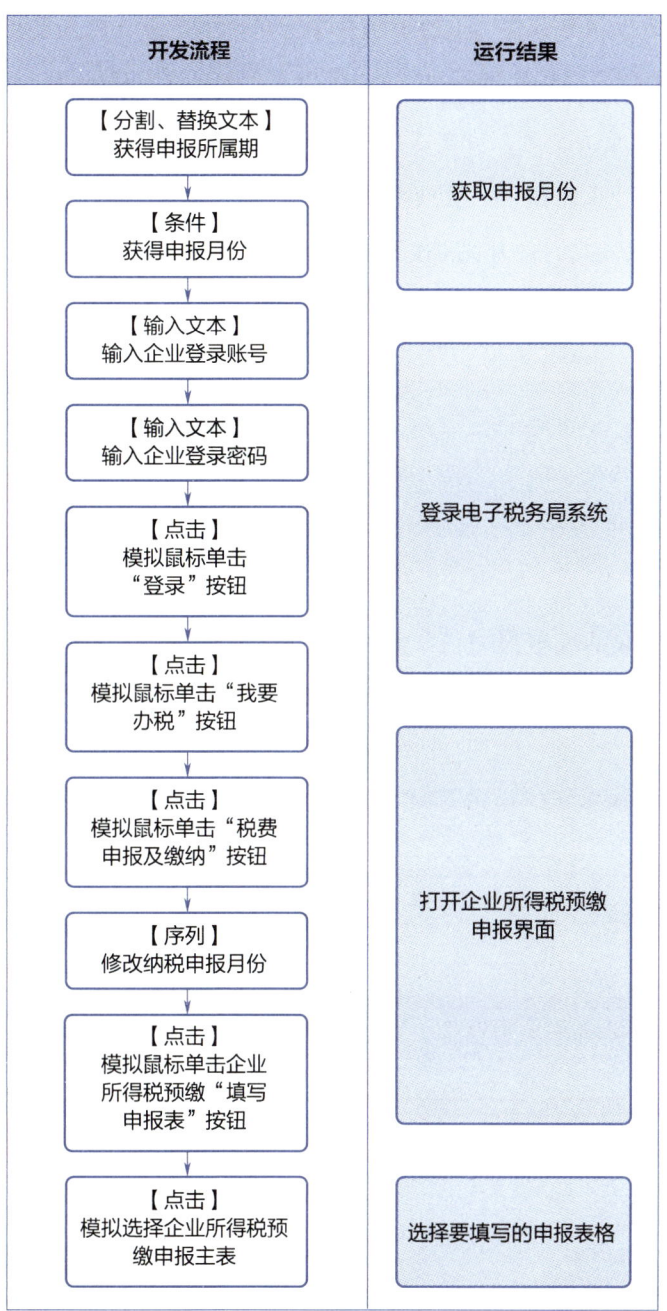

图 6-44　打开"企业所得税预缴申报界面"开发流程

图 6-45　"序列"组件

重要提示

设置 String[] 变量类型时，可单击变量类型下变量类型属性右侧的向下箭头，选择 "Array of[T]"。在弹窗中，继续单击右侧的向下箭头，展开变量类型选项，选择 "String"。点击确定，即可完成变量设置，如图 6-46 所示。

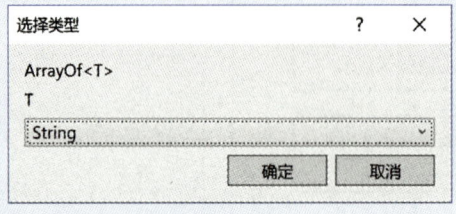

图 6-46 设置变量类型

（3）在"获取纳税申报月份"组件中，添加"分割文本"组件。"输入 | 原文本"为"sbrq"，"输入 | 分隔符"为""月""，"输出 | 分割结果"为"sbrq_1"。如图 6-47 所示。

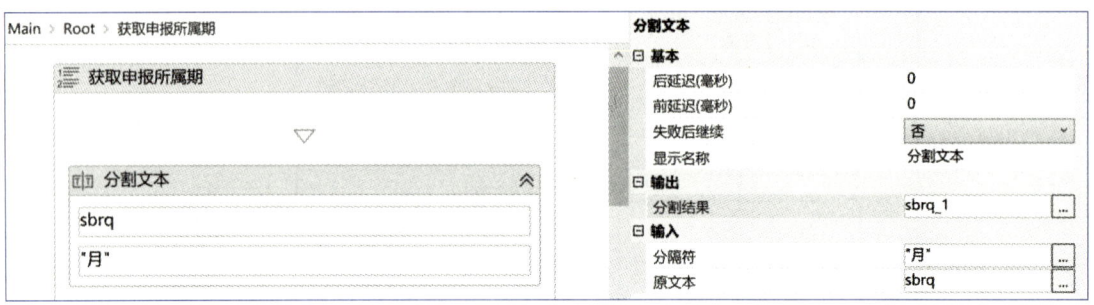

图 6-47 设置"分割文本"组件

重要提示

sbrq 变量存储的内容为《中华人民共和国企业所得税月（季）度预缴纳税申报表（A 类）》A2 单元格中读取的变量，内容为"税款所属时间自 2021 年 10 月 01 日到 2021 年 12 月 31 日"。按月分割后，由于原文本中有两个"月"字，因此变量被分割为三部分，第一部分存储在 sbrq_1 变量中的 0 号位置，内容为"税款所属时间自 2021 年 10"；第二部分存储在 sbrq_1 变量中的 1 号位置，内容为"01 日到 2021 年 12"；第三部分存储在 sbrq_1 变量中的 2 号位置，内容为"31 日"。按分割符进行分割后，结果中前后均不含有分隔符。

（4）在"分割文本"组件的下方，添加"分割文本"组件。"输入｜原文本"为"sbrq_1[1]"，"输入｜分隔符"为""到""，"输出｜分割结果"为"sbrq_2"。

📍 重要提示

进行文本分割后，我们想要获取的是申报所属期中，截止月份的信息，也就是"税款所属时间自 2021 年 10 月 01 日到 2021 年 12 月 31 日"中，2021 年 12 月这个日期。这个日期存储在 sbrq_1 变量中的 1 号位置，因此，我们对 sbrq_1[1] 进行进一步修改。0 号和 2 号位置的内容则不需要再使用。sbrq_1[1] 的内容为"01 日到 2021 年 12"，按分隔符"到"进一步分割后，得到两部分结果。第一部分存储在 sbrq_2 变量中的 0 号位置，内容为"01 日"；第二部分存储在 sbrq_2 变量中的 1 号位置，内容为"2021 年 12"。可以看到，文本中有很多空格，所以需要进一步对它进行修改。

（5）在"分割文本"组件的下方，添加"替换文本"组件。将"输入｜源文本"设置为"sbrq_2[1]"，表示对 sbrq_2 变量中 1 号位置存储的内容"2021 年 12"做进一步修改。将"输入｜查找内容"设置为""""，即对文本中的空格进行查找替换。"输入｜新内容"为""""，即空，通过这样的替换，将文本中的空格删除。将替换结果输出至 sbrq 变量中，如图 6-48 所示。

Root 〉获取申报所属期		替换文本
		∧ 日 基本
		后延迟(毫秒) 0
🔤 替换文本 ∧		前延迟(毫秒) 0
		失败后继续 否
sbrq_2[1]		显示名称 替换文本
		日 输出
" " 替换为 ""		替换结果 sbrq ...
		日 输入
		查找内容 " " ...
		新内容 "" ...
		源文本 sbrq_2[1] ...

图 6-48 设置"替换文本"组件

（6）在"替换文本"组件的下方，添加"分割文本"组件。将"输入 | 原文本"设置为"sbrq"，"输入 | 分隔符"设置为""年""，"输出 | 分割结果"为"sbny"。

（7）在"分割文本"组件的下方，添加"文本转数值"组件。设置要转换的文本为"sbny[0].ToString()"，设置"输出 | 数值"为"year"，即将纳税所属期结束时间的年份转换为数值存储在 year 中，如图 6-49 所示。

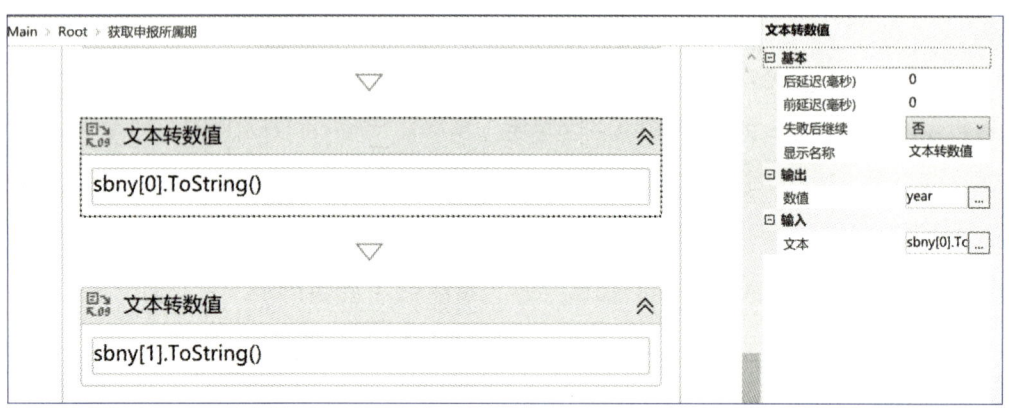

图 6-49　设置"文本转数值"组件

（8）在"文本转数值"组件的下方，继续添加"文本转数值"组件。设置要转换的文本为"sbny[1].ToString()"，设置"输出 | 数值"为"month"，即将纳税所属期结束时间的月份转换为数值存储在 month 中。

2. 添加条件组件，获取纳税申报月份

（1）在"获取纳税申报所属期"组件下方，添加"条件（If）"组件。单击"条件（If）"，将其名称修改为"获取申报日期"。设置条件为"month == 12"，如图6-50所示。

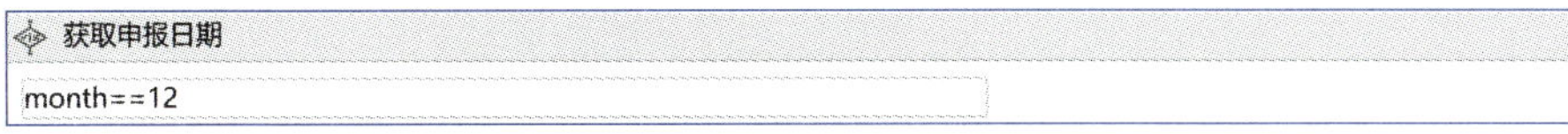

图6-50 设置"条件（If）"组件

> **重要提示**
>
> 一般来说，企业所得税有按月度预缴和按季度预缴两种预缴方式。无论是按月度预缴还是按季度预缴，纳税申报时间都是在纳税所属期结束后的下一个月进行。例如，当纳税所属期为"2021年10月1日至2021年10月31日"时，表明企业按月度预缴企业所得税，10月所得税的申报时间为2021年11月；当纳税所属期为"2021年10月1日至2021年12月31日"时，表明企业按季度预缴企业所得税，第四季度所得税的申报时间为2022年1月。因此，如果纳税所属期的结束时间为12月，则申报日期将变为下一年的1月。因此首先要判断，纳税所属期的结束时间是否为12月，如果条件判断为是，则纳税申报时间将变为下一年1月；如果条件判断为否，则纳税申报时间没有跨年，只需月份加一即可。

（2）在变量区域，创建"sbny_1"变量，变量类型设置为"String"。用来存放获取纳税申报月份过程中，需要用到的中间数据。

（3）在"条件（If）"组件内，Then的下方，添加三个"赋值"组件。第一个"赋值"组件，将year变量的值输入为"year + 1"。第二个"赋值"组件，将month变量的值输入为"1"。第三个"赋值"组件，将sbny_1变量的值输入为"year + "−" + month"。

（4）在"条件（If）"组件内，Else的下方，添加两个"赋值"组件。第一个"赋值"组件，将month变量的值输入为"month + 1"。第二个"赋值"组件，将sbny_1变量的值输入为"year + "−" + month"。

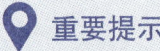
重要提示

通过多次赋值，将纳税所属日期结束时间，转换为纳税申报月份。日期格式为 YYYY-MM。

3. 添加"输入文本"组件，填写用户名、密码

（1）在"获取申报日期"组件下方，添加"序列"组件。单击"序列"两个字，将其名称修改为"界面操作"。

（2）在"界面操作"组件内部添加"输入文本"组件。将其元素指定为电子税务局界面"请输入企业账号"框，如图 6-51 所示。将输入文本设置为 "91MP0110862387554R"，即企业的登录账号，如图 6-52 所示。

图 6-51　电子税务局登录界面

图 6-52　"账号输入文本"组件设置

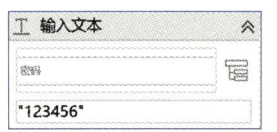

图 6-53　"输入文本"组件设置

（3）继续添加"输入文本"组件。将其元素指定为电子税务局界面"密码"框，如图 6-53 所示。将输入文本设置为""123456""，即企业的登录密码，如图 6-53 所示。

4. 添加"点击"组件，登录电子税务局

在"输入文本"组件下方，添加"点击"组件。将其元素指定为电子税务局界面"登录"按钮。模拟鼠标单击登录按钮，登录电子税务局。

5. 添加"点击"组件，打开增值税纳税申报界面

（1）在"点击"组件下方，添加"点击"组件。将其元素指定为电子税务局界面"我要办税"按钮。模拟鼠标单击"我要办税"按钮，进入办税操作界面。

（2）在"点击"组件下方，继续添加"点击"组件。将其元素指定为"我要办税"界面下的"税费申报及缴纳"按钮，如图6-54所示。模拟鼠标单击"税费申报及缴纳"按钮，进入纳税申报界面。

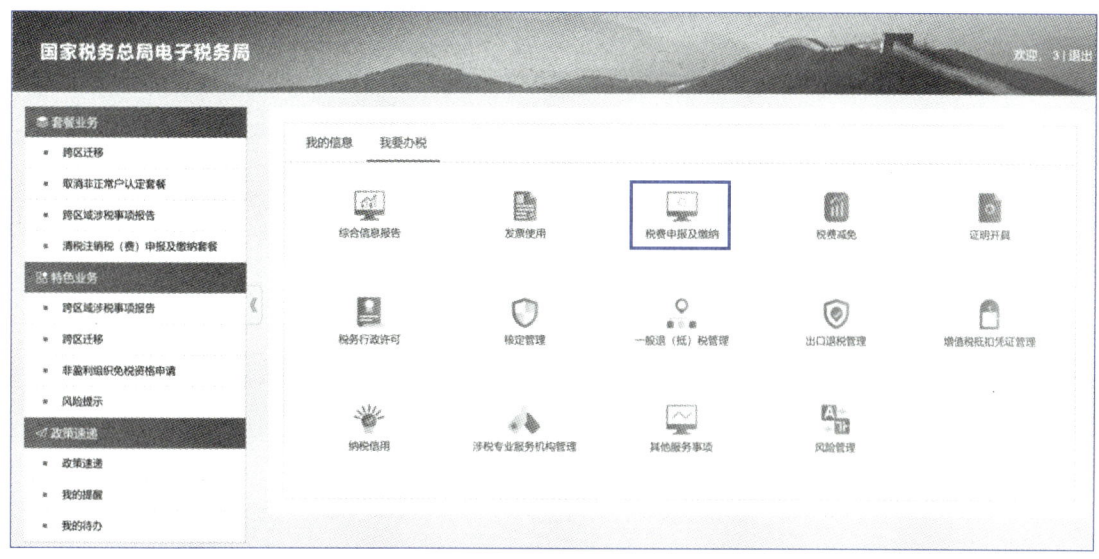

图6-54 "我要办税"界面详情

6. 添加"序列"组件，修改纳税申报月份

（1）在"点击"组件下方，添加"序列"组件。单击"序列"两个字，将其名称修改为"修改纳税申报月份"，如图6-55所示。

（2）在"修改纳税申报月份"序列内，添加"设置Web元素属性值"组件，指定其元素为电子税务局平台申报月份后的日期框。设置要修改的属性名为""readonly""，属性值为""""，组件设置如图6-56所示。

图6-55 "序列"组件

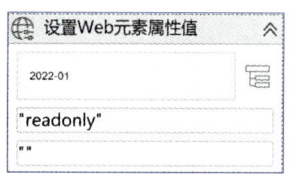

图6-56 "设置Web元素属性值"组件设置

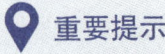
由于日期框原本的属性为只读，即只能选择，不能输入日期，不利于 RPA 机器人进行操作。因此，需要将其只读属性取消。

（3）在"设置 Web 元素属性值"组件下方，添加"输入文本"组件，指定其元素为电子税务局系统申报月份右侧的日期框。将"可选项 | 清空原文本"后的方框打钩，"输入 | 文本"设置为"sbny_1.Trim()"，如图 6-57 所示。

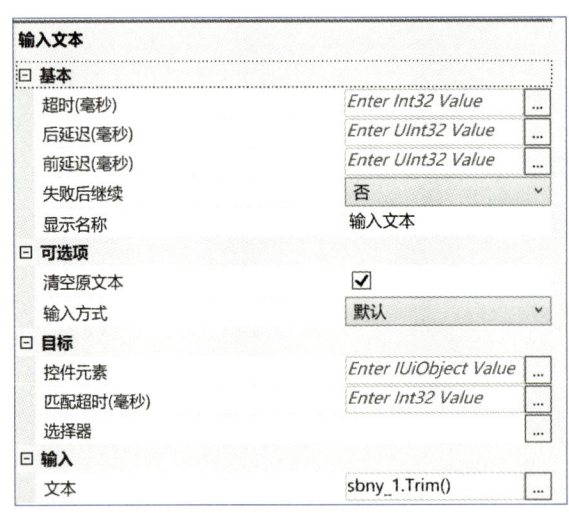

图 6-57 "输入文本"组件属性设置

（4）在"输入文本"组件下方，添加"点击"组件，指定其元素为电子税务局系统申报月份右侧的日期框。

（5）在"点击"组件下方，添加"点击"组件，指定其元素为电子税务局系统申报月份日期框内的确定按钮。

7. 添加"点击"组件，选择纳税申报税种及填制表格

在"修改纳税申报月份"序列下方，添加"点击"组件。将其元素指定为电子税务局系统，企业所得税（月季报）右侧操作列的"填写申报表"按钮，如图 6-58 所示。模拟鼠标单击"填写申报表"按钮，进入企业所得税预缴申报表填写界面。

图 6-58　申报税种选择

（三）模块 3：填写纳税申报表格

该模块的主要任务是将读取的纳税申报表格数据，逐一复制至电子税务局系统的相应表格中，完成纳税申报表的填制。开发流程如图 6-59 所示。

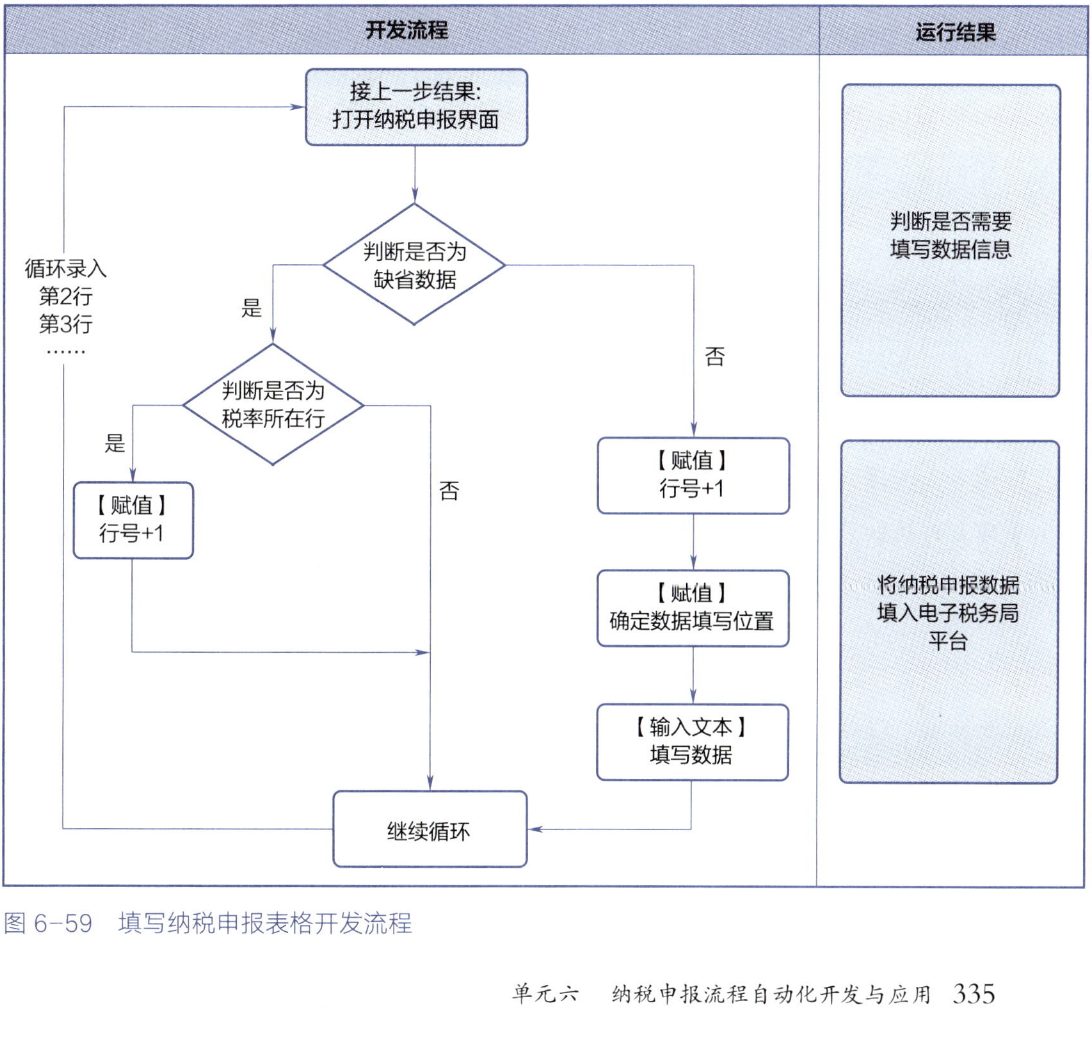

开发流程	运行结果
接上一步结果：打开纳税申报界面	
判断是否为缺省数据	判断是否需要填写数据信息
判断是否为税率所在行	
循环录入 第2行 第3行 ……	
【赋值】 行号+1	
【赋值】 行号+1	
【赋值】 确定数据填写位置	将纳税申报数据填入电子税务局平台
【输入文本】 填写数据	
继续循环	

图 6-59　填写纳税申报表格开发流程

1. 添加"循环操作"组件，填写纳税申报数据

（1）在"界面操作"组件下方，添加"循环操作（For Each）"组件。将 Foreach 循环的中 in 后面的集合名称设置为"sbsj.Rows"，意思是在 sbsj 变量中逐行循环，如图 6-60 所示。

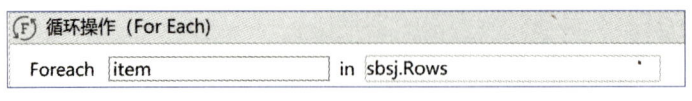

图 6-60　添加 Foreach 循环

（2）在变量区域，创建"index"变量，变量类型设置为"Int32"，用来记录读取的数据行号；创建"Name"变量，变量类型设置为"String"，用来记录数据单元格的位置。

（3）在循环内，添加"条件（If）"组件。设置条件为"item[" 行次 "].ToString() Contains".")||item[1].ToString().Contains(" 税率 ")"，如图 6-61 所示。

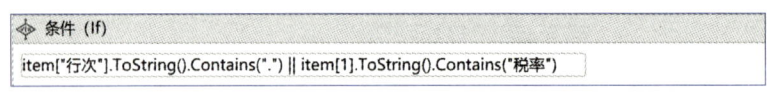

图 6-61　"If 组件"条件设置

> **重要提示**
>
> 设置条件为"item[" 行次 "].ToString().Contains(".")||item[1].ToString().Contains (" 税率 ")"，即判断循环的变量，也就是 sbsj 中的数据，行次这一列是否含有"."，即是否为一级行次，或者循环中的项目这一列是否含有"税率"。当条件成立时，表明目前读取到的数据行或者为二级行（例如 7.1 行），或者为税率所在行，都为电子税务局平台的缺省数据。"||"表示或，即两者满足其一即可。

（4）在"条件（If）"组件左侧 Then 框格中，添加"条件（If）"组件，进一步对读取的数据进行判断。设置条件为"item[1].ToString().Contains(" 税率 ")"。

（5）在"条件（If）"组件左侧 Then 框格中，添加"赋值"组件。由于，当条件"item[1].ToString().Contains(" 税率 ")"判断为真时，则说明此时读取到的是税率所

在的行，需要循环判断下一个数据，并且行号需加一。因此，设置 index 变量的值为
"index + 1"，如图 6-62 所示。如果条件判断为假，则说明此时读取到的是 7.2、7.3
等二级行，需要循环判断下一个数据，但是不需要增加行号。因此，Else 内不用放置
任何组件。

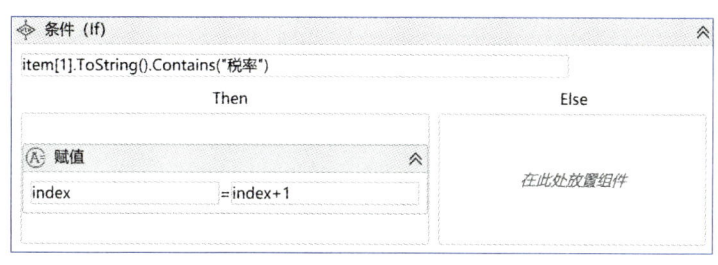

图 6-62 "条件（If）"组件设置

（6）在"条件（If）"组件下方添加"继续循环"组件，使得循环继续进行。

（7）在"item[" 行次 "].ToString().Contains(".") || item[1].ToString().Contains(" 税率 ")"
条件判断为否时，说明数据不为缺省数据，需要进行填写。因此在"条件（If）"组
件右侧的 Else 中，添加"赋值"组件，设置 index 变量的值为"index + 1"，表明在原
基础上行号 + 1。

（8）"赋值"组件下方，继续添加"赋值"组件，
设置 Name 变量的值为"index + "_3""，由于需要在电
子税务局平台填写的数据为每行第三列的数据，因此
Name 变量就定位了数据填写的位置在哪一行的哪一
列，如图 6-63 所示。

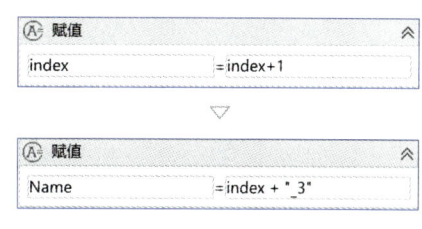

图 6-63 "赋值"组件设置

（9）在"赋值"组件下方，添加"输入文本"组件，将文本输入位置指定为电子
税务局平台营业收入后的数据输入框。单击"目标 | 选择器"后的按钮，将文本输
入位置属性中 Name 属性修改为"{Name}"，即根据 Name 变量中存储的数据输入位
置进行定位，完成数据的输入，如图 6-64 所示。"输入 | 文本"设置为"item[" 本年
累计金额 "].ToString()"。

2. 流程结束，用户确认

（1）流程结束，选择、添加"确认框"组件。

（2）双击点开确认框，进行编辑，输入标题 "" 提示 ""，描述："" 流程已运行完

毕 ""，如图 6-65 所示。

3. 打包生成文件

（1）单击文件菜单，点击保存，保存项目。选择导出项目，将项目以 .dgs 格式，导出至目标文件夹中，如图 6-66 所示。

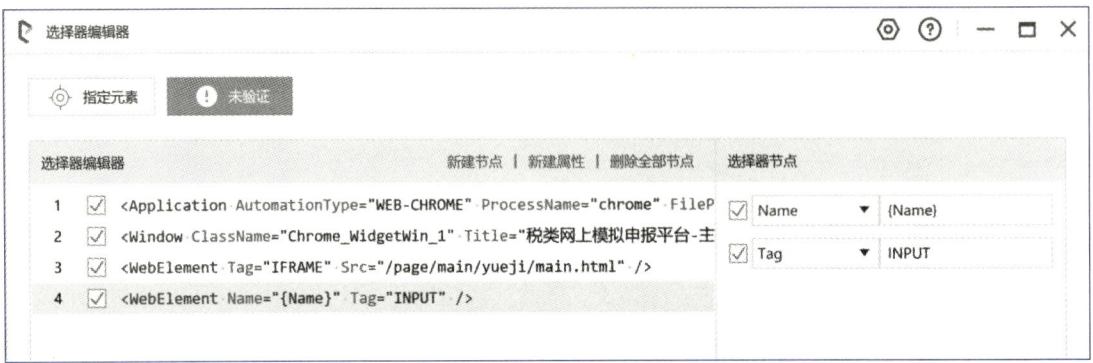

图 6-64 "输入文本"选择编辑器属性设置

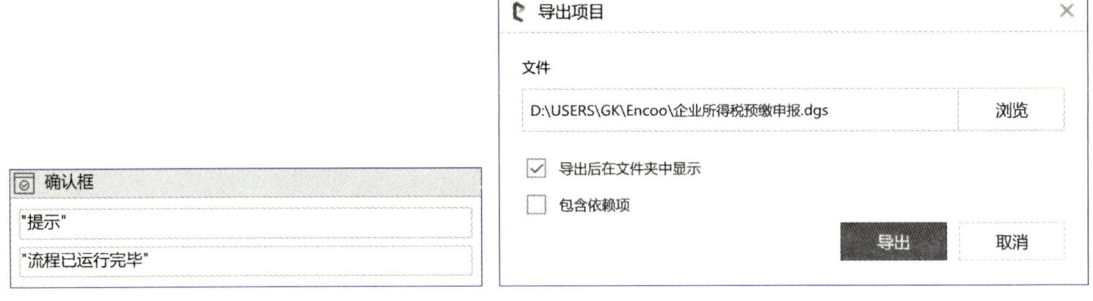

图 6-65 "确认框"组件

图 6-66 导出项目

（2）运行 RPA 程序，生成业务结果。

【任务拓展】

假设本期友谊公司 2021 年第四季度企业所得税纳税申报表信息如表 6-3。

表6-3 友谊公司企业所得税预缴申报表

A200000　　　　　中华人民共和国企业所得税月（季）度预缴纳税申报表（A 类）
税款所属时间自　　　　2021 年 10 月 01 日到 2021 年 12 月 31 日
纳税人识别号（统一社会信用代码）：91MP0110862387554R
纳税人名称：北京友谊信息有限公司　　　　　　　　　　金额单位：人民币元（列至角分）

预缴方式	按照实际利润额预缴
企业类型	一般企业
跨省总机构行政区划	提示：总机构在外省的分支机构申报时，请先选择跨省总机构行政区划

优惠及附报事项有关信息

项目	一季度		二季度		三季度		四季度		季度平均值
	季初	季末	季初	季末	季初	季末	季初	季末	
从业人数									
资产总额／万元									
国家限制或禁止	否				小型微利企业			否	

代码		附报事项名称	金额或选项
K01001	否	支持新型冠状病毒感染的肺炎疫情防控捐赠支出全额扣除（本年累计，元）	0.00
K01002	否	扶贫捐赠支出全额扣除（本年累计，元）	0.00
Y01001	否	软件集成电路企业优惠政策适用类型	无

预缴税款计算

行次	项目	本年累计金额
1	营业收入	30 529 332.00
2	营业成本	0.00
3	利润总额	5 306 422.82
4	加：特定业务计算的应纳税所得额	0.00
5	减：不征税收入	0.00
6	减：资产加速折旧、摊销（扣除）调减额（填写 A201020）	0.00
7	减：免税收入、减计收入、加计扣除（7.1＋7.2＋…）	0.00
7.1		0.00
7.2		0.00

7.3		0.00
7.4		0.00
8	减：所得减免（8.1＋8.2＋…）	0.00
8.1		0.00
8.2		0.00
9	减：弥补以前年度亏损	0.00
10	实际利润额（3＋4－5－6－7－8－9）＼按照上一纳税年度应纳税所得额平均额确定的应纳税所得额	5 306 422.82
11	税率（25%）	25%
12	应纳所得税额（10×11）	1 326 605.71
13	减：减免所得税额（13.1＋13.2＋…）	0.00
13.1		0.00
13.2		0.00
13.3		0.00
13.4		0.00
14	减：本年实际已缴纳所得税额	0.00
15	减：特定业务预缴（征）所得税额	0.00
16	本期应补（退）所得税额（12－13－14－15）＼税务机关确定的本期应纳所得税额	1 326 605.71
汇总纳税企业总分机构税款计算		
17	总机构	总机构本期分摊应补（退）所得税额（18＋19＋20）	0.00
18		其中：总机构分摊应补（退）所得税额（16×总机构分摊比例＿%）	0.00
19		财政集中分配应补（退）所得税额（16×财政集中分配比例＿%）	0.00
20		总机构具有主体生产经营职能的部门分摊所得税额（16×全部分支机构分摊比例＿%×总机构具有主体生产经营职能部门分摊比例＿%）	0.00
21	分支机构	分支机构本期分摊比例	0.000000%
22		分支机构本期分摊应补（退）所得税额	0.00

	实际缴纳企业所得税计算		
FZ1	中央级收入实际应纳税额［本期：16 行 ×60% 或（18 行＋20 行）×60%＋19 或 22 行 ×60%］		0.00
FZ2	地方级收入应纳税额［本期：16 行 ×40% 或（18 行＋20 行）×40% 或 22 行 ×40%］		0.00
23	减：民族自治地区企业所得税地方分享部分：	无	减征幅度	0.000000%	本期实际减免金额（FZ2× 减征幅度）	0.00
23.1					本机构本年累计的（23 行的本年累计）	0.00
23.2					本年累计应减免金额（总机构及分支机构的本年累计，总机构填报）	0.00
FZ3	地方级收入实际应纳税额（本期：FZ2－23）		0.00
24	实际应补（退）所得税额（本期：FZ1＋FZ3）		0.00

谨声明：本纳税申报表是根据国家税收法律法规及相关规定填报的，是真实的、可靠的、完整的。

纳税人（签章）：   年   月   日

经办人： 经办人身份证号： 代理机构签章： 代理机构统一社会信用代码：	受理人： 受理税务机关（章）： 受理日期： 年 月 日

　　作为公司财务人员，请根据企业所得税预缴申报数据，整理新的企业所得税预缴申报信息清单模板表格。设计开发并运行 RPA 程序，在电子税务局平台完成企业所得税预缴纳税申报表填制。

【学习评价】

　　按照表 6-4 纳税申报流程自动化开发与应用学习评价表的考核内容分别评价各项内容的完成度并计算得分，按考核项目的权重计算本单元的总分。

表6-4 纳税申报流程自动化开发与应用学习评价表

考核项目	权重/%	考核内容	分值	得分
知识	20	按时完成增值税申报流程、企业所得税预缴纳税申报等开发流程内容的线上阅读或线下听讲	30	
		积极参与本单元规定的增值税申报流程、企业所得税预缴纳税申报的讨论与交流活动	40	
		正确辨析并解释本单元规定的增值税申报流程、企业所得税预缴纳税申报等内容	30	
技能	60	能够通过RPA设计器，能够根据增值税申报的业务需求使用财务机器人完成增值税申报自动化的设计与应用，能够主动排查并调试程序运行过程中的问题并运行RPA程序，得到正确结果	50	
		能够通过RPA设计器，能够根据企业所得税（季）申报的业务需求使用财务机器人完成企业所得税（季）申报自动化的设计与应用，能够主动排查并调试程序运行过程中的问题并运行RPA程序，得到正确结果	50	
素养	20	按照本单元规定的职业素养目标的基本要求，各项表现良好	50	
		结合本单元实例，完成纳税申报业务流程自动化应用方面问题的讨论，针对纳税流程对国家的作用的意义，谈谈自己的看法	50	
总体评价			100	

主编简介

梁毅炜，北京财贸职业学院立信会计学院副院长，副教授。北京市职教名师，北京市职业院校"优秀青年骨干教师"。教育部会计信息管理专业、大数据与财务管理专业、财税大数据应用专业标准研制组专家。全国高职会计技能比赛优秀指导教师，北京市中职会计技能竞赛会计信息化裁判长。北京财贸职业学院国家示范校、北京市特高专业群智慧会计专业群、全国双高智慧财经专业群建设方案及任务书主要执  笔人之一；北京市在线精品课程"财务建模与可视化"主持人，北京市教学能力比赛一等奖。主编会计信息化类教材十余本，其中 4 本获评国家规划教材。

郝黄达，中级会计师，中联集团教育科技有限公司教研总监，负责 1+X 智能财税职业技能等级证书开发、全国职业院校技能大赛智能财税和业财税融合大数据应用（教师赛）赛项技术支持、中国职教 MOOC "会计电算化""出纳实务""会计基本技能"等项目开发、教学案例设计与配套教学资源建设等工作。具有多年企业财税管理经历，主编《会计综合模拟实训》教材 1 本，参与编写《会计综合实训》（第四版）  等多本国家级规划教材，其中《会计综合实训》（第四版）荣获首届全国教材建设奖全国优秀教材一等奖。

郑重声明

高等教育出版社依法对本书享有专有出版权。任何未经许可的复制、销售行为均违反《中华人民共和国著作权法》，其行为人将承担相应的民事责任和行政责任；构成犯罪的，将被依法追究刑事责任。为了维护市场秩序，保护读者的合法权益，避免读者误用盗版书造成不良后果，我社将配合行政执法部门和司法机关对违法犯罪的单位和个人进行严厉打击。社会各界人士如发现上述侵权行为，希望及时举报，我社将奖励举报有功人员。

反盗版举报电话　（010）58581999　58582371

反盗版举报邮箱　dd@hep.com.cn

通信地址　北京市西城区德外大街 4 号　高等教育出版社法律事务部

邮政编码　100120

读者意见反馈

为收集对教材的意见建议，进一步完善教材编写并做好服务工作，读者可将对本教材的意见建议通过如下渠道反馈至我社。

咨询电话　400-810-0598

反馈邮箱　gjdzfwb@pub.hep.cn

通信地址　北京市朝阳区惠新东街 4 号富盛大厦 1 座

　　　　　高等教育出版社总编辑办公室

邮政编码　100029

防伪查询说明

用户购书后刮开封底防伪涂层，使用手机微信等软件扫描二维码，会跳转至防伪查询网页，获得所购图书详细信息。

防伪客服电话　（010）58582300

资源服务提示

授课教师如需获取本书配套教辅资源，请登录"高等教育出版社产品信息检索系统"（http://xuanshu.hep.com.cn/），搜索本书并下载资源。首次使用本系统的用户，请先注册并进行教师资格认证。

高教社高职会计教师交流及资源服务 QQ 群（在其中之一即可，请勿重复加入）：
QQ3 群：675544928　QQ2 群：708994051(已满)　QQ1 群：229393181(已满)

业财一体信息化　财务数字化

业务财务一体化设计　企业内部控制　会计制度设计　企业财务分析　财务大数据分析

业务财务信息分析　ERP财务业务一体化　EXCEL ERP沙盘　初级会计实务　企业财务会计　管理会计实务　财务决策　财务机器人应用

会计信息系统应用　ERP财务业务应用　EXCEL财务应用　企业财务管理　出纳业务操作　行业会计比较　会计英语　财务机器人应用

会计信息管理

大数据与会计

大数据与财务管理

成本核算与管理

智能审计

数智化财经

财税大数据应用

税务管理实务基础　纳税实务　税费计算与申报　税务会计　税收筹划

大数据与审计

个人理财　金融服务礼仪　财经法规与职业道德　审计基础

保险实务　金融法律法规　金融服务营销　政府会计

金融

商业银行综合柜台业务　商业银行行会计

证券投资实务　国际金融　金融服务营销　审计实务　政府会计

区块链金融

多端主主务物　全税税务应用

专业基础课

中国会计文化　中国金融文化　会计基础　管理会计基础

金融基础　金融科技概论　财政与金融　财经基本技能

Python财务基础　财务大数据基础

岗课赛训

基础会计实训	财务会计实训
成本会计实训	出纳岗位实训
审计综合实训	税务会计实训
管理会计实训	会计综合实训
数字金融业务实训	会计信息化实验

高等职业教育财经类专业群

岗课赛证

智能财税	金税财务应用
财务共享服务	业财一体信息化应用
财务数字化应用	数字化管理会计
智能估值	智能审计
财务机器人应用